本书系兰州大学新闻与传播学院重点项目"邹韬奋新闻传播思想的系统性研究"（项目号18PY1012）最终成果，亦为国家社科基金一般项目"延安时期中国共产党新闻传播话语建构及其当代价值研究"（项目号19BXW009）延伸性成果。

本书系兰州大学"双一流"建设资金人文社科类图书出版经费资助成果和"兰大新闻学术文库"成果。

邹韬奋的思想系统与传播实践

李晓灵 谭泽明 著

中国社会科学出版社

图书在版编目（CIP）数据

邹韬奋的思想系统与传播实践 / 李晓灵，谭泽明著. — 北京：中国社会科学出版社，2025.3. — ISBN 978-7-5227-4794-1

Ⅰ. K825.42

中国国家版本馆CIP数据核字第2025CM6682号

出 版 人	赵剑英
选题策划	郭晓鸿
责任编辑	王 越
责任校对	王 龙
责任印制	戴 宽

出　　版	中国社会科学出版社
社　　址	北京鼓楼西大街甲158号
邮　　编	100720
网　　址	http://www.csspw.cn
发 行 部	010-84083685
门 市 部	010-84029450
经　　销	新华书店及其他书店
印刷装订	北京明恒达印务有限公司
版　　次	2025年3月第1版
印　　次	2025年3月第1次印刷
开　　本	710×1000　1/16
印　　张	22.25
插　　页	2
字　　数	311千字
定　　价	119.00元

凡购买中国社会科学出版社图书，如有质量问题请与本社营销中心联系调换
电话：010-84083683
版权所有　侵权必究

目 录

序言 …………………………………………………………… （1）

第一编 总论

第一章 研究之研究 …………………………………………… （3）

第二编 思想研究

第二章 马克思主义观 ………………………………………… （29）
第三章 国家观 ………………………………………………… （54）
第四章 民主政治观 …………………………………………… （66）
第五章 思想启蒙观 …………………………………………… （85）
第六章 媒介经营观 …………………………………………… （104）
第七章 受众观 ………………………………………………… （114）
第八章 青年观 ………………………………………………… （133）
第九章 女性观 ………………………………………………… （148）
第十章 婚姻观 ………………………………………………… （163）
第十一章 健康观 ……………………………………………… （174）
第十二章 学习观 ……………………………………………… （187）
第十三章 广告观 ……………………………………………… （200）
第十四章 胡适传播观 ………………………………………… （215）

第三编 新闻传播实践研究

第十五章 股份制经营的实验 ………………………………（243）
第十六章 女子职业教育的践行 ……………………………（251）
第十七章 译介传播的推进 …………………………………（275）
第十八章 欧美通讯的写作 …………………………………（286）
第十九章 媒介动员的凸显 …………………………………（302）
第二十章 女性形象的建构 …………………………………（318）

结语 ……………………………………………………………（331）
参考文献 ………………………………………………………（336）
后记 ……………………………………………………………（345）

序　言

毋庸置疑，在中国共产党领导的新闻传播事业史中，邹韬奋和范长江是主流话语所标举的双子星座，邹韬奋由此成为中国现代新闻传播史研究的重镇之一，为学界所关注。

延安时期，毛泽东为邹韬奋题词，"热爱人民，真诚地为人民服务，鞠躬尽瘁，死而后已，这就是邹韬奋先生的精神，这就是他之所以感动人的地方"[①]。毛泽东的题词以延安《解放日报》为传播媒介，代言了中国共产党的组织话语，并成为中国共产党对邹韬奋及其"韬奋精神"的历史评判，激发了颂扬和纪念邹韬奋的高潮。其后朱德、陈绍禹（即王明）、陈毅等政治精英的跟进，以及延安知识分子作为文化精英的加入，使得邹韬奋研究的"延安话语"初具形态。在延安话语中，邹韬奋作为中国共产党的杰出战友，和孙中山、和鲁迅并肩，备受尊崇。爱国志士、民主先锋和共产主义战士，逐步成为邹韬奋历史评价的话语基调，奠定了之后邹韬奋研究的基本范式。

1949年，随着新生的共和国的建立，延安话语的邹韬奋观作为主流话语规范被渐次强化，取得了主导地位，对其后的研究产生了系统性的统制力。这种范式一方面确定了邹韬奋研究的话语规则和价值图式，但另一方面也以强大的话语力量影响了邹韬奋研究的进一步发展。

---

① 毛泽东于1944年11月15日为邹韬奋的题词，见延安《解放日报》1944年11月22日，"邹韬奋先生逝世纪念特刊"附1版。

序 言

于是，如何克服范式的藩篱，应用新的理论视角推进研究创新，以释放邹韬奋研究的内在潜质，就成了学界研究的重心。

反观邹韬奋研究现状，研究路线传统，新的理论介入少，重复研究多，认知创新有限，是一个不争的事实。进入21世纪以后，学界进行了坚持不懈的努力，老中青三代学人互为激励，积极推进，同时，上海韬奋纪念馆和高校携手联动，办会出书，所有这些举措都取得了可喜的进展。从某种意义上看，李晓灵和谭泽明主编的《邹韬奋的思想系统与传播实践》一书就是其中努力求新的一种尝试。

思想系统和传播实践是邹韬奋历史贡献的两个维度，也是这本书的基本取向。它试图以邹韬奋思想系统和传播实践的研究实现自我突破。总体而言，这本书以《邹韬奋研究》为典型文本梳理了邹韬奋研究的基本情状，并从宏观、中观和微观三个层面，研究了邹韬奋思想系统的意义构成和价值内涵。其中，以马克思主义观、国家观、民主政治观、思想启蒙观和受众观为主要构成的宏观认知，聚合了青年观、女性观、婚姻观、健康观、学习观和媒介经营观等为主体的中观透视，并结合了广告观和胡适传播观为选择的微观剖析，形成了邹韬奋思想的系统建构。在此基础上，这本书进一步研究了邹韬奋思想启发下的传播实践。邹韬奋的传播实践主要体现在股份制经营、女子职业教育、译介传播、欧美通讯、媒介动员、女性形象建构等诸多方面，包含了经营方略、职业教育、翻译介绍、新闻生产、社会动员和形象建构等不同方面的历史实践。

这本书表现了强烈的求新取向。它删繁就简，企图建构一个具有阐释力的研究体系，以表达研究模式的创新。具体而言，思想系统和传播实践的结合，和邹韬奋注重思想、意在实践的特点相契合，而受众观念、媒介启蒙理念、媒介动员功能、媒介形象建构、健康传播理论和媒介经营理念等的介入，也体现了学科交叉的独特意义。同时，马克思主义观、民主政治观、女性观、婚姻观等传统议题的承接和拓展，又显示了对研究传统的重视和尊重。

但是，应该承认，建构一个新的体系，是艰难而又冒险的。因为它在建构一个体系的时候，注定会出现体系的不足和缺陷；它在凸显阐释动力的同时，也会泄露言说的软肋。

尽管如此，这本书系统研究、学科交叉研究的取向依然表现了非凡的阐释力，显示出了不畏艰难、勇于探求的精神，将对当下的邹韬奋研究产生有益的补充和有力的推进。

同时，这本书由于凝聚了一些年轻学子的智慧，而具有了某种不同于一般的意义。它体现了新生代研究者对邹韬奋议题的思考和关注，这对亟须新鲜血液的邹韬奋研究来说别有深意。

期望我们在守正和求新中和韬奋同行。

是为序。

2023 年 12 月 9 日

第一编

总　论

邹韬奋的研究是主流所标举的重要研究议题，囊括了文学、历史学、新闻学、社会学和传播学等诸多学术领域，研究成果丰硕，系统全面研究实属不易。总结前人研究成果，利用新的理论资源，积极深化创新，当是邹韬奋研究的应有之义。由此，研究之研究就显得格外重要。

然而，关于邹韬奋研究的资料和文本层出不穷，令人望而却步，而以典型文本的研究折射整体研究的特色，应该是较为现实的路径。其中，《邹韬奋研究》系列论集是一个具有特殊研究价值的典型文本，其连续15年的出版历程从某种程度显示了邹韬奋研究的历史轨迹。

《邹韬奋研究》系列论集在研究定位、研究主体和研究取向方面的内在特征，由点及面地展示了邹韬奋研究的多维推进和个中缺憾，为系统分析邹韬奋研究的历史、当下和未来提供了不可多得的鉴照。

第一章 研究之研究

作为主流话语标举的历史名人和国内学术研究的重要话题人物，邹韬奋虽已逝世半个多世纪，但其思想与精神却随着时光的流逝愈发深邃，俨然是现代中国新闻传播的"历史灯塔"，熠熠生辉。这不仅体现在邹韬奋深刻的思想体系和恢宏的新闻传播实践中，也体现在学术界对邹韬奋经久不衰的持续研究中。它促使我们继续深入研究，以穷尽其历史价值和现实意义。

一 "文献综述"研究

"对韬奋的深入研究要以韬奋研究的历史回顾与现状反思为切入口。"① 这似乎是学界的一个共识。基于此，许多学者都对邹韬奋研究进行了多维回顾与反思。

2004年，有三篇"文献综述类"文章极具代表性，分别是《韬奋研究随想》《邹韬奋研究论著概述》和《新时期邹韬奋研究论著出版综述》。三篇文章组合在一起，系统梳理了邹韬奋逝世后70年间的主要研究成果。李频在《韬奋研究随想》一文中，将邹韬奋逝世至改革开放后60年间的邹韬奋研究分为邹韬奋逝世、中华人民共和国成立

---

① 李频：《韬奋研究随想》，韬奋纪念馆编《邹韬奋研究》第1辑，学林出版社2004年版，第195页。

后、改革开放后三个阶段，并总结了各个阶段的研究内容与代表成果（其核心观点梳理如表1.1）。李频指出，60年间邹韬奋研究的主要遗憾是在理论和历史层面研究邹韬奋的学者不多，邹韬奋研究专栏较少，青年学者培育力度不够和缺乏国际化视野。

表1.1　李频《韬奋研究随想》之邹韬奋研究阶段论

研究阶段	历史分期	研究特征	代表性成果
第一阶段	邹韬奋逝世后的数年间	邹韬奋同时代人的追思怀念类文章	《忆韬奋》
第二阶段	中华人民共和国成立后	文献梳理与生平简述	《韬奋文集》《邹韬奋》
第三阶段	改革开放后	研究队伍壮大，研究领域有所拓展	《韬奋全集》《韬奋新论》

与此同时，张志强在《邹韬奋研究论著概述》一文中对1955年至2002年的邹韬奋研究论著进行梳理与评析，认为48年间有关邹韬奋研究的论著主要可以分为回顾和学习邹韬奋、邹韬奋研究、邹韬奋传记和其他等四个部分。在《新时期邹韬奋研究论著出版综述》一文中，王彦祥、姚慧等人将目标锁定在"新时期"，对改革开放后20年来的邹韬奋研究状况进行了梳理与评述，并从研究论著出版的时间规律、核心作者、热点问题和研究突破以及存在的问题等五个方面梳理了改革开放后20年邹韬奋研究的特点。

2016年，同样有三篇综述类文章《〈世纪人物〉数据库韬奋传记文献资料的整理与研究——以〈20世纪中国人物传记资料索引〉为中心》《韬奋纪念、研究70年》和《"韬奋与抗战时期的新闻出版业"学术讨论会综述》，从不同的角度对邹韬奋研究进行了系统梳理和评析。傅德华以《世纪人物》数据库中的240篇（本）邹韬奋传记文献资料为分析文本，进行了类型的划分，总结为传记类（70余篇）、新闻出版类（50篇）、抗战与解放战争类（20余篇）、人际交往类（20余篇）和纪念类（60余篇）五种，并指出相关研究应立足邹韬奋传记文献资料的深挖、家人研究和国外研究等。雷群明在《韬奋纪念、研究70年》一文中表示"随着网络的发达而出现在网上的研究文章，拓宽了韬奋研究的空间",指出邹韬奋研究主要存在着研究不充分、重复较多和史实有误三个不足。① 学者唐容堂以 2016 年"韬奋学术研讨会"的与会论文为研究文本,梳理了当年代表性的论文成果。此后 3 年,对"韬奋学术研讨会"的成果梳理成为一项传统,每年均有一篇相关文章发表。

从宏观角度把握韬奋研究,其中包括韬奋研究的发文趋势、期刊来源、高频词、知识图谱的规律等,可以发现,2019 年之前的文献梳理类文章关注的文本比较广泛,既包括韬奋自己的文章,也包括文学类作品;既包括著作,也包括传记,因之与韬奋相关的文字均可视作"韬奋研究"。2019 年,崔家勇将研究范围缩小,通过文献计量分析的方法对中国知网的期刊和硕博论文(2018 年 8 月)进行分析,"韬奋研究"由此更关注学术论文的相关成果。

二 典型文本:《邹韬奋研究》系列论集

《邹韬奋研究》系列论集是国内邹韬奋研究富有纵深度的一个特殊文本,具有一定的代表性,它将成为典型全面、深入剖析邹韬奋研究的凭借。《邹韬奋研究》系列论集的历史梳理和系统研究,在某种意义上将呈现 2004—2019 年 15 年间邹韬奋研究的重点和发展趋势。

(一)《邹韬奋研究》15 年

"《邹韬奋研究》丛书由韬奋纪念馆主办,主要刊登新发现的韬奋佚文及手记和照片,国内外作者研究韬奋的论文及研究动态,国内外已在其他报刊发表的有新观点、新思想、新材料的研究文章的摘要,有关韬奋纪念研究的大事记和活动照片等。"② 《邹韬奋研究》第 1 辑于 2004 年 11 月出版,2004 年到 2019 年 15 年间,《邹韬奋研究》系列

---

① 雷群明:《韬奋研究、纪念 70 年》,载韬奋纪念馆编《邹韬奋研究》第 4 辑,生活·读书·新知三联书店 2016 年版,第 292—294 页。

② 韬奋纪念馆编:《邹韬奋研究》(第一辑),学林出版社 2004 年版,封底简介。

论集出版7辑，发表相关文章320余篇，汇编了233万字的学术成果，记录了2003年以来有关邹韬奋的多个重要时间节点，如邹韬奋逝世60周年、邹韬奋诞辰110周年、邹韬奋诞辰112周年、邹韬奋诞辰120周年、邹韬奋从事新闻出版活动90周年、生活书店成立75周年和韬奋纪念馆成立50周年等。2017年第5辑开始，《邹韬奋研究》的内容侧重点发生了明显的转向，即越来越注重呈现国内学者邹韬奋研究的最新成果，由资料性转向学术性。

作为邹韬奋研究的年鉴性资料论著、韬奋纪念馆的年度研究成果输出，《邹韬奋研究》既有雷群明、柳斌杰、黄瑚、陈挥、傅德华、朱敏彦、杨宏雨、潘大明等知名学者的研究成果，也有复旦大学、兰州大学、西安交通大学、吉林大学、安徽大学和江西师范大学等多所高校学术新秀的论文，还有来自上海韬奋纪念馆、韬奋基金会、上海市中共党史学会、新四军纪念馆、盐城市委党史办及余江县委宣传部等社会各界的多元探索。《邹韬奋研究》的各类文章，研究视野广阔，既有新闻思想探讨，也有新闻实践解析；既有新闻史研究的深耕，也有跨学科交流的呈现。它对丰富历史文献、了解最新研究动态和启发研究思路都具有非常重要的价值和意义。同时，书中的照片、手记和回忆录等内容也有助于了解邹韬奋先生的"逸闻趣事"，呈现出更加立体、全面及生动的历史人物形象。

（二）研究对象、研究焦点和研究价值

《邹韬奋研究》从某种程度上折射了邹韬奋研究主体的变化特征。作为典型文本，前7辑是研究的对象，而研究焦点则是学界邹韬奋研究的重点与新变化。故此，书中关于邹韬奋会议的照片和新闻报道以及非原创的文摘、题词、书画、散文、随笔和一般讲话等与学术成果没有直接关系的内容将不作为研究的对象。具体的文本选择标准如下：

1. 有关邹韬奋思想和专业实践方面的学术研究成果。

2. 具有重要参考价值的同人回忆录，如方学武的《我记忆中的韬奋先生二三事》，丁裕的《学习韬奋的人格魅力》。

3. 与邹韬奋相关的重要史料，如《徐伯昕同志给邓颖超同志的信及邓颖超同志批语》。

《邹韬奋研究》具有重要的研究价值，它可以作为典型文本，折射邹韬奋研究的系统性特征，从而启发对邹韬奋研究的反观和预期。

（三）框架重组：基于184篇文章的内容与主题分析

明确了研究对象、研究重点与文本选择标准之后，根据文章的内容和主题，本研究对320余篇文章进行了重新的分类总结，筛选出184篇紧密贴合研究目的的邹韬奋研究文章，如表1.2：

表1.2　《邹韬奋研究》前七辑学术成果主题与内容分类

分类	篇数
原始文献考古	9篇
思想探析	40篇
新闻实践	36篇
韬奋精神	34篇
同人研究	27篇
文献综述	9篇
跨学科研究	20篇
创新取向	9篇

三　研究定位、研究主体和研究取向

研究发现，2004—2019年15年来，《邹韬奋研究》中的研究成果指示了研究定位和研究主体的历史演化，彰显了邹韬奋思想探析、邹韬奋新闻实践和韬奋精神研究等三大取向，且深耕趋势明显。同时，邹韬奋研究显示了新的变化与研究取向，如同人研究、跨学科多元视角研究、新闻业务的细化研究等。

（一）研究定位和研究主体：承继与演化

不难发现，邹韬奋研究的研究定位是不同历史语境的产物，并且随着语境的演化而演化。早期对邹韬奋思想转变的研究基本遵从了主流话语的界定,规定性强,政治话语特色鲜明,和主流保持了同步和一致。

具体而言,1949年之前,宣传邹韬奋精神的目的主要是团结抗战、揭黑暗、反对专制、追求民主。延安《解放日报》作为中共中央机关报,对邹韬奋这位党外人士的盛大追悼和纪念活动以及高度评价,就中国共产党话语体系对邹韬奋进行历史评价。1949年之后,对邹韬奋的历史评价也基本遵循着作为主流意识形态的中国共产党话语体系的话语阐释。

20世纪80年代以来,随着文化语境的开放性增强,邹韬奋研究开始趋于多元,政治话语的笼罩性逐步松动,其他视角的研究开始加入,一如郝丹立所说,政治工具论逐步式微,而文化价值取向则逐步升温,诸多传播学、文学、历史学、社会学、翻译学等方面的研究成果应运而生,给邹韬奋研究带来了全新的气象。① 这些研究是对传统研究的解构和创新,但也是有益的补充和参照。

总体而言,邹韬奋研究在承继中演化,总体趋势表现为一元到多元,正统到开放,现实性回归历史性,研究活力逐步得到释放,研究求新逐步成为聚焦。

同时,研究主体也发生了变化。具体来看,以穆欣为代表的老一代研究者谨守主流话语的规范,对邹韬奋进行了颇具时代特征的研究,为邹韬奋研究的主流话语奠定了基础。他们虽然以主流话语为线,但依然凸显了历史考察的某种界限,以表达和意识形态的微妙关系,即在系统尊奉之下的谨慎自守,高度礼赞甚至强力拔高之后的自我反观。进入新时期之后,一批受过良好新闻传播历史教育的学者逐步成为邹韬奋研究的主力,代表着邹韬奋研究进入了一个以承继和求新为特征的研究时代,雷群明、傅德华、黄瑚、潘大明、陈挥和沈谦芳等研究者就是其中的代表。他们努力在时代浪潮的起

---

① 郝丹立:《论韬奋思想研究中的价值取向》,《四川大学学报》(哲学社会科学版)2002年第3期。

伏中寻找真义，着力于对历史的深入梳理，在继承前人的基础上，试图挣脱主流话语的现实框定，以彰显研究的主体性。在具体研究方面，他们或将邹韬奋研究置于新闻史的总体研究中，思考其中的历时纹理；或以主体的人格探究，突出反思的多义性；或以时代语境为皈依，阐释主流的话语潜质。多维性是这些研究者努力传承的本色，也隐喻了时代的指向。

在 21 世纪，邹韬奋的研究者显示了更为突出的特征。其时，主流话语及其组织系统对邹韬奋作为主流话语符号指代的加持仍在延续，且有更趋强化的趋势。在此之下，邹韬奋纪念馆作为组织的代言机构，逐步发挥了强大的组织推动作用，上海市中共党史学会更是将党派立场和学术研究的功能加以糅合，参与其中，辅助推进。其间，邹韬奋学术会议的举办和《邹韬奋研究》的连续出版，都使得组织再一次占据了邹韬奋研究的中心位置。同时，一批后起的研究者以强大的解构意识和重构理想进入邹韬奋研究的场域之中。郝丹力、杨琳、杨宏雨、李春、陈长松、徐健、高明、孟晖、李晓灵、张国伟、梁德学和常志刚等一批研究者以新的理论介入邹韬奋研究，强烈的解构意识和质疑取向，使得他们以近似学院派的身份成为邹韬奋研究的新生力量。此外，一批更加年轻的研究生也逐步加入其中，复旦大学、兰州大学、江西师范大学的研究生就是代表。如此，21 世纪的邹韬奋研究者具有更加多元的主体身份特征，老中青结合，正统学者和新锐学者相结合，组织机构、学院派学者和更为新生的研究者相结合，凸显了前所未有的生机和活力。

（二）研究取向：思想探析、新闻实践和韬奋精神的深耕

通过文本的量化分析发现，思想探析、新闻实践和韬奋精神是《邹韬奋研究》的三大核心取向，2004—2019 年间分别有 40 篇、36 篇和 34 篇研究成果发表，且每本专辑中都有相关成果产出，研究深度和广度亦有显著提升。

首先，思想探究突破传统新闻领域，研究更加全面。

第一编 总论

表1.3　　　　　　　　韬奋的思想探析

序号	文章标题	作者	专辑	页码
1	《让韬奋精神永放光芒》	邵益文	1	90—100
2	《编辑出版大师邹韬奋》	王振铎	1	101—108
3	《韬奋的编辑思想》	雷群明	1	147—159
4	《井冈山归来读韬奋》	李频	2	126—156
5	《邹韬奋出版传播观探析》	张文红	2	157—168
6	《服务精神与科普出版》	郑晓林	2	326—329
7	《国民性关怀与批判——邹韬奋新闻出版思想探究》	刘火雄	4	94—105
8	《论邹韬奋在全面抗战时期的新闻出版思想》	孟晖	4	106—121
9	《邹韬奋的报格思想研究》	李春	5	44—62
10	《审查制度与言论自由——以韬奋〈抗战以来〉为例》	毛真好	5	215—230
11	《民国时期江西学人的新闻学理论贡献——以邹韬奋、黄远生、徐宝璜为例》	李建华 姜庆刚	7	122—132
12	《邹韬奋宪政思想初探》	郝丹立	1	116—126
13	《韬奋的民主办社思想》	喻建章	1	140—146
14	《韬奋的民主政治观及其当代价值》	郝丹立 苏志宏	2	85—101
15	《韬奋小言论思想探析》	李舒 李蜜	2	247—257
16	《邹韬奋求学时期的思想启蒙研究》	黄淑君	5	246—255
17	《试论邹韬奋马克思主义思想及其新闻实践的历史呈现》	李晓灵 张高杰	6	75—97
18	《邹韬奋与新四军苏中抗日根据地的民众参政》	张云	6	202—209
19	《邹韬奋与他的出版编辑生涯》	谢小昌	6	322—330
20	《"九一八"事变后邹韬奋政治追求的转变》	郭琳婕	6	338—347
21	《大时代里的探索和求新——读〈韬奋全集〉第九卷》	周晔 钱威丞	7	101—107
22	《邹韬奋与中国民权保障同盟》	邵雍	7	135—145
23	《邹韬奋与中国共产党人的交往》	梁德学	7	169—186
24	《韬奋与〈抗战〉三日刊》	章雪峰	2	230—240
25	《邹韬奋创办抗日报刊的杰出贡献和当代价值》	陈会	4	35—52
26	《论"孤岛"时期中共在上海新闻出版领域的抗战宣传工作》	杨晖	4	122—135
27	《邹韬奋与抗日救亡报刊》	朱敏彦	6	133—142

续表

序号	文章标题	作者	专辑	页码
28	《邹韬奋在武汉的新闻出版活动》	邓涛	6	290—299
29	《邹韬奋与媒体抗战动员研究》	杨琳	7	16—34
30	《沸腾的血流在激荡着：邹韬奋与两本〈全民抗战〉信箱外集》	叶舟	7	289—303
31	《〈新生〉周刊的东北意识》	蒋蕾 田茫茫	7	304—321
32	《韬奋撰述"读者信箱"的经验》	吴文	2	241—246
33	《韬奋译述在〈生活〉周刊连载对大众文化的影响》	孔明珠	5	131—140
34	《〈生活〉周刊"读者信箱"婚恋问题研究》	徐灵嘉 傅德华	6	227—244
35	《为了纪念的纪念——论〈店务通讯〉出版的价值与意义》	张文红	3	587—591
36	《韬奋：青年的导师和挚友》	阙道隆	1	109—115
37	《周恩来说邹韬奋是恽代英逝世后中国青年的领袖》	仲秋元	2	3—4
38	《纪念从未谋面的老师韬奋先生》	徐中玉	2	13—15
39	《馆藏文物介绍：银盾》	李东画	2	382—384
40	《试论邹韬奋的青年观》	张晟	7	84—100

2004年至2005年的2辑中，《邹韬奋研究》对邹韬奋的思想探究主要集中在新闻思想、青年教育和民主思想三个方面，其中对新闻思想的讨论集中在宏观层面，多以邹韬奋的生平为线索，探讨其新闻思想的演变过程和对当代编辑工作的启迪意义。

2008年，从第3辑开始，以张文红的《为了纪念的纪念——论〈店务通讯〉出版的价值与意义》为转向，《邹韬奋研究》对于邹韬奋的思想探究更加全面、深入，增加了社会新思潮的内容，开始探讨邹韬奋的大众文化思想。同时，新闻思想的研究深入到微观层面，既有《论邹韬奋在全面抗战时期的新闻出版思想》等某一历史阶段的深刻解析，也有《审查制度与言论自由——以韬奋〈抗战以来〉为例》等就某一主题进行的探究。与此同时，民主政治思想的探究也有了明显的转向，更加强调邹韬奋的民主革命思想，主要表现是关于抗日宣传的内容大大增多，郭琳婕的文章《"九一八"事变后邹韬奋政治追求的转变》也从侧面证实了这一变化。

其次,新闻实践研究重经营,亦重业务。

表1.4　　　　　　　　邹韬奋的新闻实践活动

序号	文章标题	作者	专辑	页码
1	《纪念韬奋逝世60周年,重读〈事业管理与职业修养〉》	郁进	1	44—47
2	《一本从职工刊物孕育出来的书》	蓝真	2	184—187
3	《〈事业管理与职业修养〉应是员工培训的首选教材》	苏朝纲	2	191—194
4	《怀念韬奋先生》	周幼瑞	1	48—50
5	《韬奋怎么编〈生活〉周刊》	徐伯荣	1	127—139
6	《周刊的公信力和经营之道——〈生活〉周刊的启示》	陈丽菲	1	214—223
7	《学习韬奋　追求双赢》	吉少甫	2	19—24
8	《我记忆中的韬奋先生二三事》	方学武	2	25—27
9	《学习韬奋的人格魅力》	丁裕	2	28—29
10	《邹韬奋和生活书店》	陈挥	2	202—216
11	《读〈店务通讯〉排印本三题》	汪耀华	3	570—576
12	《从〈店务通讯〉看抗战初期生活书店的变迁》	王京山	3	577—584
13	《从〈店务通讯〉看出版社企业文化建设》	陈颖	3	585—586
14	《浅谈生活书店的核心价值观兼及践行者徐伯昕》	徐虹	4	214—230
15	《韬奋与发行》	罗紫初	1	160—166
16	《试论邹韬奋的人才思想》	朱晋平	1	172—180
17	《从〈店务通讯〉看韬奋"人才主义"的用人政策》	李东画	3	560—569
18	《邹韬奋的新闻人才观》	杨广越	7	54—64
19	《试探韬奋先生"读者第一"的服务精神》	梁茂林	1	167—171
20	《邹韬奋广告思想探微》	胡学亮	2	169—173
21	《浅析〈生活〉周刊时期邹韬奋的广告经营观》	苏聪	6	363—376
22	《报刊广告应坚守品格——邹韬奋广告经营理念述略》	韩爱平 杨志慧	7	77—83
23	《韬奋品牌经营理念探析》	包韫慧	2	174—183
24	《〈生活〉周刊与生活书店的刊、社互动》	高明 刘月	6	300—310
25	《生活书店出版的〈生活日记〉》	王草倩	6	311—321
26	《追寻三联书店的长江源》	张钰伟	6	331—337

续表

序号	文章标题	作者	专辑	页码
27	《阅读·表达·互动：〈大众生活〉"一二·九运动"报道新探——一种阅读史的视角》	蒋含平 梁骏 张孜文	4	53—78
28	《邹韬奋倡导的新闻报道"研究化"述评》	黄瑚	4	79—93
29	《从"健而美的体格"看〈生活〉周刊的转变》	梁小建	2	258—262
30	《虽小道，亦可观——邹韬奋〈生活〉周刊"小言论"研究》	李新丽	5	94—103
31	《〈生活〉周刊的"读者信箱"栏目》	王草倩	5	158—166
32	《试析邹韬奋主办上海〈大众生活〉周刊的栏目特色》	黄瑚 孟晖	6	28—43
33	《中国出版界的"创举"——韬奋报刊中的漫画》	雷群明	5	16—24
34	《试论〈生活〉周刊的新闻照片》	高明	5	171—186
35	《试述〈生活〉周刊的新闻照片》	高明	7	364—381
36	《生活书店的出版风格》	黄勇	7	392—403

除了探讨新闻思想，学者们对邹韬奋的新闻实践也很感兴趣。2016年以前，《邹韬奋研究》对邹韬奋新闻实践的研究多为邹韬奋经营管理的策略，既有同人的回顾，如丁裕的《学习韬奋的人格魅力》，也有文本的分析，如郁进和苏朝纲有关《事业管理与职业修养》的两篇文章；既有整体的经营管理理念，也有人才观、广告观、发行观、品牌观等某个具体理念的深究。

2016年之后，除了继续研究邹韬奋的经营管理之外，还有一部分学者将目光转向更为具体的新闻业务。他们从采写编评策的角度重新认识邹韬奋，发表了十余篇重要的研究成果，内容涉及报道创新、栏目特色、出版风格、漫画和新闻照片等多个业务层面，如雷群明的《中国出版界的"创举"——韬奋报刊中的漫画》、高明的《试论〈生活〉周刊的新闻照片》等。至此，邹韬奋新闻实践研究从重"器"不重"术"，转向"器""术"并重，对当代新闻出版有了更全面的指导和借鉴意义。

再次，锤炼、诠释和弘扬并重，韬奋精神研究多点开花。

表 1.5　　　　　　　　　　　韬奋精神

序号	文章标题	作者	专辑	页码
1	《弘扬韬奋精神　做好出版工作》	雷群明	1	60—66
2	《学习韬奋精神　努力提高青年出版人的职业素质》	李远涛	1	72—75
3	《在"弘扬韬奋精神推进三项学习教育活动报告会"上的讲话》	王仲伟	1	78—85
4	《走韬奋之路》	伍杰	2	10—12
5	《以韬奋精神办报》	顾志武	2	33—35
6	《学习韬奋，宣传韬奋》	黄鹤	2	73—75
7	《对打造韬奋品牌的思考》	朱胜龙	2	280—283
8	《韬奋故里余江县兴建纪念韬奋实体简叙》	邹华义	2	333—339
9	《〈联谊通讯〉16 年》	曹健飞	2	340—347
10	《职业出版精神的经典传承》	邱孟瑜	3	439—443
11	《领会韬奋精神　做好少儿出版工作》	周晴	3	444—448
12	《发扬韬奋精神　建设出版强国——在纪念邹韬奋同志诞辰 120 周年座谈会上的讲话》	柳斌杰	4	3—7
13	《江西余江韬奋生平与精神调研报告》	沈一鸣	5	287—293
14	《晋绥〈抗战日报〉对邹韬奋先生集体记忆的建构》	常志刚	7	261—277
15	《韬奋优秀的品质及其对出版事业的影响》	何丽川	2	292—297
16	《弘扬韬奋先生竭诚为读者服务的精神》	黄景仁	2	36—38
17	《继续学习和弘扬韬奋的服务精神》	雷群明	3	421—429
18	《读〈邹韬奋：大众文化的先驱〉有感》	温泽远	3	430—435
19	《韬奋精神永存》	顾斌	3	436—438
20	《爱之愈深，哀之愈切——友人眼中的邹韬奋晚景与抱负》	彭晓亮	5	153—157
21	《韬奋与韬奋精神》	许觉民	2	5—9
22	《获韬奋奖有感》	遇衍滨	2	30—32
23	《韬奋铜像前的沉思（征文）》	鲁秀珍	2	51—53
24	《爱国爱民　勤奋正直　造就了现代出版的楷模韬奋》	邵益文	2	76—84
25	《韬奋精神引领我前进》	喻建章	2	188—190
26	《试论韬奋精神的当代启示》	范嘉	2	284—291
27	《韬奋精神对当代出版人的意义》	张宏	3	449—453
28	《韬奋精神——时代的文化指针》	陈鸣华	3	454—456
29	《学习韬奋的办刊原则》	欧阳文彬	3	457—459

续表

序号	文章标题	作者	专辑	页码
30	《"邹韬奋与三联书店"上海研讨会发言摘要》	张伟民等	3	464—494
31	《作为社会记忆的韬奋精神（1944—2015）——基于邹韬奋纪念文章的分析》	张国伟	7	238—260
32	《论中华职业教育社对邹韬奋成长的意义》	张炜	1	205—213
33	《韬奋与圣约翰大学》	郝丹立	2	217—229
34	《从〈生活〉周刊的发展看邹韬奋人生观的变化历程》	夏叶	1	224—230

《邹韬奋研究》前七辑对韬奋精神的关注具有"多点开花"的特征，涉及韬奋精神内涵的锤炼、新时代的诠释以及时代弘扬与创新等多个层面，如张炜的《论中华职业教育社对邹韬奋成长的意义》和郝丹立的《韬奋与圣约翰大学》从中外教育经历解读邹韬奋的成长历程；雷群明的《继续学习和弘扬韬奋的服务精神》和学者彭晓亮的《爱之愈深，哀之愈切——友人眼中的邹韬奋晚景与抱负》从实践经历和同人回忆两个视角诠释韬奋精神的内涵；张宏的《韬奋精神对当代出版人的意义》和陈鸣华的《韬奋精神——时代的文化指针》则站在新时代对韬奋精神进行现代化解读；沈一鸣的《江西余江韬奋生平与精神调研报告》和邱孟瑜的《职业出版精神的经典传承》从实用的角度关注韬奋精神的弘扬与发展，论古说今，强调历史传承。

关于韬奋精神锤炼、诠释和弘扬的相关研究成果多集中在2004至2008年，即《邹韬奋研究》前3辑。近两年，相关研究开始从社会控制的角度探讨韬奋精神的形成机制，代表性成果是张国伟的《作为社会记忆的韬奋精神（1944—2015）——基于邹韬奋纪念文章的分析》和常志刚的《晋绥〈抗战日报〉对邹韬奋先生集体记忆的建构》。

（三）多维创新：跨学科、多视角研究的介入

在传统的研究取向中，邹韬奋的身份是新闻出版人，研究的领域多是新闻史，虽有一些学者尝试从海派文化（《韬奋对"海派文化"的贡献》，雷群明，2004年）、教育思想（《试谈邹韬奋的教育思想》，雷群明，2005年）出发，对邹韬奋研究进行取向创新，但相关研究成

果较少，没有引起太多关注，尚未成为主流。

表1.6　　　　　　　　　同人研究

序号	文章标题	作者	专辑	页码
1	《邹韬奋与张元济出版思想之比较》	能向群	1	181—192
2	《邹韬奋与鲁迅》	张维舟	1	238—244
3	《鲁迅、黄源与生活书店风波由来考辨》	秋石	2	263—279
4	《韬奋和鲁迅》	陈挥	6	3—18
5	《交往、同化和异质：延安〈解放日报〉中的邹韬奋与鲁迅对比研究》	李晓灵 许小平	7	213—237
6	《邹韬奋与石凌鹤》	童翊汉	1	245—247
7	《胡风眼中的邹韬奋（征文）》	张维舟	2	48—50
8	《邹韬奋与胡愈之的亲密友谊》	吴道弘	2	102—114
9	《试论邹韬奋与胡愈之及商务印书馆的关系》	洪九来	6	98—113
10	《邹韬奋与胡愈之》	戴哲恒	7	155—168
11	《六十花甲说韬奋与陈作民》	陈奋	2	367—373
12	《徐伯昕早年生平》	叶舟	4	231—240
13	《谊切苔岑，师友半生——论邹韬奋与徐伯昕出版事业的合璧》	张文彦	6	114—132
14	《风雨同舟　共创辉煌——韬奋先生的亲密战友徐伯昕》	徐虹	6	245—262
15	《民国地方改革的一次试验：以〈生活〉周刊连载的〈一百四十四天的县长生活〉为例》	叶舟	5	63—76
16	《韬奋和〈生活〉周刊同仁的合作》	陈挥	5	3—15
17	《〈译文〉月刊在生活书店的出版和停刊》	施晓燕	6	143—160
18	《邹韬奋在上海出版界的朋友圈探析》	杨卫民	5	117—130
19	《于"生活"中认"新知"——记徐雪寒与邹韬奋的特殊交往》	铁春燕 刘小清	5	141—152
20	《一个国家，两种故事——邹韬奋与纪德访苏报道比较研究》	李春	6	44—74
21	《李公朴与〈美国通讯〉》	叶舟	6	161—172
22	《现代"七君子"精神初探》	潘大明	6	173—201
23	《邹韬奋与"七君子事件"》	邵雍	6	277—289
24	《引领与实践：陈独秀、邹韬奋启蒙报刊实践比较——以〈新青年〉月刊与〈生活〉周刊为例》	陈长松	6	263—276
25	《邹韬奋与成舍我新闻思想比较研究》	李雨田	7	35—53

续表

序号	文章标题	作者	专辑	页码
26	《范长江与邹韬奋》	邓涛	7	146—154
27	《邹韬奋主要人际交往活动述评》	孟晖	7	187—209

表 1.7　　《邹韬奋研究》中的跨学科多元视角

序号	文章标题	作者	专辑	页码
1	《韬奋的读书方法（征文）》	孙琴安	2	45—47
2	《试谈邹韬奋的教育思想》	雷群明	2	115—125
3	《永远站在时代的前列——论韬奋的青年教育观》	陈挥	7	3—15
4	《新闻出版人的存史意识》	张国功	2	195—201
5	《邹韬奋的人物传记写作研究》	孟晖	5	104—116
6	《韬奋中国古史论述评》	周锡山	5	187—198
7	《〈生活〉周刊诗歌、小说研究》	傅德华 李易特	5	199—214
8	《邹韬奋的文学观述评》	周锡山	7	108—121
9	《生活书店与拉丁化新文字》	施晓燕	7	382—391
10	《韬奋对"海派文化"的贡献》	雷群明	1	231—237
11	《翻译、评介、引导等多重角色——浅析邹韬奋进步思想在翻译出版中之体现》	毕晓燕	4	166—192
12	《从"内容把关人"到"意义再造者"——浅析邹韬奋译介传播活动中的角色转变》	李瑾	7	65—76
13	《邹韬奋〈我的母亲〉中的社会文化意蕴略论》	周锡山	4	241—255
14	《试论〈生活〉周刊城市平民文化的特征》	赵文	5	25—43
15	《韬奋故里沙塘邹氏宗谱考》	桂峰	5	167—170
16	《〈生活〉周刊时期邹韬奋的女性观研究》	张玉鑫	5	231—245
17	《〈生活〉周刊"女子职业解放及经济独立"问题浅析》	李易特 傅德华	6	210—226
18	《浅析邹韬奋女子职业教育思想中的坚持与妥协》	李瑾	6	348—362
19	《〈生活〉周刊对妇女解放思想的传播研究》	杨悦	7	322—332
20	《〈生活〉周刊与〈良友〉中的女性形象》	张玉鑫	7	333—345

近几年，尤其是 2017 年之后，社会学、传播学、教育学和文学等

跨学科的多元视角研究明显增多，且出现了一批重要的研究成果，如周锡山的《韬奋中国古史史论述评》，傅德华和李易特的《〈生活〉周刊诗歌、小说研究》等，邹韬奋研究有了明显的跨学科多元视角取向。

表1.8　　　　　　　　女性主义研究

序号	文章标题	作者	专辑	页码
1	《〈生活〉周刊时期邹韬奋的女性观研究》	张玉鑫	5	231—245
2	《〈生活〉周刊"女子职业解放及经济独立"问题浅析》	李易特 傅德华	6	210—226
3	《浅析邹韬奋女子职业教育思想中的坚持与妥协》	李瑾	6	348—362
4	《〈生活〉周刊对妇女解放思想的传播研究》	杨悦	7	322—332
5	《〈生活〉周刊与〈良友〉中的女性形象》	张玉鑫	7	333—345

在《邹韬奋研究》的185篇学术成果中，5篇论述女性的文章格外亮眼，分别是张玉鑫的《〈生活〉周刊时期邹韬奋的女性观研究》和《〈生活〉周刊与〈良友〉中的女性想象》，杨悦的《〈生活〉周刊对妇女解放思想的传播研究》，李瑾的《浅析邹韬奋女子职业教育思想中的坚持与妥协》，李易特和傅德华的《〈生活〉周刊"女子职业解放及经济独立"问题浅析》。

从论者主体来看，既有《邹韬奋研究》的常客——复旦大学的李易特和傅德华，也有《邹韬奋研究》的新人——兰州大学的张玉鑫和李瑾、黑龙江大学的杨悦，两代学者达成了取向创新的共识。同时，这还反映出韬奋研究有了关注新时代社会问题的趋势。这5篇论文研究关注的是民国时期女性教育、工作和思想解放问题，与近几年比较热门的女性主义研究不谋而合，相关研究成果对于探讨我国女性主义思潮的发展，具有重要启迪意义。

（四）特殊维度：同人研究的"弱"关系取向

从2017年《邹韬奋研究》第5辑开始，作为邹韬奋研究的特殊维度，同人研究成为最热门的取向之一，既有人际关系的总体阐述，如杨卫民的《邹韬奋在上海出版界的朋友圈探析》和孟晖的《邹韬奋主要人际交往活动述评》，也有单个同人的对比分析，如张文宏的《谊切苔岑，师友半生——论邹韬奋与徐伯昕出版事业的合璧》。这些研究形式新颖，但内容仍紧密围绕思想探析、新闻实践和韬奋精神的三大核心取向，即同人研究多以突出邹韬奋的思想特征、新闻实践理念为导向。

就单个同人的对比研究来说，鲁迅、胡愈之和徐伯昕最受偏爱，仅鲁迅研究就产生了4篇同人文章，分别为李晓灵和许小平的《交往、同化和异质：延安〈解放日报〉中的邹韬奋与鲁迅对比研究》、张维舟的《邹韬奋与鲁迅》、秋石的《鲁迅、黄源与省会书店风波由来考辨》和陈挥的《韬奋和鲁迅》，这与3人和邹韬奋的"强"人际关系密不可分。

近两年，更多的学者开始将目光转向邹韬奋的"弱"人际关系，不再仅限于邹韬奋的家人、同事和亲友等来往密切的人际圈，开始打破时空束缚，探讨弱关系意涵。其中，陈独秀、成舍我和范长江等与邹韬奋没有直接接触的历史人物在论文中与邹韬奋有了更多的"见面机会"，学者的讨论多注目于这些新闻大家们理念和实践的异同，代表性成果有陈长松的《引领与实践：陈独秀、邹韬奋启蒙报刊实践比较——以〈新青年〉月刊与〈生活〉周刊为例》和李雨田的《邹韬奋与成舍我新闻思想比较研究》。

（五）成果创新：多向研究成果的推出

跳出传统取向，探索新闻史研究的新思路，是当下学者面临的重要挑战之一。可喜的是，很多学者已经迈出了创新的第一步。其中，多向研究成果的推出，显示了研究创新的价值。

表1.9　　　　　　　　　创新性取向研究

序号	文章标题	作者	专辑	页码
1	《韬奋网络声望初探》	王京山	2	298—309
2	《韬奋传记比较研究——兼论韬奋研究的议程设置》	梁小建	2	310—325
3	《〈韬奋全集〉第一卷标点问题及其他》	司马文	2	348—353
4	《延安〈解放日报〉中的邹韬奋传播逻辑：褒扬与纪念、改写与保留》	李晓灵	4	136—150
5	《"救国无罪"——七君子事件中的新闻报道》	高明	4	151—165

续表

序号	文章标题	作者	专辑	页码
6	《一个外国人眼中的邹韬奋——以英文博士论文〈邹韬奋:《生活》周刊的岁月,1925—1933〉为中心》	傅德华 李易特	7	346—363
7	《韬奋五大笔名研究》	梁方圆	7	404—415

2005年,王京山的《韬奋网络声望初探》,通过数据分析的方式探讨邹韬奋在21世纪的网络影响力,为邹韬奋研究开拓了定量的视角;同年,司马文从文献本身出发,通过《〈韬奋全集〉第一卷标题问题及其他》,试图完善、修正文本,从邹韬奋研究的源头出发,为研究的精确性提供支持;2016年和2017年,李晓灵先后发表《延安〈解放日报〉中的邹韬奋传播逻辑:褒扬与纪念、改写与保留》和《延安〈解放日报〉中的韬奋写作及其传播》,从社会控制和媒体议程设置的角度,探讨邹韬奋的集体记忆生成问题,在新闻史研究中融入了传播学视角。同时,邹韬奋研究还需要国际化视野①,2019年,傅德华和李易特将他者视角引入国内,《一个外国人眼中的邹韬奋——以英文博士论文〈邹韬奋:《生活》周刊的岁月,1925—1933〉为中心》进入了跨文化传播研究的视域。这些研究显示了对传统研究取向的突破,立足创新,为邹韬奋研究开拓了新的视野。

四 研究反思

《邹韬奋研究》15年,最明显的两大特征是坚守深耕和创新拓展。前者体现在思想探析、新闻实践和韬奋精神的研究日益深化、细化方面,点面结合;后者主要体现在跨学科多元研究视角的引入,学者们日益跳出"新闻史研究"的框框,与传播学、社会学、文学和教育学等学科融合趋势明显,脱旧维新,意在突破。

---

① 李频:《韬奋研究随想》,韬奋纪念馆编《邹韬奋研究》第1辑,学林出版社2004年版,第197页。

坚守和创新之外，邹韬奋研究也面临着一些困境和挑战，主要体现在以下三个方面：

首先，研究扎堆，缺乏突破。这在雷群明、李频 2004 年的分析中也有所体现。就《邹韬奋研究》前七辑而言，以三大核心取向中的韬奋精神研究为例，多数研究都集中在韬奋精神的弘扬与发展层面，关于韬奋精神的历史意涵挖掘则较少关注。基于此，关于邹韬奋的研究应该力求打破三大传统取向，积极引入历史学、社会学和传播学等跨学科视角，促成研究取向的"破"与"立"。

其次，创新不足，少量创新成果没有形成主流。虽然 15 年间，《邹韬奋研究中》出现了多篇创新明显的论文，如李春跳出同人研究的疆域限制，将邹韬奋的访苏随笔《萍踪寄语》和法国作家安德烈·纪德的《访苏联归来》进行对比，探索个人经历、身份背景对记者国际新闻立场的影响，令人耳目一新。但总体来说，此类创新性明显的研究成果相对较少，影响范围较小，尚无法成为主流。这一点从知网的邹韬奋研究发文数量也可窥见一斑。2019 年，学者崔家勇对 2018 年 8 月 16 日以前知网收录的论文进行研究，通过文献计量分析发现，《编辑学刊》《出版参考》《青年记者》上发表的邹韬奋研究数量最多，分别为 16 篇、15 篇和 15 篇，从侧面反映了邹韬奋研究的创新成果较少。故此，邹韬奋研究应该"走出去"。"走出去"有两方面的含义，一是学科交叉，与国内"邹韬奋研究"以外的学术研究团体加强交流和互动，在开阔视角的同时，扩大邹韬奋研究在我国学界中的影响力；二是密切关注国外学者的相关研究，探索"他"视域下的邹韬奋研究，开拓邹韬奋研究的国际化视野。

最后是青年学者的培养问题。"青年学子是韬奋研究的后备军、生力军，借高校的学士、硕士乃至博士论文是培养韬奋研究队伍、多出研究精品的有效方式。"[①] 通过分析《邹韬奋研究》前七辑的作者发

---

① 李频：《韬奋研究随想》，韬奋纪念馆编《邹韬奋研究》第 1 辑，学林出版社 2004 年版，第 195 页。

现，15年间邹韬奋研究主体呈现明显的多元化趋势，除复旦大学、兰州大学、上海交通大学、西安交通大学和江西师范大学等作为学术研讨会举办主体多次参加之外，吕梁学院、湖北第二师范学院、郑州成功财经学院等高校的师生有了更多参与学术探讨的机会，拓展了邹韬奋研究的广度。研究还表明，发文三篇及以上多为知名学者，如上海韬奋纪念馆的雷群明、高明，上海市中共党史学会的陈挥、复旦大学历史系的傅德华、四川教育学院的郝丹立、兰州大学新闻与传播学院的李晓灵等。青年学者，尤其是各大高校的研究生，相关研究成果较少，多为一篇，连续或持续产出成果的青年学者较少。但可喜的是，兰州大学的张玉鑫先后在《邹韬奋研究》发表过两篇论文，其中《〈生活〉周刊与〈良友〉中的女性形象》是其研究生毕业进入新疆财经大学商务学院（现改名新疆科技学院）任教后的研究成果，这说明好的学术实践平台对青年学者的培育是有益的。鉴于此，"韬奋学术研讨会"可以邀请更多的高校甚至国外高校的学者参加，从3个方面入手加以扩容：一是向本科生开放，允许本科生参与邹韬奋研究，吸收新鲜血液；二是覆盖更多的院系，给文学、历史学等学科的师生更多的机会；三是鼓励现有邹韬奋研究的青年学者多出成果，培养后备力量，推进邹韬奋研究的持续发展。

总体来说，15年间，《邹韬奋研究》取得了不凡的成果，主要表现在三个方面：一是学术研究深耕趋势明显，二是跨学科多元视角拓展研究领域，三是产生了一批代表性学术成果。随着"韬奋学术研讨会"的规模和影响力日益扩大，不难推测，未来将会有更多的高校和研究团体参与其中。同时不可忽视的是，邹韬奋研究取向创新和青年学者培养是当前需要思考和解决的两大难题，问题的解决需要立足现实，从研究主体、研究方向和理论介入等多方探求。

鉴于邹韬奋研究的基本现状，本研究试图以邹韬奋思想系统与新闻传播实践为主题，对邹韬奋思想及其专业实践进行系统研究，以系统性深掘彰显研究的求新取向。本研究的框架设想如下图所示：

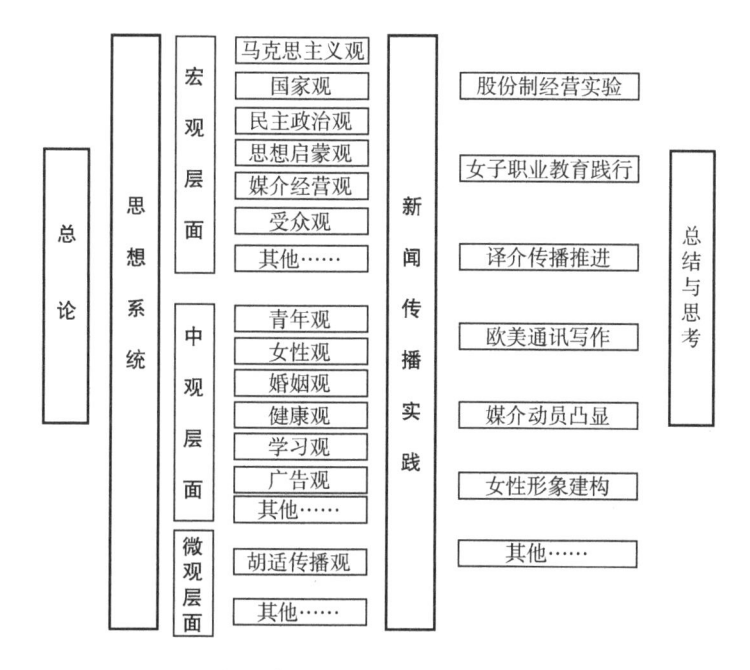

```
总    思想系统    ┌宏观层面┐  马克思主义观      新闻传播实践   股份制经营实验      总结与思考
                              国家观                             女子职业教育践行
                              民主政治观
                              思想启蒙观                          译介传播推进
                              媒介经营观
                              受众观                              欧美通讯写作
                              其他……
                                                                 媒介动员凸显
论                ┌中观层面┐  青年观
                              女性观                              女性形象建构
                              婚姻观
                              健康观                              其他……
                              学习观
                              广告观
                              其他……
                  ┌微观层面┐  胡适传播观
                              其他……
```

图1.1 邹韬奋思想系统与新闻传播实践结构图

需要说明的是，结构图也加入了"其他……"的部分，表明尚有未被纳入研究范围的主题，以显示研究系统的开放性。

第二编

思想研究

邹韬奋思想是邹韬奋留之于后世的精神财富，它因主流话语的历史定位而以"韬奋精神"闻名于世。

邹韬奋思想是一个完整而又庞杂的认知系统，是邹韬奋历史评判、现实考察和理想预期的结晶。全面、完整地梳理邹韬奋的思想系统是艰巨且困难的，有选择地研究新近关注热点以及邹韬奋更具理论生长力的思想观念，或可成为更具可行性的研究思路。

马克思主义观在现实语境中表现为最具笼罩性的观念体系，它往往被界定为邹韬奋历史转向、左翼知识分子身份特质以及主流话语加持的根本原因，并在历史和现实的交往中申发出强大的研究潜质。邹韬奋思想研究时常在理论研究和社会实践、主流话语和学术圈层、传统研究和新锐思辨之间存在某种认知罅隙，马克思主义观作为议题之一是学术探究的焦点。

国家观是邹韬奋在历史考察和现实思辨之后的认知聚焦，它事关爱国御敌、民族自强、保家卫国等重要议题，也联系着有关国家政治的历史追问。邹韬奋思想中的国家与世界，继承了五四思想的两歧性，其中既包含现实所激发的爱国主义，也涵纳了从传统和同人中汲取到的世界主义理想。由此，如邹韬奋一样的一代知识分子面对"天下"的传统认知和"国家"以及"世界"的纠葛，急切期望找到民族和个体皆得立身的依据，并昭示后人。

民主政治观是邹韬奋社会理想的呈现，也是邹韬奋社会实践的主要议题，更是邹韬奋作为社会民主运动活动家身份的彰显。邹韬奋民主政治观基于救亡图存的时代需要，以民主形式、言论自由、党派问题为核心，为当时中国民主社会的发展提供了启示；邹韬奋以中间党派代表和职业新闻人的双重身份，敢于践行，勇于斗争，为现代中国社会民主体系的建构和践行提供了宝贵经验。

思想启蒙观是"五四"启蒙思想和邹韬奋新闻传播理想的结合，体现了邹韬奋作为一代知识分子的文化宏志，即以现代文化观念消除传统文化的愚昧专制，以现代文明体制来重构民族的希望之城。广而言之，举凡民主科学、妇女解放、社会教育乃至家庭婚姻、社会建构、文化传播等议题，无不涵纳其中，并拷问着救亡与启蒙的历史质询。需要特别强调的是，邹韬奋一生为之竭尽心力的新闻传播实践恰恰就是以思想启蒙为天然职责。

媒介经营观是邹韬奋作为一代出版家的显著特征，显示了他以媒介经营为准则、出版发行为路径、商业营销为手段的重要理念。其中，报刊的发行、书店的经营、营销网络的建构、营销观念的更新等都体现了邹韬奋面向市场、以营销求独立的经营设想。媒介经营观不仅决定着邹韬奋的出版发行实践，同时也深刻地影响着报刊内容、新闻编辑和传播理念，具有持久而系统的影响力。

受众观是邹韬奋最具职业特征的认知，也是邹韬奋新闻传播经验的体现。重视受众，受众至上，以受众为友，是邹韬奋受众观的核心。邹韬奋的诸多新闻传播实践都以受众为中心，激发了巨大的传播效果，成就了中国现代新闻传播史中的传奇。

马克思主义观、国家观、民主政治观、思想启蒙观、媒介经营观和受众观是邹韬奋思想系统中更为宏观的观念体系。它们互为关联，互相作用，体现了系统性的认知辐射，并对邹韬奋的青年观、女性观、婚姻观、健康观、学习观和广告观等愈为中观的观念体系产生了直接影响。

在中观层面，青年观聚焦青年问题，女性观关注女性解放，婚姻观注目家庭婚姻，健康观强调科学传播，学习观落脚于知识修习，广告观则潜心于报刊发行和媒介经营机制，它们各据一维，互通有无，表达着对邹韬奋思想体系的中观建构。

胡适传播观是邹韬奋思想体系微观层面的典型写照。相比之下，胡适传播观更为微观，更为具体，更具个体性。盖因胡适在中国现代文化变革中的重要地位，邹韬奋的胡适传播观折射了个体认知和家国意识相纠结的知识分子观。邹韬奋胡适传播观由极度崇仰到理性评判再到批评疏离的轨迹，反映了邹韬奋从民主主义自由知识分子向左翼知识分子转向的个中缘由。

邹韬奋思想系统自宏观至中观、再到微观的整体建构，试图表达一种选择性的建构图式，力求在传统的历史阐释和现实的语境关照中寻求某种平衡。同时，邹韬奋思想体系具有显在的开放性，由于研究设计所限和其他原因，本体系未能也不可能涵盖全部，有待进一步完善。它在凸显某种建构推进的同时，也不可避免地表现了建构的限制和瑕疵。譬如，系统内部逻辑关系较为松散，而新闻自由思想、新闻专业理想的缺失，也表达了言说的困惑。

需要强调的是，思想系统和新闻传播实践之间往往互相交叉，互为作用，难以分割，因此，邹韬奋思想系统的研究多糅杂着新闻传播实践的关照，并以新闻传播实践作为思想系统的佐证。

第二章 马克思主义观

应该承认，邹韬奋及其研究在特定的历史语境里往往和马克思主义有着深刻的联系。这种联系是主流意识形态强力引导和知识圈层学术研究合力的结果。

最早把邹韬奋与马克思主义思想关联起来的是延安《解放日报》。在1944年11月22日延安《解放日报》的《邹韬奋先生逝世纪念特刊》中，陈毅发表了《纪念邹韬奋先生》一文。陈毅在文中称，邹韬奋是"继孙、鲁两公之后"，"从革命民主主义开始，直达共产主义行列"① 的楷模。这就无形中把邹韬奋和马克思主义思想的共产主义目标联系在了一起。而就在这同一特刊中，毛泽东于1944年11月15日为邹韬奋的题词，也只盛赞邹韬奋"热爱人民，真诚地为人民服务，鞠躬尽瘁，死而后已"② 的精神写照，并没有将邹韬奋与马克思主义和共产主义直接连接在一起。其实，毛泽东考虑到了邹韬奋身份的特殊性，才对邹韬奋做了适度宽泛的评判，这就显示了评判的历史性和客观性。

---

① 陈毅：《纪念邹韬奋先生》，延安《解放日报》1944年11月22日"邹韬奋先生逝世纪念特刊"附1版。
② 毛泽东于1944年11月15日为邹韬奋的题词，见延安《解放日报》1944年11月22日，"邹韬奋先生逝世纪念特刊"附1版。

一 研究回溯

邹韬奋及其研究在特定的历史语境里往往和马克思主义有着深刻的联系,学界对邹韬奋马克思主义思想的研究最早聚焦于其马克思主义世界观的转变和完成上。绝大多数学者肯定了其前后思想有性质不同的变化,由一个从民主主义到共产主义的转变,认为邹韬奋最终成为一名共产主义战士。随着研究的深入,近年来也有学者开始剖析这一议题的复杂性和历史性,开始探究邹韬奋马克思主义思想转变的缘起、节点、范畴以及历史呈现等问题。

目前,对于邹韬奋马克思主义思想转变的争议主要聚焦在以下四个方面:第一,邹韬奋思想转变的时间,即"九一八"事变是否是邹韬奋思想转变的转折点,邹韬奋是在流亡前,还是流亡后完成转变的?第二,邹韬奋思想转变的方向,邹韬奋的思想是否全然转向马克思主义和中国共产党?第三,邹韬奋思想转变的范畴,即邹韬奋的马克思主义思想呈现只停留在思想认识的范畴,还是已付诸社会实践层面?第四,邹韬奋思想转变的程度,邹韬奋的思想已经完全马克思主义化,还是逐渐趋向马克思主义?针对以上问题,学界展开了具体的论述和研究。

(一)观点与争论

首先是转折点之争。早在 20 世纪 80 年代初,穆欣就认为邹韬奋在 1933 年流亡以前仍未树立唯物主义世界观,还没有达成无产阶级立场的转变,直到 1935 年返回祖国的时候,他才完成了这个转变,主要缘由在于他出国时还没有解决无产阶级在中国革命中的领导权问题。[①]这一论断在 1987 年遭到了陈挥的质疑。陈挥在《简论邹韬奋马克思主义世界观的确立》一文中宣称,1931 年到 1933 年,这是邹韬奋思想发生转折的历史阶段。在这一阶段里,邹韬奋完成了从民主主义到共产主

---

① 穆欣编著:《邹韬奋》,湖北人民出版社 1981 年版,第 82、109、67 页。

义的伟大转变,"确立了马克思主义世界观。从此,韬奋作为一个共产主义战士,坚定地站在革命立场上,开始走上了一条新的道路"①。换言之,邹韬奋在1933年第一次流亡之前就已经完成了马克思主义世界观的转变,这不同于穆欣1935年流放回来完成世界观转变的观点。陈挥的论据是,邹韬奋在对国民党反动派的认识(由幻想到批判)、对阶级与阶级斗争观点的社会分析(由模糊到渐趋明确)、对中国革命对象的确认(帝国主义、军阀官僚、土豪劣绅是压在中国人民头上的三座大山,革命事业的最后手段要靠枪杆)和对苏联与社会主义的了解(从崇拜资产阶级的大亨到歌颂无产阶级的英雄,以及介绍苏联社会制度、经济建设和文化教育事业),以及对社会主义必然代替资本主义趋势的认识方面,都有了质的进步和变化。同时,陈挥也强调,邹韬奋马克思主义世界观的形成和完善具有历史性和过程性,"承认韬奋在出国前夕已经确立了马克思主义世界观,就意味着他无需前进和提高吗?当然不是。韬奋马克思主义世界观的确立只是一个伟大的新起点,只是为他日后成为一个成熟的运用自如的马克思主义者开辟了道路"②。穆欣和陈挥界定的标准不同,才导致了结论的不同,前者更加稳健,注重理论的高度,后者则更加开放和现实,强调理论的社会实践和时代关照。这些论争以审慎的历史解读,推进和深化了这一论题的研究,但都不可避免地带有浓重的时代特征。

与之不同,也有学者不认同"九一八"转变论,郝丹立曾在《尊重历史事实 克服主观臆断——关于邹韬奋"九一八"转变论的反思》一文中反驳了这一观点。她认为,邹韬奋和中共的关系经历了"不理解→理解→亲密合作"的"发展历程",应该更多体现为过程性。由此她断言,作为一个特殊节点判断的"'九一八转变论'是完全站不住脚的",她更为认同胡绳的"'党的积极的同路人'"的论断。因为

---

① 陈挥:《简论邹韬奋马克思主义世界观的确立——兼与穆欣同志商榷》,《上海师范大学学报》(哲学社会科学版)1987年第2期。
② 陈挥:《简论邹韬奋马克思主义世界观的确立——兼与穆欣同志商榷》,《上海师范大学学报》(哲学社会科学版)1987年第2期。

在她看来，"'转变论'规避（尽管这种规避有着非论述者本人所能超越的时代背景）立三路线和王明'左'倾中央给党和抗战大计造成的危害及其在客观上带来的不良社会影响，看不见在 1930 年至 1935 年间抗日舆论一度操于爱国民主人士之手的事实，忽视了邹韬奋自身思想发展的内在逻辑，无视这种逻辑所具有的思想史价值"①。郝丹立从外在的党内"左"倾错误路线和抗日舆论主导权结合内在的邹韬奋思想发展逻辑，否定了"九一八"的历史节点论。郝丹立认为其中最本质的原因在于，"'转变论'的视野，既离开了所研究的对象，又离开了对象置身其中的历史现实，而一旦脱离这些根本立足点，也就不可能得出实事求是的结论了"②。

应该说，"九一八"事变对邹韬奋思想的转变具有一定的影响。它刺激邹韬奋更加深刻地认识国民党政府，对其幻想逐步破灭。当然，它也刺激邹韬奋逐渐认识到了人民大众的力量，并以更大的热情投身抗日救亡运动。但不可否认的是，此时邹韬奋的想法还存在一定的疑虑，譬如对世界大势的发展方向，中华民族的出路问题还没有明确的认识，是否决定了历史转向的即刻发生，或当更进一步探讨。

其次是转变方向之争。较为传统的研究多认同邹韬奋转向共产主义道路、转变为共产主义战士这一观点。曾经与邹韬奋战斗生活在一起的胡绳也提出了"党的同路人"的观点，他虽然没有将邹韬奋提高到"共产主义道路""共产主义战士"等这样的高度，但是和共产党同路而行的判断，也点明了邹韬奋历史转变总体的共产主义取向。在《一位革命知识分子的选择》一文中，胡绳指出："30 年代中期，在国民党地区内抗日救亡运动兴起；韬奋在这时成为党的积极的同路人，起了重要的作用。"围绕这一基调，沈钧儒、徐伯昕、张仲实、史良

---

① 郝丹立：《尊重历史事实 克服主观臆断——关于邹韬奋"九一八"转变论的反思》，《西南交通大学学报》（社会科学版）2002 年第 3 期。
② 郝丹立：《尊重历史事实 克服主观臆断——关于邹韬奋"九一八"转变论的反思》，《西南交通大学学报》（社会科学版）2002 年第 3 期。

和胡愈之等曾同邹韬奋一起为抗战、民主而共同奋斗的知识分子具有近似的历史判断。譬如，"韬奋同志是一位革命永不停步，不断追求真理与光明的伟大革命者"①"从一个爱国知识分子，通过坚韧不拔的努力，终于走上无产阶级的革命道路，并成为无产阶级先锋队战斗的一员"②。他们倾向于将邹韬奋界定为"革命者"和"无产阶级先锋队"一员等，赋予了其革命阵营、无产阶级队伍甚至是共产主义队列之骨干的盛名，将其评价提高到了一个空前的历史高度。

然而，后起的部分学者对这一观点提出了质疑。郝丹立认为，思想观念的转变往往呈现出滞后性，而被用来论证知识分子思想改造运动合理性的邹韬奋研究领域内的这种工具论视野，以及由此而出的"九一八转变论""马克思主义者论"等点，却一直作为一种主流的价值取向左右着这个研究领域。③

再次是流亡经历的作用之争。1933年，邹韬奋被迫流亡海外。流亡期间，邹韬奋游历了欧美和苏联社会主义国家，并且在大英博物馆里接触到了马克思主义。许良廷认为，从1933年7月至1935年8月，邹韬奋流亡海外，这是他由民主主义者向共产主义者根本转变的阶段。流亡期间，他始终带着"世界大势如何发展"和"中华民族的出路何在"两大问题着重访问和考察了欧美和苏联，以他的亲历从马克思、列宁那里找到了圆满的答案，完成了世界观的根本转变。④ 陈挥则不认可流亡经历的这种作用，认为邹韬奋的转变从"九一八"开始，到1933年7月出国以前，已经基本树立了马克思主义世界观。

最后是邹韬奋马克思主义思想转变的节点与渐变之争。显然，思想的转变不可能在瞬间完成，而是要经过一个转变的过程。穆欣认为，

---

① 徐伯昕：《战斗到最后一息（摘要）——纪念邹韬奋同志逝世三十五周年》，《人民日报》1979年7月26日第4版。

② 史良：《向着明天 奋勇前进》，《人民日报》1979年7月24日第2版。

③ 郝丹立：《尊重历史事实 克服主观臆断——关于邹韬奋"九一八"转变论的反思》，《西南交通大学学报》（社会科学版）2002年第3期。

④ 许良廷、李克芬：《邹韬奋思想转变与发展的轨迹》，《党史纵览》2002年第9期。

邹韬奋思想上的转变并不是直线向前，而是经过了一段长远、曲折且艰辛的摸索过程。穆欣认为，邹韬奋在"九一八"以后的初期发表的一些言论中，还留存着前期思想的烙印，仍然带有鲜明的资产阶级改良主义的色彩。其中最为典型的是，他对国民党的政权还只是采取希望它改善的态度，仍旧是不主张革命。① 潘大明认为，"九一八"之后的几年内，邹韬奋"除在进步的书报上求锁钥外，无时不皇皇然请益于师友，商讨于同志"。因此得出结论，"邹韬奋政治观的转变的感性和理性积累尚少，不可能在'九一八'以后迅速实现转变"②。岳国芳认为，邹韬奋对中国共产党政治态度的转变，是循序渐进的过程，是内在人格素养与复杂的外在环境共同发挥作用的结果，渴望进步的内心与舆论平台的结合、追求民族独立的精神与寻求救国道路的结合、信仰民主自由的灵魂与主动汲取先进思想的结合。这些结合的因素相互交叉且强烈地碰撞着，影响并决定了邹韬奋的政治选择，使他最终走向了中国共产党。③

这些显示了邹韬奋马克思主义观研究的总体特征将为邹韬奋研究的继续推进奠定基础，并提供丰富的参照。

基于此，我们应该进一步思考，邹韬奋的思想体系中的"马克思"究竟以何种方式得以体现？究竟应该怎样评判邹韬奋马克思主义思想及其新闻实践呈现的意义和界定？这是一个看似传统，却较为复杂的历史命题，答案恐怕还是要重归邹韬奋的新闻实践本身。换言之，文本的解读也许是一个行之有效的路径，也是一个可以系统深入的维度。

二 马克思主义思想的学习和研究：理论认同和国运思考

邹韬奋对马克思主义思想的学习和研究集中体现在《读书偶译》

---

① 穆欣编著：《邹韬奋》，中国青年出版社1958年版，第67页。
② 潘大明：《韬奋人格发展的轨迹》，上海文艺出版社1998年版，第153页。
③ 岳国芳：《抗战时期邹韬奋对中国共产党的认识过程》，《学理论》2013年第3期。

一书中。《读书偶译》是邹韬奋1933年到1934年在英国伦敦大英博物院图书馆所写的英文笔记的一部分。1936年11月22日，邹韬奋与全国各界救国联合会其他领袖沈钧儒、章乃器、李公朴、王造时、史良、沙千里等一起被捕入狱，史称"七君子事件"。1937年四五月间他于江苏高等法院看守所编述此书，并在1937年10月出版。

邹韬奋在导言《开头的话》中说，"这只是一本漫笔式的译述，不是有系统的社会科学的书，但也是略微有一点贯串的线索。"① 邹韬奋在这本书中第一次较为全面地介绍了马克思（Karl Marx）的生平、理论及其思想来源，同时分别介绍了作为马克思主义思想的合作者、继承者恩格斯（Friedrich Engels），及其发展者、实践者列宁（Lenin）的思想。邹韬奋自述："我向来有所写作，都偏重于事实的评述；关于理论的介绍，这本译述还是破题儿第一遭。""我在译这本书的时候，时刻注意的是要尽量使读者看得懂；倘若更能进而使读者感觉到不但看得懂，而且觉得容易看，看得有趣味，那更是我的莫大的愉快！"②

这本书之所以具有首创意义，是因为它体现了邹韬奋第一次对马克思主义理论的学习和传播。同时，这本书具有双重意义，它不仅是邹韬奋学习的笔记和总结，更是邹韬奋借此传播马克思主义思想，影响普罗大众目的的体现。具言之，学习研究马克思主义思想，倡导和推动马克思主义思想的大众传播，为中国社会寻找出路，为中华民族寻找民族自新的历史机遇，是其核心目的所在。

在开始研究之前，邹韬奋以孟子"读其书尚友其人"自勉。他坦言，"革命的思想家的奋斗生活，常常能给我们以很深刻的'灵感'"，他们"艰苦卓绝的精神，无时不'心向往之'"③。邹韬奋对马克思、

---

① 邹韬奋：《读书偶译·开头的话·小小缘起》，韬奋基金会、上海韬奋纪念馆编《韬奋全集》（增补本）第14卷，上海人民出版社2015年版，第16页。
② 邹韬奋：《读书偶译·后记》，韬奋基金会、上海韬奋纪念馆编《韬奋全集》（增补本）第14卷，上海人民出版社2015年版，第174—175页。
③ 邹韬奋：《读书偶译·开头的话·读书尚友》，韬奋基金会、上海韬奋纪念馆编《韬奋全集》（增补本）第14卷，上海人民出版社2015年版，第17页。

恩格斯、列宁等马克思主义思想家的思想仰慕和精神向往，无不见于笔端。

之后，邹韬奋引用了他最喜欢的马克思的诗自勉：

> 我永远不能冷静地做
> 那些以伟大力量抓住我心灵的事情；
> 在不断的不歇的奋斗里，
> 我必须向前努力和斗争。①

邹韬奋又用列宁被暗刺之前演说词里的最后一句来鼓励自己：

> 胜利或死亡！（Victory or death）②

邹韬奋极富激情地诠释道："即不向前努力求胜利，就只有死路一条。这里伊里奇（即列宁，笔者注）当时为革命而奋斗的精神，也是我们今日为民族解放和人群福利而应有的奋斗精神！"③

这些不仅仅是邹韬奋对一代马克思主义思想家精神的深刻阐释，同时也是邹韬奋理想情怀和奋斗精神的自喻。邹韬奋更是以威尔斯（Herbert George Wells）意欲写"通俗的历史"的话为观照，申明了自己进行诸般马克思主义思想研究的考量。"我只是一个平凡的新闻记者。我之所以要研究一些思想，是为着做新闻记者用的，更不怕'牺牲'什么'尊严和高贵'。"④ 言下之意，他要做马克思主义思想的通

---

① 邹韬奋：《读书偶译·开头的话·读书尚友》，韬奋基金会、上海韬奋纪念馆编《韬奋全集》（增补本）第14卷，上海人民出版社2015年版，第17页。
② 邹韬奋：《读书偶译·开头的话·读书尚友》，韬奋基金会、上海韬奋纪念馆编《韬奋全集》（增补本）第14卷，上海人民出版社2015年版，第19页。
③ 邹韬奋：《读书偶译·开头的话·读书尚友》，韬奋基金会、上海韬奋纪念馆编《韬奋全集》（增补本）第14卷，上海人民出版社2015年版，第19页。
④ 邹韬奋：《读书偶译·开头的话·读书尚友》，韬奋基金会、上海韬奋纪念馆编《韬奋全集》（增补本）第14卷，上海人民出版社2015年版，第20页。

俗呈现，并进行马克思主义思想的大众化传播，以达启蒙民智、革新社会之初衷。

在具体研究中，邹韬奋先是以《政治组织的理论的形式》梳理了西方政治理论的发展轨迹。他先后介绍了亚里士多德（Aristotle）的"城市国家"思想、柏拉图（Plato）的《共和国》和"哲学家·王"思想、古罗马的《罗马法》、中世纪的宗教思想、霍布斯（Thomas Hobbes）反对神权主义下的主权论、洛克（John Locke）的有限制的立宪政府论、孟德斯鸠（Montesquieu）的《法律精神》及其三权分立说和卢梭（Jean-Jacques Rousseau）的主权在民等思想的演化过程。邹韬奋又研究了法国革命英法的比较、边沁理论和哲学的激进派，之后才介绍了黑格尔（Georg Wilhelm Friedrich Hegel）和马克思。其中，邹韬奋强调了马克思的唯物主义历史观、阶级观念以及《共产党宣言》。

此后，邹韬奋介绍了达尔文理论对政治理论的影响，以及19世纪后半期欧美人类学和心理学思想，并在此基础上重点研究了苏维埃制度。对于苏维埃制度，邹韬奋介绍了其中诸多重要因素，如阶级独裁的观念，即在资本主义和社会主义过渡期间，必须要有普罗列达利亚特（法语谓无产阶级专政的，笔者注）的"独裁"，政党居于普罗阶级和实际执行的政府之间，成为这种"独裁"的阶级意志体现者。并且，普罗列达利亚特在各苏维埃系统里是最高主权的阶级，在党内又代表着统治阶级；"一个工人一票"的、党领导下的一个阶级的选举权；一个以阶级为基础的党派的国家性质；苏联是世界革命的一部分，苏联对资本主义国家的"阶级战争"非到了世界都实现社会主义是不能终止的，等等。

最后，邹韬奋还对比了社会主义和法西斯主义以及资本主义的异同。邹韬奋认为"法西斯主义和社会主义，在方法方面是有许多地方很相似的；但是它们的目的，当然是根本不同的"①。社会主义尊奉马

---

① 邹韬奋：《读书偶译·政治组织的理论的形式·法西斯主义》，韬奋基金会、上海韬奋纪念馆编《韬奋全集》（增补本）第14卷，上海人民出版社2015年版，第40页。

第二编 思想研究

克思主义，是要在无产阶级的基础上建立一个新的社会，而法西斯主义则是以实现大资产阶级尤其是金融资本主义独裁的"国家"为目的。

在系统地梳理和研究之后，邹韬奋集中研究了马克思的学说和思想。邹韬奋分别从"卡尔研究发凡"（包括生平的速写；一般见解；包括阶级的社会、经济伦理和法律观念的相对性以及卡尔的发展观念；历史的唯物论和政治经济学），马克思思想所受的黑格尔等哲学家的思想影响，马克思的理论体系（包括唯物史观、辩证法理论、经济学等）等方面入手，进行了系统研究。

作为补充，邹韬奋还介绍了恩格斯的生平和工作，记述了列宁的革命生涯和革命理论。尤其是后者，邹韬奋较为详细地展示了列宁的革命斗争历程，对二月革命和十月革命进行了特别强调。邹韬奋还对列宁的思想做了研究，深入研究了列宁的"一般的世界观"（即革命的辩证法）、"我们的时代的理论——帝国主义"、民族和殖民地的解放等重要理论。

在对西方哲学思想进行历史梳理之后，马克思主义的学说得以立体化呈现、系统性分析。具言之，从马克思生平及其思想，到马克思思想的合作者、继承者恩格斯，以及发展者、实践者列宁的思想都得到了较为全面的展示。邹韬奋借此对马克思主义思想进行了系统化研究，针对性极强，而大众化传播是其特色和目的。

由此，马克思才是马克思，马克思亦不是马克思。马克思思想是对黑格尔等前人思想的创造性继承和发展，它是人类思想成果在特殊历史时期的沉淀和结晶，是一种历史的存在，"也是他的时代的产儿"[①]。同时，它又是开放的、发展的，是一种不断自我完善，并用实践来加以验证的理论体系。这是其生命力和真理性所在。进而言之，马克思本人及其思想又是有限的，他的思想由恩格斯、列宁等人继承、发展和实践，并丰富之，这是一个不断自我检视、自我纠正、自我完

---

① 邹韬奋：《读书偶译·卡尔所受的其他影像·人物和时代》，韬奋基金会、上海韬奋纪念馆编《韬奋全集》（增补本）第14卷，上海人民出版社2015年版，第83页。

善的历史过程。所谓马克思主义思想是马克思思想的完善、发展和补充,并非仅仅只是马克思的思想。

邹韬奋对马克思主义思想的学习和研究,遵从了历史分析、全面解读、系统观照、时代皈依和现实检视的内在逻辑,突出的是理论的历史性、系统性、发展性、实践性,这本身就是对马克思主义思想内核的一种努力践行。它体现了邹韬奋作为一代新闻人和思想家的理论深度和思辨精神。

需要强调的是,邹韬奋编译马克思主义思想的学习笔记和心得,有着特殊的历史背景。当时,邹韬奋因奔走国事、呼吁建立抗日民族统一战线而被囚。他身陷囹圄,心忧国家,遂开始深切思考国家民族的前路。此时,对马克思主义的编译,无疑是邹韬奋对国家命运和前途的严肃思考。邹韬奋突出了对马克思历史唯物论、唯物辩证法、经济学的系统介绍,强调了对恩格斯和列宁继承、发展和实践马克思思想的深入研究,并进一步推研了社会主义及苏维埃制度和资本主义、法西斯主义的对比分析。这既是邹韬奋对马克思主义理论的研究,也是他对马克思主义的理论认同和向往,更是他在民族出路探索中对马克思主义指向的一种设想和期许。

此外,邹韬奋在1941年还以"木旦"为笔名翻译了英国人崩斯(Emile Burns)的著作《社会科学与实际社会》,并称之为"研究现代社会科学的'开路先锋'"[①]。这本书盛誉"卡尔理论是关于我们所处的世界及成为世界一部分的人类社会科学之一般理论",它分别介绍了马克思理论的"科学的世界观"、"社会发展的法则"(人民观和阶级观)、"资本主义社会"、"资本主义的帝国主义阶段"、"生产更高阶段的由来"、"社会主义社会"、"科学的自然观"(唯物论)、"行动的指针"等方面。假崩斯之书,邹韬奋展示了马克思思想的巨大价值,"由于使人不受信条的束缚,卡尔理论为人类社会全体指示前进的途

---

① 邹韬奋:《社会科学与实际社会·译者序》,韬奋基金会、上海韬奋纪念馆编《韬奋全集》(增补本)第14卷,上海人民出版社2015年版,第561页。

径，并为他们的行动供给指导的路线"①。其实，这也是邹韬奋翻译的目的，他急于为苦难深重的中国寻找前进的路途和指导的路线。在他看来，马克思主义思想应该是具有巨大参考价值和现实意义的理论体系。

三 马克思主义思想的践行典范：苏联社会和制度的介绍

除了对马克思主义著论和思想的研究和介绍外，邹韬奋还非常系统、全面地介绍了马克思主义思想实践的典范——苏联社会和制度。这是对马克思主义思想运用于社会实践的理性考察，它将验证理论对现实的指导作用及其社会价值，并最终检验理论的真理性。

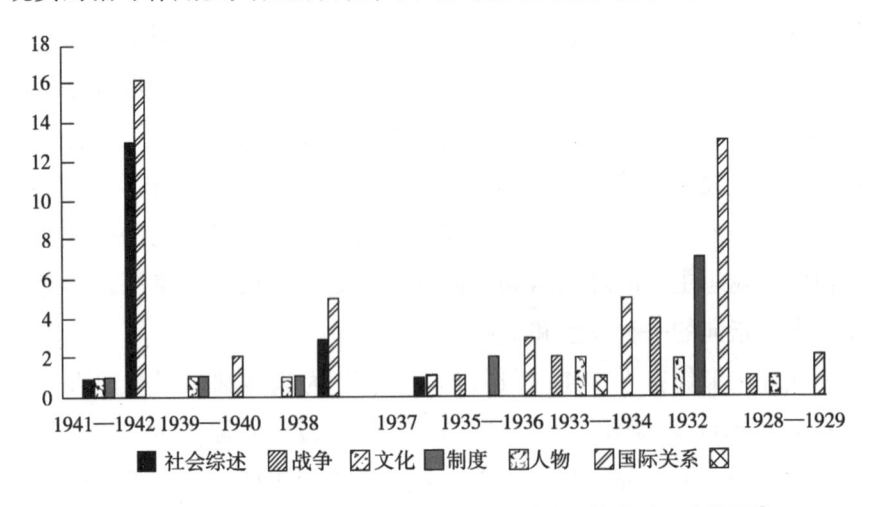

图 2.1 邹韬奋关于苏联社会和制度介绍的内容构成对比变化图②

（一）斯隆《苏联的民主》的翻译

1939 年，邹韬奋翻译出版了英国人斯隆（Pat Sloan）的《苏联的民主》，分为《导言·民主与独裁》《新的生活》《新的国家》和《新

---

① ［英］崩斯：《社会科学与实际社会·行动的指针》，邹韬奋译，韬奋基金会、上海韬奋纪念馆编《韬奋全集》（增补本）第 14 卷，上海人民出版社 2015 年版，第 638 页。

② 本图表系笔者根据《韬奋全集》（增补本）（上海人民出版社 2015 年版）相关资料综合而成。

的民主》几部分。邹韬奋认为，斯隆"根据他在苏联五年实际生活的经验，把渗透于苏联全国人民各部分生活的民主精神，活泼亲切地呈露于我们的眼前"。真正的民主不应该局限于选举制度、民意机关等，应该将"民主的原则扩充到全体人民各部分的生活中去，这才是真正有效的民主，才是真正符合于美国林肯总统所谓'民有民治民享'的民主定义"。这样的民主才是"真正为最大多数人民谋福利的民主"。邹韬奋感言，"我觉得这本书所叙述的内容，应能给予我们的最深刻的印象，就是在苏联今日，民主精神已广大而深入地渗透于全国人民各部分生活中去……随处都可以看到民主原则的运用与实践……政治、经济、教育、文化，凡是与一般国民生活有关系的，无不在民主原则之下进行着。今日的苏联已成为世界上最强盛的一个国家，成为'世界上唯一没有恐慌的国家'"。邹韬奋进一步断言，"这是全世界上所公认的了，但是它的强盛，并不是少数人的力量，是彻底动员了全国一万万七千万的人力来共同努力奋斗而获得的成果"，其成功的"最主要的因素是政治的积极民主化"①。

此外，邹韬奋阐明了他翻译此书的根本目的。"我国古语有所谓'他山之石，可以攻玉'，在我国今日正在力图动员全国参加抗战建国的过程中，苏联民主的办法与成就是很可以供我们的参考，斯隆的这本书所以在这个时候更有介绍的价值，这是一个主要的原因。"② 他坦陈，"苏联的民主有很丰富的内容供我们的借镜"，所以，"为抗战，为建国"，为了"民主的推进加紧奋斗"，他"怀着这种种的热烈的希望，很诚恳地把这书的译本贡献给全国的同胞"③。

在斯隆的《苏联的民主》中，斯隆较为细致地介绍了苏联的公民

---

① 邹韬奋：《苏联的民主·译者序》，韬奋基金会、上海韬奋纪念馆编《韬奋全集》（增补本）第14卷，上海人民出版社2015年版，第321页。
② 邹韬奋：《苏联的民主·译者序》，韬奋基金会、上海韬奋纪念馆编《韬奋全集》（增补本）第14卷，上海人民出版社2015年版，第321—322页。
③ 邹韬奋：《苏联的民主·译者序》，韬奋基金会、上海韬奋纪念馆编《韬奋全集》（增补本）第14卷，上海人民出版社2015年版，第324页。

教育、劳工权利、合作社、新闻媒体（人民的报纸）、司法制度和妇女地位等，描绘了苏联截然不同的、新的社会生活景象；他也介绍了苏联的苏维埃体制、工人地位、选举体制、社会主义宪法、政党体制、民主自由等，展现了苏联的苏维埃国家新气象；他还介绍了苏联特有经济体制下的民主机制，体现了不同于英美的、新的民主。

邹韬奋通过斯隆的《苏联的民主》一书，热情地勾画了苏式国家机制下的政治、经济、司法、新闻、教育和民主等全景式图画，试图为抗日图存的中国寻找可以供借鉴的发展道路，可谓用心良苦。

（二）旅苏之行的亲身观感

邹韬奋的《萍踪寄语》（第三集）于1935年10月在上海出版，它描写了邹韬奋1934年11月中旬到1935年4月下旬的苏联之行，共十八万字之多。在《萍踪寄语》（第三集）中，邹韬奋以自己的亲身感受，来反映苏联社会的现实状况。他介绍了以莫斯科为代表的苏联城市，以莫斯科暑期大学、职业学校、托儿所、幼稚园为主要内容的苏联教育状况，以工厂、集体农场为构成的苏联经济状况，以及苏联医疗事业、婚姻家庭、新闻事业、文化艺术等。对于苏联社会，邹韬奋显示出了强烈的朝觐心态，他以鲜明的认同框架对苏联社会进行了全面的扫描。在邹韬奋眼里，苏联一片阳光灿烂，城市生机勃勃，公有经济强健有力，文化教育健康向上，无产阶级专政民主自由，一幅蓬勃向上的繁荣景象。当然，邹韬奋也指出了些许苏联社会的瑕疵——以"等"为代表的低效率和小偷扒手之多，以及街上的流浪儿和街头排长队买面包的群众所显示出来的贫困。但这些缺陷在邹韬奋那里都往往以"革命遗留"、现在已经"大为减少"等表述加以解释。邹韬奋认为，"苏联正在继续建设中，天天在那里进步是事实，但有的部分一时还未能就完全办好，也是事实，这在我们只认为是时间问题，无须忌讳"①。所以，在邹韬奋眼里，苏联确乎是实践马克思主义

---

① 邹韬奋：《萍踪寄语（三集）·尼帕尔水电厂》，韬奋基金会、上海韬奋纪念馆编《韬奋全集》（增补本）第6卷，上海人民出版社2015年版，第189页。

的典范,是足以借鉴的圣地。

(三) 对苏联文人的介绍

1933 年 7 月,邹韬奋翻译出版了美国加利福尼亚大学俄国文学教授康恩 (Alexander Kaun) 著的《革命文豪高尔基》,并在 1936 年 5 月 6 日《生活》周刊第 8 卷第 18 期刊出了《韬奋启事 关于〈革命文豪高尔基〉出版单行本事告读者》,后又在 1941 年 5 月刊发了《〈革命文豪高尔基〉第六版修订后记》。邹韬奋自称,"其中有许多引人入胜令人发奋的事实","本来只打算写十五万字,后来因有许多趣味的事实舍不得割弃,越写越长,写到了廿万字左右"①。对于高尔基 (Maxim Gorky) 的逝世,邹韬奋借用《真理报》社论中的第一句话"真理的明灯熄灭了",来阐发自己的敬意和哀思。他感叹道:"实际上这盏'理智的明灯'是永远不会'熄灭'的……可见高尔基一生的艰苦奋斗,学习锻炼,永远是要吸引住无数有志青年的注意,是永远在引导着我们容易地向着光明的大道前进!"② 而这个光明大道就是苏联的苏维埃社会主义道路,它成为中国未来的学习模板。

这本书既介绍了高尔基的生活经历,也凸显了高尔基从漂泊者到作家、在革命旋涡中的不懈努力,显示了他作为革命文豪的本色。同时,这本书也描述了高尔基和其他革命者以及革命领袖列宁的冲突,呈现了高尔基和列宁由抵制到合作的过程,强调了高尔基作为苏联一代知识分子的复杂性。

在康恩的笔下,高尔基和列宁之间的分歧和冲突尖锐且复杂。高尔基曾经强烈批评列宁对言论自由的钳制和对知识分子的轻视。"列宁对于言论自由的态度,和史托列宾,朴列黑夫 (Pleheve),及其他'半人类'的相类的态度,有什么两样?""列宁的政府把他们的政敌捕去,抛在监狱里,和罗曼诺夫 (俄皇族,笔者注) 政府所干的,是

---

① 邹韬奋:《革命文豪高尔基·编译后记》,韬奋基金会、上海韬奋纪念馆编《韬奋全集》(增补本) 第 13 卷,上海人民出版社 2015 年版,第 732 页。
② 邹韬奋:《〈革命文豪高尔基〉第六版修订后记》,韬奋基金会、上海韬奋纪念馆编《韬奋全集》(增补本) 第 10 卷,上海人民出版社 2015 年版,第 36 页。

否用一样的办法？"① 高尔基预言，列宁一派人的破坏工作，"俄国的人民要用充满海洋的血液来付代价"②。高尔基斥责列宁，"立于'领袖'和俄国贵族地位的列宁（贵族是已死的阶级了，但属于这个阶级的某种心理的特征，他是仍有的），自以为对俄国人民实行残暴的试验是正当的，其实这种试验的失败是可预见的"③。所以高尔基呼吁，"立刻要求释放被拘禁的阁员和其他无辜的犯人，并立刻要求恢复言论自由。"④ 高尔基甚至感叹："人民为着战争而筋疲力尽，遭受灾殃，已为着那个试验付了整千的生命了，现在还要被强迫付出整万的生命"。"列宁所用以试验的乃是活的材料，结果徒使革命毁灭。"⑤

这本书还突出了高尔基在列宁和苏维埃眼里的身份特征。高尔基和他的一班人被列宁称为"四分之一的布尔希维克"⑥，而布尔希（什）维克也"一向只把他看作一位有价值的朋友，但同时把他看作一个异端，至多只把他看作一个'同路人'（托洛茨基所造的、用于称呼苏维埃秩序的同情者的一个名词）"⑦。另外，《当代革命文豪高尔基》也热情讴歌高尔基，认为他是"为苏联民众爱戴的'普罗列他利亚'的著名作家"，并且"著作等身"，"当之无愧"，是"当代能表现劳动者心灵的最伟大的著作者"⑧。

---

① ［美］康恩：《革命文豪高尔基》，邹韬奋译，韬奋基金会、上海韬奋纪念馆编《韬奋全集》（增补本）第13卷，上海人民出版社2015年版，第684页。
② ［美］康恩：《革命文豪高尔基》，邹韬奋译，韬奋基金会、上海韬奋纪念馆编《韬奋全集》（增补本）第13卷，上海人民出版社2015年版，第684页。
③ ［美］康恩：《革命文豪高尔基》，邹韬奋译，韬奋基金会、上海韬奋纪念馆编《韬奋全集》（增补本）第13卷，上海人民出版社2015年版，第685页。
④ ［美］康恩：《革命文豪高尔基》，邹韬奋译，韬奋基金会、上海韬奋纪念馆编《韬奋全集》（增补本）第13卷，上海人民出版社2015年版，第684页。
⑤ ［美］康恩：《革命文豪高尔基》，邹韬奋译，韬奋基金会、上海韬奋纪念馆编《韬奋全集》（增补本）第13卷，上海人民出版社2015年版，第685页。
⑥ ［美］康恩：《革命文豪高尔基》，邹韬奋译，韬奋基金会、上海韬奋纪念馆编《韬奋全集》（增补本）第13卷，上海人民出版社2015年版，第681页。
⑦ ［美］康恩：《革命文豪高尔基》，邹韬奋译，韬奋基金会、上海韬奋纪念馆编《韬奋全集》（增补本）第13卷，上海人民出版社2015年版，第707页。
⑧ 邹韬奋：《当代革命文豪高尔基（一）》，韬奋基金会、上海韬奋纪念馆编《韬奋全集》（增补本）第4卷，上海人民出版社2015年版，第462页。

邹韬奋通过对高尔基的介绍，既赞颂了高尔基作为苏联社会主义知识分子的革命精神，同时也凸显了高尔基鲜明的独立精神，体现了苏联政治体制和文化机理之间的特殊关系。由此，邹韬奋显示了他对高尔基作为革命文豪的热情讴歌，也表达了他对苏联文化政治的反思。作为一个向往马列主义思想的知识分子，邹韬奋对马克思主义典范的盛赞溢于言表，但对知识分子独立人格和民主自由思想的持守也是深潜于心。对此，1934年7月26日邹韬奋在莫斯科大学附设暑期大学写给高尔基的信，有着最为诚挚的表达："我是来自中国的您的一位敬慕者，在这个国家里，为了群众的利益正进行着一次真正的革命……使我特别感到兴趣和异常快乐的，就是能访问第一个社会主义的国家。"①

（四）对苏联民主制度的介绍

邹韬奋有感于国内民主政治的黑暗，所以对马克思主义的民主思想甚为向往，进而对苏联的民主政治也产生了浓厚兴趣。

邹韬奋介绍了苏联的民主思想及其重要制度（选举制度、法律制度等），如《苏联的民主》《苏联的选举制度》《关于苏联新宪法》等。

邹韬奋认为苏联民主的特征，"不是少数人的民主，而是大众的民主"。"它的民主不仅是限于政治的活动方面，而是实际上是渗透于全国人民各部分的生活里面去"，所以才有了"新的生活""新的国家""新的民主"，最后又归之于"民主与中国"。邹韬奋坦言，"苏联的民主有很丰富的内容供我们借镜"②，并可供国人参考。

关于苏联新宪法，邹韬奋借英国伦敦大学政治学教授拉斯基（Harold Joseph Laski）的话加以评价，"苏联新宪法是巴黎公社宪法后最可惊人的事件"③。它有"他国宪法里所习见的言论自由，出版自

---

① 邹韬奋：《致高尔基》，韬奋基金会、上海韬奋纪念馆编《邹韬奋全集》（增补本）第5卷，上海人民出版社2015年版，第791页。
② 邹韬奋：《苏联的民主》，韬奋基金会、上海韬奋纪念馆编《邹韬奋全集》（增补本）第9卷，上海人民出版社2015年版，第116页。
③ 邹韬奋：《关于苏联新宪法·读苏联宪法草案》，韬奋基金会、上海韬奋纪念馆编《韬奋全集》（增补本）第6卷，上海人民出版社2015年版，第658页。

由，集会自由等等，还有在世界各国宪法里所从未见到的工作权，休息权，教育权等等的重要权利"①。

邹韬奋欣喜地看到了苏联民主和法制的发展，无产阶级民主思想和制度的体现，成为邹韬奋的心之所向，也让他似乎看到了黑暗中国的前路。邹韬奋坦言，《苏联的民主》一书"在中国今日""尤有介绍的价值"②。苏联的民主和中国抗日大业以及创建共和国的革命事业尤有异曲同工之理，古今中外，理无二致，那就是要民有民治民享，这和马克思主义民主思想也是相得益彰，互为激发。

（五）对苏联妇女儿童状况的介绍

《苏俄的儿童》《苏俄的妇女》介绍了苏联妇女儿童的生活状况，展现了苏联社会生活的民主和成功。邹韬奋借美国怀德女士（Miss Margaret Bourke-White）之口认为苏俄重视儿童，四千万苏俄儿童是受共产主义教育的一代，是共产国家胜利的希望；苏俄妇女重视男女平等，时尚爱美，崇尚"强健的美，尤其注重坚强的毅力和自立的精神"，"婚姻方面由放纵而渐趋审重"③。邹韬奋对苏联女性也不忘用阶级的观点发表慨叹，"人生享用是应该的，不过不应该是少数剥削阶级的专利品"④。

（六）对中苏关系的考察和思考

中苏关系既体现了国家民族利益，同时也展现着马克思主义社会实践的国际演进。

在《为何还有反苏的论调》中，邹韬奋以国父孙中山的民族主义演讲和临终遗言批判国内反苏高潮，意谓反苏高潮在中苏两大民族感

---

① 邹韬奋：《关于苏联新宪法·拉斯基教授的苏联宪法观》，韬奋基金会、上海韬奋纪念馆编《韬奋全集》（增补本）第6卷，上海人民出版社2015年版，第666页。
② 邹韬奋：《苏联的民主》，韬奋基金会、上海韬奋纪念馆编《邹韬奋全集》（增补本）第9卷，上海人民出版社2015年版，第116页。
③ 邹韬奋：《苏俄的妇女》（上），韬奋基金会、上海韬奋纪念馆编《韬奋全集》（增补本）第4卷，上海人民出版社2015年版，第396页。
④ 邹韬奋：《苏俄的妇女》（下），韬奋基金会、上海韬奋纪念馆编《韬奋全集》（增补本）第4卷，上海人民出版社2015年版，第406页。

情上做挑拨离间的功夫。他强调"加强中苏邦交和合作，是有益于中国的抗战，正是符合中国的国家民族利益"①。

邹韬奋还将中苏关系上升到了反法西斯主义的时代命题和马克思主义的终极目标即解放全人类的高度上。"中苏两大伟大民族是全世界反法西斯侵略的两大支柱，它们的利益是相辅相成而不是相对立的，它们的友好关系和密切的合作是全世界光明前途的源泉。它们反法西斯侵略的战争，能够得到最后的胜利，是全世界的人类解放的两盏明灯，是全世界最优秀的儿女所渴望的。这是我们所有的基本的认识。"②

在《苏联十月革命与中国民族解放战争》中，邹韬奋声称，"苏联革命的成功是世界被压迫的民族和大众的灯塔，是世界人类光明前途的号声"。"我们从中国民族革命的立场看去，在这方面可以指出两点：一点是苏联十月革命对于中国民族解放运动的影响；还有一点是苏联十月革命后的宝贵经验对于我中国当前英勇抗战的关系。"③ 在这里，苏联成为马克思主义思想社会实践的典范，代表着民族解放和民主独立，是世界人民的理想之邦，也是中国学习效仿的对象。在邹韬奋眼里，珍视和发展中苏关系，就是中国践行并实现马克思主义思想蓝图的现实途径。邹韬奋对中苏关系的展望，可为中国抗战提供参考，同时也启发我们思考马克思主义在中国的发展和推演。

总体来说，对邹韬奋而言，苏联是马克思主义实践的理想国，是中国社会发展的引路者和学习典范。他热情讴歌，"苏联的新社会不是乌托邦，是从现实中做出发点而英勇斗争出来的；是一万六千五百万的大众靠着自己的奋斗迈进，解除了压迫和剥削的锁链，铲除了人剥削人的制度，根据他们所信仰的根本原则，继续向着自由平等的人

---

① 邹韬奋：《为何还有反苏的论调》，韬奋基金会、上海韬奋纪念馆编《韬奋全集》（增补本）第10卷，上海人民出版社2015年版，第148页。
② 邹韬奋：《对苏联的态度问题》，韬奋基金会、上海韬奋纪念馆编《韬奋全集》（增补本）第10卷，上海人民出版社2015年版，第660页。
③ 邹韬奋：《苏联十月革命与中国民族解放战争》，韬奋基金会、上海韬奋纪念馆编《韬奋全集》（增补本）第8卷，上海人民出版社2015年版，第273—274页。

的生活大道走。他们已经成功部分的事绩是铁一般的事实,任何人不能一手抹煞"①。

四 马克思主义的对比呈现:欧美资本主义国家的现实

马克思主义思想体系呈现及其社会实践典范苏联的介绍固然重要,但与欧美资本主义国家的对比研究则更有价值和意义,邹韬奋显然于此有着深刻的考量。

首先是对美国的考察。1937年出版的《萍踪忆语》是邹韬奋1935年美国考察所得。他在弁言中说,"世界上有三个泱泱大国:一个是美国,一个是苏联,一个是中国。这三个国家的土地特广,人民特多,富源特厚:它们对现在和将来的世界大势,都有着左右的力量",而对美国的认识,"更可明了资本主义发达到最高度的国家的真相和它的未来的出路……这里面有着种种事实和教训,给我们做参考"②。《萍踪忆语》描写了美国的种族偏见、城市状况(纽约、华盛顿、芝加哥等)、物质文明(科技发展)、经济状况(资本主义的"金圆王国")、失业问题、青年运动、妇女问题、劳工运动、宗教问题(教会)、新闻事业等问题。在邹韬奋笔下,美国是资本主义的王国。它花天酒地,阴暗负面,社会矛盾尖锐,阶级压迫盛行,是资本主义制度下典型的罪恶之邦。在邹韬奋眼里,美国由于受帝国主义的麻醉,种族歧视根深蒂固,对华人和黑人极尽诋毁丑化,而对黑人的种族隔离和种族迫害则尤为严重;城市珠光宝气,失业严重(最繁荣的时候也要三百万人左右),贫民窟惨淡愁苦,危机四伏;经济方面,华尔街掌控美国经济命脉,天字第一号大富豪梅隆(Andrew Mellon)一样的大资本家的垄断和剥削笼罩一切,经济危机日益严重;劳工饱受剥

---

① 邹韬奋:《萍踪寄语(三辑)关于苏联的一般概念》,韬奋基金会、上海韬奋纪念馆编《韬奋全集》(增补本)第6卷,上海人民出版社2015年版,第282页。
② 邹韬奋:《萍踪忆语》,韬奋基金会、上海韬奋纪念馆编《韬奋全集》(增补本)第7卷,上海人民出版社2015年版,第293页。

削和压榨，青年劳工和劳动妇女水深火热，抗争之势日盛；教会和资本家狼狈为奸，麻醉和压榨工人阶级；所谓德谟克拉西教育虚伪反动，惨淡经营，日薄西山；新闻业杂志繁多，号称"杂志国"，报业高度集中，其中虽有进步力量，但也顽固守旧，歪曲和偏见盛行，它们为资产阶级代言，敌视苏联和无产阶级的抗争，如此等等。

邹韬奋对美国考察的分析，带有浓厚的阶级分析色彩，马克思主义思想尤其是阶级分析的视角是他分析研究美国的思维利器。因此，邹韬奋笔下的美国总是作为马克思主义典范苏联的对照和反例出现，美国虽有纽约等世界上最文明的大城市，但在"文明"的外表下却宛如"人间地狱"①，又似身处芝加哥的他所见到的"杀猪宰羊的屠场"②。一如马克思对资本主义的批评，邹韬奋眼里的美国是黑暗的、罪恶的。

后来，邹韬奋又翻译了威廉·伯朗特（William Brandt）的《美国在国际的特殊地位》（1941年）和英国进步作家斯特勒彻（John Strachey）的《从美国看到世界》（原名《希望在美国》，英文名 Hope in American）（1939年）。他认为前者对"美国的特殊地位，与一个强盛独立的中国对于世界贡献的伟大，都有深刻的分析与卓见"③。这当然也是出于对中国命运的关切。

其次是对欧洲的考察。邹韬奋的《萍踪寄语》（初集）是他1933年7月14日赴欧的游记，集中于对英法社会的分析，共51篇，共计10.5万字左右。"这些'寄语'虽然是'拉杂写来'的零篇短简，但是记者在观察研究的时候，在持笔叙述的时候，心目中却常常涌现着两个问题：第一是世界的大势怎样？第二是中华民族的出路怎样？"④

---

① 邹韬奋：《萍踪忆语》，韬奋基金会、上海韬奋纪念馆编《韬奋全集》（增补本）第7卷，上海人民出版社2015年版，第334页。
② 邹韬奋：《萍踪忆语》，韬奋基金会、上海韬奋纪念馆编《韬奋全集》（增补本）第7卷，上海人民出版社2015年版，第308页。
③ ［美］William Brandt：《美国的特殊地位》，邹韬奋译，韬奋基金会、上海韬奋纪念馆编《韬奋全集》（增补本）第14卷，上海人民出版社2015年版，第549页。
④ 邹韬奋：《萍踪寄语（初集）·弁言》，韬奋基金会、上海韬奋纪念馆编《韬奋全集》（增补本）第5卷，上海人民出版社2015年版，第617—618页。

其中，英法社会的诸多问题被呈现，诸如性解放、新闻的经济控制、底层的经济困顿和民主自由的缺失等。

《萍踪寄语》（第二集）是14篇旅游笔记。邹韬奋写了他从英国动身，经过法国、比利时和荷兰，到达德国，一共三个月的旅游过程。这些欧洲国家也是以负面形象出现的，比如褐色恐怖、种族成见、失业以及纳粹统治下的教育等。

一以贯之的是，邹韬奋以马克思主义的阶级论和政治经济学观点观之，欧美总是以负面出现的，它反证着马克思主义思想体系的正确性，也进一步以先入为主的路径深化着邹韬奋的世界观。

邹韬奋是一个心系祖国的爱国志士，也是一个以笔为刀的新闻巨擘，更是一个极富洞察力的思考者。世界大势和国家民族的命运是他思考的焦点，尤其是当国家面临着空前危机时，理清时代潮流，寻找思想动力，挽救民族危亡，就变成了邹韬奋的核心目标，而马克思主义则成为他实现这一目标的桥梁和凭借，这是历史的宿命。

邹韬奋的马克思主义思想及其新闻实践的呈现以1933年的流亡为显著标志，并以对马克思著作的系统学习和对马克思主义理论的全面梳理为基础。同时，邹韬奋对苏联社会的考察和盛赞，以朝圣和觐见的心态表达了对马克思主义理论社会实践典范的仰慕，而对欧美资本主义国家的负面呈现则力图反证马克思主义理论体系的真理性。进而言之，对苏联社会主义国家系统认同框架和对欧美国家冲突否定框架的预设，显示了邹韬奋对马克思主义思想的持守和深化。所以，邹韬奋深信，"剥削大多数民众以供少数特殊阶级享用的资本主义的社会制度终必崩溃"，"为大多数民众谋福利的社会主义的社会制度终必成立"[①]。从某种意义上讲，这也符合邹韬奋作为左翼知识分子的身份特征。

但邹韬奋的马克思主义思想及其新闻实践的历史呈现也有其复杂

---

① 邹韬奋：《我们最近的思想和态度》，韬奋基金会、上海韬奋纪念馆编《韬奋全集》（增补本）第4卷，上海人民出版社2015年版，第3页。

性和历史性。

首先，邹韬奋的马克思主义思想及其新闻实践的历史呈现具有某种选择性。当他用一种宏大的社会叙事分析国家命运和社会发展规律时，马克思主义思想往往是他的思想武器，阶级的观点具有某种笼罩性，苏联注定是典范。但是当他用一种生活叙事进行社会家庭乃至个体的微观考察时，每每论及恋爱婚姻家庭、女性问题、性以及职业教育等问题，思想凭借就发生了改变。欧美国家所尊奉的恋爱婚姻自由、家庭民主、性别平等、开放性观念和职业教育理念等，往往是他思考的借鉴，美英等西方国家是其表率。如此看来，宏观社会视角遵从马克思主义，而微观生活视角依从美英等西方理念，这是邹韬奋社会观察和研究的内在选择。

其次，邹韬奋的马克思主义思想及其新闻实践的历史呈现存在某种内在对抗性。邹韬奋一方面秉持马克思主义新闻传播观，肯定党性和组织性；但另一方面又对西方新闻事业所推崇的新闻职业人取向异常神往。他张扬客观、中立、平衡等新闻理念，期望同人办报，渴望成为一个无党派立场的独立职业新闻人。从某种意义上讲，这两种观念具有特殊的对抗性和冲突性，不能兼具，但是它们却如此奇特地同时存在于邹韬奋的思想体系之中。纵观社会历史发展，当马克思主义思想被强化为共产主义政党的主导思想时，党性和组织性就成为基石所在。邹韬奋虽然向往马克思主义，但一生新闻实践却坚持同人办报，合作社经营，主张"不是由任何政党或政团出资创办的，坚持没有党派关系的民办的文化事业"[①]。这就非常生动地显示了邹韬奋思想的内在对抗性。

再次，邹韬奋的马克思主义思想及其新闻实践的历史呈现表现出一种特殊的历史性。在马克思主义思想的支配下，邹韬奋笔下的苏联到处阳光灿烂（即使其缺陷也以旧社会和革命遗留加以掩饰），而美

---

① 邹韬奋：《患难余生记：进步文化的遭难》，韬奋基金会、上海邹韬奋纪念馆编《韬奋全集》（增补本）第10卷，上海人民出版社2015年版，第881页。

英等西方国家则是一片黑暗，这显然过于机械简单，也和马克思主义思想的辩证法等基本原则不尽相符。具言之，苏联存在的政治专制、思想钳制、饥饿贫穷等社会问题在邹韬奋那里并没有得以显现。一个典型的例证是，1934年8月下旬邹韬奋访问苏联乌克兰农场，其时乌克兰正发生着一场大饥荒。盖因1929年苏共强制推行农业集体化，打击了农民生产积极性，造成粮食减产，1932年至1933年发生的旱灾又使得粮食大幅减产。苏共为了维持城市居民和军队生活供给，继续高额征收粮食，导致农村大饥荒，上千万人死亡，单单乌克兰就饿死350万至400万农民①。而这次乌克兰大饥荒在邹韬奋笔下并没有出现。当然这也和邹韬奋访苏时间短，且参加的访苏团"一切都继续在它的照料之中"，被"计划包办"② 不无关系。令人诧异的是，想要了解实际情况，但被包办照料的邹韬奋的表述却是，倘若"不被疑为侦探，行动的自由并不受什么拘束"，"全可自由，并没有人阻挠或监视着"③。这显然不符合事实。另如高尔基和列宁之间的冲突以及高尔基后期的蜕变，也并没有丝毫影响邹韬奋对列宁和高尔基的崇拜。

对于这些看见或没有看见的历史缺陷，邹韬奋要么选择忽略，视而不见，要么以苏联建设中没有完全办好的事情，只需假以时日即可完善为由，乐观地予以放过。邹韬奋的这种倾向和纪德（Andre Gide）的《访苏归来》相比，可谓天壤之别，就是和罗曼·罗兰（Romain Rolland）的《莫斯科日记》相比，也非同日而语。邹韬奋就此表现了某种特殊的历史性。

最后，从本质而言，邹韬奋的马克思主义呈现仍只停留在文化的范畴，居身于理论探索和反思的层面，他没有也没能真正将其付诸浩大的社会政治领域，用以社会实践。而这也恰恰契合了他作为公共知

---

① 徐天新：《斯大林模式的形成》，人民出版社2013年版，第93页。
② 邹韬奋：《萍踪寄语（三集）谈苏联旅行社》，韬奋基金会、上海韬奋纪念馆编《韬奋全集》（增补本）第6卷，上海人民出版社2015年版，第43页。
③ 邹韬奋：《萍踪寄语（三集）谈苏联旅行社》，韬奋基金会、上海韬奋纪念馆编《韬奋全集》（增补本）第6卷，上海人民出版社2015年版，第44页。

识分子和专业主义新闻人的身份特征。

从某种意义上讲,这种特殊的理论烛照显示了邹韬奋马克思主义及其新闻实践呈现的导向性和理论性,但也体现了邹韬奋思想的复杂性、深刻性和历史性。

第三章 国家观

1931年末，署名"韬奋"的一篇文章《关于勒令停刊的传闻》遭到了左舜生的来信质疑。左舜生是《生活》周刊的忠诚读者，但作为一个中国青年党人，他对邹韬奋的这篇声明则显得颇不以为意。不解之处有三：第一，希望韬奋对其笔下的四个"所谓"做出郑重说明，认为这是作者笔下的无心之失；第二，对韬奋"本刊未主张立刻就不要国家"的发言感到困惑；第三，认为《生活》周刊的前后态度根本动摇，过去爱国色彩浓厚异常，如今又期盼大同。[①]

左舜生指出，《生活》周刊的爱国热情溢于纸上，对该周刊抱有此印象者绝不止他一人。然而，邹韬奋对于"不要国家"的主张又着实震惊了不少人。那么，回到当时的历史语境下，邹韬奋的国家观为何？其文字究竟因何惹得左舜生不快？他对国家主义和世界主义如何看待？邹韬奋的这篇声明真的与《生活》之前的文字相矛盾吗？

一　醒狮派的国家主义与《生活》周刊的爱国色彩

左舜生在给邹韬奋的来信中写道，自认为"未为国人所弃"，并觉得"无负于国家"。左舜生是中国青年党的代表人物。彼时，倡导国家

[①] 邹韬奋：《〈一篇短文所引起的郑重说明〉编者附言》，韬奋基金会、上海韬奋纪念馆编《韬奋全集》第4卷，上海人民出版社1995年版，第6—7页。

主义的中国青年党，反对"容共联俄"，反对"一党执政"，曾与国民党、共产党多次论战，在20世纪20年代一度发展壮大，号称"全国第三大党"。左舜生同曾琦、李璜都是《醒狮》周报的创始者，提倡国家主义，发起"醒狮运动"。醒狮派的国家主义，是五四运动后又一横空出世的意识形态，它承袭了五四运动"外争国权，内惩国贼"的政治遗产，将宗旨立为"以内求本国之进步，外御异族之侵凌者也"①。

那么，邹韬奋究竟是何种言辞惹人不快？先回到左舜生指责的四个"所谓"上。有热心读者听闻《生活》周刊将被勒令停刊，其停刊理由为"该刊带有国家主义派之色彩"。邹韬奋的回应一如《生活》周刊始终声明的立场，该刊没有任何党派为背景。除此之外，邹韬奋还对"国家主义"进行了简要评价。"我个人对于现在所谓国家主义派，愧无深切的研究，不过作刊物编辑的人，对于国内外各党各派的刊物都有浏览的义务，我看所谓国家主义派所出的刊物，常有'打倒国民党'的口号，并有所谓'内除国贼，外抗强权'的标语，这似乎是他们刊物上主要的表现，但翻尽数年来的本刊，请问谁寻得出有过一句这样的话？……想读者诸君言论，便可加上'带有国家主义之色彩'，这怎么说得通？我个人对于国家的直觉观念，以为所谓国家不过是在世界大同未达到以前，全国的人用来团结图存的一种工具……"②

按照邹韬奋的回应，连来四个"所谓"，确实是"无所容心"。同时，邹韬奋对国家主义派的概括，却也在"如今绝大多数人云云"的范围之内，真正使得左舜生困惑的正是第四个"所谓"。倘若国家作为一种工具，邹韬奋真正心心念念的是世界大同，那么《生活》周刊之前提到的爱国色彩浓厚又作何解释？

这里首先遇到的问题是，邹韬奋的爱国色彩在此前呈现为何？

---

① 曾琦：《国家主义与国家青年》，蔡尚思主编《中国现代思想史资料简编》第2卷，浙江人民出版社1982年版，第692页。

② 韬奋：《关于勒令停刊的传闻》，《生活》周刊第6卷第52期。

早在邹韬奋接手《生活》周刊之前，邹韬奋就时刻关注国家的前途命运，并把国家未来的希望寄托于青年身上。当时还在上海圣约翰大学上学的邹韬奋在给《约翰声》投稿时就曾告诫青年："吾国惨景阴凄，几已无复可望，青年奋斗精神，吾国前途惟一之希望也。"① 在接手《生活》周刊后，虽然周刊的绝大多数内容以青年的职业修养为主，但在引进孙中山"三民主义"的过程中，往往假以民族主义探求而强调救国。"所以我们全国人都要拿出良心来救国，万不可再'醉生梦死'的自私自利！"② 虽然当时时局处于危难之中，但邹韬奋相信教育的进步，民生的提高，会使得国家变得更加美好，因而《生活》对于"救国"的关注相对较低。

转折点发生在济南"五三"惨案后，原本不涉政治的邹韬奋终于还是慷慨发声了。"本刊向来是注重社会问题而不谈政治的，但是此次的奇耻大辱，是国命生死存亡的关键。我们国人要获得正当的生存与向上的发展，非对此事有正确的了解与态度，努力雪耻，否则国且无有，何有于生存，更何有于进展？"③ 然而此时，邹韬奋将"救国"的先决条件仍归于扫除军阀，国家统一。"我国在勾结外人甘心卖国的残余军阀未灭以前，国家绝无统一的希望，国家既不能统一，绝无一致对外的可能，故为国命前途计，一致的共同目标是打倒军阀；现在军阀快要灭亡，等到军阀灭亡之后，我们全国一致的共同目标便是先要对付日本的侵略。认清了对付日本侵略的共同目标，便应该下'十年生聚，十年教训'的一致准备工夫。等到准备已足，日本肯还我一切便罢，否则就与一战！"④

---

① 邹韬奋：《青年奋斗之精神与国家前途之希望》，韬奋基金会、上海韬奋纪念馆编《韬奋全集》第1卷，上海人民出版社1995年版，第174页。
② 邹韬奋：《世界重要民族的大势和中国所处的地位》，韬奋基金会、上海韬奋纪念馆编《韬奋全集》第1卷，上海人民出版社1995年版，第717页。
③ 邹韬奋：《〈济南惨剧后我们应该怎样?〉编者附言》，韬奋基金会、上海韬奋纪念馆编《韬奋全集》第2卷，上海人民出版社1995年版，第128页。
④ 邹韬奋：《一致》，韬奋基金会、上海韬奋纪念馆编《韬奋全集》第2卷，上海人民出版社1995年版，第132页。

完全的转向要到"九一八"事变后,而左舜生特别指出的也正是邹韬奋在此之后的文章,尤其是"以全部的篇幅专作抗日救国的宣传"。大体观之,"九一八"事变已经将日本对中国的侵略之心暴露无遗,当前局势已经不是考虑军阀、内乱的时候,应当团结起所有能够团结的力量来共同抗日,救亡图存。

以此观之,爱国贯穿于邹韬奋的全部生涯,虽然在不同的时期"爱国"的表现不一样,但全都带有鲜明的爱国色彩。那么,这是否就证明左舜生的批评无误了呢?实则不然。

从邹韬奋的爱国呈现来看,邹韬奋的救国与左舜生口中的"爱国"并不完全是一回事。

邹韬奋的救国一直是与社会问题紧密相连的。在民族矛盾不突出时,邹韬奋主张教育救国,重视职业教育,期望能将过剩的劳动力转为挽救国家的生产力。在《生活》周刊影响不断增大后,一方面为了适应形势,另一方面为了满足读者需要,邹韬奋开始关注社会问题,期待国民素质的进步推动国家的富强。而到了"九一八"事变后,国难压倒一切,救国成了最为重要的事。

醒狮派的国家主义有着自身独特的界定。醒狮派对德意志的国家主义情有独钟,这源于德国模式的典范影响。德国通过凝聚民族而实现国家统一,在俾斯麦的铁血政策下一跃成为资本主义强国,这样的德国模式对中国的国家主义者来说拥有着无比强大的吸引力。① 正是出于对"富国强兵"的渴望,醒狮派在学习德国时刻意强调"国家"的观念,这个"国家"已经接近于抽象而失去了内涵,因而醒狮派虽然在一定程度上可以唤起国民的爱国热情和民族认同,但与社会民生则相差甚远。②

从这里能够看到,醒狮派的国家主义将"国家"抽象成了目的,

---

① 高力克:《中国现代国家主义思潮的德国谱系》,《自由与国家:现代中国政治思想史论》,浙江大学出版社2016年版,第308页。
② 刘洪强:《"抽象的国家"还是"行动的社会"?——大革命期间关于"国家与社会"诸问题的争论》,《北京社会科学》2017年第4期。

呼吁要"富国强兵",但除了在教育层面外,对社会生活其他方面影响都比较小。而邹韬奋则把国家视为一种工具,救国的目的是服务民生。两者看起来都是爱国,但救国的途径不一样,想要达到的目的不一样。因此,邹韬奋的救国与中国青年党人口中的"国家主义"是不一样的,从爱国色彩来看,《生活》周刊的立场是前后一致的。

二 作为工具的国家与梦想大同的世界

然而,上述的回答还没能真正解答左舜生的质疑。症结点在于,倘若国家作为一种"团结图存"的工具,而国家势必为大同世界所取代的话,那么何必还要进行援救?因为现在具有中国和日本国籍的人到了将来会是大同世界的一分子,中日之间的国家之争似乎就失去了前提和根基,问题由此进入了一个自相矛盾的困境。

那么,邹韬奋究竟是如何看待国家与世界之间的关系的呢?

左舜生为代表的醒狮派将国家抽象为人类发展的目的,带有唯心色彩。以至于他们对真正的劳苦百姓虽抱有同情,但未能深入了解并真正改变现状。邹韬奋认为,"国家不过是世界文化进步过程中的一个阶段,等到社会主义普及于全世界之后,国内无阶级之争,国际无随着资本主义俱来的帝国主义之争,国家便非必要"①。因此,国家不仅是团结图存的一种工具,而且是在世界大同实现之前用来为全国大多数民众谋利的工具。很显然,被日本侵略的东三省已经沦为奴隶籍,过奴隶的生活显然不是邹韬奋心中的国家所应为,由此要"奔走呼号""血肉相搏""一定要以武力收回失地""一定要以武力援救东三省的同胞"……绝没有先俯首帖耳做奴隶然后成为大同世界一分子的道理。

邹韬奋这里将国家作为一个过渡阶段,关于国家和世界的关系需

---

① 邹韬奋:《〈一篇短文所引起的郑重说明〉编者附言》,韬奋基金会、上海韬奋纪念馆编《韬奋全集》第4卷,上海人民出版社1995年版,第7—8页。

要再强调两点。

第一，未来将会抛弃国家并不代表现在不需要国家。在邹韬奋的理念中，国家终将是被抛弃之物，当阶级、帝国主义都随着社会主义的普及而烟消云散后，国家的发展自然也就随之而消逝；但当前的局势下国内阶级矛盾严重，国外帝国主义横行，没有国家不足以统一全体民众，没有统一之力量不足以为大多数民众创造幸福之生活。因此，邹韬奋谈道："我觉得无论国之可爱与否，既不由自主的生在这一国里，无可爱的国也只得设法把他造成可爱，藉以达到团结图存的目的。所以虽有人说现在的国家不过是资本家军阀官僚土豪劣绅压迫劳苦民众的武器，这样的国家有何可爱，但我却以为正因为这个缘故，我们应努力把国家从少数压迫阶级手中夺回来还给全国民众，使国家为全国民众的生存而存在，非为少数压迫阶级的生存而存在，这样一来，国家便从无可爱而变为可爱，因为他成为'全国人用来团结图存的工具'，而非被少数人作为剥削民众而为自己达到享受特殊权利的工具。"①

第二，国先自立方可展望世界。邹韬奋的世界主义目前来看仍旧只是一个乌托邦，邹韬奋对于这一点也十分明了。他反复强调，先须救国，等国家能够担负起责任之后再说其他。其实早在左舜生质疑前，邹韬奋在其文章中就已经说明得很清楚："我们须先救中国，俟中国能力充分时才能够负得起救世界的责任。如自己的国先弄得乱七八糟，受人侵略，自救之不暇，何能更救世界？"②

不管是民族国家也好，大同世界也好，它都是社会发展的一个表征，最重要的指标是人民群众的生活情状。邹韬奋的大同世界与民族国家之间，相隔的是理想与现实的鸿沟。邹韬奋心里既做着"大同梦"，但也不忘注重现实情况，力图通过奉献一己之力来推动整个社会的发展。

---

① 邹韬奋：《〈一篇短文所引起的郑重说明〉编者附言》，韬奋基金会、上海韬奋纪念馆编《韬奋全集》第 4 卷，上海人民出版社 1995 年版，第 9 页。
② 邹韬奋：《关于勒令停刊的传闻》，《生活》周刊第 6 卷第 52 期。

1933年，《东方杂志》向诸多名家征求其梦想的中国的模样，邹韬奋在他的梦想中如此描绘："我所梦想的未来中国是个共劳共享的平等的社会，所谓'共劳'，是人人都须为全体民众所需要的生产作一部分的劳动；不许有不劳而获的人；不许有一部分榨取另一部分劳力成果的人。所谓'共享'是人人在物质方面及精神方面都有平等的享受机会，不许有劳而不获的人。……在这个梦里，除只看见共劳共享的快乐的平等景象外，没有帝国主义者，没有军阀，没有官僚，没有资本家，没有男盗，没有女娼，当然更没有乞丐，连现在众所认为好东西的慈善机关及储蓄银行等等都不需要，因为用不着受人哀怜与施与，也用不着储蓄以备后患。"①

邹韬奋对于大同世界的理想始终放置在心中，这不是他一人的"大同梦"，而是许多人共同梦想的未来。1933年元旦出版的《东方杂志》（总第30卷第1号）以83页的篇幅一下子刊出142人的244个"梦想"，其中有30多位作者梦想着无阶级压迫、无剥削的社会主义大同世界。那么，在梳理完邹韬奋思想中的国家与世界关系后，我们需要继续追问，只有邹韬奋在世界与国家之间徘徊吗？他的思想来源有哪些？

三 国家与世界的持续互动

罗志田指出，除了抵御外侮、坚守民族本色外，近代中国民族主义一开始就带有一种"超人超国"的特色，这使得中国的民族主义长期与世界主义处于互动之中。② 把邹韬奋的民族国家与世界主义的思想放到整个中国近现代思想史脉络中加以考察，其思想源头可能来自哪里？

---

① 邹韬奋:《梦想的中国》，韬奋基金会、上海韬奋纪念馆编《韬奋全集》第5卷，上海人民出版社1995年版，第3页。

② 罗志田:《近代中国民族主义的史学反思》，载贺照田主编《在历史的缠绕中解读知识与思想》（第十辑），吉林人民出版社2003年版，第344—358页。

（一）民族国家与世界主义的思想源头

邹韬奋的思想源头当然受很多因素影响，比如中国传统的"大同"观念、邹韬奋自身的左翼文人身份和新闻工作者的身份特质。但如果将其思想放到整个中国近代史来看，梁启超与孙中山的影响应当得到高度重视。

以邹韬奋的幼年偶像梁启超为例，在中国由"天下"走向"万国"后，梁启超指出中国"无国家思想"，"一曰知有天下而不知有国家，二曰知有一己而不知有国家"①；谈到世界主义时，梁启超指出，"所谓博爱主义，世界主义，抑岂不至德而深仁也哉？虽然，此等主义，其脱离理想界而入于现实界，果可期乎？此其事或将待至万数千年后，吾不敢知，若今日将安取之？"②梁启超的思想其实颇可代表当时读书人的想法，"国家"与"世界"一直存在于当时读书人的心灵路标中，不过相比于遥远的理想，应更侧重于现实。③

欧游后的梁启超在对"国家—世界"关系的认知中又有了大的推进。梁启超对于"爱国"品质强调，"我们的爱国，一面不能知有国家而不知有个人，一面不能知有国家不知有世界。我们是要托庇在这国家底下，将国内各个人的天赋能力尽量发挥，向世界人类全体文明有所贡献。将来各国的趋势，都是如此；我们提倡这主义的作用，也是为此"④。

除梁启超外，孙中山也是对邹韬奋具有深远影响的人。有学者统计，从1927年7月到1930年7月的三年中，邹韬奋在《生活》周刊上一共撰写了19篇关于孙中山理论体系的文字，其钟爱度可见一

---

① 梁启超：《新民说·第六节论国家思想》，梁启超著，汤志钧、汤仁泽编《梁启超全集　第二集　论著二》，中国人民大学出版社2018年版，第546页。
② 梁启超：《新民说·第六节论国家思想》，梁启超著，汤志钧、汤仁泽编《梁启超全集　第二集　论著二》，中国人民大学出版社2018年版，第544页。
③ 罗志田：《理想与现实：清季民初世界主义与民族主义的关联互动》，《近代读书人的思想世界与治学取向》，北京大学出版社2009年版，第55—103页。
④ 梁启超：《欧游心影录》，梁启超著，汤志钧、汤仁泽编《梁启超全集　第十集　论著十》，中国人民大学出版社2018年版，第71页。

斑。① 单就我们原初讨论的文本来看，邹韬奋关于世界主义的阐述也是直接来源于孙中山的三民主义。邹韬奋是引用孙中山在民族主义第6讲的话来解释世界主义的。"我们受屈民族，必先把我们民族自由平等的地位恢复起来之后，才配得来讲世界主义。""中国对于世界究竟要负什么责任呢？现在世界列强所走的路，是灭人国家的，如果中国强盛起来，也要去灭人国家，也去学列强帝国主义，走相同的路，便是蹈他们的覆辙，所以我们要先决定一种政策，要济弱扶贫，才是尽我们民族的天职，我们对于弱小民族要扶持他，对于世界的列强要抵抗他。如果全国人民都立定这个志愿，中国民族才可发达。"② 西方暴露了资本主义的弊端，使得中国当时的思想家除了学习西方外，更多了一层"前瞻性"，即谓中国欲毕其功于一役，须得在完成民族独立富强的同时，克服帝国主义自身存在的弊病。在面对民族难题时，这些思想家强调不仅要学习西方的思想、制度与科技，还要将中国的传统文化揉入其中。而且，越是在国家艰难时刻，这种中国原初的空想也就越发强烈，与西潮相生相伴。

张灏认为，"五四"思想具有两歧性，"就思想而言，五四实在是一个矛盾的时代。表面上，'五四'是一个强调科学、推崇理性的时代，而实际上却是一个热血沸腾、情绪激荡的时代。同时，'五四'看似以西方启蒙运动理性主义为楷模，而骨子里却带有强烈的浪漫主义色彩。其证据是鲜明的，一方面，'五四'知识分子诅咒宗教，反对偶像；另一方面，他们却极需偶像和信念来满足他们内心的饥渴。与此同时，'五四'知识分子既强调面对现实，'研究问题'，又急于找到一种主义，可以给他们一个简单而'一网打尽'的答案，以逃避时代问题的复杂性"③。"五四"思想的复杂性并不只存在于"五四"

---

① 郝丹立：《邹韬奋与三民主义——兼论邹韬奋研究的内在逻辑》，《河南师范大学学报》（哲学社会科学版）2002年第1期。
② 邹韬奋：《关于勒令停刊的传闻》，《生活》周刊第6卷第52期。
③ 张灏：《重访五四：论五四思想的两歧性》，《幽暗意识与时代探索》，广东人民出版社2016年版，第172页。

那个时代，它还影响了之后的众多思潮。以"五四"思想的两歧性反观邹韬奋思想，就会发现邹韬奋思想中的民族国家与世界主义不仅存在着强烈的互动，而且也与社会、社会思潮之间不断形成耦合。

（二）思想、主义与社会

思想史的研究有内外两种路径进行解释研究，一种是强调思想的内在理路，将思想视为一种生命，它有自身的发展轨迹，另外则是将它视为对外界的反应刺激。不同的历史阶段可能有不同的主宰因素，而在对邹韬奋思想进行研究的时候，过去通常会将其僵化为"伟光正"的爱国主义，而把邹韬奋思想的变动解释为一种进化论的思想，忽视了邹韬奋思想在复杂情势下的矛盾与分歧。

事实上，邹韬奋思想始终贯彻着救国思想，但前后间的转变差距极大，这不仅跟历史情境、流行思潮有着密切关联，也是邹韬奋思想自我发展的最终结果。邹韬奋思想中的国家与世界的关系不是固定的，而是随着时局发展和自身选择不断交互的结果。

这里需要注意的是，作为一个职业新闻人，邹韬奋不加入任何党派。他始终致力于解决大众之问题，而不谈主义。但任何一种主义本就是针对现实提出的一种答案，邹韬奋没有加入党派并不代表他内心没有时代的系统解决方案。盖因前期受孙中山的三民主义与杜威、胡适的实用主义影响较大，邹韬奋在对三民主义的民权主义做出解释时，以世界发达国家的强国之路与中国的救国之路作对比，并试图以此得出结论。"西方各国民权的昌盛是由于力争个人的自由，所以外国学者往往把'民权'和'自由'并称。但是我们所争的自由和他们便有点不同：他们重在争回个人的自由；我们重在争回国家的自由。我们所提出的革命目标，既要大家都起来奋斗，一定要和人民有切肤之痛的，才能唤起大家热心来附和。所以我们要切实明了我们自己的境地，不可抄袭他国的唾余来胡乱附会的。"[①]"五四"时期的思想家欲以个

---

① 邹韬奋：《个人自由与国家自由——与民生有密切关系的民权主义之研究》，韬奋基金会、上海韬奋纪念馆编《韬奋全集》第1卷，上海人民出版社1995年版，第735页。

人自由来冲破家庭的束缚，而邹韬奋则力主将国家放到个人之上，通过与世界其他国度的对比，以国家自由来实现个人自由。

邹韬奋的个人梦想在1933年得以诗意勾画，"梦见我自己无忧无虑欢欣鼓舞的做共劳共享的社会中的一分子，在全国大生产计划中担任我所能做的一部分的工作"①。某种意义上讲，邹韬奋的大同世界理想与共产主义理论不谋而合，加之苏联考察，遂使他的思想发生了巨大转变。邹韬奋在对苏联音乐学校进行考察时感言，"合理的新社会里面是不容个人主义的存生，但往往有人把个人主义和个性混做一团，因此发生误会，以为新社会是不要发展个性的；如看了音乐学校里那样注重天才的培养，在全国各处那样注重音乐天才的培养，在全国各处那样注重音乐天才的发现和提拔，便知道新社会是在集团的活动中尽量发展个性的特长，而且也只有在没有人剥削人的制度的社会里，大家的个性才能够获得尽量发展以贡献于社会的平等机会"②。如果说原先的世界没有提供出适合的道路，那么彼时的苏联则为邹韬奋塑造了一个完美而有潜力的乌托邦，使得邹韬奋对国家有了更新的认识。

之后，抗战烽火再开，民族危机的高涨，使得邹韬奋更是以中国的立场来重新审视世界。如果说反法西斯同盟的有效开展一定程度上满足了知识分子对于大同世界的想象，那么此时的邹韬奋则从中国本位的角度重新看世界。"但是中国是世界的一环，我们要使中国解放运动获得最后的胜利，不得不严密地注意世界大势，不得不尽量运用世界大势中有利于我们的各种条件。但是这里有一个非常重要的原则，那就是我们要站在中国的立场。所谓中国的立场，当然是以中国的利益为出发点。"③ 在邹韬奋看来，中国是世界的中国，更是中国人的中

---

① 邹韬奋：《梦想的个人生活》，韬奋基金会、上海韬奋纪念馆编《韬奋全集》第5卷，上海人民出版社1995年版，第4页。
② 邹韬奋：《音乐专门学校》，韬奋基金会、上海韬奋纪念馆编《韬奋全集》第6卷，上海人民出版社1995年版，第241页。
③ 邹韬奋：《中国的立场》，韬奋基金会、上海韬奋纪念馆编《韬奋全集》第7卷，上海人民出版社1995年版，第25页。

国，所以中国人需要从国家本位去看待世界。

谈到中国近代思想史，向来有启蒙与救亡两个向度之说。邹韬奋生前遗憾没能看到抗战胜利，其思想一直处于救亡压倒启蒙的历史语境下，因而也难以见到邹韬奋思想的进一步发展，包括其对大同世界的进一步展望与实现步骤的历史预设。然而，世界主义思想本身与民族主义具有某种张力，遂使邹韬奋的国家观和世界观获得了某种历史合法性。此外，正如陈独秀、李大钊隐藏的世界主义最终促使其转向了共产主义，邹韬奋对于世界主义的阐释无疑催生了其思想轨迹的发展与转变，邹韬奋思想对共产主义的接受由此找到了隐藏的连接点。

以此观之，邹韬奋一方面是救国的高声呼号者，另一方面却也认为国家终将消灭；邹韬奋一方面是世界主义的梦想者，另一方面则坚持要从中国的立场来看世界。邹韬奋的思想始终处于历史的建构之中，我们不仅要把握邹韬奋思想的特性，更要深入历史现场去还原其矛盾、冲突、张力和暗语。进而言之，从多层互动的角度出发，邹韬奋思想与不同主义、不同人物以及不同事件的对话，深刻地展示了邹韬奋国家观念中的多元性与复杂性。

邹韬奋思想中的国家与世界，继承了"五四"思想的两歧性，其中既包含现实所激发的爱国主义，也涵纳了从传统和同人汲取到的世界主义理想。而此时，"天下"的破碎使得知识分子纷纷寻找出路，期望在国家与世界之间建构借以寄居的理想王国，其中的纠结和矛盾复杂而多变，它以显在的历史逻辑推动着邹韬奋一样的一代知识分子不懈探索，趋于至善。

第四章 民主政治观

20世纪40年代初，邹韬奋立足孙中山的新三民主义提出了自己关于中国民主社会的构想，并将保障人民的各项合法权益置于首要位置。邹韬奋就此逐步成为中国民主政治运动的杰出代表，毛泽东也盛誉他为"民主战士"。然而，鉴于复杂的社会语境，以往学界对于邹韬奋的研究多集中在"救国运动""文化事业"等方面，对"民主政治"方面的关注相对较少。其中涉及邹韬奋"民主政治"的研究，多为民主观念的单纯探讨，未能全面深入地研究其民主政治思想体系。邹韬奋的民主政治观体系作为其思想的重要组成部分，对于研究邹韬奋民主政治思想乃至中国现代民主政治思想的发展都具有重要价值。

历史背景是邹韬奋民主政治观形成的重要前提，而救亡图存则是主色调。基于此，邹韬奋民主政治观在理论和实践两个层面得以彰显。理论层面，邹韬奋的民主政治观体系以民主形式、言论自由、党派问题为核心，为中国民主政治的发展提出了理性的建构方案，也为当时中国民主社会的发展提供了启示；实践层面，邹韬奋体现了中间党派代表和职业新闻人的双重践行。邹韬奋以职业新闻人的身份批评时政，为民主政治竭力呼号。同时，他是国民参政会参议员，也是"救国会"主将，契合了中间党派代表的特殊身份。基于这两种身份的交融，邹韬奋公开揭露国民党民主政治的虚伪，呼吁建设真正的、符合民意的民主政治，并提出了关于中国民主政治建设的预设，为现代中国社会民主体系的建构和践行提供了宝贵经验。

一 历史背景：抗战大势的客观需求

邹韬奋的民主政治观是在20世纪初中国社会历史发展基础上产生的，是抗战大势的客观需求。其时，外部国际环境和内部国内环境的交织，使得日本帝国主义侵略战争的爆发、抗日救亡运动的高涨、国民参政会的成立成为标志性的环境要素。

（一）日本帝国主义侵略战争的爆发

1931年"九一八"事变之后，日本帝国主义发动了大规模侵略中国的战争行动，并迅速占领东三省。这是一场蓄谋已久的侵略，是日本帝国主义企图以武力征服中国的开端。其后，日本帝国主义以东北为侵略扩张的基地，逐渐将战争辐射到中国其他地区，中华民族危机更加严重。及至1937年，日本于7月7日制造震惊中外的卢沟桥事变，是其全面侵华的开始。

抗日战争的爆发令国民清醒地认识到民族危机的严重性，各界人士对中华民族的前途命运有了更进一步的思考。全国民众对于抗战的坚决拥护，不仅使发动群众保卫国土成为迫在眉睫的首要任务，而且也导致中国政治格局开始发生一系列的重要变化。

日本帝国主义侵略战争的爆发直接催生了国民参政会的建立，也以外部环境的诱因推动着抗战基调下国内民主政治运动的发展。

（二）救亡运动的兴起

"九一八"事变之后，抗日救亡的民族主义思想成为全国上下一致的信念。随着民族危机的逐步加深，各地的救亡运动浪潮此起彼伏。邹韬奋曾在《无可掩饰的极端无耻》中，痛批当局的"不抵抗主义"[①]。《生活》周刊也以抗日救国为中心内容，号召群众团结一致，

---

① 邹韬奋：《无可掩饰的极端无耻》，韬奋基金会、上海韬奋纪念馆编《韬奋全集》（增补本）第3卷，上海人民出版社2015年版，第454页。

共赴国难。邹韬奋在《应彻底明瞭国难的真相》中呼吁:"故全国同胞对此国难,人人应视为与己身有切肤之痛,以决死的精神,团结起来做积极的挣扎与苦斗。"① 广大的知识分子亦通过办刊撰文等方式,极力宣扬抗日救国的主张。

此外,各地爱国青年纷纷集会,组织请愿,形成救亡团体,要求国民政府停止内战,一致抗日。尤其是发生于1935年的"一二·九"学生救亡运动,表明了全体国民抗日救国的决心。邹韬奋对这些爱国青年大加赞赏,不惜溢美之词,称他们"是伟大时代巨潮的先锋!""是要立在伟大时代的最前线!"② 邹韬奋也意识到民众是救亡的希望,是抗日救国的重要支柱,而团结领导全国人民共赴国难才是当前要解决的问题。"日本对我国敢毅然下此毒手,重要原因在于我国数年来政治之没有办法,中山先生虽遗下三民主义,实业计划,但实施上的设施,有什么成绩合于中山先生的遗教?政治上倘无切实的通盘筹划的办法,对外实无从说起。"③ 此时,民主政治成了抗日救亡的重要条件,亟须大力张扬之。

(三) 国民参政会的成立

与此同时,国内形势更趋严峻,国民党政府迫不得已做出政策上的调整。早在"九一八"事变之后,国民政府便迫于各界要求民主的呼声,决定召开"国难会议"。此会议召开前,汪精卫却规定该会议"不谈政治",令各党派代表尤为反感。这表明国民政府对民主政治实则毫无诚意,不愿让步一丝一毫。其后,随着抗战形势的发展,面对各界人士的呼吁,国民党决定成立国民参政会,但又一拖再拖,直至抗战爆发,形势危急,亟须各党派团结抗战,民意机关的成立事宜才

---

① 邹韬奋:《应彻底明瞭国难的真相》,韬奋基金会、上海韬奋纪念馆编《韬奋全集》(增补本)第5卷,上海人民出版社2015年版,第58页。
② 邹韬奋:《自动奋发的千万青年》,韬奋基金会、上海韬奋纪念馆编《韬奋全集》(增补本)第10卷,上海人民出版社2015年版,第249页。
③ 邹韬奋:《唯一可能的民众实力》,韬奋基金会、上海韬奋纪念馆编《韬奋全集》(增补本)第5卷,上海人民出版社2015年版,第58页。

又被提上日程。

全面抗战爆发以后,"与抗战最有重要关系的事情,莫过于民族统一战线的形成"[1]。这也是邹韬奋当时所在的救国会的核心主张,同时他们认为"领导全国抗战的责任非国民政府和领袖莫属"。换言之,他们是拥护政府与领袖的,但是"在不违背抗战国策的原则下,对国事的改进有所主张与建议,这是一件事,拥护政府或领袖是一件事"[2]。其时,中国共产党与其他中间党派均呼吁抗战及大力提倡民主,共赴国难,以促成民族统一战线的形成。之后国民党接受在野党派的建议而决议邀请各党派代表组成"国防参议会",全国人民的抗战决心终于促使国民党着手改善现有政治体制。

邹韬奋认为民族统一战线建立后,其巩固十分必要,基础则在于民主政治的开展,而民主政治初步展开的具体表现就在于国民参政会前身即国防参议会的设立。邹韬奋进一步指出,孙哲生在更久以前提出的"集中国力挽救危亡案",对"民主政治的开展与抗战国策的关系有着很重要的阐明"[3]。他认为,"这表示了真是忠实于国父中山先生遗教的人必然是要诚恳坦白地承认民主政治在今日抗战建国时期的特别重要性"[4]。这也间接说明,邹韬奋的政治思想受孙中山先生的影响不小。潘大明即明言,"孙中山的三民主义与邹韬奋的政治思想,所追求的目标有着一致性"[5]。

作为国民参政会的前身,国防参议会参议员的人选是蒋介石亲自划定的。这些人员虽是以个人身份被邀请,但是其中多是中国共产党

---

[1] 邹韬奋:《发动全面抗战的基本条件》,韬奋基金会、上海韬奋纪念馆编《韬奋全集》(增补本)第10卷,上海人民出版社2015年版,第169页。

[2] 邹韬奋:《发动全面抗战的基本条件》,韬奋基金会、上海韬奋纪念馆编《韬奋全集》(增补本)第10卷,上海人民出版社2015年版,第170页。

[3] 邹韬奋:《民主政治的初步展开》,韬奋基金会、上海韬奋纪念馆编《韬奋全集》(增补本)第10卷,上海人民出版社2015年版,第172页。

[4] 邹韬奋:《民主政治的初步展开》,韬奋基金会、上海韬奋纪念馆编《韬奋全集》(增补本)第10卷,上海人民出版社2015年版,第173页。

[5] 潘大明:《韬奋人格发展的轨迹》,上海文艺出版社1998年版,第125—126页。

以及中间党派的代表人物，邹韬奋称其"含有团结各党派来参加抗战大计，共同为国努力的意思"①。国防参议会十分简陋，没有组织条例、办事细则之类的文字规定，提案讨论常常敷衍了事。但邹韬奋认为，这证明抗战与民主是分不开的，这也是民主政治在抗战期间的萌芽。

然而，随着国内外形势的急剧变化，简陋的国防参议会已然不能成为国民政府进行"民主政治"的招牌，要摆脱当前的困境，就只能寻求国内各方的通力合作。1938年4月，中国国民党临时全国代表大会通过决议，规定"在非常时期应设一国民参政会，其职权与组织方法，交中央执行委员会详细讨论，妥定法规"②。其后，《国民参政会组织条例》又得以颁布实施。国民党宣布设立国民参政会的同时，也宣布了国防参议会寿终正寝。

可见，国民参政会是国民政府在严峻的抗战形势之下，为团结全国力量以共同抗战而形成的，邹韬奋也受邀成为国民参政会参政员。在参政会实行期间，国民政府与中共以及各中间党派的矛盾分歧并没有消除，依旧存在，而在野党对于参政会本身的态度与期望也因之逐步改变。

需要承认，国民参政会是抗战大势下国内民主政治变革的显著成果，虽其实质意义有限，但在一定程度上显示了民主政治发展的现实必要性和实践可能性。

不难看出，民族危机的渐趋尖锐，全面抗战的日益高涨，国民党统治的专制昏暗，都使得团结各界力量，推进民主政治建设，以赢得全面抗战的胜利，成为异常急迫的社会议题。

二 理论层面：民主政治的多维构想

总体看来，邹韬奋民主政治思想建立在全世界包括中国对民主

---

① 邹韬奋：《参政会的胚胎》，韬奋基金会、上海韬奋纪念馆编《韬奋全集》（增补本）第10卷，上海人民出版社2015年版，第175页。

② 重庆市政协文史资料研究委员会、中共重庆市委党校编：《国民参政会纪实》（上），重庆出版社2016年版，第10页。

政治的构想之中。《对反民主的抗争》一书中，邹韬奋针对当时中国的抗日局面进行了深入的探讨，深刻批判了反民主思潮，并论述了自己的民主思想。邹韬奋理想的中国民主政治体系研究将从社会阻碍、方略对比、方式探讨三方面加以推进，以期揭示他对民主政治的多维构想。

（一）社会阻碍：八种烟幕论

中国民主政治建设是世界与中国的共同期望，但在建设中国民主政治的道路上却有着诸多阻碍，其中最大的阻碍就是反民主者。他们借助种种烟幕，掩盖自己的险恶居心，阻止中国社会民主浪潮的发展。

《反民主的几种烟幕》《揭穿妨碍民主的几种论调》中，邹韬奋提出了关于"反民主的几种烟幕"的言论。反民主者试图以看似合理的观点达到其混淆视听、遏制中国社会民主政治运动为目的。邹韬奋针对"反民主的几种烟幕"进行了揭露与辩驳，认为反民主者烟幕论包括以下八种形式：一是"实行民主必不利于抗战，要实行抗战必须暂时停止民主"[①]；二是将国家自由与个人自由对立，"个人争自由"应当"先替国家争自由"；三是实现民主政治是推翻现有的政治中心；四是用亡国恫吓追求民主的人民，以"亡了国的人民没有民主自由可说的事实来奉劝中国人民不要再要求民主政治"[②]；五是将英国的"加强政治民主"与"用阶级独裁代替民主"画上等号；六是以"国家至上"来说明"牺牲个人自由"的必要性论调[③]；七是将无政府与民主政治混为一谈；八是将主张民主者扣上共产党的头衔。

邹韬奋对以上八种反民主的烟雾论逐一进行了辩驳。他认为，只有"提高民权"，才能"加强国本"，而民主能促进国家抗战能力的提

[①] 邹韬奋：《反民主的几种烟幕》，韬奋基金会、上海韬奋纪念馆编《韬奋全集》（增补本）第10卷，上海人民出版社2015年版，第661页。
[②] 邹韬奋：《反民主的几种烟幕》，韬奋基金会、上海韬奋纪念馆编《韬奋全集》（增补本）第10卷，上海人民出版社2015年版，第665页。
[③] 邹韬奋：《揭穿妨害民主的几种论调》，韬奋基金会、上海韬奋纪念馆编《韬奋全集》（增补本）第10卷，上海人民出版社2015年版，第674页。

升,绝非扰乱国家的抗战;国家是人民的国家,人民追求的并非"一盘散沙"式的自由;民主也并不和集权对立,现阶段人民追求民主是必要的,也是合理的。彼时,几篇反民主的文章主张社会发展使得个人自由的限制成为必要,邹韬奋对此进行了有力的批判,并直言这些人"骨子里的都是在反民主","我们却要高呼国父所训示的'革命尚未成功,同志仍须努力!'"①邹韬奋以此来表明自己要追随孙中山先生、推动中国民主政治发展的决心。

(二)建构思辨:民主形式、言论自由和党派之论

抗日战争期间,国内曾进行过两次大规模的民主宪政运动,催生了中国民主政治建设的三种不同声音,即国民党、共产党、中间派对于中国民主社会发展方向的三种不同设想,其民主政治主张具体表现在民主形式、言论自由、党派问题等三方面。究其实质,邹韬奋的态度与中间派的思想趋于一致,并成为中间党派民主政治观的重要代表。

首先是民主形式之争。1939年的国民参政会一届四次会议是中国第一次民主宪政运动的起点。② 在此次会议后,各党派推动国民党对中国宪政问题做出相应的回复。1939年11月17日,国民党五届六中全会决定次年11月12日召开国民大会,会议将选取各区域代表参加,此次会议让人民对中国实施宪政有所期待。1940年4月1日,在一届五次参政会中,宪政期成会提交宪法修改草案,由于对政府权力提出了限制,遭到国民党参政员的强烈不满与反对,最终该草案未获通过。随后,国民政府颁布《宪政问题集会结社言论暂行办法》,限制宪政问题的讨论。国民党一系列的行为证明了其对于推行民主宪政的抵制。

1936年8月25日中国共产党公开发表毛泽东起草的《致中国国民党书》,本着联合蒋介石国民政府一致对外的目的,提出停止内战、建立"民主共和国"的主张。1939年到1940年期间,国民党掀起反

---

① 邹韬奋:《揭穿妨害民主的几种论调》,韬奋基金会、上海韬奋纪念馆编《韬奋全集》(增补本)第10卷,上海人民出版社2015年版,第679页。
② 王建朗、曾景忠:《中国近代通史·第九卷·抗日战争(1937—1945)》,凤凰出版传媒集团、江苏人民出版社2009年版,第494页。

共浪潮,毛泽东遂发表《新民主主义论》,提出中国应该建设新民主主义共和国的观点。毛泽东强调,新民主主义共和国"'为一般平民所共有,非少数人所得而私',就是我们所说的新民主主义宪政的具体内容,就是几个革命阶级联合起来对于汉奸反动派的民主专政,就是今天我们所要的宪政"①。

邹韬奋对中国民主形式的构想是源于孙中山对民主政治的阐述,认为中国应该成为三民主义民主共和国,并提出民主政治所应具有的事实。邹韬奋指出,三民主义民主共和国"应该由人民选出的代表人民的民意机关,负起监督政府督促政府的责任";"应该有对民意机关负责的政府";"对于人民的最低限度的民主自由应有切实的合法保障"②。而这里的合法保障,正是指孙中山曾在国民党宣言书中提及的人民集会、结社、言论、出版和信仰的自由权。邹韬奋对中国宪政的设想强调利用现存的民主政治,进行衍化改良,从而建立一种具有民族特殊性、又带有西方民主组织原则与精神的政治体制。邹韬奋认为,"和宪政对立的是专制,和民主对立的是独裁"③。在他看来,宪政的发展与民主的发展相统一,民主就要通过实施宪政去实现。在对中国民主的历史任务中,邹韬奋除了提及反帝反封建的任务,还提到"同时使中国建立清明政治,成为真正的三民主义共和国"④。他希望中国能够推行孙中山的新三民主义,以实现民主政治,建设新三民主义共和国。

其次是言论自由之辩。邹韬奋对于民主的定义中包含"民主自由"。对邹韬奋而言,言论自由是民主政治的重要组成部分,一个民主政治社会应该赋予人民最低限度的民主自由;民主国家的宪法应赋

---

① 《毛泽东选集》第2卷,人民出版社1952年版,第725页。
② 邹韬奋:《揭穿妨害民主的几种论调》,韬奋基金会、上海韬奋纪念馆编《韬奋全集》(增补本)第10卷,上海人民出版社2015年版,第678页。
③ 邹韬奋:《关于宪政的种种疑问》,韬奋基金会、上海韬奋纪念馆编《韬奋全集》(增补本)第9卷,上海人民出版社2015年版,第263页。
④ 邹韬奋:《中国民主的特殊性》,韬奋基金会、上海韬奋纪念馆编《韬奋全集》(增补本)第10卷,上海人民出版社2015年版,第746页。

予人民言论、出版、集会和结社的自由，即谓言论自由可以表达人民要求，对政府进行监督，是人民获得民主权利的保障。邹韬奋对民意与官意进行了精辟的论述，"言论机关有反映民意的，也有反映官意的……在反民主和假民主的国家里，官意的言论机关所享受的言论自由的保障较民意的言论机关为大，甚至官意占着绝对的便利，民意常在摧残压迫之下挣扎着"①。邹韬奋认为，"愈民主的国家，官意也应该愈接近民意，至少应该和民意的言论机关在同样的言论自由保障之下"。②邹韬奋对民主社会中民意与官意关系的表述，表达了在民主社会中官意应恪守的基本原则和应践行的理性职能。

抗战时期，国民党在言论自由方面加强了监控与审查，邹韬奋的部分文章曾多次被重庆国民党中央图书杂志审查委员会无理扣留，《对反民主的抗争》收录的邹韬奋文章中就多次出现"被检……字"的字样。为此，邹韬奋曾在《全民抗战》发表文章《审查书报原稿的严重性》和《再论审查书报原稿的严重性》，以表达自己对思想言论自由的追求，并断言严苛的书报审查制度不符合新三民主义的原则，以显示民主政治中舆论自由的重要性。③同时，邹韬奋作为国民参政会的参政员，在第一次大会与第四次大会中都对"检查书报"提出了自己的观点：一是检查书报需要统一机关的执行，书报通过审查后给予审查证，为其提供合法保障，不能随意扣留或者没收；二是查禁书报必须由负责机关通知出版方和著作人。④

邹韬奋的现实情况与个人遭遇，反映了当时国民党对于人民言论自由的压制与剥夺。在邹韬奋眼中，一个真正的民主社会，个人应当拥有言论自由的权利，这符合共产党的民主建设思路。抗日期间，共

---

① 邹韬奋：《言论自由与民主政治》，韬奋基金会、上海韬奋纪念馆编《韬奋全集》（增补本）第10卷，上海人民出版社2015年版，第696页。
② 邹韬奋：《言论自由与民主政治》，韬奋基金会、上海韬奋纪念馆编《韬奋全集》（增补本）第10卷，上海人民出版社2015年版，第696页。
③ 邹韬奋：《审查书报原稿的严重性》，韬奋基金会、上海韬奋纪念馆编《韬奋全集》（增补本）第8卷，上海人民出版社2015年版，第180页。
④ 唐森树：《论抗日战争时期邹韬奋的民主宪政思想》，《学术论坛》2005年第5期。

产党领导人毛泽东曾言"中国真正的坚实的抗日民族统一战线的建立及其任务的完成，没有民主是不行的"①。中国共产党也力主推行民主政策实施，以确保各党派平等参政与言论自由的权利。

最后是党派问题之论。蒋介石领导下的国民党对于中国民主政治的建构，名义上以孙中山的三民主义为指导思想，实际却在推行个人独裁与一党专制。1929年6月15日的三届二中全会通过的规定案中，规定"训政时期为6年，至1935年结束"②，但在实际情况中，国民党却推行一党专制，坚持蒋介石的独裁，鼓吹"宪政无用论"，认为当前中国不适合推行宪政。

毛泽东揭露了国民党的伪宪政。他指出，国民党政权的所谓民主政治方案实际是"因为被抗日的人民逼得没办法，只好应付一下"③。毛泽东声称国民党想要的宪政实际上是法西斯主义的一党专政、中国人民不欢迎的资产阶级专政，中国应当由大多数人民做主，中国民主政治的实现需要无产阶级领导的联合执政。

1939年国民参政会一届四次会议中，国民党与中共、中间派形成两大对立阵营。中共与中间派都认为应结束党治，保护抗日各党派的合法权益，而国民党则妄图通过国民参政会，以虚伪的民主，实现一党专制。同时，邹韬奋意识到国民党国民参政会对民主的真正推行不具有实际性意义。他认为，"第一届参政会虽然多少尚能反映民意……反映民意而无法监督实现民意，提出建议而无法保证必能切实执行，检讨责任而无法惩罚罢免，一切便都落空"④，"第二届国民参政会……将参政员产生方法予以改进……所谓'改进'，实等于零"⑤。由此，邹韬

---

① 《毛泽东选集》第1卷，人民出版社1991年版，第256页。
② 荣孟源主编：《中国国民党历次代表大会及中央全会资料》，光明日报出版社1985年版，第749页。
③ 《毛泽东选集》第2卷，人民出版社1991年版，第739页。
④ 邹韬奋：《关于参政会的回忆与感想》，韬奋基金会、上海韬奋纪念馆编《韬奋全集》（增补本）第10卷，上海人民出版社2015年版，第762—763页。
⑤ 邹韬奋：《重新引起注意的参政会》，韬奋基金会、上海韬奋纪念馆编《韬奋全集》（增补本）第10卷，上海人民出版社2015年版，第754页。

奋得出实现民主权利不能停留在公文中、国民参政会无法实现民主社会的结论。邹韬奋进一步指出,在国民党多次推行的民主立宪中,中间党派应当认识到国民党"一党专制"的真面目,并放弃对国民党的幻想。

在邹韬奋看来,当时中国的民主党派与英美多党民主制具有相似性,但又具有自身的特点。他坚持孙中山提出的"以党治国"的观点,即"'以党治国'不是'一党专政',而是'以党义治国';不是一党包办,而是由全国各党派(当然是抗日的)依民主方式来共同努力,使中国成为三民主义的民主国家"[①]。邹韬奋所坚持的便是全国各个党派投身民主建设、各党派共同努力建设中国的民主社会。

(三) 民主建构中的反对与坚持

在《对反民主的抗争》这本书中,邹韬奋除了对当时中国民主社会建构的背景、阻碍、形态进行思考外,也对中国民主社会的建构提出了相应的方式——中国社会想要实现民主,就必须有其所反对与坚持的方面。

首先,消灭反民主的烟幕论。邹韬奋根据当时的社会现实情况,接连两次在《华商报》发表文章,共总结了八种不同的反民主烟幕论,并对这些反民主的烟幕论提出了合理的辩驳与批判。他揭示了反民主者的卑鄙与不耻,提出:"主张实现民主政治者,其态度光明磊落,其言论是理直气壮,反民主者因为懔懔畏惧于国内人心所向与世界大势所趋,不敢明目张胆反对民主,只得转弯抹角,企图暗伤民主政治的发展。"[②] 因此,反民主者利用种种看似合理的理由让人们抛下民主思想,抑或迷惑称中国已经成为"民主国家",皆阻碍了中国民主建设进程。在韬奋看来民主就是真理,真理不会被磨灭,所以要民众时刻警惕反民主思想;如果想加强民主建设就要时刻注意形式各异的反民主的烟幕,只有清除这些烟幕才能推动中国民主社会进程,才

---

① 邹韬奋:《一党专政与以党治国》,韬奋基金会、上海韬奋纪念馆编《韬奋全集》(增补本)第10卷,上海人民出版社2015年版,第708页。

② 邹韬奋:《实现民主的普遍要求》,韬奋基金会、上海韬奋纪念馆编《韬奋全集》(增补本)第10卷,上海人民出版社2015年版,第697页。

能实现抗战的胜利。

其次,坚持孙中山的新三民主义。在邹韬奋看来,中国民主政治的内容,是反帝反封建,建立新三民主义共和国。同时,民主政治的内容应是新三民主义的切实执行。邹韬奋认为,在中国实现孙中山的新三民主义,会使中国的民主政治更具有进步性。孙中山在《国民党第一次全国代表大会宣言》中提出,民族主义的目的是使中国民族自由独立于世界的同时,又帮助弱小民族;民权主义为一般平民所共有,人民享有民主权利;民生主义实行"平均地权""节制资本"等,保证国家财富不集中于少数人之手。在《对反民主的抗争》一书中,邹韬奋多次提及孙中山先生及其言论,称其遗教是"伟大而英明的指示"。以上种种可以看出,邹韬奋赞同孙中山提出以新三民主义实现中国民主政治建设的观点,并对孙中山政治上的学习精神给予积极评价,指出民主政治应学习"先进的革命国家和后进的革命国家"①。

再次,与苏联建立友好关系。1941年10月中苏文化协会香港分会成立,组织大纲提出"促进中苏两国文化交流"。邹韬奋根据总会会长孙哲生的观点归纳了他对中苏关系的认识:首先是抗战中苏联对中国的支持与帮助,其次是源于国际形势与国家立场团结苏联的重要性,最后是中苏关系友好发展有利于进一步发展中英美苏的关系。邹韬奋了解到,苏联向中国援助借款最早,截至1940年4月是援助中国物资最多的国家,并且苏联国内都是对于中国抗战的积极报道,而中国国内刊物却有不少诽谤苏联的报道。所以,他认为应当坚决抵制反苏者所谓的反苏才符合"国家至上,民族至上"原则的言论。中国与苏联友好沟通的基本任务是让两国人民正确地认识对方国家,苏联并非反民主的国家,"纳粹党的德国"与"共产党的苏联"是截然不同的。②

最后,反对法西斯的侵略。《对反民主的抗争》也收录了邹韬奋

---

① 邹韬奋:《政治上的学习精神》,韬奋基金会、上海韬奋纪念馆编《韬奋全集》(增补本)第10卷,上海人民出版社2015年版,第787页。
② 邹韬奋:《中苏文化的交流》,韬奋基金会、上海韬奋纪念馆编《韬奋全集》(增补本)第10卷,上海人民出版社2015年版,第711页。

对当时世界战争形势分析的文章。其中，他在《法西斯作风的罪恶》中深刻剖析了法西斯的丑恶行为，对法西斯摧残人民民主权利的行为进行了揭露。在法西斯国家中，人民没有言论自由，人民的生命被肆意剥夺，人民被无缘无故地抓入集中营。这些足以看出民主的构建对于一个国家及其人民，乃至对世界的重要性。邹韬奋指出："反对法西斯侵略，保卫民主者的责任，是要努力消灭法西斯的作风，是要绝对禁止法西斯作风'毒焰'的烟蔓！这是各民主国的责任，也是中国的责任。"① 他进一步呼吁，在中国的斗争中，不光要抵抗法西斯侵略，也要看到民主对于国家和人民的重要性。中国要坚决反对法西斯的侵略，将抗战进行到底，将民主进行到底！

在《对反民主的抗争》一书中，邹韬奋对世界的抗战形势与中国的内部情况进行了介绍，并分析了当时中国民主建设的局势。这本书是邹韬奋民主社会思想的结晶，折射出邹韬奋作为民主先锋的社会形象。邹韬奋有诗云："书生报国无他物，唯有手中笔如刀。"正如诗中所写，他借助报刊表达自己对民主的追求，描绘国民参政会的真面目，痛击反民主的思潮。面对权力的压迫，邹韬奋始终以职业新闻人的职责为己任，以笔为刀，大力传播民主观念，宣示自己的中国民主社会建构方略，热情呼唤中国民主社会的到来。

三　实践层面：中间党派代表和职业新闻人的双重践行

作为职业新闻人，邹韬奋素以理论和实践并重为本，如何将晦涩的理论引入复杂生动的社会实践，一直是邹韬奋颇为看重的议题。

对民主政治而言，理论的社会实践尤为重要。邹韬奋的民主政治观念体系在中西兼容、自我完善的过程中，也不可避免地面临着历史实践的问题，而中间党派代表和职业新闻人的双重身份是其基础所在。

---

① 邹韬奋：《法西斯作风的罪恶》，韬奋基金会、上海韬奋纪念馆编《韬奋全集》（增补本）第10卷，上海人民出版社2015年版，第721页。

换言之，在实践层面，邹韬奋的民主政治观体现了中间党派代表和职业新闻人的双重践行。

（一）作为中间党派的"救国会"

"救国会"的全称为"全国各界救国联合会"，是以上海为中心建立与发展起来的社会民主组织。

1935年，中国共产党发表了《为抗日救国告同胞书》，主张停止内战，呼吁全国各党派人民团结起来，以挽救中华民族于危亡之中。邹韬奋主编的《大众生活》率先举起了抗日救国的旗帜，并在创刊词《我们的灯塔》中大声疾呼："劳苦大众的唯一生路——也可以说是民族解放的唯一可能的途径——只有巩固着一条战线，冲破重围，用大众的力量，发动民族解放的斗争，认清敌垒和所附属的全部体系，作自救的英勇奋斗！"① 之后，《大众生活》逐步成为上海文化界宣传抗日救国的舆论阵地。

同年12月，沈钧儒、邹韬奋、马相伯和章乃器等文化界同人联名发表《上海文化界救国运动宣言》，指出文化界"再也不能够苟且偷安，而应当立刻奋起，站在民众的前面而领导救国运动"②，并提出八项主张，呼吁团结组织各界民众，积极抗日。以此为助推，以上海为中心的全国民众救亡运动随之迅猛展开。及至月底，上海文化界救国会召开成立大会，第二次发表救国运动宣言，提出了更为具体的八项主张。上海救国运动的开展为各地打了一针强心剂，推动各地救国力量互相链接，同仇敌忾，共同抗日。在此背景之下，1936年，全国各界救国联合会在上海成立。

"救国会"既不从属国民党，也与共产党没有行政关联，本质上是一个独立的社会民主组织，属于中间党派。正因如此，"救国会"保持了独立、中间的性质，吸引了众多以抗日救国为己任的进步民主

---

① 邹韬奋：《我们的灯塔》，韬奋基金会、上海韬奋纪念馆编《韬奋全集》（增补本）第6卷，上海人民出版社2015年版，第494页。

② 邹韬奋：《上海文化界救国运动宣言》，韬奋基金会、上海韬奋纪念馆编《韬奋全集》（增补本）第6卷，上海人民出版社2015年版，第572页。

人士加入，具有强大的政治推动力和社会影响力。

（二）作为"救国会"主将的邹韬奋

全国各界救国联合会成立以后，作为主将，邹韬奋和沈钧儒、章乃器和陶行知联合署名发表了《团结御侮的几个基本条件与最低要求》一文。文章指出，"在这民族大敌之前，政府和人民，中央和地方，友党和敌党，已开始企图建立全民的大团结。这全民的大团结一旦建立起来，不但可以挽救国家于危亡，而且奠定民族复兴的基础"①。但是，国民政府对于"救国会"的成立惶恐大于接受，国民党上海市市长吴铁城对"救国会"的合法性公开不予认可，甚至污蔑其为"反动的东西"。"救国会"对于民主政治与团结御侮的要求，实则损害了国民党想要一家独大、不容任何反对的私心。1936年11月，国民政府在上海逮捕了沈钧儒、章乃器、邹韬奋、李公朴、沙千里、史良和王造时7人，并押解入狱，制造了著名的"七君子事件"。但抗战全面爆发之后，"七君子"被释放，国民参政会继之成立，而"救国会"的大部分成员也被吸纳进来，成为参政会中不可忽视的中坚力量。

对"救国会"的参政员而言，国民参政会的成立的确为抗战胜利提供了可见的希望，但中间党派认为必须将抗战与民主宪政结合起来，才能发挥国民参政会的最大效用。因而国民参政会一经成立，争取民主政治以支援抗战即成为各中间党派及民主组织的首要工作。作为中间党派的重要代表，邹韬奋的观点无疑具有典型性。在《我对于民主政治的信念》中，邹韬奋指出，"政党既是为着其所代表的阶层而努力奋斗的，（在争取民族自由及建立真正的共和国家，这在各阶层是共同的利益。）所以中国的民主政治当然是出于多党的方式，而不是出于任何一党的专政，其为多党制，与资产阶级在实际上专政的民主显然也不是相同的"②。这表明邹韬奋所希冀的民主政治是必不可能为

---

① 邹韬奋：《团结御侮的几个基本条件与最低要求》，韬奋基金会、上海韬奋纪念馆编《韬奋全集》（增补本）第6卷，上海人民出版社2015年版，第701页。

② 邹韬奋：《我对于民主政治的信念》，韬奋基金会、上海韬奋纪念馆编《韬奋全集》（增补本）第10卷，上海人民出版社2015年版，第384—385页。

一党专制的，也坚决杜绝"假意的"民主。同时，邹韬奋也进一步申明，"所谓民主政治的实施，固然需要促成真能反映民意保障民权的宪法和各级真能反映民意保障民权的民意机关，但是尤其重要的，是要全国注意民权保障之真实执行，否则将来即令有了完善的宪法和选出的民意机关，宪法也只是具文，民意机关也徒具形式罢了！"[①] 邹韬奋的论述意在强调民主政治不能流于形式，政策法规的执行落实是民主政治的核心。

对于反民主的言论，邹韬奋作为"救国会"的参政员亦对其进行了有力驳斥。邹韬奋在《民主同盟与中国民主》中直言，"现在中国民主政团同盟成立，一方面可见实现民主的要求是反映着全国各阶层的需要；另一方面也可见要求民主并不限于共产党（其实根据国父遗教，国民党也是要求民主的）。参加民主同盟的主要政团单位如中国青年党、中国国社党，在以往和中国共产党都有过激烈斗争的历史，但是各党的领袖鉴于日本帝国主义者的残酷侵略及加强国力共御外侮，有精诚团结共同合作的必要，便毅然决然舍小异而取大同，共同为民主政治的光明前途而努力"[②]。邹韬奋指出，对于那些将实现民主政治的主张冠以共产党头衔而实则反民主的人，他们可要大失所望了，因为中共实际上并未参与民主同盟，利用党争来破坏民主是决然不可能的。

此外，对于"结束党治"的问题，邹韬奋指出参政会曾有过激烈辩论，他自己则认为"中国现在既不能采用资产阶级蛮横专政的法西斯政治，也不能采用无产阶级专政的民主政治，只能采用全国各阶层共同合作的民主政治，也是中山先生所诏示的'真正的"全民政治"'。（参看本报九月六日所登拙作《一党专政与以党治国》一文）所以就中国的实际需要说，取消一党专政与实行宪政，实现民主，是

[①] 邹韬奋：《我对于民主政治的信念》，韬奋基金会、上海韬奋纪念馆编《韬奋全集》（增补本）第10卷，上海人民出版社2015年版，第385页。

[②] 邹韬奋：《民主同盟与中国民主》，韬奋基金会、上海韬奋纪念馆编《韬奋全集》（增补本）第10卷，上海人民出版社2015年版，第742页。

脱离不了关系的"①。

　　总而言之，邹韬奋作为中间党派主将，在国民参政会中更多地将实现民主政治当作自己的职责，这与他初进参政会时所抱有的希望是一致的。同时也能看到，邹韬奋在彼时并未全然倾向于中共的政治思想，甚至认为其本质上是一种"专制的民主"，并坚信当下适宜推行的即为各阶层共同合作的民主政治。然而，随着在国民参政会中的工作逐渐深入，邹韬奋开始发现国民政府本质上对于参政会的事务并不热心，仅仅是把"民主政治"当成一个集中自己权力的幌子，对于各类议案则草草了事，落地实施是不可能的。这让邹韬奋对中国民主政治的现状和前途有了更加清醒的认识，遂大力呼号，力图立足现实，推进中国民主政治的建设和完善。

　　（三）作为职业新闻人的邹韬奋

　　"救国会"的大部分成员都是文化界的著名人物，邹韬奋是其中的主要代表。基于长期的新闻实践，邹韬奋立足新闻传播和文化事业提出了自己的民主构想，多聚焦于新闻自由和文化教育的实施。对于新闻出版自由，邹韬奋注目于书报检查制度的完善。为此，邹韬奋提出了《具体规定检查书报标准并统一执行案》，其具体执行办法为："（一）由政府根据抗战建国纲领第二十六条保障言论的原则，规定检查书报的具体标准，并公开宣布，使著作家与出版家有所准绳，而一般读者亦知有所取舍。各地方政府对于书报的检查，亦须依照中央所公布的具体标准，切实执行；（二）检查书报必须有统一负责的执行机关，避免政出多门，流弊繁多；（三）对查禁的书报，须将理由通知，使著作家及出版家知所改善，且准许编著人或出版机关向统一负责的检察机关提出解释或申诉，由该机关重新考虑，决定最后的办法。"② 对于文化教育事业，邹韬奋提出了《动员全国知识分子扫除文

---

　　① 邹韬奋：《民主同盟与中国民主》，韬奋基金会、上海韬奋纪念馆编《韬奋全集》（增补本）第10卷，上海人民出版社2015年版，第744页。
　　② 重庆市政协文史资料研究委员会、中共重庆市委党校编：《国民参政会纪实》（上），重庆出版社2016年版，第132页。

盲普及民族意识以利抗战建国案》。"由教育部拟定具体实施计划，尽量利用已有之一切可以使用机关，广泛动员全国知识分子，抽出相当时间，担任义务教师；迅速限期编成使用教材；就学场所及设备力求简单；乡村文盲特多，除原有小学教师外，由主管机关联络民众团体，组织下乡服务队；由政府以法令规定，雇主应允许雇工依法令规定之若干时间，接受教育；由负责机关规定经常视察、分期考核及奖励办法，责令和当机关切实执行，按期具报。"① 可见，邹韬奋在进入国民参政会以后，始终持守自己作为新闻人的职业良知，不论是书报检查，还是文化教育的扫除文盲，都力主以有利于团结抗战为宜，抗敌爱国的赤子之心显而易见。

实际上，邹韬奋在国民参政会殚精竭虑，竭力呼号，但结果并不完全如他所愿。如前所述，邹韬奋在国民参政会提出了《具体规定检查书报标准并统一执行案》，这一提案在大会中引起了激烈的辩论，最终得以艰难通过。而后邹韬奋等人又提出《请撤销图书杂志原稿审查办法以充分反映舆论及保障出版自由案》，邹韬奋自述，"我虽在审查会中费了很大的力气争论，但在审查会中，'撤销'二字终被改为'改善'二字，这和原案的精神完全不符，所以我不得不准备在大会中作最后的力争（因为审查会的修正必须经大会通过）"②。经过邹韬奋的据理力争，最终恢复了"撤销"二字，并讨论通过，但是国民党政府对该议案并没有实施。

可以想见，邹韬奋在经历提请议案的种种挫折之后，对于国民参政会的态度不再过于乐观，对于民主政治的最初希冀也渐趋现实。

邹韬奋的民主政治思想为现代中国的民主政治建设提供了重要参考，也为当时中国现代民主思想的开启提供了有益的启示。需要强调的是，彼时邹韬奋具有双重身份，既是国民参政会参议员和"救国

---

① 国民参政会秘书处编：《国民参政会第三次大会记录》，1939年4月。
② 邹韬奋：《忙得一场空》，韬奋基金会、上海韬奋纪念馆编《韬奋全集》（增补本）第10卷，上海人民出版社2015年版，第215页。

会"主将，彰显了中间党派代表的身份，同时也拥有职业新闻人和出版家身份，突出了社会民主人士的角色特征。邹韬奋将中间党派的意志和社会民主人士的主张加以有效糅合，并充分参照职业经历、社会现实和政治时局，才有了理想和现实共照的民主政治思想体系。

总体而言，邹韬奋的民主政治思想体系有其独特性，先进性和历史性共存。邹韬奋的民主政治思想以民主宪政为主，力主保证民意机构合理运行，以实现各界人士团结与共、共商国是的民主宪政。他清醒地看到了国民党民主政治的虚假性，对其不再给予救世主的界定，揭露并加以有力批判成为他的基本立场。同时，基于对民国政府的希冀，邹韬奋很长时间里也并不认同共产党的民主政治，甚至认为共产党的民主也带有某种专制性。这样，邹韬奋的民主政治观在批判现实、理性建构的基调之下，也陷入了某种历史的窘境之中，理想的华美和现实的坚硬使得邹韬奋的民主政治观实践步履维艰，甚至遭遇败绩。

历史经验显示，源于强烈文人气质的思想推论，大多难以在历史现实中得以践行。历经挫折，辗转前行，似乎是它们不可避免的历史宿命。然而，也正是它们与时代的巨大张力甚至是冲突，才凸显了它们超越时代的特殊意义，邹韬奋的民主政治观概莫能外。正因如此，邹韬奋在经历了系列挫折之后，踏上了流亡之路，以考察欧美尤其是苏联的旅程，开始了他世界民主政治的探索之路。

第五章　思想启蒙观

邹韬奋的思想转变在学界多有争论。范长江在给《韬奋文集》作序时指出邹韬奋的思想转变是"从资产阶级思想影响下摆脱出来转到无产阶级立场的中国广大知识分子的典型"①，后世学者亦多沿着范长江的论述框架进行划分。龚鹏就以"九一八"事变为界，认为邹韬奋的启蒙思想存在阶段性特征转变，前期邹韬奋以"立人"为要，希望通过道德改良来增进社会中的"健康分子"，后期邹韬奋重点转向唤醒民众挽救国家危亡。②

郝丹立在21世纪另立新论，书中指出邹韬奋研究领域存在着较为浓厚的外在工具论，政治目的割裂了原有人物思想的内在发展逻辑，"'九一八'转变论""马克思主义者论"等论调存在脱离实际情境的主观唯心设定③。随着邹韬奋研究的深入挖掘，不同学者从不同维度对邹韬奋的思想研究体现出更为复杂性的一面。杨宏雨瞩目于资本主义民主的系统认知，认为邹韬奋对欧美资本主义民主的认识并不是简单地由宣扬到否定，而是有着"仰崇——全面否定——辩证否定"的两级转变④。与之不同，阳海洪聚焦于媒介正义，指出邹韬奋的媒介正

---

① 范长江：《范长江新闻文集补遗》，学苑出版社2019年版，第479页。
② 龚鹏：《邹韬奋启蒙思想研究》，中国社会科学出版社2011年版，第2页。
③ 郝丹立：《韬奋新论：邹韬奋思想发展历程研究》，当代中国出版社2002年版，第1—13页。
④ 杨宏雨、昌啸：《从崇仰到扬弃：邹韬奋对欧美资本主义民主的认知历程》，《学术界》2018年第5期。

义理论综合了传统儒家独立人格、西方民主自由理论以及马克思主义新闻观的媒介正义话语，并通过特有的媒介实践实现社会正义理想[①]。

在已有的邹韬奋思想话语研究中，学界已涉及民主、自由、正义、教育和爱国等宏观视角与女性解放、家庭、婚恋和职业修养等中观视角，研究话语的多元化固然重要，但在另一方面却显示了系统性的弱化。龚鹏较早意识到了这一点，他试图从"启蒙"角度出发将邹韬奋思想作为一个整体来看待[②]。然而，启蒙话语的表述错综复杂，"后五四时代"启蒙的分化使得邹韬奋的启蒙思想研究具有某种不确定性，既不能用革命史逻辑剪除思想演化的异质性，也不能将启蒙与救亡对立起来，验证"救亡压倒启蒙"的历史论断。对于启蒙的理解，尤其是邹韬奋的媒介启蒙实践研究，应避免生硬嵌套，要从历史情境出发，探讨传播实践的独特性与歧异性。

因此，重回邹韬奋研究的学术史，不再一味纠结于邹韬奋启蒙思想转变的历史节点和历史动因，而是在思想史的系统关照下深掘历史转变的内在逻辑，并在与中国近代知识分子的对比中探究其时代症候和历史价值，当为邹韬奋启蒙思想研究的重心。

一 群己之间：报刊的情绪抚慰与集体动员

裁定邹韬奋思想发生转变的一个重要依据在于邹韬奋自身对其办刊经历的评述。邹韬奋在回忆中指出，《生活》周刊"初期的内容偏重个人修养"，后逐渐转为"主持正义的舆论机关"，对社会的改造要求"研究社会的问题与政治的问题"，出发点也由原来的个人主义转向了集体。[③]

[①] 阳海洪：《论邹韬奋的媒介正义思想》，《南昌大学学报》（人文社会科学版）2020年第1期。
[②] 龚鹏：《邹韬奋启蒙思想研究》，中国社会科学出版社2011年版，第13—14页。
[③] 邹韬奋：《转变》，韬奋基金会、上海韬奋纪念馆编《韬奋全集》（增补本）第7卷，上海人民出版社2015年版，第202页。

当前研究多强调影响这种转变的外在因素：一是媒介属性的限制，《生活》周刊早期是中华职业教育社传播职业教育信息的载体，传播内容多聚焦于青年职业教育的范畴，没有足够的话语空间；二是政治语境的熏染，邹韬奋目睹社会政治的朽坏，在指导青年运动中深感无力，认为职业指导并无助于就业问题的解决，亟须另辟蹊径，推进社会发展；三是民族危机的催化，日本的虎视眈眈与军事侵略，济南惨案与"九一八"事变的爆发无疑都使民族危机空前尖锐，抗日救亡成为首要的社会议题，这也加速了邹韬奋思想的历史转向。

思想的转变自然与社会环境的变化有着密不可分的关联，然而同样面对巨变，知识分子和社会个体对此却有着不同的认知。《大公报》的张季鸾针对"九一八"事变持论缓抗，其文声称"吾人每读学生青年等之宣言，实不胜悲痛，然事实上在今日而号召宣战，却适中日阀之陷阱"①。邹韬奋本人虽然强调自己所办刊物都有"它们的特殊时代的需要，都各有它们的特点"②，但在如何能够实现卓尔不群的思想进化方面，应该从邹韬奋的个体选择与媒介实践特点入手。

清末至中华人民共和国成立将近半个世纪历史时期内，中国社会一直响彻着"邦无道"的哀叹。由于政治秩序的不稳定性，东行而来的"德先生"和"赛先生"虽能激发个人心灵形塑，却无法撼动冰冷的现实，这一定程度上造成了青年日常生活的苦闷。有学者就清末至五四的自杀现象评论："当惬意生命感受与其价值之间的纽带被割断的时候，人们不得不从真实感受的对立面进行道德倡导，在对非惬意生命价值的人为肯定中隐含了外在价值与内在感受之间的割裂。"③ 个体内外价值间的割裂使得青年走向了三种截然不同的道路：一是坚持自我本心，成为鲁迅笔下的"狂人"，不得不面对世俗的挤压，极端者则

---

① 张季鸾：《张季鸾集》，东方出版社2011年版，第164页。
② 邹韬奋：《几个原则》，韬奋基金会、上海韬奋纪念馆编《韬奋全集》（增补本）第7卷，上海人民出版社2015年版，第203页。
③ 海青：《"自杀时代"的来临？——二十世纪早期中国知识群体的激烈行为和价值选择》，中国人民大学出版社2010年版，第56页。

不堪重压而走向自我毁灭；二是由烦闷走向"主义"，王汎森通过对《中国青年》的通信栏分析指出，有庞大吸引力的"主义"不断对日常进行"转喻"，将人生观遇到的难题及生活中的挫折和困惑引导到"主义"的弥天大网中，全新体系的建构使得私人领域不断政治化，任何问题的解决都指向革命问题，解救中国成为唯一的道路①；三是搁置烦闷，对烦闷无可奈何且无能为力，将烦闷作为生活中的常态。

翻阅邹韬奋与读者的回信，"苦闷"的主题贯穿其报刊活动的全部时期。《生活》周刊创办早期曾有读者辛君来信，信中写道："现在一般中等学生，每到十七八岁的时候，就感觉到家庭，社会，婚姻等等的人生问题，同时就奋力去想解决的方法。但是终究得不到圆满的结果，得不到还要想，于是愈想愈乱愈难解决了。有些人竟因此得不眠症，神经病，或是引起厌世悲观等等的观念……"②邹韬奋在回复中明确指出，《生活》周刊愿对青年在这一方面有所贡献，凡是提出问题的，"尽量见示，本刊当竭力协助商榷"③。辛君信件绝非孤例，《韬奋全集》收录的"读者信箱"当中所涉话题与青年的日常生活息息相关，从求学、就业、法律到婚恋、家庭和社交，信箱讨论范围无所不包，且大多数读者来信的目的是将自身所遭遇的困难述说出来并寻求指教。

1932年，星翁写给艾寒松的信件被邹韬奋拿来引用。信中表示，"我们在准备期内不能闭了眼睛，聋了耳朵，对于四周的一切不感到刺激，有刺激便不免痛苦，因痛苦而复陷于苦闷，我们不是偶像的崇拜者，也不能迷信前程，我们忍受不住准备期间的苦闷。"④邹韬奋在编者按语里将"苦闷"作为一个重要问题，认为这是大多有志青年都

---

① 王汎森：《思想是生活的一种方式》，北京大学出版社2018年版，第162页。
② 辛君：《怎样解决人生问题》，韬奋基金会、上海韬奋纪念馆编《韬奋全集》（增补本）第1卷，上海人民出版社2015年版，第559—560页。
③ 邹韬奋：《〈怎样解决人生问题〉编者附言》，韬奋基金会、上海韬奋纪念馆编《韬奋全集》（增补本）第1卷，上海人民出版社2015年版，第560页。
④ 星翁：《忍不住的苦闷》，韬奋基金会、上海韬奋纪念馆编《韬奋全集》（增补本）第5卷，上海人民出版社2015年版，第397页。

面临的异常痛苦的问题。对于苦闷，邹韬奋认为这不外乎是对现状的不满，由不满而生发对现状的改造。因此，苦闷被邹韬奋视为"不平等的社会制度的崩溃的预兆"，也被视为"催促社会进步的发动机"。然而，苦闷能否转化为"新时代的车轮"，则看个人意志的强弱，意志薄弱的人只有两条路可走，要么自觉举世皆浊我独清而选择自杀，要么同流合污度此残生。在邹韬奋看来，自杀抑或腐化都是堕落的路，两种选择都无益于社会的进步与大众的福利，均可归结为以自私自利的个人主义做出发点的流毒。由此，邹韬奋将个人的苦闷与社会的进步联系在一起，有苦闷意味着社会进步的需要，而从社会本位出发，每个人都应当看准社会前进的正确方向并不断做出努力。①

到抗战时期，一位四川女性读者来信慨叹："常在无法报国的忧愁中过活，常常感觉到不能忍耐。"②邹韬奋表示，不分性别都要充满为国努力的热诚，这是中华民族最宝贵的精神，并且也是中华民族得以复兴的保证。③

当苦闷的笼罩久久不能散去之际，邹韬奋选择将苦闷公示出来，让更多青年人见到这种情绪，从而将私人领域的情感汇合到媒介的公开展示之中。邹韬奋的办刊特色正在于读者信箱，通过读者来信与编者回复在刊物中的展示，读者在一定程度上接受了邹韬奋的规劝，将奋斗作为人生的底色，在私人领域与公共领域的转换中消解现实的苦闷。如读者苏女士来信时曾在结尾希望"能得一二同情女友，可以彼此互助切磋疑难，贵刊读者甚多，未必竟无一人与我同情，故特冒昧恳请录登《信箱》中"④。她在写信时表明写信不仅是与编辑在交流，

---

① 邹韬奋：《〈忍不住的苦闷〉编者按》，韬奋基金会、上海韬奋纪念馆编《韬奋全集》（增补本）第5卷，上海人民出版社2015年版，第397—400页。
② 隐名：《无法报国的忧愁》，韬奋基金会、上海韬奋纪念馆编《韬奋全集》（增补本）第8卷，上海人民出版社2015年版，第608页。
③ 邹韬奋：《〈无法报国的忧愁〉编者按》，韬奋基金会、上海韬奋纪念馆编《韬奋全集》（增补本）第8卷，上海人民出版社2015年版，第609页。
④ 苏晋英：《不甘为环境支配》，韬奋基金会、上海韬奋纪念馆编《韬奋全集》（增补本）第4卷，上海人民出版社2015年版，第86页。

同时也能借由杂志与更多读者建立关系，以解决疑难困苦。如此看来，《生活》周刊对于当时的读者来说不只是信息的传播，同时也有维系情感关系的功能，实质是视报刊阅读为情绪倾诉。

在给读者的回信中，邹韬奋的劝导话语也逐步发生转变。早期面对生活中的困难，邹韬奋更强调由己出发，"我们的向上努力，向上奋斗，势不得不从自己所处的境地做出发点，既无力升学，便须另走一条可通的路向前干"①，"岂但修学，我们无论做什么事，都只有'尽其在我'……无论何时，无论何事，倘抱定'尽其在我'的宗旨，欣欣然向前干去，可以省却许多烦恼"②。之后，有感于政治腐朽，经济形势恶劣，邹韬奋在后期的读者回信中转而强调社会立场，要求抛去个人本位，以社会公众利益为根本立场。在给读者甫岭的回信中，邹韬奋分析了个人与社会间的关系，认为社会是超越于个人的，"个人不能不恃社会之生存而生存，社会却不因有一二个人或一部分个人的死亡而消灭"，同时，"只有社会能给个人以力量，离开社会（假设有的话）的单独个人便无力量可言"③。面对抗战时读者想要脱离苦海的悲叹，邹韬奋仍旧以社会立场作为起点进行苦口婆心的规劝："对于不合理的社会，要用种种方法克服它，而不应逃避它……要继续……努力，对于种种不合理的待遇要用种种合法的，诚恳和平的方法争取改善。在未达到目的以前，决不灰心，决不逃避现实，只是继续不断的向前努力。"④

群己转换之间，邹韬奋始终通过媒介去疏解青年的生活苦闷。邹韬奋办刊早期通过对话的方式消解苦闷，鼓励青年加强个人修养以便

---

① 邹韬奋：《〈吃尽资格的苦〉答》，韬奋基金会、上海韬奋纪念馆编《韬奋全集》（增补本）第4卷，上海人民出版社2015年版，第106页。
② 邹韬奋：《〈萦回脑际已有半年的问题〉答》，韬奋基金会、上海韬奋纪念馆编《韬奋全集》（增补本）第4卷，上海人民出版社2015年版，第103页。
③ 邹韬奋：《〈人生究竟〉答》，韬奋基金会、上海韬奋纪念馆编《韬奋全集》（增补本）第5卷，上海人民出版社2015年版，第402—403页。
④ 邹韬奋：《〈兴奋与苦恼〉编者附言》，韬奋基金会、上海韬奋纪念馆编《韬奋全集》（增补本）第9卷，上海人民出版社2015年版，第236页。

抓住时机，而当认识到社会环境恶劣以致青年难有出头之路后，邹韬奋强调先社会后个人，改良不完美的社会以便迎来"共劳共享的平等的社会"①。当国家陷入存亡一线，邹韬奋始终坚信启蒙能够带来团结，组织动员带来最终胜利。他在推进中国民主政治的发展时强调："必须先有了真正的民主，然后能有真正的团结，要有了真正的民主与团结，我们才能更顺利走向民族解放斗争最后胜利的大目标。"②

因此，苦闷在邹韬奋那里有了新的解决途径，那就是通过杂志的信箱建立起全新的社交关系，让原本被孤立的、寻求不到出路的青年有了可供探讨和分享的交流空间。以是观之，《生活》周刊将私人信件公开化，实质是将启蒙教育的私人传授转为大众传播的社会交流，并使其逐步公开化、公共化和社会化，以实现社会情绪的抚慰和治疗。之后，随着青年苦闷问题的渐趋一致，问题导向使得邹韬奋在期刊的内容选择中逐渐从指导教育转为政治批评，并在期刊舆论的作用机制中实现了媒介的动员功能。群己之间的转换，促使邹韬奋的媒介启蒙产生了特殊的意义，一是敞开私人领域，苦闷得以由群体互动走向公众共享；二是将个体认知转为公共意志，克服个人主义，以实现社会公众利益，并确信只有实现了社会公众利益，个体意志才有可能变成现实。

二 共殊之间：启蒙的日常生活与家国天下

面对青年的苦闷，邹韬奋的认知在信箱对话中逐步发生了显在的演变，从个人主义转到集体主义，而对启蒙的理解由特殊问题转为一般问题，所涉话题也从私人日常生活中的困惑转为政治公共领域的检视。

邹韬奋思想体系庞杂，不能以简化思维来框定。以历史观之，"流质善变"可能不仅仅是梁启超一个人所独有的特点，而是包括邹

---

① 邹韬奋：《梦想的中国》，韬奋基金会、上海韬奋纪念馆编《韬奋全集》（增补本）第5卷，上海人民出版社2015年版，第3页。

② 邹韬奋：《民主、团结与胜利》，韬奋基金会、上海韬奋纪念馆编《韬奋全集》（增补本）第10卷，上海人民出版社2015年版，第150页。

韬奋在内的所有近现代中国知识分子在时代转变中知识体系不断自我更新的共性。陈建守在谈论近代中国关于"启蒙运动"的翻译及挪用时指出，中国的"启蒙运动"并不是对西方启蒙话语的亦步亦趋，每位言说者都可以根据自身的行动网络及历史情境随意比附与运用。①这里所谓的"启蒙"，并不是某一位哲学家话语体系中的"启蒙"，而是与现代性绑定在一起，考察思想在不同语境中的流变与生成。正如徐贲对启蒙所期望的："什么是启蒙，什么不是启蒙，重要的已经不只是18世纪启蒙哲人或思想家说过什么，而是我们自己怎么理解启蒙。任何新的启蒙都必须回到什么是启蒙的问题，不只是要在概念上作一个界定，更是要厘清它与18世纪启蒙的关系，传承什么，改变什么，扬弃什么。"②邹韬奋的启蒙指向在于为了让大众实现有效阅读，从不以掉书袋为能事，著文从不谈"启蒙""启明"等词汇，但常饱含拳拳热忱，致力于婚姻自由、女性解放，努力打破陈旧观念的束缚，无不含有启蒙之意。

　　邹韬奋对文化的再造并不是致力于学术思想的译介、引进或创新，而是把视角移入大众的日常生活，通过一个个具体而微的故事讲述来激发人的思想观念变革。

　　邹韬奋在《生活》周刊的编排中，早期采用三分排布法。一是转译西方故事给国人，通过西方名人的成功事例及其暗含的西方富强，来鼓励读者保持积极向上的心态，以实现个人的进步并积极回馈社会，如《发给七十五万人薪金之世界最大雇主》《请看已用十二万万元于利人事业的煤油大王》《介绍从不愁虑世界实业大王关于健适方面极有价值的谈话》《轰动全欧的一件婚事》《胡佛的妹子不要名》等。邹韬奋早期很少谈西方的阴暗面，并没有受到五四分化后"反启蒙"的影响从而对西方失去信心。从其摘选的文本来看，此时的邹韬奋还没

---

　　① 陈建守：《近代中国"启蒙运动"的翻译、书写及挪用》，选自张仲民、章可编《近代中国的知识生产与文化政治——以教科书为中心》，复旦大学出版社2014年版，第124页。
　　② 徐贲：《与时俱进的启蒙》，上海三联书店2021年版，第17页。

有阶级分析的概念,选择效仿的名人榜样很多都是实业上的大资本家。邹韬奋希望借由名人的美德故事劝诫读者能够加强自身修养,从而达至利人利己的境界。对于其友"恨极了崇拜外国人的心理"①,邹韬奋解释盲目崇拜自然不对,但是一概拒绝同样也是不对。邹韬奋袒露自己之所以介绍欧美的国民生活,绝对不是崇洋媚外,认为西洋"只有优点,没有劣点",而是从期刊本身来说,点名劣点对自身改良无用,介绍优点则可以"作为改良生活的参考",并且拿来"谈谈解闷"②。

二是选取努力生活的百姓故事,遇其难而析利弊,见其优而振其情。《生活》周刊的读者信箱不仅具有解除烦闷的功能,对话的本身也是启蒙的过程。读者曾来信求教指导,新文化倡导小家庭制度,子女成家后与父母分家,其友为独子,如果搬出家无人能护养双亲,如果不搬家则新旧冲突不免发生种种纠纷。信中提到"先生是指导生活的一盏明灯,一定有一个稳善的办法来解决它,引他入光明大道"③。相比新文化运动所探索的庙堂之高,邹韬奋的刊物更加面向大众,它涉及每个普通公民的日常生活,看似家长里短的对话其实涉及启蒙的具体层面,包括家庭的构建、婚姻的选择、人生的出路和科技的创新等。对国人中作出表率者,邹韬奋不吝言辞,大力介绍,赞誉有加,例如发明四角检字法的王云五,邹韬奋一方面介绍其原理及其用法,另一方面从人格特质上给予赞扬,指出其值得佩服的地方在"为促进文化与国人办事能率起见,自愿不受酬"④。

三是讥讽名流,以述作评,同时针对读者关心的时政进行分析点评,并以自己的立场与观点来启发民众。从信箱对话到新闻评论,邹

---

① 邹韬奋:《我恨极了事事崇拜外国人的心理》,韬奋基金会、上海韬奋纪念馆编《韬奋全集》(增补本)第1卷,上海人民出版社2015年版,第635页。
② 邹韬奋:《我恨极了事事崇拜外国人的心理》,韬奋基金会、上海韬奋纪念馆编《韬奋全集》(增补本)第1卷,上海人民出版社2015年版,第635页。
③ 金昌明:《一位将要结婚朋友的难题》,韬奋基金会、上海韬奋纪念馆编《韬奋全集》(增补本)第4卷,上海人民出版社2015年版,第121页。
④ 邹韬奋:《发明四角检字法的王云五先生(下)》,韬奋基金会、上海韬奋纪念馆编《韬奋全集》(增补本)第2卷,上海人民出版社2015年版,第134页。

韬奋的关注角度逐渐从个人修养转为公共事务。在这个转变过程中，邹韬奋一开始关注的是个人的工作作风与道德修养，如《以后谁娶黄女士的便是 hero》《偷偷捏捏的大学教授》《多么为国争光的教育局长！》等。随着时事评论的深入，邹韬奋在运作报刊的过程中逐渐将具体的事件转化为单一的问题。济南"五三"惨案后，邹韬奋对时局发展的认知有了新的变化，他强调国人"非先把个人生活所附丽的垂危的国命救好，便完全绝望"①，因此，个人生活当中的种种问题是枝节问题，不对先决问题作一致的准备而试图解决个人问题是没有太大效力的。此时的"小言论"开始关注家国大事，邹韬奋写下了《逃军和孤军》《盛极一时的妥协空气》《张学良如此这般的背后》《由抵抗而失败了吗？》等评论，以践行自己的理念。

邹韬奋的媒介启蒙不唯上，更多立足现实，听取读者的呼声与建议。邹韬奋启蒙思想从日常生活到家国天下的转变，在邹韬奋与胡适之的关系与认知中可作一观。1927 年邹韬奋访问胡适，并与之对谈，邹韬奋以崇拜者的姿态谈到自己办刊思路与胡适思想的耦合，"先生曾经说过，少谈主义，多研究问题，本刊是要少发空论，多叙述有趣味有价值的事实"②。邹韬奋办刊早期，受胡适与杜威（John Dewey）的影响较大，希望媒介可以解决现实问题，引领新文化，并追求设立一种新的生活方式。然而，随着国难加剧，读者的呼声与学者的立论背道而驰，邹韬奋对"胡博士"的高谈表示"无法佩服""汗毛站班""不可思议"③。邹韬奋的胡适传播观演变，"彰显了现代中国左翼知识分子和自由主义知识分子终将分道的历史宿命"④，这本身也意味着启

---

① 邹韬奋：《一致》，韬奋基金会、上海韬奋纪念馆编《韬奋全集》（增补本）第 2 卷，上海人民出版社 2015 年版，第 129 页。
② 邹韬奋：《访问胡适之先生记》，韬奋基金会、上海韬奋纪念馆编《韬奋全集》（增补本）第 1 卷，上海人民出版社 2015 年版，第 873 页。
③ 邹韬奋：《听到胡博士的高谈》，韬奋基金会、上海韬奋纪念馆编《韬奋全集》（增补本）第 5 卷，上海人民出版社 2015 年版，第 603 页。
④ 李晓灵：《从"适之先生"到"胡博士"——邹韬奋的胡适传播观演变之研究》，《邹韬奋研究》第 9 辑，上海三联书店 2021 年版，第 51 页。

蒙概念的复杂与分化。

在学界,李泽厚的"救亡压倒启蒙说"广为流传,研究者对邹韬奋启蒙思想的转变研究也多采用这一路径,认为"救亡的局势、国家的利益、人民的饥饿痛苦压倒了一切"①。细究文本,邹韬奋与其说是选择其中某一路径,不如说一直在试图中和二者的差异,并从中追寻出自身思想的独特路径。张灏沿着李泽厚的话语指出五四思想本身具有两歧性:一方面社会需要群体的凝合,另一方面社会需要个人力量的解放;一方面国家需要对外防范与警觉,另一方面文化需要破除畛域加强开放。②

面对思想中的两难困境,邹韬奋始终是以实用理性的方式抉择意识形态,而对孙中山三民主义的接受使得邹韬奋思想中存在着某种暧昧与转折。针对不同的具体问题,邹韬奋将其分为现在与未来两个时态进行处置,即便是主流话语,邹韬奋也选择用理性的态度与之保持距离。1921年在圣约翰大学上学时,邹韬奋曾发表《非孝是什么意思?》一文,文中指出:"但我近来看见许多自命新文化运动者(?),不管三七二十一,对于父母先持怨恨或敌视的态度。这实在是大错!……我不主张废孝道,我主张改善孝道之质。"③

邹韬奋思想从一开始就与激进的启蒙话语保持距离,他反对封建余毒,但并不强调以个人之躯完全跳脱社会罗网。邹韬奋主张以更加温和、渐进的方式对待社会改良,他追求的是能够创造稳定、公正、幸福的新秩序,是承继儒家思想与吸纳西方启蒙思想后的创造性转化。邹韬奋在办刊理念上是站在大众的立场的,他对自由的论述更接近于伯林所说的积极自由而非消极自由。个人行动不受限制的自由并不是邹韬奋启蒙思想中不可动摇的基点,相反,自由是在个人与民族的统一中达成一致的。

---

① 李泽厚:《中国现代思想史论》,生活·读书·新知三联书店2008年版,第29页。
② 张灏:《幽暗意识与民主传统》,新星出版社2010年版,第225页。
③ 邹韬奋:《非孝是什么意思》,韬奋基金会、上海韬奋纪念馆编《韬奋全集》(增补本)第1卷,上海人民出版社2015年版,第212页。

第二编　思想研究

许纪霖谈到现代人的自我分为三重性质，一是普遍的人性，二是特定政治与文化脉络中的自我，三是在普遍人性和特定文化规约中得以自由选择的自我。① 这三重身份寓意着现代自我在世界、国家与社会当中的不同定位，世界层次讲究人性相通，国家层次讲究政治身份，社会层次讲究修养道德。邹韬奋认为媒介是社会建构的力量，正如吉特林对大众媒介的认识，"它是建构现实不可缺少的一部分，并进入了我们的思考——我们是谁，我们又在做什么"②。邹韬奋在不同的社会情境中会选取不同的叙述策略，例如陶亢德在"九一八"事变后加入《生活》周刊，他回忆自身工作时写道：

> 我在《生活》周刊的工作，主要是复比较复杂些的读者来信，月薪四十元，第二月就加了五元。《生活》周刊读者的来信很多，内容多种多样，从生活琐事到人生观，从家事到国事。读者来信每天总有几十封，有问必答，而且答得很快，有些问题的答复有一定之规，例如关于健康的，那就直接复信不发表在"信箱"一栏，有的问题涉及人生观的，也多直接答复，很少发表，发表的总是一般问题，可供大家参考的。要发表的答复由邹先生自己执笔。复信拟稿后由邹先生看过认可后，用华文打字机打出再盖章或邹先生签名寄出。③

对读者回信的选择存在不成文的规则，那就是不发表对具体问题的回复，而以发表的方式公开回应的总是一般问题。这些一般问题的公开回应显示了邹韬奋在办刊理念上逐步转向为对国事的关注，对民族国家存亡的关注。在香港办《大众生活》时，邹韬奋对信箱栏的处理办法加以明确回应："酌在本刊上登载的简复，多少含有值得公布

---

① 许纪霖：《家国天下——现代中国的个人、国家与世界认同》，上海人民出版社2017年版，第16页。
② [美]托德·吉特林：《新左派运动的媒介镜像》，张锐译，华夏出版社2007年版，第4页。
③ 陶亢德：《陶庵回想录》，中华书局2022年版，第66页。

的内容，倘若答复的内容完全属于个人的'琐屑问题'，毫无公开必要的，那就由邮径复，不在本刊上登载。"① 比起原先针对家庭、婚恋、就业等领域的对话，邹韬奋在媒介实践中明显开始强调组织的功能，在议题设置的优先度中也发生了改变。在和左舜生的对谈中，邹韬奋透露了自身对国家的看法，即所谓国家不过是"我们在世界大同未实现以前"，"全国人民用来团结图存的一种工具"②。由此可见，邹韬奋对当下与未来有明晰的预见与认识，其启蒙概念会根据现实语境的变化而加以修正。一般而言，邹韬奋的报刊并不关注"主义与问题"的学术之争，但当读者的问题逐渐趋于一元时，邹韬奋的媒介建构也会从具体的问题转向一般的问题，通过对国事的关注而连接大众，启蒙大众。

三 情理之间：媒介的理智启迪与感性共鸣

邹韬奋的启蒙思想经历了由己到群、从殊至共的转变，但在不少人的认知中，邹韬奋的印象大多停留在抗日救亡上。曾彦修就谈到以邹韬奋为代表的生活书店系统"通过抗日救亡，使人们'左'倾，接近社会主义，拥护苏联，慢慢接近共产党，它的功劳第一"③。陆璀在回忆中也谈道："我正是在韬奋先生办的刊物、在他本人写的文章的指引下，一步一步地走上革命的道路的。韬奋先生是我思想上的启蒙者和导师。"④

前文已探讨了邹韬奋思想的转变，并以启蒙为脉络深掘其中意义所在，那么更进一步的问题则是应该如何评价邹韬奋启蒙思想在中国近现代启蒙史中的价值和意义，以及如何看待邹韬奋对青年的启蒙。

---

① 邹韬奋：《我们的信箱栏的办法》，韬奋基金会、上海韬奋纪念馆编《韬奋全集》（增补本）第10卷，上海人民出版社2015年版，第102页。
② 邹韬奋：《〈一篇短文所引起的郑重说明〉编者附言》，韬奋基金会、上海韬奋纪念馆编《韬奋全集》（增补本）第4卷，上海人民出版社2015年版，第9页。
③ 曾彦修、李晋西：《曾彦修访谈录》，人民文学出版社2020年版，第29页。
④ 陆璀：《晨星集》，人民日报出版社1995年版，第176页。

邹韬奋的启蒙路径与西方的启蒙认知截然不同。康德（Immanuel Kant）在回答"什么是启蒙"这个问题时给出过一个经典的答案："启蒙就是人从他咎由自取的受监护状态走出。"① 要走出这个不成熟的状态需要跨越两道门槛：一是摆脱权威，无须他人指导；二是具备勇气与决心，大胆运用自己的理智。

邹韬奋的形象可以视作"青年导师"与"新闻记者"的综合。邹韬奋在青年的眼中被视为"指路明灯"，在刊登的读者来信中多可见"专等先生指示取决""敢请一一指教""望给满意的答复"等字眼。从这一层面而言，邹韬奋与读者的关系是师生关系，其过往的指导教育经历影响着邹韬奋的启蒙实践，这里的启蒙意味着读者提出问题，而作为编者的邹韬奋予以分析。因此，邹韬奋总结其办刊宗旨为"启迪理智能力，增富知识见闻"②，意欲通过问题研究引起读者兴趣，从而开阔眼界，宽广胸怀。与此同时，邹韬奋所办刊物的另一宗旨是"替社会造成一个人人的好朋友"③，所以公众通过阅览报刊情绪可以得到安慰，写信咨询也会得到竭诚答复。这时的启蒙表现为报刊为读者尽心服务，报刊则是精神交往的公共空间。

相比西方启蒙对反权威的强调，邹韬奋更加重视群体对个人的庇佑与抚育，例如他在阐释民权主义时就辩证地分析过个人自由与国家自由的关系。邹韬奋认为西方争取自由与中国争取自由是两条不同的路径，二者形成于不同的历史语境。相形之下，西方是由于君主专制干涉人民言论自由、思想自由，重在争回个人的自由；而中国自古皇权不下县，中国人民"所受的痛苦是因为国家不自由所给与的间接的痛苦"④。中

---

① 李秋零：《康德著作全集第 8 集：1781 年之后的论文》，人民大学出版社 2013 年版，第 40 页。
② 邹韬奋：《〈生活日报〉与〈生活〉周刊》，韬奋基金会、上海韬奋纪念馆编《韬奋全集》（增补本）第 4 卷，上海人民出版社 2015 年版，第 380 页。
③ 邹韬奋：《〈生活〉周刊究竟是谁的？》，韬奋基金会、上海韬奋纪念馆编《韬奋全集》（增补本）第 5 卷，上海人民出版社 2015 年版，第 452 页。
④ 邹韬奋：《个人自由与国家自由 与民生有密切关系的民权主义之研究》，韬奋基金会、上海韬奋纪念馆编《韬奋全集》（增补本）第 1 卷，上海人民出版社 2015 年版，第 736 页。

国的自由论述中,个人自由的增长目的在于保证国家自由,而国家自由的确立才能够给予个人充分的自由。邹韬奋的启蒙并不在于以具有批判精神的个人作为基点,而是需要个体觉醒有利于社会道德修养,并通过树立新修养塑造新文化,以新文化再造新的政治经济秩序,本质上是通过合群这一途径达到国富民强。

相对于梁启超的政治派别办报与陈独秀的同人办报,邹韬奋的启蒙更强调对群众的动员,这不仅包含了从上到下的"唤醒",同时也包含以诚相待、平等论交的共鸣。梁启超对"觉世"的重视完全出于开通民智以改革政治的考虑,其大办报刊以及对小说这一文体的改造实际上是方便居高临下地启迪蒙昧众生。① 而陈独秀的同人办报模式,则是"借报刊为媒介,集合同道,共同发言,形成某种'以杂志为中心'的知识群体"②。从维新领袖到文化团体,报刊的责任在于启蒙,但启蒙的意义空间中却很难有群众的声音,难有对群众日常琐碎、不解与困扰的指导。

邹韬奋在主持《生活》周刊的过程中不断构思着报纸的理想形态,这份构想在《生活日报》中有了理想的模样。

邹韬奋首要指出报人应该就是"民众喉舌","以全国民众的利益为一切记述评判和建议的中心标准"③。虽然同样使用"喉舌"的说法,梁启超早期对报馆的理解还是置身于政治传播的视域中。"凡所以宣上德、通下情者,非徒纪述,兼有职掌,故人主可坐一室而知四海,士夫可诵三百而知国政。"④ 于梁启超而言,耳目是"人主"的耳目,喉舌是"士夫"的喉舌,报馆是帮助政府去塞求通的通道,而民众的声音则是强国的基础。邹韬奋显然拒斥这种精英主义的表述,在

---

① 夏晓虹:《阅读梁启超》,东方出版社2019年版,第30页。
② 陈平原:《"新文化"的崛起与流播》,北京大学出版社2015年版,第15页。
③ 邹韬奋:《关于〈生活日报〉〈生活日报〉创刊词》,韬奋基金会、上海韬奋纪念馆编《韬奋全集》(增补本)第6卷,上海人民出版社2015年版,第668页。
④ 梁启超:《论报馆有益于国事》,梁启超著,汤志钧、汤仁泽编《梁启超全集 第1集·论著一》,中国人民大学出版社2019年版,第107页。

他看来，理想的报纸"必须是反映全国大众的实际生活的报纸；必须是大众文化的最灵敏的触角；必须是五万万中国人（连国内国外的中国人合计）一天不可缺少的精神食粮"①。邹韬奋虽借用了喉舌的比喻，但他鄙夷一些报人堕为豢养的喉舌。他认为，在中华民族的存急危亡之刻，民族解放的斗争是大众的事情，应调动大众的力量对民族内外的威胁作坚决猛攻与扫除。

大众的报纸要求作品的来源也应该是生产大众的集体作品。邹韬奋在对《生活日报》的规划中要求改变当前供稿群体的局限，不仅仅由少数的职业投稿家和新闻记者来提供稿件，而要鼓励"全国各地的工人，农民，职员，学生直接供给言论和新闻资料"②。

邹韬奋的媒介启蒙观念，成形于报刊从群体走向大众的转折之中。他一方面承接梁启超对"新民"的阐释，重视合群理念，试图强化群体的凝聚力，促进群体利益③；另一方面，他不仅去书写大众的生活，更给予大众书写生活的空间，这实际上与后来延安时期的"全党办报"在贴近大众方面有某种暗合之处。李仁渊在分析民国知识分子何去何从时指出，在旧秩序崩坏、新秩序未建的情况下，掌握文化的知识分子要么如黄远生扮演媒介监督者的角色，要么往更高深的学问前进，第三条路则是"向下层民众认同，抛弃原有的文化与知识"④。

黄旦指出，报刊实践要关注如何以报刊中介的方式来生产报刊中介运作，从而形成现实关系与关系现实。⑤ 从媒介文明史的角度来看，印刷文化自成一体，印刷机的大批量复制生产使报刊文化形成了相似气质。但回到具体个人的报刊实践中，应该要去关注到记者本人办报

---

① 邹韬奋：《关于〈生活日报〉问题的总答复》，韬奋基金会、上海韬奋纪念馆编《韬奋全集》（增补本）第6卷，上海人民出版社2015年版，第670页。
② 邹韬奋：《关于〈生活日报〉问题的总答复》，韬奋基金会、上海韬奋纪念馆编《韬奋全集》（增补本）第6卷，上海人民出版社2015年版，第670页。
③ 张灏：《梁启超与中国思想的过渡（1890—1907）》，江苏人民出版社1995年版，第107页。
④ 李仁渊：《晚清的新式传播媒体与知识分子》，凤凰出版社2019年版，第344页。
⑤ 黄旦：《报纸和报馆：考察中国报刊历史的视野——以戈公振和梁启超为例》，《学术月刊》2020年第10期。

理念在整个人类之网转变当中的能动作用，媒介在将人、事件、社会、物质和精神交汇在一起的同时，人的性格与思想观念会在不同的社会情境中生成迥异的行动网络。

由此回到邹韬奋的启蒙行动中，他所办报刊的特质正在于理性指导生活，情感激发行动，编辑服务社会，读者指引话题。在报刊所形成的意义空间中，有职业人士的见解，有青年成长的苦闷，有社会新闻的百态，有国难当头的呼号，社会生活与现代媒介因之纠缠在一起。

不可否认，《生活》周刊的成功在于它将媒介"生活化"，同时也使生活"媒介化"。报刊在自由主义知识分子的手中多是读书人通过创办刊物，介入实际政治，并发表学术见解[1]，而在邹韬奋的手中则让更多人的生活经验在公共空间中变得可见，通过多元视角的呈现推动国内不同政治群体的和解。从知识分子到普通市民，越加广泛的主体开始面对报刊所带来的现实改变。这是启蒙意识的表征，读者逐步转到以国家为主体、超越个人闻见、家庭工作之外的政治现实。[2] 此外，邹韬奋所办报刊的影响力也意味着人们闲聊方式的改变，胡绩伟在回顾青年时期提道：

> 刚刚创刊的邹韬奋先生主办的《大众生活》，每来一期就如同给我心中的怒火加了一把柴。每个星期天，我先到祠堂街几个书店转一圈，买几本上海新出的杂志，然后赶到省师同几位同学聚会，交换刊物，热烈地交流读书心得体会，各抒己见，讨论当前局势。这时，中国共产党的"八一宣言"已经产生了广泛的影响，"停止内战，团结抗日，建立抗日民族统一战线"的主张，受到青年学生的拥护。[3]

---

[1] 李金铨主编：《文人论政：知识分子与报刊》，广西师范大学出版社2008年版，第106页。
[2] 卞冬磊：《古典心灵的现实转向：晚清报刊阅读史》，社会科学文献出版社2015年版，第184页。
[3] 胡绩伟：《青春岁月——胡绩伟自述》，河南人民出版社1999年版，第46页。

此时，刊物不仅是交易系统中流通的商品，也成为青年认识局势、谈论公共事务的中介物。印刷品的大众传播带来青年的私人阅读与群体阅读，于是，原先群体中的具身情境转变为围绕《大众生活》中所呈现的国家议题，传统社会生活的交往方式逐渐变得"间接媒介化"，青年的日常交往在"形式、内容、组织或语境方面越来越受到媒介符号或机制的影响"[1]。

由此，青年的苦闷经验在刊物的持续运转中将内容里的情感与更为广阔的政治、社会、文化结合了起来，"情感的表达与交流能够增进不同群体相互理解和团结的方式"[2]，刊物设置的议题引导青年关注国事，拥护"统一战线"的主张，在情与理的交叉中走向对社会主义的认同之路。

邹韬奋的媒介实践发端于五四运动之后，彼时中国知识分子自身内部关于启蒙价值的判断开始分化，一些学者高坐书斋，大谈"道问学"，一些学人转向基层动员革命，而邹韬奋则受教育救国的影响在刊物中细讲"尊德性"。刊物发展重构社会网络，私人信件中的忧虑、苦闷、困惑在大众媒介的公共可见性中得以消解，政治局势的不见好转与读者问题的单一趋同促使期刊的主题发生偏折，由原先的个人修养转向社会评论。有学者指出，中国传统政治所讲的"修身、齐家"属于"私"的领域，"治国、平天下"属于"公"的领域，其中有一道鸿沟无法逾越。[3] 弥合鸿沟的关键就在于"私天下"以何种方式抵达"公天下"，而"公天下"又以何种方式统辖"私天下"。对此，梁启超给出的答案是凭借能够去塞求通的报馆，而邹韬奋选择的则是有专论与信箱的报刊，专论意在确立"标准的尺度"[4]，其中信箱提供的

---

[1] ［丹麦］施蒂格·夏瓦：《文化与社会的媒介化》，刘君等译，复旦大学出版社2018年版，第24页。
[2] 袁光锋：《"情"的力量：公共生活中的情感政治》，江苏人民出版社2022年版，第71页。
[3] 余英时著，沈志佳编：《中国思想传统及其现代变迁》（余英时文集·第二卷），广西师范大学出版社2004年版，第100页。
[4] 邹韬奋：《征求读者对本刊的意见》，韬奋基金会、上海韬奋纪念馆编《韬奋全集》（增补本）第9卷，上海人民出版社2015年版，第522页。

是读者与编者沟通的渠道。如此，刊物既是从上到下的议程设置，也是平等交流的对话场地，大众媒介实现了公私领域的衔接与转换，这也影响到邹韬奋启蒙思想在群己之间、共殊之间、情理之间的徘徊。

邹韬奋所办报刊的特殊气质，使其不能被涵纳在民国主流报纸的"三大范式"①中。胡愈之认为邹韬奋的成功恰恰在于他的大众化，"站在大众立场，唤醒大众，教育大众，而埋头向大众学习"②。沿着大众的理路阐释，邹韬奋没有将媒介垄断为自身观点表达的工具，而是将媒介视为"社会公器"，为大众提供表达思想意志的机会。在公共文化的打造中，他努力让大众"作为能够理解进而改变其自身的社会境遇的积极的当事者进行互动"③。在这里，报刊的天职并非由启蒙转向革命乃至于不同的革命④，而是将革命本身也化形为启蒙的一种激进形态。当邹韬奋的媒介实践选择"我与你"的沟通方式而不是新闻专业主义式的"我与他"时，这种第二人称视角的交流由于直面底层的苦难，就会促使对话者生出一种整体性的革命逻辑，以彻底扫清民族与阶级关系中的不平等，并将个人主义与私有制视为必须克服的障碍。一如恩格斯在对英国工人阶级的观察对谈中得出的结论，"工人阶级处境悲惨的原因不应当到这些小的弊病中去寻找，而应当到资本主义制度本身中去寻找"⑤。邹韬奋以日常经验的检视发现，中国青年的烦闷绝非个人道德修养就能够等待解决，它需要一场革命以改变不公正的社会制度，而革命过程本身即已处在群己、共殊和情理的纠葛之中，邹韬奋的启蒙宏志便随之融汇于民族救亡的大业之中，彳亍前行。

---

① 李金铨：《传播纵横：历史脉络与全球视野》，社会科学文献出版社2019年版，第220页。
② 邹嘉骊编：《忆韬奋》，生活·读书·新知三联书店2015年版，第152页。
③ ［澳］斯科特·麦奎尔：《媒体城市》，邵文实译，江苏教育出版社2013年版，第193页。
④ 涂凌波：《现代中国新闻观念的兴起》，中国传媒大学出版社2016年版，第189—190页。
⑤ 《马克思恩格斯文集》第1卷，人民出版社2009年版，第368页。

第六章　媒介经营观

作为著名的职业新闻人和新闻出版家，邹韬奋的媒介经营观是最具职业特质的观念构成。它决定着以何种理念办刊和以何种模式进行媒介的商业运营，即所谓以何种观念和模式进行媒介经营管理，以保证商业盈利和新闻传播理念的双重实现。在邹韬奋的时代，要达到这样的目的殊为不易。一方面，新闻出版面临着商业盈利的现实要求，这是一份自由报刊保持独立报格的基本前提；另一方面，新闻传播也面临着政府控制的压力，政府往往以资金支持和行政倾轧的方式实现对媒体硬软并行的控制。如何遵循市场逻辑和媒介传播的逻辑，以抵抗资本和政治的规训，最终实现市场和报格的双重胜利，是和邹韬奋一样的一代新闻出版家最为严峻的考验。换言之，以何种媒介经营观以确保商业和传播的双赢，是邹韬奋作为新闻出版家的重要命题，也是邹韬奋思想体系的重要组成部分。

邹韬奋媒介经营观的形成有着特殊的传播语境。1916年到1926年是中国现代媒体发展较为稳定的十年，媒体发展相对比较自由，数量上大致保持着逐步发展的势态。这与当时的历史环境是分不开的。首先，军阀割据和各种思潮的涌入为思想的多元化以及观念的革故鼎新提供了基础。其时，虽然国内各方势力互相角力，但并没有哪一方能够真正实现对新闻出版业的有效控制。社会政治的纷乱，消解了新闻管制和政治倾轧的力度，为文化界和新闻出版界预留了意想不到的自由空间。其次，民族工业逐步发展，与新闻出版密切相关的印刷业快速发展，为报刊的发展提供了物质条件。再次，铁路的修建使得货运速度大大提高，这也为报刊的流通提供了极为便捷的条件，客观上促进了新闻出版业的发展。最后，中国正处于传统社会结构剧烈变化、新思想大举传入的时期，新旧思想的强烈碰撞使得许多新潮思想广为传播，新式教育立足于此，迅猛发展，为新闻出版业输送了大量优秀人才。总之，20世纪初中国新闻传播事业的快速发展为媒介经营现代化提供了良好的契机。在此背景下，邹韬奋致力于《生活》周刊的经营运行，励精图治，苦心经营，使《生活》周刊从一个名不见经传的杂志成长具有巨大社会影响力的现代媒体，积累了丰盈的媒介经营经验，最终形成了具有深远影响的媒介经营观。

在邹韬奋担任主编的七年时间里，《生活》周刊发行量最高达到15.5万份，创造了当时国内期刊发行量的最高纪录。可以说，《生活》周刊是最能体现邹韬奋报刊经营思想的一份刊物。他在主编《生活》周刊时发表的一系列论述，构成了系统的媒介经营思想体系，这也是《生活》周刊可以成为邹韬奋媒介经营观研究典型文本的基本缘由。

《生活》周刊之所以能取得巨大的成功，是因为邹韬奋逐步形成了理性的媒介经营观，很好地平衡了事业性与商业性的关系。实际上，自中国近代报业产生以来，关于报纸事业性与商业性关系的探讨就没有停止过。媒体的事业性与商业性存在着与生俱来的复杂关系，从某种意义上可以将事业性理解为社会效益，商业性为经济效益。如何寻求这两种效益的平衡，对一份报刊的生存与发展来说至关重要，也是媒介经营观至关重要的命题。

一　商业性与事业性的兼顾

从某种意义上说，邹韬奋媒介经营观的核心是如何平衡商业性和事业性的问题，即所谓商业和传播的兼顾问题。

报刊的事业性是邹韬奋办报的根本目的，也是一代新闻人孜孜以求的标杆。邹韬奋曾直言："我们这一群的工作者所共同努力的是进步的文化事业，所谓进步的文化事业是要能够适应进步时代的需要，是要推动国家民族走上进步的大道。"① 这就是所谓事业性的基本内涵。商业性是邹韬奋关于报刊经济运行方面的基本认知。"在经济方面，因为我们要靠自己的收入，维持自己的生存，所以仍然要严格遵守量入为出的原则。这里便牵涉到所谓商业性。我们的业务费，我们的资金，既然要靠自己的收入，所以我们不得不打算盘，不得不赚钱。这可以说是我们的商业性的含义。"②

那么，该如何处理二者的关系呢？首要之义应该是兼顾。

邹韬奋认为，"事业性和商业性是要兼顾而不应该是对立的"③。他提出如果因为追求事业而不顾商业，势必导致经济破产，从而毁了媒体生存的基础。"倘若因为顾到事业性而在经济上作无限的牺牲，其势必致使店的整个经济破产不止，实际上便要使店无法生存，所谓皮之不存，毛将焉附，机构消灭，事业又何从支持，发展更谈不到了。"但同时，如果一味追求商业利益，因而损害了媒体的专业品质，亦会自毁根基，声名扫地，被受众和社会所唾弃。"在另一方面，如果因为顾到商业性而对于文化食粮的内容不加注意，那也是自杀政策，事业必然要一天天衰落，商业也就随之而衰落，所谓两败俱伤。"鉴于此，邹韬奋清醒地指出，事业性和商业性"这两个方面是应该相辅相成的，不应该对立起来的"④。这样，邹韬奋在强调媒体事业性重要性的同时，也充分肯定了商业性的不可或缺，简单来说，就是"事业性和商业性要兼顾"。这意味着事业性和商业性是相辅相成、互相促

---

① 邹韬奋：《事业性与商业性的问题》，韬奋基金会、上海邹韬奋纪念馆编《韬奋全集》（增补本）第9卷，上海人民出版社2015年版，第682页。
② 邹韬奋：《事业性与商业性的问题》，韬奋基金会、上海邹韬奋纪念馆编《韬奋全集》（增补本）第9卷，上海人民出版社1995年版，第682页。
③ 邹韬奋：《事业管理与职业修养》，生活·读书·新知三联书店1982年版，第116页。
④ 邹韬奋：《事业管理与职业修养》，生活·读书·新知三联书店1982年版，第116—117页。

进的。如果忽略了商业性,事业性就失去了经济基础,而忽略事业性,商业性也不会长远。本质上,邹韬奋是在强调媒体的传播品质和商业逻辑之间的不可或缺性、不可分离性,换言之,二者是紧密相连,互为一体的,需要兼而顾之。

二 以商业性支撑事业性

在邹韬奋的媒介经营观看来,商业性和事业性需要兼而顾之是初步的评判,是第一个层面的关系建构。在此之下,如果进一步探讨,二者之间更为深入的关系又该如何呢?

以《生活》周刊为文本,深入研究,就会发现,商业性和事业性兼顾之下,以商业性支撑事业性,是邹韬奋媒介经营观的重要原则。

对邹韬奋而言,媒体的事业性即如何为社会服务是他的职业理想,但问题是该如何实现呢?除了传播内容的锤炼以外,经济是最为直接的保障,它依靠媒介经营来落实,其中广告是超越报刊销量的最大经济指标。从一定意义上讲,媒介经营的核心问题之一就是如何处理广告和媒体的关系。

邹韬奋在办报初期就提出了媒介经营的重要原则,即"向来以不接受任何方面一文钱为铁则",对于他人的"赠款",无论是出于好意还是恶意,都一概拒绝。其意在于以拒绝社会捐赠的方式保持媒体的独立性。

这在当时是极其难得的。因为就当时的媒介生态而言,保持言论独立固然会获得社会的认同,但同时也会因此遭受政府的规训和惩罚,甚至致命的打击。《民立报》就是其中一个典型的案例,它作为资产阶级革命派的宣传媒介、中国同盟会的机关报,以政治性和党派性为本。《民立报》以独立的报格为传播资产阶级思想做出了杰出贡献,但终因袁世凯严厉的新闻管控而遭受灭顶之灾,被勒令停刊。在邹韬奋的时代,《民立报》的遭遇绝非孤例,而是普遍性存在的。

如此艰险的媒介生态之下，邹韬奋与《生活》周刊能够直面党派桎梏，坚持报刊的独立性，力求"办一份为大众所爱读、为大众做喉舌的刊物，办一个自由的、不受检查的杂志"，实属不易。而坚持报刊的独立性就要求邹韬奋与《生活》周刊不依附于任何一方政治势力，反对经济控制亦在其列。因此，邹韬奋和《生活》周刊力求以经济独立，实现表达自由和报格独立。《生活》周刊曾经申明："我们办这个周刊不是替任何个人培植势力，不是替任何机关培植势力，是要借此机会尽我们的心力为社会服务……所以本刊因销数激增而广告涌进所得的收入，都尽量地用来谋改进本刊的自身，由此增加读者的利益，由协助个人而促进社会的改进。"①

拒绝捐款是容易的，但要获得足够的资金，以确保媒体的正常运营和发展，又是何其艰难。邹韬奋坦言，"要把单张的《生活》周刊改成本子，要有钱；要开展事业，要有钱；要增加同事以分任过忙的工作，也要钱"②。在当时，媒介经营整体遵循市场原则，报刊销售基本与成本持平甚至低成本运行，大多无利可图，如此，广告就成了媒介经营的生命线。《生活》周刊也概莫能外，其广告类别从单一的书籍广告扩展为各类广告，涉及生活的各个领域，每期广告的数量也随之增加。其后，广告收入逐步成为《生活》周刊最为重要的经济来源，为《生活》周刊的发展提供了经济基础。

细察之，在邹韬奋和《生活》周刊的媒介经营中，商业性支撑事业性，除了以广告经营保障媒体独立之外，还体现在以广告收入去改善媒体运营质量，促进自身发展，以求得传播理想的实现。

具体来说，邹韬奋没有将《生活》周刊广告收入用于个人私利，而是"都尽量的用来力谋改进本刊的自身"③，从刊物质量、作者稿酬、人员薪俸这三个方面大力推进媒体的自我完善和发展。

---

① 邹韬奋：《〈生活〉周刊究竟是谁的》，《生活》周刊1928年第4卷第1期。
② 邹韬奋：《事业管理与职业修养》，生活·读书·新知三联书店1982年版，第164页。
③ 邹韬奋：《〈生活〉周刊究竟是谁的》，《生活》周刊1928年第4卷第1期。

首先是提高刊物的刊印质量。《生活》周刊从第3卷第32期起，每期由原来的一张改成一张半，包皮纸上的签条由油印改为铅印，全年定价却照旧。这样，刊物的质量提高了，售价却没有改变，受众和社会的认可因之大增。后来，《生活》改成订本，由于支出剧增，才将全年定价从一元增加至一元两角。1930年，纸价飞涨的情况下，《生活》周刊全年定价不得已增至一元五角，之后多次增页，出增刊时加至40页，价格也并未增加。在这一过程中，刊物定价虽不得已有所提高，但刊物质量亦从刊印质量和内容呈现两方面同时提升，社会认可度不断提高。

其次是增加作者稿酬。为了获取内容精彩的高质量稿件，邹韬奋不惜一再提高稿费。"最初八毛钱一千字的稿费，后由一元，二元，三元，四元，五元，六元，七元，八元乃至十元！在当时，全国刊物中所送稿费最大的是推《生活》周刊了。"① 稿酬的增加，吸引了一批有影响力的撰稿者加盟《生活》周刊，这就保证了《生活》周刊优质稿件的来源。

最后是提高薪俸，改善工作人员生活。随着《生活》周刊的不断发展，工作人员的队伍也在不断壮大，1930年的人数是最开始时的八倍。"对于努力服务的同事，每半年或每年增善他们的待遇"，1930年"同事薪俸依成绩较前加了二三倍至四五倍"②。薪俸的提高有效地刺激了报馆内部工作人员的积极性，强化了媒体内部的忠诚度，为媒体的发展提供了坚实的基础。

如此，邹韬奋和《生活》周刊既因拒绝捐赠，大力发展广告经营，以改善媒体经营条件，提高刊印质量、作者稿酬和员工薪酬，并取得了良好的效果。概言之，商业性有力地支撑了事业性，为传播理想的实现提供了坚实的基础。

---

① 邹韬奋：《事业管理与职业修养》，生活·读书·新知三联书店1982年版，第164页。
② 邹韬奋：《〈生活〉五周年纪念特刊预告》，《生活》周刊1930年第5卷第52期。

三 商业性必须服务于事业性

邹韬奋既以事业性为志，又以商业性为支撑，那么商业性的支撑性该以何种方式得以适度体现？或者说，商业性如何才能既发挥对事业性的支撑作用，又不过分生长，以致对事业性形成反噬？

对邹韬奋和《生活》周刊来说，商业性固然重要，但是必须符合事业性的要求，以不破坏事业性为前提。具体而言，媒体的广告经营必须与刊物的风格定位相一致，不致割裂相害。邹韬奋特别强调广告要与其他栏目和谐统一，要"把广告的位置划定，勿使广告割裂了新闻，而结果却能使新闻和广告俱保持着美观"，"在新闻下面登性质相类之广告，使眉目分清，读者极易寻觅"①。不仅如此，广告登载的位置也相对固定，形成较为固定的编排风格，使读者更容易获取自己需要的广告信息，更便于接受，也不会影响新闻的传播效果。

同时，邹韬奋强调，广告经营必须维护刊物的传播效应，和言论新闻一样，向读者负责，为实现传播理想而努力，不能见利忘义，为广告营销而损害了媒体的品格。邹韬奋主张"报纸上面登载广告，不应该专为了报纸的营业收入，而应该同时顾到多数读者的利益"，"凡是骗人害人的广告，一概拒绝不登。换句话说，本报对于所登载的广告，也和言论新闻一样，是要向读者负责的"②。邹韬奋从不刊登骗人害人、低俗的广告，即使有误登的情况，也必定会发文说明，宣布广告作废并向读者道歉。当时国内一些商业报纸为了经济利益，大篇幅刊载各类广告，其中不乏一些低级趣味甚至黄色下流的广告。针对这一不良现象，邹韬奋愤而大加批驳："我国的大报过于营业化，却是一件无可为讳的事实，简直是广告报！报价并不因广告之多而特别减

---

① 邹韬奋：《创办〈生活日报〉之建议》，《生活》周刊1932年第7卷第9期。
② 邹韬奋：《〈生活日报〉的创办经过和发展计划》，香港《生活日报》1936年7月31日第55号。

低，国民的购买力既每况愈下，费了许多钱买着一大堆广告报，反而不及费较低的钱买一份小型报纸看看。"[1] 邹韬奋不仅以言论表达规正之意，同时身体力行，对广告经营认真负责，得到了社会和受众的高度认同。因此，当时业界和公众具有共同的认知，即谓《生活》周刊上刊载的广告真实可信，"多为国货精品，有质量保证"[2]。从某种角度来看，邹韬奋和《生活》周刊的传播效果相当部分源于其广告的真实性，源于商业性严格服务于事业性的重要原则。

四 事业性反过来促进商业性

媒体的发行量和发行范围是广告主投放广告时需要考虑的重要指标，它推动事业性发展的同时又能够促进商业性。《生活》周刊从一开始就立足民众，其读者对象是知识文化水平不是很高的小市民、小职员等。"（邹）希望能做到读者诸君的一位欣悦和爱的好朋友——但却不愿做'群居终日，言不及义'的损友，是要龟勉淬砺，做一个纯洁清正，常在进步途上的益友。"[3] 因此，在文风上，邹韬奋努力创造出大众需要的文风，笔法生动，短小精悍，亲切感人，没有拘束，避免呆板，采用"明显畅快"的平民式文字。因此，相较于同时期的其他报刊，《生活》周刊的读者范围是更广的。通过分析《生活》周刊的稿件，不难发现，其内容是"价值"与"趣味"的结合。例如，邹韬奋经常向到国外开会或考察的专家学者、政府官员约稿，并且是以海外游记的形式。文章内容还涉及事业与修养、处世之道、人物介绍和平民生活素描等，有的栏目还配上插图和漫画，这就避免了传统死板的说教。它们轻松有趣，更容易为读者所接受，因此也吸引了大批读者，创造了当时期刊发行的新纪录。

---

[1] 邹韬奋：《大报和小报》，《大众生活》1935年创刊号。
[2] 生活书店史稿编辑委员会：《生活书店史稿》，生活·读书·新知三联书店1995年版，第24页。
[3] 钱小柏、雷群明：《韬奋与出版》，学术出版社1983年版，第83页。

为了稳固读者群体，邹韬奋一直强调办刊物要办出自己的特色，这不仅仅体现在内容上，形式上也要尽量别出心裁。他非常抵触刊物之间的简单模仿，"刊物的内容如果只是'人云亦云'，格式如果只是'亦步亦趋'，那是刊物的尾巴主义"①，会危及刊物的生存。他声称，"要造成刊物的个性或特色，非有创造的精神不可"②。当时流行大报和小报，而邹韬奋主张办中型或小型报纸，不仅携带、装订、保存、检阅非常方便，而且可以减少纸张的浪费，降低报纸的成本和售价，同时可以为读者节省读报的时间。在栏目的设置上，邹韬奋开创了"小言论""读者信箱"等十多个栏目，其中"小言论"主要关注社会热点问题，是邹韬奋最为关注、最倾注心血的栏目。其他栏目还包括"萍踪寄语""一周鸟瞰""大众之声"等。邹韬奋会根据材料和内容灵活变动，并不拘泥于呆板的分栏设置。这些举措不仅使报刊内容不断丰富，还十分有趣，带给读者以惊喜，深受读者的喜爱。

刊物质量高，在读者当中有巨大影响力和威信，销量遥遥领先，所以《生活》周刊成为众多广告主投放广告的首选。邹韬奋与广告主建立了一种互惠互利、互相信任的良好关系，也在一定程度上扩大了报刊的知名度和社会影响力，使得其事业性的发展更进一步。

邹韬奋的媒介经营观强调事业性与商业性相辅相成，共同作用于媒介生态，犹如车之两轮、鸟之双翼，缺一不可。也正因如此，邹韬奋的媒介经营才能够获得高度的社会认可。邹韬奋一生笔耕不辍，致力于新闻出版事业，摆脱了以往政论报刊或政党报刊将报纸作为政治斗争工具的传统，把读者置于首要位置，具有比较浓重的专业主义品质。相比于同时期的其他报人，邹韬奋最突出的一大特点就是将读者置于中心，为读者服务，成功地平衡报刊的事业性与商业性，并成为当时媒介经营的典范。邹韬奋深知，只有经济独立才能不受政党和商

---

① 张之华：《邹韬奋》，人民日报出版社2005年版，第181页。
② 邹韬奋：《几个原则》，邹韬奋著，中国韬奋基金会韬奋著作编辑部编《韬奋新闻出版文选》，学林出版社2000年版，第225页。

业的影响，抨击时政，宣扬自由民主，这在当时确是难能可贵的。事业性与商业性的平衡充分体现了邹韬奋极富价值的媒介经营观，反映了邹韬奋卓尔不群的新闻传播理想。即便是在媒介多元发展的当下，邹韬奋事业性与商业性相平衡的媒介经营观依然具有借鉴意义。它启发我们，新闻传播既要倡导新闻专业理想，更好地服务受众和社会，也要积极谋求经济利益，以强大实力，二者互相促进，互为倚重，方能达到传播的至善之境。

第七章 受众观

以传播学而言，受众是信息传播的接受者，不同媒介具有不同的受众，报纸杂志的读者、广播的听众和电视的观众以及新生的网民都是受众的不同类别。受众地位的提升激发了受众观的生成，如何界定受众及其传播价值逐步成为信息传播中的重要问题。一般来说，受众观是指对受众在媒介信息传播过程中所处的角色和地位的整体认识与看法，涉及媒介如何看待、对待受众的问题。在西方传播学发展历史中，受众研究经历了从"传者本位"到"受众本位"的转变，其中，美国经验学派的"使用与满足"学说和霍尔"编码解码"理论，从根本上肯定了受众在信息传播中的主体地位，逐渐成为受众研究领域的主流学说。

邹韬奋在其新闻实践中极为重视受众即读者的地位，并以与读者的充分交往来彰显自己的受众观，在某种程度上表现了西方现代传播学的"受众本位"意识，而这也是邹韬奋新闻传播思想的过人之处。邹韬奋的受众观具有特殊的生成语境和传播意涵，是邹韬奋思想中最具传播特色的组成部分，为研究者所关注。

一 邹韬奋受众观的生成

邹韬奋的受众观是五四之后中国新闻传播发展的产物，现代媒介的迅速发展、信息传播的急剧增长以及个体经验的丰盈都使得邹韬奋的受众意识日趋强化,成为当时新闻传播界的一股新风。

(一) 新闻传播呼吁受众意识

邹韬奋进入新闻行业之际,报纸、杂志等媒介达到了一定规模,并以传达新知的功能深度介入社会,阅读报刊逐步成为青年群体的日常生活方式之一。但是,当时许多报刊的自我定位尚不明确,对受众重视不够,出现了与市场、读者脱轨的现象,影响了媒体的传播效力。其时,邹韬奋接手主编已经初具规模的《生活》周刊,开始了新闻传播理念的实践。《生活》周刊创刊于1925年10月11日,当时"各地提倡平民教育日趋众多,亟需一种出刊品,以供业余之浏览和身心修养之参考"①,《生活》周刊在黄炎培的主导下遂应运而生。在邹韬奋接办之前,《生活》周刊只是指导职业教育的刊物,生活和职业修养问题是其主要内容,读者对象也局限于企业职工、店员等小市民群体,总体上没有与市场有效接轨,以致于发行量低下,经营惨淡。邹韬奋接手《生活》周刊之际,办刊条件相当艰苦,但他始终心系读者,倾心倾力地投入新闻传播事业的建设中。邹韬奋慨叹,"念到我们的精神是和无数万的读者联系着,又好像我们是夹在无数万好友丛中工作着!"② 此时,面向市场,为读者而服务,就成了邹韬奋的职业理想,并贯穿了《生活》周刊乃至邹韬奋新闻传播历史的始终。其后,关注读者,服务读者,以读者为中心,渐次成为新闻传播界的职业准则和时代之声。

(二) 传播需求强化受众地位

1895年,邹韬奋出生于"一个没落的地主豪绅官僚的家族里"③,正值甲午中日战争时期,清廷大势将去,统治摇摇欲坠。待到邹韬奋

---

① 许汉三:《黄炎培年谱》,文史资料出版社1995年版,第58页。
② 邹韬奋:《一个小小的过街楼》,韬奋基金会、上海韬奋纪念馆编《韬奋全集》(增补本)第7卷,上海人民出版社2015年版,第199页。
③ 邹韬奋:《萍踪寄语 初集》,韬奋基金会、上海韬奋纪念馆编《韬奋全集》(增补本)第5卷,上海人民出版社2015年版,第624页。

青年时期，中华民国成立，中华民族内忧外患的艰难局势进一步加剧，整个社会的动乱黑暗令知识分子深感失望和悲愤。邹韬奋初入新闻行业，便面临着沉闷压抑的传播环境：一方面，进步青年对新知识、新思想和社会事实的渴望极为迫切；另一方面，官僚军阀在肆无忌惮地搜刮民脂民膏的同时，不遗余力地钳制不利于自身统治的新思想、新知识，甚至采用关押、杀害报人等手段达到掩盖社会真相、巩固专制统治的目的。黑暗迟滞的传播语境限制了信息传播的良性发展，并呼唤着传播变革和意识更新。同时，邹韬奋所处的媒介语境中，大众对真实信息的需求空前强烈，直接促生了一大批彰显受众传播意志的新闻传播者和现代传播媒介。如此，传播语境的刺激和受众的信息需求变成了中国社会信息传播的元动力，持续推动着受众地位的上升和强化，也影响着新闻传播取向的变化。

（三）前辈教导促生传播个性

除了外部的社会因素，内部的个体自身因素也是邹韬奋受众观形成的重要条件。邹韬奋之所以抱有强烈的受众意识，得益于黄炎培等职教社前辈的教导。邹韬奋初到职教社入职时，由于毫无经验，只是依葫芦画瓢地编译了第一本专著《职业智能测验法》。邹韬奋虽然"自问是很卖力的了，可是黄先生第二天却拿着我的译文，跑到我的桌旁，对我所编译的文字作诚恳而严格的批评"[1]。黄炎培严肃而诚恳地提出了自己的意见，"他所指出的要点是我们编译这本书的时候，不要忘却我们的重要的对象——中国的读者。我们要处处顾到读者的理解力，顾到读者的心理，顾到读者的需要"，而邹韬奋的译文"在编法和措辞方面都依照英文原著，合于英美人胃口的编法和措辞，未必即合于中国读者的胃口"[2]。黄炎培意在告诫邹韬奋，不要忘却我们的重要对象是中国读者，要处处照顾到读者的理解力。邹韬奋当时确

---

[1] 邹韬奋：《编译的教训》，韬奋基金会、上海韬奋纪念馆编《韬奋全集》（增补本）第7卷，上海人民出版社2015年版，第173页。

[2] 邹韬奋：《编译的教训》，韬奋基金会、上海韬奋纪念馆编《韬奋全集》（增补本）第7卷，上海人民出版社2015年版，第173页。

实有点受打击,"刹那间好像背上浇了一大盆的冷水,老实说一句,觉得一肚子的不高兴,尤其是因为很努力地编译了三万多字"[①]。冷静思考之后,邹韬奋理解了黄炎培的良苦用心,并接受了黄炎培的批评建议。"但是黄先生的话却有很充分的理由,尤其是他指导青年时候那种心平气和轻声解释的诚恳态度,使我发不出脾气。"[②] 邹韬奋深受触动,重新编译,获得了黄炎培的极高称赞。"我接受了他的批评,从头写过,写完了一万字就给他看,并把全书的纲要也写出来给他看。这一次的结果和上次同样地出于意外,虽则是在两极端的相反他看后大称赞,不但他自己欣赏,立刻还交给沈信卿先生看看,沈先生看了也大加鼓励。"[③] 职教社的工作经历,让邹韬奋从翻译实践中得到了日后从事新闻传播业的重要启示,为邹韬奋后来形成较为系统的受众观奠定了良好的思想与实践基础。"可是黄先生给我的这个教训,却很有益于我以后的著作方法,很有助于我以后办刊物时的技术。"[④] "办刊物时的技术"实际就指以受众为中心、为受众服务的受众观的养成。这一段描述非常生动,它真实地再现了当时的历史场景。在某种意义上讲,这是邹韬奋受众观的启蒙和萌芽。邹韬奋引以为戒,做了更进一步的阐释。"所以我特把这件事提出来谈谈。我认为这是有志著述的人们最要注意的一个原则:在写作的时候,不要忘记了你的读者。"[⑤] 这也在后来成为邹韬奋严格奉行的原则与律条。可以说,前辈的谆谆教导是邹韬奋受众意识萌发的起点,并促使他逐渐形成了一套较为完整的自我认知系统和受众观念体系。

[①] 邹韬奋:《编译的教训》,韬奋基金会、上海韬奋纪念馆编《韬奋全集》(增补本)第7卷,上海人民出版社2015年版,第174页。
[②] 邹韬奋:《编译的教训》,韬奋基金会、上海韬奋纪念馆编《韬奋全集》(增补本)第7卷,上海人民出版社2015年版,第174页。
[③] 邹韬奋:《编译的教训》,韬奋基金会、上海韬奋纪念馆编《韬奋全集》(增补本)第7卷,上海人民出版社2015年版,第174页。
[④] 邹韬奋:《编译的教训》,韬奋基金会、上海韬奋纪念馆编《韬奋全集》(增补本)第7卷,上海人民出版社2015年版,第174页。
[⑤] 邹韬奋:《编译的教训》,韬奋基金会、上海韬奋纪念馆编《韬奋全集》(增补本)第7卷,上海人民出版社2015年版,第174页。

进而言之，邹韬奋受众至上的观念也是其传播个性和主体特征的显现，为同仁所称道，并成为其传播思想的重要内核。

二 邹韬奋受众观的意义内涵

邹韬奋的受众观是传播语境和传播个性的综合。基于现实逻辑和传播实践，邹韬奋将受众作为传播起点，也将受众作为传播中心，更将受众作为传播目的，受众至上变成了历史经验和实践准则的聚焦。

（一）作为传播核心的受众

在西方传播学领域，传播研究经历了从"传者本位"到"受众本位"的转变。从初期的强效果"魔弹论"到饱受争议的弱效果"有限效果论"，再到如今占据主导地位的适度效果"宏观效果理论"，西方传播学者对受众的主体地位进行了深入研究并不断推进，形成了系统庞杂的受众认知史。邹韬奋受西方新闻传播理念的影响，从一开始就认同并推崇现代西方的"受众本位"观念，确认受众是新闻传播的核心。他始终秉持受众至上的观念，给予受众极高的地位，并在新闻传播实践中加以践行。

在《生活》周刊发刊词《本刊与民众——本刊动机的重要说明》中，邹韬奋申明"本刊的动机完全以民众的福利为前提"，"尽量容纳读者的意见，不但读者通信栏专为此而设，即其他文字，凡来稿之有价值有趣味而与此旨相合者，无论意见或有异同，无不公布以作公开的讨论"，同时"容纳民众之意见，使本刊对于民众有相当的贡献"。[①]为此，要"力避'佶屈聱牙'的贵族式文字"，"采用'明显畅快'的平民式文字"[②]。事实上，邹韬奋确实也身体力行，所写文章多以"明显畅快"见长。他用通俗易懂的语言比喻深奥晦涩的大道理，使

[①] 邹韬奋：《本刊与民众——本刊动机的重要说明》，韬奋基金会、上海韬奋纪念馆编《韬奋全集》（增补本）第1卷，上海人民出版社2015年版，第645页。
[②] 邹韬奋：《本刊与民众——本刊动机的重要说明》，韬奋基金会、上海韬奋纪念馆编《韬奋全集》（增补本）第1卷，上海人民出版社2015年版，第645页。

文章可读性得以提升,受众面得以拓宽,其"受众至上"的思想已渐露头角。

在诸多受众理论中,尤以"使用与满足"理论影响最大,意在考察报纸、电视等媒介以大众传播的形式对受众心理和行为产生的影响。同时,美国学者赖特认为,受众使用媒介的需求表现为消遣娱乐功能、人际关系功能、个人认同功能和环境监测功能四个方面。从某种角度看,邹韬奋虽没有就受众需求提出较为明晰且系统的理论学说,但他对媒介传播中受众至关重要的作用有着全面深刻的认知。他指出,作为一个编辑,"要用敏锐的眼光、深切的注意和诚挚的同情,研究当前一般大众读者所需要的是怎样的'精神粮食'"①。此处的"精神粮食"就对应着赖特所提及的诸种传播需求。

邹韬奋认同并尊奉受众至上的理念,在主编《生活》周刊时就厉行改革,将办刊宗旨转变为以受众为中心,以满足受众的信息需求。为此,他宣称《生活》周刊的办刊目的是"求有裨益于社会上的一般人","只有尽一人的心力,使社会上的人多得他工作的裨益,是人生最愉快的事情"②。

在创办《生活日报》时,邹韬奋对这一理念做了进一步的阐释。邹韬奋首先表明了自己的新闻传播理想:"我生平并无任何野心,我不想做资本家,不想做大官,更不想做报界大王。我只有一个理想,就是要创办一种为大众所爱读,为大众作喉舌的刊物。单是办好一种周刊是不够的,我们一定要创办一种真正代表大众利益的日报。"③ 为此,邹韬奋提出《生活日报》要"成为大众的报纸"④,它"不是少数人的,也不是一党一派的,他所有的是中国的最大多数老百姓的背

---

① 邹韬奋:《几个原则》,韬奋基金会、上海韬奋纪念馆编《韬奋全集》(增补本)第7卷,上海人民出版社2015年版,第205页。
② 邹韬奋:《生活周刊谁的》,《生活》周刊第4卷第1期,1928年11月18日。
③ 邹韬奋:《〈生活日报〉的创办经过和发展计划》,韬奋基金会、上海韬奋纪念馆编《韬奋全集》(增补本)第6卷,上海人民出版社2015年版,第675页。
④ 邹韬奋:《我们要怎样办〈生活日报〉?·绝对公开》,韬奋基金会、上海韬奋纪念馆编《韬奋全集》(增补本)第6卷,上海人民出版社2015年版,第478页。

景,它所积极图谋的是中国的最大多数老百姓的利益"①。在这里,"大众"乃至"中国的最大多数老百姓"成为邹韬奋新闻传播的对象,也即受众的主要构成。怎么样做到这一点呢?或者说如何实现这一点呢?邹韬奋认为,须要"以最大多数老百姓为背景,所以它的内容应该力求大众化,应该极力接近大众,使大众看得懂这个报;使大众感觉到这个报对于他们的知识,经验,以及一切日常的生活,都有益处;使大众感觉到这个报是他们的生活里不能离开的一件东西。这不是一个空洞的幻想,要竭力在报的内容里努力实现出来"②。

同时,邹韬奋提出了"民众的喉舌"③ 的观点,"换句话说,应该要为大多数民众的利益说话","以完完全全民众为立场"④。邹韬奋认为,《生活日报》是"民众的报纸"⑤,要"从民众的立场、反映全国民众在现阶段内最迫切的要求",即"努力促进民族解放,积极推广大众文化"⑥ 两大目的。

其后,邹韬奋又提出了"人民的报纸"⑦ 的观点。什么是"人民的报纸"呢?邹韬奋进一步解释,"所谓'人民的报纸'当然不是倚靠大老板出钱的报纸,也不是有党派背景的报纸。我们要做到真正的民治民有民享"⑧。进而言之,什么才是"民治民有民享"的报纸呢?

---

① 邹韬奋:《我们要怎样办〈生活日报〉?·什么背景》,韬奋基金会、上海邹韬奋纪念馆编《韬奋全集》(增补本)第6卷,上海人民出版社2015年版,第479页。
② 邹韬奋:《我们要怎样办〈生活日报〉?·什么背景》,韬奋基金会、上海邹韬奋纪念馆编《韬奋全集》(增补本)第6卷,上海人民出版社2015年版,第479—480页。
③ 邹韬奋:《我们要怎样办〈生活日报〉?·广博的言论》,韬奋基金会、上海邹韬奋纪念馆编《韬奋全集》(增补本)第6卷,上海人民出版社2015年版,第481页。
④ 邹韬奋:《我们要怎样办〈生活日报〉?·广博的言论》,韬奋基金会、上海邹韬奋纪念馆编《韬奋全集》(增补本)第6卷,上海人民出版社2015年版,第481页。
⑤ 邹韬奋:《我们要怎样办〈生活日报〉?·广泛性》,韬奋基金会、上海邹韬奋纪念馆编《韬奋全集》(增补本)第6卷,上海人民出版社2015年版,第483页。
⑥ 邹韬奋:《关于〈生活日报〉·〈生活日报〉创刊词》,韬奋基金会、上海邹韬奋纪念馆编《韬奋全集》(增补本)第6卷,上海人民出版社2015年版,第668页。
⑦ 邹韬奋:《〈生活日报〉的创办经过和发展计划》,韬奋基金会、上海邹韬奋纪念馆编《韬奋全集》(增补本)第6卷,上海人民出版社2015年版,第678页。
⑧ 邹韬奋:《〈生活日报〉的创办经过和发展计划》,韬奋基金会、上海邹韬奋纪念馆编《韬奋全集》(增补本)第6卷,上海人民出版社2015年版,第678页。

在邹韬奋看来，报纸的"民治"意味着，"言论要完全作人民的喉舌，新闻要完全作人民的耳目。乃至我们日报的资金来源，会计收支，内部组织，推广方式，也必须做到绝对的民治。我们日报的股东姓名和认股数目要在报纸上公开发表（股东自己不愿披露真姓名的，作为例外）。我们日报每天的印数销数，也要在报纸上公开发表"。可见报纸的"民治"意涵非凡，囊括了从言论、资金到组织的全面公开，以示于民，为民共同管理。那么，什么叫"民有"呢？邹韬奋认为，所谓的"民有"，是指"我们要设法使大多数的中国人，都做《生活日报》的股东。我们希望四万五千万同胞都把《生活日报》看作大家的公物。希望投资本报的人要非常广泛，甚至只出得起一个铜子，或一角钱，也可以投资。关于大众的投资，我们已想好一个适当的办法，等我们详细的计划好后，再行披露"。"民有"明确了报纸在经济投资、经营计划方面的全民管理理想。什么叫"民享"？邹韬奋认为，"民享"就是"《生活日报》要使大多数的人民，都能够享用"，因此售价"要定得非常低廉，尽可能使一切识字的同胞都可以定阅一份"，"内容要完全适合大众的需要，而不是专供少数人的鉴赏"①。"民享"实际规定了报刊要给最大数民众提供接受传播的现实可能性，价廉成为最基本的标准。

  此外，邹韬奋阐释了其他的参考标准。比如，关于立场和出发点问题，"必须反映全国各界人士的要求和意见，而不是站在一党一派的立场来说话"，"容纳各种不同甚至相反的主张，但是不能一步离开抗敌救亡的大目标"；关于内容提高问题，"提高大众文化……竭力注意学术版（就是一般所谓'附刊'或'报屁股'），尽量设法介绍各种新思想新知识，以提高大众的文化水准"；关于语言形式问题，"尽可能用口语文来写论文和新闻……注意最落后的大众"，"使一切初识字半通文的妇女们，孩子们，工友们，农夫们，都能看懂《生活日报》，

---

① 邹韬奋：《〈生活日报〉的创办经过和发展计划》，韬奋基金会、上海韬奋纪念馆编《韬奋全集》（增补本）第6卷，上海人民出版社2015年版，第678—679页。

才算达到了我们的目的";关于广告原则问题,"不应该专为了报纸的营业收入,而应该同时顾到多数读者的利益","本报既然是代表民众利益的报纸,所以对于广告的刊登,要有他严格限制。凡是骗人害人的广告,一概拒绝不登。换句话说,本报对于所登载的广告,也和言论新闻一样,是要向读者负责的";对于受地域环境影响的受众,"不论穷乡僻壤,天边海角,都看得到《生活日报》",对"教育不普及,购买力极低的……不能看报纸……能看报纸,而买不起报纸"的受众,要"要竭力冲破这些难关,而深入到最广大的群众"①。

最后,邹韬奋又对"人民的报纸"做了更深刻的总结。"一个真正'人民的报纸',尤其需要人民大众合力来帮助。只要人民大众,都赞成本报的主张,同情本报的态度,以集体的力量扶持本报,任何客观上的困难,没有不能克服的。"② 这在本质上强调"人民的报纸"的另外一个含义,那就是广大人民群众的支持。

可以看出,从"大众的喉舌""大众的报纸"到"民众的喉舌",再到"人民的报纸",虽然邹韬奋有"大众""民众"和"人民"的变化,显示了传播宗旨逐步阶级化的转变,但从另外一个侧面,也显示了邹韬奋传播观始终不变的准则,那就是以最大多数的读者为对象,以超越阶层的受众为目标,尊重他们的意志、他们的利益。他们既是传播的起点,也是传播的终点,是传播的对象,也是传播的焦点。

要之,受众至上一语足以尽之。

(二)作为媒介风向标的受众

传播学将受众的需求按照时间划分为稳定性需求、阶段性需求和情境性需求三种。由此可见,受众的需求不是一成不变的,而是不断发展变化的。随着社会的发展,受众的心理状态、认知结构和社会化

---

① 邹韬奋:《〈生活日报〉的创办经过和发展计划》,韬奋基金会、上海韬奋纪念馆编《韬奋全集》(增补本)第6卷,上海人民出版社2015年版,第679—680页。
② 邹韬奋:《〈生活日报〉的创办经过和发展计划》,韬奋基金会、上海韬奋纪念馆编《韬奋全集》(增补本)第6卷,上海人民出版社2015年版,第680页。

需求等也会产生相应的变化，媒介的信息传播活动要依据受众需求的改变而变，而受众也就成了媒介的"风向标"。在办刊时期，邹韬奋就已经注意到大众在不断发展进步，并在报刊活动中时时关注并大力传播之。

前期的《生活》周刊，内容多以讨论青年婚姻、恋爱与职业为主。它以"读者信箱"为平台，时刻关注平民大众的现实生活问题，并提出了相关的解决方法，以推进社会的发展。之后，《生活》周刊的言论有了明显的转向，即开始关注抗日战争与民族解放。大多数研究者认为，这一明显的转变是以"九一八"事变为分界线的。"九一八"事变之后，《生活》周刊将斗争的锋芒指向日本帝国主义和国民党反动政权，不再寄希望于国民党，而是主张发动群众，积极抗日。《生活》周刊传播内容的变化，是大众心之所向，大众渴望着自由与解放，而邹韬奋则给了他们黑暗时代的一盏明灯。

从都市文化刊物转变为时事政治刊物，邹韬奋主办的报刊力求竭诚为大众服务，做大众的良师益友。具体来说，《生活》周刊密切联系读者，实时掌握大众需求，发挥了联系群众、动员群众的作用。在传播实践中，邹韬奋与《生活》周刊以受众的主张与需求为中心，将报刊作为受众的喉舌，使受众成了新闻传播当之无愧的"风向标"。为此，邹韬奋时刻关注受众——新闻传播"风向标"的变化，以内容与形式的创新来适应受众需求，以实现服务大众的传播目的。

（三）作为媒介好友的受众

人类社会生活的不断变迁与进步，是受众内涵不断演变的内生动力。西方传播学界对受众内涵的认知，大致经过了作为大众的受众、作为群体的受众和作为个体的受众三个阶段。他们认为，作为大众的受众具有广泛性和匿名性等特点，且处在被动接受信息的地位；作为群体的受众则具有文化水平、身份和价值观等基础性的共同特点；作为个体的受众，具有自主判断信息的能力，在信息传播过程中起着无可替代的主体性作用。

第二编 思想研究

从邹韬奋的认知视角看，他认同将读者——报纸的受众视为一个个具象的独立个体，肯定受众具有独立辨别新闻信息的能力。以邹韬奋在报刊活动中的诸多具体实践观之，可以发现，其中体现了与受众深度联结的是"读者信箱"的设立。邹韬奋尽心竭力地回复读者来信，俯下身子倾听读者的批评与意见，甚至会把较为重要的来信直接在刊物上发表，以此拓展读者化的稿件来源。"读者信箱"的设立一度使《生活》周刊名声大噪。此中，邹韬奋将受众视为媒介的好友，真诚交往，排忧解难，共为倚重，互相成就。

"中国自有杂志以来，直到现在，恐怕没有一个别的杂志的读者数目超过生活周刊的。生活周刊中每期有信箱，多半都由韬奋先生自己执笔，答复各地读者来信提出的问题。这是最受读者欢迎的一栏，也是《生活》周刊能够拥有这样多的读者的原因之一。"①

这应该是符合历史的评价。它也体现了邹韬奋以受众为友，尽心竭力，为受众答疑解惑、解决难题的服务精神。

据论，《生活》周刊"读者信箱"用大量篇幅解答了读者关于求学、求职、爱情和婚姻等诸多方面的问题，态度真诚恳切，如老友交谈，如切如磋，如琢如磨，吸引人心，达到了良好的传播效果。

有学者从后来出版的5种6本合集中梳理后得出结论。②

1. 《读者信箱外集》第一辑（生活周刊社1930年5月初版），重印后改名《该走那条路》：收录1929年间未刊的读者来信，分求学（18封）、职业（16封）、婚姻（46封）、类（11封）四编，共91篇。

2. 《读者信箱外集》第二辑（生活周刊社1931年7月初版，重印后改名《迟疑不决》），收录1930年间未刊来信分求学（23

---

① 生活书店编选：《一生的幸福前途：〈生活周刊〉信箱选集·序》，生活书店1946年版，第1页。

② 王草倩：《〈生活〉周刊的"读者信箱"栏目》，韬奋纪念馆编《邹韬奋研究》，上海三联书店2017年版，第162页。

封)、职业(3封)、婚姻(66封)、家庭(4封)、疾病(24封)、法律(15封)六编,共135篇。

3.《最难解决的一个问题》(上下册)信箱汇集之一(生活周刊社1932年4月初版)。收录1926—1931年6年间《读者信箱》公开讨论的精华,分求学(5封),职业(5封)、家庭(7封)、社交(12封)、恋爱(23封)、婚姻(36封)、法律(12封)、杂项(17封)八编,共117篇。

4.《迷途的羔羊》生活信箱外集之三(生活书店1932年11月初版):收录1931年间未刊来信,分求学(13封)、职业(3封)、婚姻(64封)、法律(30封)、疾病(24封)、杂项(25篇)六编,共159篇。

5.《悬想》信箱汇集之二(生活书店1933年6月初版):分教育(6封)、职业(7封)、家庭(3封)、婚姻(33封)、出路(11封)、杂项(11封)六编,共71篇。

可见,"读者信箱"栏目几乎涉及了读者生活议题的方方面面,事无巨细,关心备至,真是不折不扣的良师益友。为此,邹韬奋曾坦言,"我们无一事不是尽我们的心力做去,以最诚恳的心情做去。只须于读者有点帮助。我们从来不怕麻烦,不避辛苦,诚心恳意地服务。我们的这种服务精神,引起了国内外广大读者群众的深刻同情,于是对于我们文化事业给予非常热烈的赞助"①。

从事报刊工作二十余载,邹韬奋先后主编《生活》周刊、《大众生活》周刊和《生活日报》等多份刊物。虽然每份报刊的宗旨、内容和侧重点存在差异,但始终保持不变的是邹韬奋与读者的密切联系。进而言之,这些与读者形成的密切关系始终是建立在受众自身具备独立判断信息的能力之上的,此即西方传播学所宣扬的受众观

---

① 邹韬奋:《事业管理与职业修养》,韬奋基金会、上海韬奋纪念馆编《韬奋全集》(增补本)第9卷,上海人民出版社2015年版,第696页。

念——受众是具备主观能动性的传播主体,既是信息传播的对象,也是能积极反馈、推进传播的传播者,而这也是受众能够影响媒介的重要前提。

三 邹韬奋受众观的传播实践

在长期的办刊活动中,邹韬奋的受众观映照的是具体的传播实践,它主要体现在刊物内容、版面形式和栏目设置等方面。为了使更多的读者能从读报中受益,邹韬奋扩展刊物的内容范围,使之能满足更广泛的读者需求;同时,为突出报刊的特色,邹韬奋主张培养报刊编辑的创新精神,致力于版面形式的创新,而"读者信箱"栏目的设立,加强了报刊与读者的联系,更加充分地体现了邹韬奋"为大众竭诚服务"的服务精神。

(一)内容:优化内容,裨益读者

邹韬奋接手创办《生活》周刊之时,就阐明了其办刊宗旨:"本刊期以生动的文字,有价值有兴趣的材料,建议改进生活途径的方法,同时注意提醒关于人生修养及安慰之种种要点,俾人人得到丰富而愉快的生活,由此养成健全的社会。"[①] 因此,他所设立的栏目涉及广泛的社会问题,目的是使人读报后都有所受益,这体现在其报刊内容的统一性和广泛性。

第一,统一性。在说明如何办《生活日报》时,邹韬奋认为,中国过去在政治、经济、文化和思想等方面呈现出分裂与不平衡的现象,这种分裂与不平衡在报纸上体现为各类新闻栏目的分配不均、编辑思想与实际操作的矛盾。"在编制方面,往往分成国内新闻,地方新闻,本埠新闻,教育新闻,体育新闻,附刊等等无数栏目。同是一条新闻,往往在各栏重复互见,甚至互相抵触。有的时候在附刊里鼓吹新文字,

---

① 邹韬奋:《〈生活〉第一卷汇刊》,韬奋基金会、上海韬奋纪念馆编《韬奋全集》(增补本)第1卷,上海人民出版社2015年版,第839页。

而社论里却主张读经复古。这种编制方式会教读者头昏脑涨，莫名其妙。"① 因此，在编辑《生活日报》时，邹韬奋力主要打破这种分裂与不平衡的状态，各种新闻体裁和各类新闻内容要一致对待，在选材上也要兼顾软性文字与硬性文字，使其达到某种程度的均衡。

第二，广泛性。其一是刊物内容的广泛性，邹韬奋指出："《生活日报》的内容要尽力顾到广泛性。只要在法律许可的限度内《生活日报》的言论，打算使各党各派的主张意见，都有发表出来以听取民众公判的机会。"② 在编辑方面，《生活日报》除了有社论，还要有研究特定问题的论文，包括外交、体育、工业、医药、文艺等各方面；其二是服务对象的广泛性。在抗战救国的特殊时期，邹韬奋把文化工作者的服务对象扩大到除汉奸卖国贼之外的各个社会阶层，指出要加强对广大读者对象的认识，使更多人受益。从另一角度来说，要注意到文化落后的大众，要使报刊属于大多数人，而不是少数人。

（二）形式：创新版面的编排形式

邹韬奋认为，刊物要具有"个性"或"特色"，要培养编辑的创新精神。邹韬奋在总结《生活》周刊经验时指出："最重要的是要有创造的精神。尾巴主义是成功的仇敌。刊物的内容如果只是'人云亦云'，格式如果只是'亦步亦趋'，那是刊物的尾巴主义。"③

在编排形式上，邹韬奋主张刊物的版面要新颖活泼，彰显个性，极力反对一成不变的传统编辑思想。他在主编《生活》周刊时，就设有"专论""小说""杂文""各国通讯""一周鸟瞰""读者信箱"等特色栏目。有读者曾到承印《生活》周刊的印刷所，要求报纸的印刷格式做到与《生活》周刊"一色一样"，邹韬奋知晓后对这种缺乏

---

① 邹韬奋：《我们怎么样办〈生活日报〉?》，韬奋基金会、上海韬奋纪念馆编《韬奋全集》（增补本）第6卷，上海人民出版社2015年版，第482页。
② 邹韬奋：《我们怎么样办〈生活日报〉?·广泛性》，韬奋基金会、上海韬奋纪念馆编《韬奋全集》（增补本）第6卷，上海人民出版社2015年版，第483页。
③ 邹韬奋：《几个原则》，韬奋基金会、上海韬奋纪念馆编《韬奋全集》（增补本）第7卷，上海人民出版社2015年版，第204页。

创新思想的行为不以为然，并认为只有"百花齐放"才能促进个人与社会的进步。从报刊体裁来看，除了长篇的通讯、传记，也有短小精悍的小言论、随笔等，同时，邹韬奋还强调，插图漫画的使用使得版面焕然一新。在文字编辑方面，邹韬奋认为，要避免使用"贵族式文字"，要使文字大众化，为最大多数的受众服务，让文化水准不高的农夫、妇女和孩子们都能读懂，有所受益。

从内容到形式的创新，使得邹韬奋所办刊物独具"个性"，也因此能经久畅销，受到广大读者的欢迎。有读者曾写信赞扬《生活》周刊"每星期之渴望《生活》，真有'若大旱之望云霓'之慨"①，可见其编辑之成功。邹韬奋认为，无论做人做事，宜多动脑，多思考，不可盲从；只有具备独创的精神，并将这一思想付诸实践，才能为大众提供独特的"精神食粮"。

(三) 栏目：设立"读者信箱"

自 1926 年 10 月接办《生活》周刊开始，邹韬奋对刊物的内容、形式等做出了革新，尤以"读者信箱"栏目为典型。为了加强与广大读者的联系，邹韬奋开设了"读者信箱"栏目，为读者答疑解惑，以期更好地了解读者的需求，并获得良好的传播效果。

"读者信箱"栏目的内容主要涉及一些非常现实的问题，例如求学问题、家庭问题和婚恋问题等。尽管这些来信在旁人看来十分杂乱烦琐，但对邹韬奋而言却如获至宝。他全力以赴读信、回信，对每一个问题都用心解答，亲力亲为，遂忙得不可开交。后来，随着来信数量愈加巨大，邹韬奋仅凭一个人的力量很难应付，就又增加了四个人来共同处理，但最后必须由他检查签名后方可寄出。邹韬奋说："读者的信件多了，光杆编辑不得不兼任光杆书记，自己拆信，自己看信，自己起草复信，自己誊写复信（因要存稿）。忙得不可开交，但也乐得不亦乐乎。"②

---

① 陈挥：《韬奋评传》，上海交通大学出版社 2009 年版，第 82 页。
② 邹韬奋：《光杆编辑兼光杆书记》，韬奋基金会、上海韬奋纪念馆编《韬奋全集》（增补本）第 9 卷，上海人民出版社 2015 年版，第 720 页。

对于这样的辛劳，邹韬奋不仅没有抱怨，反而积极乐观，非常享受。在他看来，"做编辑最快乐的一件事是看读者的来信，尽自己的心力，替读者解决或商讨种种问题，把读者的事看作自己的事，与读者的悲欢离合、酸甜苦辣，打成一片"①。

"读者信箱"与读者之间的往来渗透到了邹韬奋和《生活》周刊的方方面面，自上到下，都得到了切实的落实和实践，共同指向一种服务精神。"服务不仅仅是替人做事，而且要努力把事做得好。所以我们不但做事，而且需要做得诚恳、热诚、周到、敏捷、有礼貌等等。而最要紧的是能认识服务的意义，存心不要怕麻烦。"② 这种传播服务精神，在报刊内部自然应该成为大力推行的玉律。"这种对外的应有的态度——发展服务精神——不但为门市部全体同人所严格注意，而且是任何部门的同人所应严格的注意。"③ 那么，这种律条在报刊编辑发行的过程中如何具体加以实践呢？"发行科或邮购科对于读者来信的询问，必须迅速代为查明，一面诚恳答复，一面在事实上切实办理或纠正"④，否则，稍有疏忽怠惰，就会产生负面效果。"倘若一信要延搁几十天，几个月，甚至如石沉大海，这便发生不良的印象。"⑤ 对其中出现的纰漏，邹韬奋也自我检讨，深深自责，深感对不起热切期望的万千受众。"最近发生屡次由邮局退回没有贴头的'全抗'，邮差退回时还加以责备，我听到非常惭愧——简直感到伤心！（我正在设法严查负责人）这有人看来或许觉得是小事，但仔细想想，每一个读者对于我们的刊物是多么热望，因为没

---

① 邹韬奋：《光杆编辑兼光杆书记》，韬奋基金会、上海韬奋纪念馆编《韬奋全集》（增补本）第9卷，上海人民出版社2015年版，第720页。
② 邹韬奋：《事业管理与职业修养·关于服务的态度》，韬奋基金会、上海韬奋纪念馆编《韬奋全集》（增补本）第9卷，上海人民出版社2015年版，第678页。
③ 邹韬奋：《事业管理与职业修养·关于服务的态度》，韬奋基金会、上海韬奋纪念馆编《韬奋全集》（增补本）第9卷，上海人民出版社2015年版，第678页。
④ 邹韬奋：《事业管理与职业修养·关于服务的态度》，韬奋基金会、上海韬奋纪念馆编《韬奋全集》（增补本）第9卷，上海人民出版社2015年版，第678—679页。
⑤ 邹韬奋：《事业管理与职业修养·关于服务的态度》，韬奋基金会、上海韬奋纪念馆编《韬奋全集》（增补本）第9卷，上海人民出版社2015年版，第679页。

有贴头而收不到，他们是多么失望，至于无故麻烦邮差，他的责备，我们是应该虚心接受的。"① 出现这样的情况，邹韬奋念及当初，对比当下，进行了深刻的自我内省和自我批评。"回想到在办理《生活》周刊时，因为要读者早收到本刊我们同人常常加入社工中帮同认真卷折包封，以便迅速付寄，那时本店同人对外态度是怎样？我不相信规模大了就必然不能避免这类没贴头退回刊物的糟糕事情，还是要我们认真负责，正确认识对外应有的态度——'发展服务精神'！"② 邹韬奋指出，不应该忘记起初的认真负责，更不应该因为规模做大之后就忽视受众，疏忽怠惰，以致于出现漏洞，影响受众的利益和评判。故此，邹韬奋不计重复，再次严正地申明了"读者信箱"应有的做法。"对于读者的任何复信，必须诚恳详细，即令有的读者问得幼稚，我们仍然必须认真答复，不怕麻烦，诚诚恳恳详详细细地答复。"同时，邹韬奋也严肃地告诫，"如果怕麻烦，撒撒烂污，简单马虎，聊以塞责，都是本店事业上的罪人"③。最后，邹韬奋再一次强调了切实的实践对于"读者信箱"、对于《生活》周刊、对于新闻传播的重要性。"我们对外应有的态度，是在实践上——不是在口头上——'发展服务精神'，要替本店创造无数的好朋友，不要替本店创造无数的冤家！"④ 对实践的强调，意在凸显邹韬奋对受众的重视，乃是由理念及实践的系统推进，不可有所偏废。

邹韬奋与读者的交往不仅仅是信件往来，而且延伸到了现实生活的方方面面。"当然，光杆编辑不是万能，遇有必要的时候，还须代为请教专家，拿笔之外，还须跑腿，讲到读者来信的内容，真是形形

---

① 邹韬奋：《事业管理与职业修养·关于服务的态度》，韬奋基金会、上海韬奋纪念馆编《韬奋全集》（增补本）第9卷，上海人民出版社2015年版，第679页。
② 邹韬奋：《事业管理与职业修养·关于服务的态度》，韬奋基金会、上海韬奋纪念馆编《韬奋全集》（增补本）第9卷，上海人民出版社2015年版，第679页。
③ 邹韬奋：《事业管理与职业修养·关于服务的态度》，韬奋基金会、上海韬奋纪念馆编《韬奋全集》（增补本）第9卷，上海人民出版社2015年版，第679页。
④ 邹韬奋：《事业管理与职业修养·关于服务的态度》，韬奋基金会、上海韬奋纪念馆编《韬奋全集》（增补本）第9卷，上海人民出版社2015年版，第679页。

色色,无所不有。"①邹韬奋的努力换得了问题的解决,赢得了读者的信任与认同。"有一次我写了三千余字的一封复信,说服了一个做未婚夫而万端多疑的青年,终于玉成了他们一对快乐的小夫妻,他们于欣慰之余写信来说要把《生活》周刊作为他们快乐家庭的永远读物。"② 在一个乱世之中,一个报刊能被读者誉为"快乐家庭的永远读物",该是何等接地气,又该是何等高的嘉奖啊!大量的来信,对邹韬奋的报刊活动也产生了深刻的影响。读者们形形色色的问题为邹韬奋的写作提供了源源不断的素材与灵感,也正因为如此,邹韬奋所著的文章大多与大众利益息息相关。邹韬奋这种热情、诚恳的服务精神获得了广大读者的喜爱与信任。邹韬奋坦言:"这种对读者的尽心竭智的服务是'生活精神'的一个重要因素,是生活书店最重要的基础。"③ 借此,"读者信箱"栏目成为邹韬奋新闻报刊的"灵魂"。

作为我国新闻史上享有盛誉的报刊活动家,邹韬奋一生致力于以报刊为大众服务的新闻传播事业,并将为大众谋取利益作为办刊的主要理念,遂使其报刊真正成为大众的"喉舌"。《生活》周刊、《大众生活》、《生活日报》等创办过程中,邹韬奋无不将为大众服务作为宗旨,把有价值、有趣味和具有现实意义的内容呈现于报刊之上,以此致力于促进大众觉醒与社会进步。其时,下至普通劳苦大众的生活问题,上至建国立业的国家大计,这些报刊上所涉及的诸多社会问题,都体现了邹韬奋深刻的见解,并对社会大众产生了重要的影响,而这一切均来源于他对国家与人民强烈的历史责任感。

在邹韬奋的新闻传播实践中,始终伴随着"以受众为中心"的理论观照。与大众的密切联系,使邹韬奋得以最大限度地贴近生活,以

---

① 邹韬奋:《光杆编辑兼光杆书记》,韬奋基金会、上海韬奋纪念馆编《韬奋全集》(增补本)第9卷,上海人民出版社2015年版,第720页。
② 邹韬奋:《光杆编辑兼光杆书记》,韬奋基金会、上海韬奋纪念馆编《韬奋全集》(增补本)第9卷,上海人民出版社2015年版,第720页。
③ 邹韬奋:《光杆编辑兼光杆书记》,韬奋基金会、上海韬奋纪念馆编《韬奋全集》(增补本)第9卷,上海人民出版社2015年版,第720页。

此营造出更加贴近现实的"拟态环境"。邹韬奋的新闻传播活动虽已成为历史，但其"为大众竭诚服务"的精神和受众至上的新闻传播理念依然具有特殊的历史价值和现实意义。

胡愈之曾断言："在中国的新闻工作者中，他（即邹韬奋，笔者注）是第一个重视和读者群众的联系的。"① 其中，"'生活周刊'的'信箱'起了最广泛的联系群众的作用"②。胡愈之进一步评论，邹韬奋"不像有些自命进步的文化工作者那样，自以为站在前面，鄙视着站在后面的漫长的群众行列。由于韬奋具有对于祖国和人民的热爱，他总是和广大群众一起前进，同情他们，关心他们，帮助他们，没有一时一刻脱离他们"③。如此，邹韬奋受众观中的"受众"因其左翼立场而与"大众""民众"和"人民"等特殊名词及其意涵相接近，邹韬奋的受众观逐步脱离新闻专业主义的受众认知，走向左翼化和阶级化。这是邹韬奋历史转向的产物，深深地嵌入到了邹韬奋思想系统的纹理之中，表现了邹韬奋思想的复杂意涵。

---

① 胡愈之：《韬奋和他的事业》，载上海韬奋纪念馆《韬奋的道路》，生活·读书·新知三联书店1958年版，第206页。
② 胡愈之：《韬奋和他的事业》，载上海韬奋纪念馆《韬奋的道路》，生活·读书·新知三联书店1958年版，第206页。
③ 胡愈之：《韬奋和他的事业》，载上海韬奋纪念馆《韬奋的道路》，生活·读书·新知三联书店1958年版，第206页。

第八章　青年观

近年来，邹韬奋青年观的研究开始逐步浮出水面。中国知网所收录的论文中，共有两篇关涉邹韬奋青年观的议题，分别是《从〈读者信箱〉看邹韬奋的青年观》①和《从〈生活〉"小言论"看邹韬奋的青年观》②。两篇论文均集中在对某一特定刊物的文本研究，虽然取得了一定进展，但仍没能全面展现邹韬奋青年观的辩证发展，同时也有待进一步系统深入地阐释邹韬奋青年观产生的缘由及内涵。值得欣喜的是，著名的邹韬奋研究专家陈挥也开始关注这一问题，并参与其中，推动了研究的进一步深入。

青年观是人们对于青年的整体看法与基本观点。实际上，邹韬奋的形象塑造与"青年"一直是紧密联系在一起的。郭沫若在《韬奋先生印象》一文中写道："韬奋先生是最关心青年的人，他真是一位理想的青年导师。而韬奋先生所给人的印象，特别在我的心目中，也始终显得是一位青年。"③周恩来在邹韬奋的悼念会上也盛赞："多年来，韬奋同志为了反对日本帝国主义的侵略，反对国民党反动派攘外必先安内的卖国政策，奔走呼号，舌敝唇焦，动员人们起来救亡图存，赢得了广大人民，特别是广大青年的拥戴和热爱。他是承继恽代英同志

---

① 龚粤：《从〈读者信箱〉看邹韬奋的青年观》，《传播与版权》2018年第4期。
② 李雯雯：《从〈生活〉"小言论"看邹韬奋的青年观》，《青年记者》2016年第21期。
③ 郭沫若：《韬奋先生印象》，《世界知识》1947年第2期。

的真正的青年领袖。"① 这不仅是郭沫若、周恩来的个人评价，而且是社会普遍的历史共识。邹韬奋的文字力图明白晓畅，但又不失知识分子的典雅，其所办刊物的宗旨定位"永远立于大众立场"，再加上邹韬奋战斗时始终昂扬不屈，使他获得了广大青年的热烈拥戴与支持。细究邹韬奋的著作，就会发现青年们对邹韬奋的拥戴，是广大青年对他多年关心的一种情感认同。那么，邹韬奋青年观的缘起和表现是什么？其历史演化的轨迹如何？意义逻辑和历史价值何在？解答这些问题还是需要从历史的文本中去追寻。

一 邹韬奋青年观的历史语境

邹韬奋笔下的文字，无论是职业修养的言论问答，还是内容庞杂的海外通讯，与青年相关的内容都占有了很大的篇幅。细究文本可以发现，邹韬奋对青年的重视并非无意识的选择，而是有意识的侧重。这和他所处的时代密不可分，也与他关注的新闻传播和思想文化等领域息息相关。

首先，从时代背景来看，以梁启超为代表的中国知识分子不遗余力地对几代青年知识分子进行启蒙洗礼，极度重视青年的创造力。邹韬奋出生于19世纪末，青年时期正值中国处于集权专制、政治动荡、传统文化多受冲击、思想混杂多变的历史阶段。值此乱世，维新派、革命派和新文化运动者虽然在目的和宗旨方面都有很大差异，但客观上却将资产阶级的思想观念系统地输入了中国。欧风美雨的洗礼导致了国人思想的剧变与不安，而且随着中国殖民程度的日益加深，国人民族主义的诉求愈发强烈，对"新民"的呼声也逐渐高涨。较早注意到青年思想启蒙工作重要性的是梁启超，他把习得的西方学说结合中国局势进行了较为系统的介绍。在脍炙人口的《新民说》中，他鼓吹"新国"必先"新民"，其描述的资产阶级精神风貌以及道德价值迎合

---

① 知秋：《周恩来与党外人士的深情交往》，《党史纵横》2018年第4期。

了当时中国青年知识分子的需要，受到了热烈欢迎。① 在家喻户晓的文论《少年中国说》里，梁启超更加直白地表达了对青少年的厚望。他认为，老年人命如残烛，只图几年快活而肯割地弃民，只有中国少年才能制出将来的少年中国。邹韬奋年少时常常跑到沈勇癯先生家中借阅全份的《新民丛报》，他认为这时期的文章是梁任公一生中最有吸引力的文字。② 这种"新民"思想对邹韬奋日后的思考有着显著的影响。

其次，邹韬奋独特的职业经历，让他从一开始就与青年紧密联系起来。从上海圣约翰大学毕业后，邹韬奋先在上海华商纱布交易所当英文秘书，并兼任上海青年会中学的英文教员。此后，他又在中华职业教育社任编辑股主任，同时兼任中华职业学校和海澜英文专门学校的英文教员。受黄远生、梁启超等人影响，邹韬奋本打算踏足新闻业，但因为机会难寻且生活紧张，故而"曲线救国"，先做了七八年的英文教员。当教员的经历对邹韬奋来讲并非负担，因为对青年的喜爱让他感受到了快乐和趣味。"做教员，在我也可说是一种有趣味的工作。我尤其感觉愉快的，是可这样和天真的青年接触。我觉得青年都是可爱的，虽则有时也有一两个使你感到不舒服，但是仔细想来，他自身也有特殊的原因而不能任咎的。"③ 此外，邹韬奋在中华职业教育社和他的同事们发起了职业指导运动，这让邹韬奋得以奔赴好几个省市与各地青年谈话并观察社会的真实情况。④ 同时，邹韬奋刚开始接手的《生活》周刊也是附属于职业教育社的，周刊在未改版前还是以职业教育为主，目标受众本身就是广大的青年群体。

除此之外，通过《生活》周刊，邹韬奋与以青年群体为主的读者进行了积极的互动。这种平等的传受关系加深了彼此的了解，而读者

---

① 李泽厚：《中国近代思想史论》，生活·读书·新知三联书店2008年版，第435—436页。
② 邹韬奋：《工程师的幻想》，韬奋基金会、上海韬奋纪念馆编《韬奋全集》（增补本）第7卷，上海人民出版社2015年版，第135页。
③ 邹韬奋：《一种有趣味的工作》，韬奋基金会、上海韬奋纪念馆编《韬奋全集》（增补本）第7卷，上海人民出版社2015年版，第187页。
④ 邹韬奋：《现实的教训》，韬奋基金会、上海韬奋纪念馆编《韬奋全集》（增补本）第14卷，上海人民出版社2015年版，第175页。

的反馈进一步加强了邹韬奋对青年群体的认知与关注。"读者信箱"是邹韬奋刚接手《生活》周刊时创设的专栏,也是邹韬奋最早与读者进行信息交流的通道。因为订阅《生活》周刊的群体大多为"商店工厂中之学徒,与中小学校之学生",且办刊目的是为青年提供就业指导,所以,来信者也大多是接受过西方文化并经历了五四运动、新文化运动洗礼的青年。[1] 邹韬奋为读者服务的思想和俯首甘为孺子牛的奉献精神得到了读者的认可,到1932年,最多的时候,刊物的日收信量可逾千封。广大读者的来信不仅体现了邹韬奋以读者为本位的服务态度,同时也为刊物提供了一个巨大的信息资料库。这有助于邹韬奋准确有效地把握时代脉搏,并更好地了解青年的所需所想。

二 邹韬奋青年观及其演变

邹韬奋的青年观随其思想观念发展而变化,而其思想观念则随着中国历史的具体语境变动而变化。对于邹韬奋思想观念的发展历史,研究者们立足不同维度进行了不同形式的划分。有研究者从政治立场的转变上将邹韬奋划为资产阶级的改良主义者、激进的民主主义者和共产主义者三个阶段;[2] 有研究者则以邹韬奋对资产阶级民主的态度的转变分为肯定、否定和扬弃三个阶段。[3] 但无论采取什么样的分法,1931年的"九一八"事变都可以视作邹韬奋思想的一个转折点,其青年观也因之发生了变化。

(一) 1926—1931:职业指导到主持正义

邹韬奋在回忆主持《生活》周刊的经历时提道,"《生活》周刊初期的内容偏重于个人的修养问题,这还不出于教育的范围;同时并注意于职业修养的商讨,这也还算不出于职业指导或职业教育的

---

[1] 龚粤:《从〈读者信箱〉看邹韬奋的青年观》,《传播与版权》2018年第4期。
[2] 蔡静:《邹韬奋的变与不变》,《新闻传播》2016年第12期。
[3] 杨宏雨、吕啸:《从崇仰到扬弃:邹韬奋对欧美资本主义民主的认知历程》,《学术界》2018年第5期。

范围",但其后,"'生活'周刊渐渐转变为主持正义的舆论机关"①。邹韬奋前期受到新文化运动的影响很大,加上在黄炎培的中华职业教育社任职,他当时采取的救国路线是通过提高青年的职业教育素养,以个人的"敬业乐群"达到富国强民的目的。之后,随着《生活》周刊的发展而演变,邹韬奋的青年观就由单纯的青年修养转到了社会政治的向度。

邹韬奋青年观的这种变化从"小言论"中就能看出一二。在"小言论"的选题方面,邹韬奋早年侧重于从青年的小事说起,由小事延伸到讨论青年的教育、修养和婚姻等方面。譬如,《柏林大学找不出这位博士》《门房代理校长》《糊涂虫假认真》和《一位不嫁的女书记官》等。后期的选题开始涉及民族安全和社会公正,抨击时事黑暗,其所占比例也逐渐增多,如《文明国的文明行为》《人力车夫所受的剥削》《浙省政府改组中的考察费》和《交通部孝敬英国吗?》等。从邹韬奋的自传可以得知,邹韬奋的这种转变不是无意识的,而是在与青年读者充分交流后的一种自觉转向,因为青年的个人修养改变不了苦闷的现实环境。其时,第一次世界大战后的帝国主义列强卷土重来,继续对中国进行侵略压榨,而军阀间的战争烽火也让神州大地生灵涂炭,于水深火热之中苦苦挣扎,难以看到希望和未来。邹韬奋作为中华民族的知识分子,一直深切思考着民族的救亡之路,所以当青年安居乐业的期望不能实现时,邹韬奋就将他的眼光转向了社会公平与正义。

总体来看,邹韬奋个人修养为主的思想在"九一八"事变后开始转向以舆论监督为主,其中对青年人的道德修养、感情生活和爱国情操方面的种种问题都进行了深入探讨和研究。

首先是自强不息的奋斗精神。邹韬奋熟稔中国传统文化,儒家思想依旧是其思想的底色与根基。在对青年的指导过程中,邹韬奋强调

---

① 邹韬奋:《转变》,韬奋基金会、上海韬奋纪念馆编《韬奋全集》(增补本)第7卷,上海人民出版社2015年版,第202页。

以个人的修养与进步带动国家的强大与繁荣,这与儒家"修身齐家治国平天下"的理念大体相当。邹韬奋在《无所不能的专家》中强调,天底下没有万能的专家,即是说无所不专的人实际上在任何领域都只是学了皮毛,很难有深入的研究与贡献。邹韬奋随后在文章的末尾说:"天下无万能的人,人贵有自知之明,为己身事业计,为社会进步计,这个观念都有认清楚的必要。"① 在与青年的交流中,邹韬奋鼓励青年要有乐观主义精神。他在《有效率的乐观主义》中告诫青年:"真正的乐观主义的人是用积极的精神向前奋斗的人,是战胜愁虑穷苦的人。这类的苦境,常人遇着,要'心胆俱碎','一蹶而不能复振'的;只有真正乐观主义的人才能努力奋斗,才敢努力奋斗!"② 此外,邹韬奋积极乐观的精神还体现在诸多方面,如在《干!》中教育青年要不怕繁难,不怕失败,奋勇前进可能会失败,但不干绝不可能会遇见成功;③ 在《尽我所有》中劝告无力升学的苦青年,要尽我所有地往前干,只望着前途与未来,不去考虑困难、危险、烦闷和失望,因为人能做到的只有尽力去干,其他的愁虑烦恼都是庸人自扰。④

其次是男女平等下的自由交往。读者信箱的来信中有很大一部分是关于青年的社交恋爱问题,邹韬奋在回信或者评论中鲜明地表明了自己的观点。邹韬奋反对封建包办婚姻,也不赞成封建礼教中的"三从四德"和毫无人道的贞操观念。关于青年男女之间的恋爱,邹韬奋提出过诸多建议。在《有位助教》中,一位女性读者因为一位青年助教的接近而两难。邹韬奋认为:"做男子的除夫人外未尝不可有女友,做女子的除丈夫外也未尝不可有男友,最重要的是所选择的朋友须正

---

① 邹韬奋:《无所不能的专家》,韬奋基金会、上海韬奋纪念馆编《韬奋全集》(增补本)第4卷,上海人民出版社2015年版,第723页。
② 邹韬奋:《有效率的乐观主义》,韬奋基金会、上海韬奋纪念馆编《韬奋全集》(增补本)第4卷,上海人民出版社2015年版,第706—707页。
③ 邹韬奋:《干!》,韬奋基金会、上海韬奋纪念馆编《韬奋全集》(增补本)第2卷,上海人民出版社2015年版,第9页。
④ 邹韬奋:《尽我所有》,韬奋基金会、上海韬奋纪念馆编《韬奋全集》(增补本)第4卷,上海人民出版社2015年版,第698页。

派人，即品行端正的人。"① 除此之外，邹韬奋还认为男女交往应开诚布公，因为隐瞒隔膜可能会造成误会与恶果。邹韬奋在《贞操》中也谈到了我国很常见的"上门守节"和"青年守寡"现象，认为这属于不合理的贞操主义。在他眼中，一夫一妻制不应该是男性强迫女子的偏见，而应该是相互遵守、相互平等的两性道义，性的道德因两性存在而存在，两性中有一方不存在时，可以选择打破陈旧观念束缚，重新选择，而不是终身不幸。②

最后是反对不公的正义理念。随着《生活》周刊的发展壮大，刊物的言论渐渐从个人修养转移到了主持正义。邹韬奋这类的文字表现了强烈的爱国主义情绪，他鼓励青年读者迎击黑暗，遵守法制，缔造光明的国度。邹韬奋的正义理念大体体现在两个方面，一个是对国内肉食者骄奢淫逸的不满与讽刺，另一个是对国外侵略者在中国肆意妄为的愤懑与控诉。其中较为典型的是《我们只得佩服文明国的法律！》一文。文中，针对外国兵对中国公民的杀戮凌辱和审判后的不公正待遇，邹韬奋号召大众万众一心，把国家弄好，为自己，也为自己的父母兄弟能够享受"文明"待遇而斗争。③

（二）1931—1944年：抗日救国为主的爱国主义

"九一八"事变发生之后，邹韬奋的思想发生了很大的转变。一方面，他开始接触并学习马克思主义，并用马克思主义的理论来分析阶级矛盾和民族矛盾；另一方面，由于蒋介石国民政府的不抵抗政策，东北土地沦陷，邹韬奋主张团结一致，积极抗日，力保国土完整。随着时局的转变，邹韬奋对青年的要求和指导方向也开始发生了变化。

首先是从求学转向救国。"九一八"事变后，邹韬奋对于民族解

---

① 邹韬奋：《有位助教》，韬奋基金会、上海邹韬奋纪念馆编《韬奋全集》（增补本）第4卷，上海人民出版社2015年版，第151—152页。
② 邹韬奋：《贞操》，韬奋基金会、上海邹韬奋纪念馆编《韬奋全集》（增补本）第4卷，上海人民出版社2015年版，第214页。
③ 邹韬奋：《我们只得佩服文明国的法律！》，韬奋基金会、上海邹韬奋纪念馆编《韬奋全集》（增补本）第3卷，上海人民出版社2015年版，第507页。

放、民族独立和国土完整等问题异常重视，并支持广大青年的爱国运动。有些人劝说学生"安心向学"，邹韬奋反对这样的观点，认为当前中国实际的客观环境并不能使青年"安心"，埋头读书、不顾一切的做法只会加剧民族危亡，养出顺民奴才。①

　　这里要强调一点，邹韬奋的爱国思想是从其青年时代便一以贯之的。早在他上圣约翰大学时就发表了《青年奋斗之精神与国家前途之希望》一文，文章指出："吾国前途之希望，其在青年之奋斗精神乎！"他当时便寄希望于青年来挽救大厦将倾的国家："忠恳真挚之热诚，百折不回之毅力，与己身之腐败恶习奋斗，与社会之腐败恶习奋斗，与家庭之腐败恶习奋斗，不受前人种种腐败陈言所羁縻，不受现在种种腐败环境所诱惑，卓然自立，奋往前迈，夫然后青年奋斗精神凯旋之时，即国家前途希望如愿之日。"② 对邹韬奋而言，关心青年的职业教育、感情生活以及精神面貌本身就是救国的途径。然而从"九一八"事变开始，邹韬奋已深刻认识到，国家的生死存亡是当前国人所要解决的首要问题。他认为"集中火力对付我们民族最大的敌人的残酷的侵略"③，是中华民族当前唯一的大事，需要全体中华儿女万众一心去应对它。

　　其次是从个人转到集体。邹韬奋对于青年运动予以很高的评价，他将其称作"大众运动的急先锋，民族解放前途的曙光"④。但他也指出，若要形成相当规模的运动，青年必须抱有团结的意识，不仅青年团体要有目标有策略，而且在全国范围内要有系统地巩固学生们的组织。邹韬奋设想，个人的力量固然薄弱，一所学校的力量也很难推动

---

　　① 邹韬奋：《谁都没有责备请愿学生的资格》，韬奋基金会、上海邹韬奋纪念馆编《韬奋全集》（增补本）第5卷，上海人民出版社2015年版，第96页。
　　② 邹韬奋：《青年奋斗之精神与国家前途之希望》，韬奋基金会、上海邹韬奋纪念馆编《韬奋全集》（增补本）第1卷，上海人民出版社2015年版，第171页。
　　③ 邹韬奋：《地位》，韬奋基金会、上海邹韬奋纪念馆编《韬奋全集》（增补本）第6卷，上海人民出版社2015年版，第687页。
　　④ 邹韬奋：《学生救亡运动》，韬奋基金会、上海邹韬奋纪念馆编《韬奋全集》（增补本）第6卷，上海人民出版社2015年版，第511页。

民族的发展，最好是一个地方的各所学校都有联络，全国各校各地也都能联络上。邹韬奋对于自己在海外所目睹的青年运动印象深刻，对中国而言，中国青年当前的首要目标就是一改原先散漫的个人力量，团结起来集中力量去争取抗战胜利，建立自由幸福的新中国。①

邹韬奋后期的青年观愈发强调集体的重要性，并且强调要从全面的而不是局部的方面去考虑问题。在抗日的特殊时代，邹韬奋对青年的苦闷情绪给予了生动呈现，敌人的横行无忌让拥有敏锐感觉和纯洁心性的青年有着难以抑制之苦。邹韬奋强调苦闷的结果只有两种，要么自暴自弃，要么寻求出路。而这个出路只能是民族的出路，而非个人的出路，因为没有希望的民族也就不存在能寻求出路的个人。最为典型的是，济南惨案让邹韬奋认识到日本侵略者对中华民族的威胁，而南京国民政府"攘外必先安内"的国策和"九一八"事变后不抵抗的策略则让邹韬奋渐渐对依靠政府抗日失去了信任，转而倾向于依靠群众的力量联合抗日。因此，邹韬奋对苦闷青年的劝诫共有三点：一是抗战需要大量的时间和人力，绝非一朝一夕能够完成；二是抗战要避免英雄主义，要说服多数人，依靠大众来共同奋斗；三是每个人就自身能力从现实出发点去干。②

（三）1933—1935：作为他者的海外青年形象

除了上述的两个时期以外，还有一个特殊时期对邹韬奋的青年观产生了重要影响，即邹韬奋第一次流亡海外时期。由于政府实行白色恐怖政策，邹韬奋人身安全受到威胁，于是在朋友的建议下他选择了出国考察。从1933年7月14日到1935年8月27日，在这两年多的时间里，邹韬奋先后考察了亚非欧美的众多国家，对苏联和美国的社会状况予以了大篇幅的呈现，并出版了《萍踪寄语》三集及《萍踪忆语》。其中，159篇海外通讯中与青年有直接相关的内容共32篇，占

---

① 邹韬奋：《青年运动与抗战》，韬奋基金会、上海韬奋纪念馆编《韬奋全集》（增补本）第8卷，上海人民出版社2015年版，第407页。
② 邹韬奋：《苦闷与认识》，韬奋基金会、上海韬奋纪念馆编《韬奋全集》（增补本）第6卷，上海人民出版社2015年版，第689页。

据了相当大的比例。无论是对苏联各种类型学校的考察，还是对美国青年劳工运动的报道，邹韬奋都以浓重的笔墨加以渲染和描绘。同时，对当时欧美经济危机、失业严重和苏联百废待兴、欣欣向荣等现象进行对比分析，夹叙夹议，展现了与中国青年完全不同的青年形象和观念特征，其中许多地方都折射着邹韬奋对中国青年未来的期许和展望。

首先，青年拥有打破旧制度的勇气和力量。刚到纽约时，邹韬奋同青年工程师和老工程师讨论失业问题。老工程师想要维持现状，而青年工程师则想要扫清障碍，实现社会主义梦想。邹韬奋分析说："经济背景决定个人的意识和认识的力量是很大的。"[1] 老工程师富有而盈余，只想随意生活，过一个舒适的晚年；青年工程师则不然，他是初出茅庐的新人，在经济上对旧制度没有任何依恋。青年工程师和老工程师对失业问题截然不同的观念，展现了美国青年不满足于现状、勇于创新的特点，也是美国社会的希望所在。邹韬奋海外通讯中所描写的这种美国青年勇于打破现状的朝气，和梁启超《少年中国说》对中国青年的期望确有异曲同工之妙。

其次，发扬个性不等于坚持个人主义。苏联的音乐专门学校注重对音乐天才的选拔，选拔出来的学生享有津贴和各种优惠。参观后，邹韬奋系统论证了他对个人与集体的看法。他认为："合理的新社会里面是不容个人主义的存生，但往往有人把个人主义和个性混做一团，因此发生误会，以为新社会是不要发展个性的；如看了音乐学校里那样注重天才的培养，在全国各处那样注重音乐天才的发现和提拔，便知道新社会是在集体的活动中尽量发展个性的特长，而且也只有在没有人剥削人的制度的社会里，大家的个性才能获得尽量发展以贡献于社会的平等机会。"[2] 邹韬奋早前就有关于个人与集体的论述，但参观完苏联学校后得出的结论则对其有了很大发展。这在当时来说意义非

---

[1] 邹韬奋：《从伦敦到纽约》，韬奋基金会、上海韬奋纪念馆编《韬奋全集》（增补本）第7卷，上海人民出版社2015年版，第303页。

[2] 邹韬奋：《音乐专门学校》，韬奋基金会、上海韬奋纪念馆编《韬奋全集》（增补本）第6卷，上海人民出版社2015年版，第244页。

凡，即使在今天也有可参考的价值。

再次，青年女性应有追求事业的自由。邹韬奋笔下的几位苏联青年朋友，都有着强烈的求知欲望。克娜拉女士为了自己的英语水平能够精益求精，经常来到暑校练习英语，在与参观人士的积极交流中大有精进。克娜拉丈夫两年前因病去世，她强忍悲痛将生活的重心转移到求学上。邹韬奋认为，追求学业和事业的发展、积极参加新社会的建设工作，是苏联新女性的又一特征。在他看来，婚姻当然需要顾及，"但是婚姻或恋爱至多只是人生的一部分——无论男女——学业，事业，也占着人生的一部分，也许是更重要的部分"①。男女自由平等当然不止这一点，苏联教育的特点是以教育大众为目的，无论男女，但凡凭借智力可以升学者，都可以不用考虑家庭经济条件以及未来就业条件而选择升学。如此一来，女性青年受到家庭、经济等束缚较少，就有了更大的自由度。所以，苏联女子给邹韬奋留下了"不是忙着升学，便是忙着做事"②的印象，她们可以根据自身天赋来选择自己的方式去为这个社会服务。

最后，青年应自觉为集体服务。邹韬奋在《萍踪忆语》中从不同的侧面来表现美国青年心理的转变，比如说邹韬奋曾听三位青年女子对于经济恐慌后的农民问题讲得头头是道；又比如，不少青年男女义务推销先进的报纸《工人日报》；还有诸多的富家子弟尊敬父母，但将父亲的剥削方法和盘托出，"如数家珍"③。邹韬奋在与美国青年的接触中发现，由于经济危机的爆发，美国青年们在人生观上发生了重大变化。原先的美国青年是想要发大财，各自都以个人的立场来谋求自身问题的解决，而现在参与青年运动的美国青年们开始为大众努力，并用集体的力量来解决集体的问题。

---

① 邹韬奋：《几位苏联的青年朋友》，韬奋基金会、上海邹韬奋纪念馆编《韬奋全集》（增补本）第6卷，上海人民出版社2015年版，第271页。
② 邹韬奋：《几位苏联的青年朋友》，韬奋基金会、上海邹韬奋纪念馆编《韬奋全集》（增补本）第6卷，上海人民出版社2015年版，第274页。
③ 邹韬奋：《美国青年运动》，韬奋基金会、上海邹韬奋纪念馆编《韬奋全集》（增补本）第7卷，上海人民出版社2015年版，第518页。

三 邹韬奋青年观的意义逻辑

不难看出,邹韬奋的青年观在三个时期各有侧重,有所变化,前期侧重于青年职业教育和人格修养,而后期则偏重于家国情怀和救亡图存。那么,为什么会发生这样的转变?其独特价值和意义又是什么?

(一) 外在诱因:时代话语与个体探索

邹韬奋青年观的转变最为明显的一点是由己到群,从个人修养上升到国家利益。邹韬奋并不是之前不关注国家存亡,而是在特殊的历史阶段他选择了特殊的救国方式。

最初的救国方式就是他惨淡经营的职业教育。通过关注青年的职业教育,邹韬奋期望用职业技能的培养实现渐进改造,以图富国强民,因为职业教育可以将个人与社会、国家紧密连接起来,产生特殊的社会效果。邹韬奋在《职业教育之所由来》中将其归纳为四点原因:一为无知识无职业之游民太多,不得不筹救济之方;二为欲救济学校毕业,与中途辍学学生之失业,不得不提倡职业教育;三是欲利用丰富的物产,与过剩的人工,以增进国家之生产力,不得不提倡职业教育;四是欲使青年热心社会服务,而先予以相当之充分准备,不得不提倡职业教育。① 国家的困顿与人民群众的积贫积弱互为因果,互相影响,欲想改造一个新国家,则需扫除文盲,提升国民素质,以富民而强国。

邹韬奋早前与胡适相似,"不谈政治",以社会民生为重。然而,从济南惨案开始,邹韬奋逐步从文化教育转向社会政治亦是时代使然。在《济南惨剧后我们应该怎样?》的编者附言中,邹韬奋写道:"本刊向来是注重社会问题而不谈政治的,但是此次的奇耻大辱,是国命生

---

① 邹韬奋:《职业教育之所由来》,韬奋基金会、上海韬奋纪念馆编《韬奋全集》(增补本)第1卷,上海人民出版社2015年版,第675页。

死存亡的关键。我们国人要获得正当的生存与向上的发展,非对此事有正确的了解与态度,努力雪耻,否则国且无有,何有于生存,更何有于进展?"①

"九一八"事变和"七七"事变的接踵而至,中国已不能凭借自我发展来将内忧外患一并扫除。邹韬奋职业教育理想的破灭,使他的青年观不得不向政治这一维度去转移。这也就不难理解邹韬奋后来参与上海文化界救国会,努力组织群众进行爱国救亡运动。坐而论道不如起身行道,邹韬奋思想的这一转折既是文化问题转向社会问题,也是由社会议论转身走向政治实践。

需要强调的是,日军侵华后,包括邹韬奋在内的整个中国知识界都整体转向爱国主义,但转向程度及形态却各有不同。究其原因,作为外在诱因的时代话语和内在个体探索的关系演变至为重要。

(二) 内在机理:从抽象思辨到日常生活

就邹韬奋青年观变化而言,时代巨变是其重要诱因,但内在机理也不可不察。

纵观当时,对青年的关注并非邹韬奋一人,较为典型的还有梁启超与陈独秀。梁启超基于天演论提出所谓"新民""少年"之说,其意旨在"欲其国之安富尊贵,则新民之道不可不讲"②。之后,陈独秀在《敬告青年》一文中对"青年"寄予厚望,"欲救此病,非太息咨嗟之所能济,是在一二敏于自觉勇于奋斗之青年,发挥人间固有之智能,抉择人间种种之思想"③。

从时代来看,"青年"之含义不仅在于国家之青年,同样也在于青年之国家。这意味着青年的求新正是当时知识分子救亡的一种象征,

---

① 邹韬奋:《〈济南惨剧后我们应该怎样?〉编者附言》,韬奋基金会、上海韬奋纪念馆编《韬奋全集》(增补本)第2卷,上海人民出版社2015年版,第126页。
② 梁启超:《新民说》,《梁启超全集·第二集·论著二》,中国人民大学出版社2018年版,第528页。
③ 陈独秀:《敬告青年》,《独秀文存:论文》(上),首都经济贸易大学出版社2018年版,第2页。

对于青年的关注本身就是对国家前途的热切关怀。进而言之，欲想改造社会，如对顽固的中老年群众进行宣讲，终究是费力不讨好。能最大限度接受新思想并能在未来改造新社会者，舍青年再也无谁。与梁启超、陈独秀相比，邹韬奋青年观演化呈现以下两个特征：

第一，从抽象转为具体。邹韬奋对话的是具体的青年，而非抽象的青年。梁启超、陈独秀的青年观指向于抽象的哲学思辨和历史经验，邹韬奋则侧重于特定时代中的社会真实和具体现实。

邹韬奋曾翻译过杜威的《民主主义与教育》，受杜威影响很大。杜威在华演讲时曾说："譬如某人学了许多学问，别人就名他为书生。这个书生的名字不是恭维他，是侮辱他，是表明他什么都不知道的意思。因为他所知的学问，不能影响到他的行为；他的行为，又不根于他所知的学问，于是养成人家看轻知识的一种习惯。实用教育之所以重要，就是这个缘故。"① 受实用主义的这种影响，邹韬奋对青年的态度没有停留在抽象的学问中，而是继续下沉到每个人具体的行为，倾听青年的生活百态，为青年的灾难困厄出谋划策。

第二，从单一转为多元。邹韬奋的青年观与教育观、爱国观、婚姻观、文化观互为联系。邹韬奋的青年观体现在青年的日常生活中，落实到每一个青年的具体事件。它不是单一的属性，而是与文化、社会相勾连，具有显著的深刻性和复杂性。例如在面对青年读者的质疑时，邹韬奋也会将他对国家的见解以及对时局的解析娓娓道来，凸显其青年观的同时，也表达了他的国家观。相比之下，梁启超的青年观更多的是哲学思辨和逻辑推演，而不在具体的青年生活中。

外在诱因与内在机理共同促生了邹韬奋青年观的历史演进，并展示了其中的意义逻辑。邹韬奋青年观的独特性在于不是单纯的知识诠释，而是具体的社会行动，它将鲜活的思想观念融入青年的社会实践中，并因此产生了特殊的社会意义和历史价值。

---

① ［美］杜威：《教育哲学》，《杜威五大讲演》，胡适口译，安徽教育出版社2005年版，第92—93页。

此外，需要强调的是，我们也应更加全面、更加历史地审视邹韬奋的青年观，既不历史虚无主义，亦不虚饰拔高，同时还要根据历史语境对其加以发展完善。只有这样，邹韬奋的青年观在获得历史尊重的同时，亦能穿越时空，产生应有的时代价值和现实意义。

第九章 女性观

女性观是特定社会对女性社会地位、社会作用和社会权利等的系统认知，它是一个社会思想体系的重要组成部分。马克思曾说过，"每个了解一点历史的人也都知道，没有妇女的酵素就不可能有伟大的社会变革。社会的进步可以用女性（丑的也包括在内）的社会地位来精确地衡量"①。20世纪二三十年代，中国女性受到新文化运动和五四运动的洗礼，自我意识开始觉醒，但仍无法摆脱封建旧俗和传统文化的束缚。如何冲破封建传统文化的束缚，获得个性和性别的双重解放，是中国女性的重要议题，更是中国现代知识分子思想启蒙的重要路径。

在诸多以女性启蒙为志业的中国现代知识分子中，邹韬奋是以媒介为器、日常生活为维的重要代表。他将现代报刊作为阵地，以春风化雨般的话语，真正实现了职业新闻人对女性启蒙的高度关注和传播实践。进而言之，邹韬奋以启蒙为归旨的女性观体现了中西映照和新旧对比的交叉，并以媒介传播和日常话语相融合，凸显了特有的意义内涵和历史面向，邹韬奋女性观的深刻性、复杂性和独特性体现了邹韬奋思想的现代性指向。

一　邹韬奋女性观缘起

任何一种价值观的形成都与社会环境、自身经历等相关，邹韬奋

---

① 《马克思恩格斯全集》第32卷，人民出版社1974年版，第571页。

女性观的形成也受到了以下三方面因素的影响。

（一）女性解放思想的传播

五四运动的爆发，使中国女性解放思潮日益高涨，男女平等和婚姻自由等现代观念遂广为传播，深入人心，这对中国女性自我意识的觉醒有着举足轻重的作用。五四时期的新文化运动一大主题就是反封建，它在女性解放方面的具体表现是反对旧式贞操观念，认为要求女性单方面忠诚是不对的，《新青年》《妇女杂志》等也发表文章对此问题进行了讨论。在此之下，女性婚姻问题成为反封建的一部分，知识分子挺身而出，大力反对传统婚姻观念，提倡婚姻自由。沈兼士将婚姻自由视为"独身、结婚、离婚、夫死再嫁或不嫁，可以绝对自由"[1]，甚至有些激进的知识分子提出"废除婚制"的主张。无疑，婚姻自由对女性解放的影响是巨大的，现代媒介则吹响了奋起发声、推波助澜的号角。这段时间内，女性的宣传和结群意识相较于辛亥革命时期大大增强，她们创办了20多种女性报刊，加固女性解放声音的阵地，形成自己的话语体系。1916年到1919年间，女性刊物天津女界《平民》、北平女青年社《妇女》、周南女校《女界钟》、上海女界联合会《新妇女》等发展迅猛。[2]

邹韬奋积极主张反封建，关注女性解放，并且十分同情广大女性的不公地位。这一阶段，他先后发表《妇女解放》《妇女觉悟的曙光》《愿全国为女子者思之》《男女问题的根本观》等，为女性自由和解放呐喊。从某种角度讲，这些文章为邹韬奋担任《生活》周刊主编时期女性观的确立奠定了基础。

（二）同时代人物的影响

邹韬奋的女性观并不是独立的，它在形成过程中受到了同时代人物的深刻影响。其中，胡适是重要代表之一，他的女性观对邹韬奋产生了很大影响，并与邹韬奋的女性观具有某种相似性。比如，在看待

---

[1] 沈兼士：《儿童公育》，《新青年》第6卷第6号，1919年11月1日。
[2] 马庚存：《中国近代妇女史》，青岛出版社1995年版，第163—164页。

贞操问题时，两人都强调女性如果为强暴所辱，不应该自杀，因为这个女子的"贞操"并没有损失，她的尊严并没有受到损害。为此，社会在对待被强暴所辱的女子时，"应该怜惜，不应该轻视"①。又比如，在看待女性独立问题时，二人都认为女性自立是女性解放的重要条件。胡适指出，"我们中国的姊妹们若能把这种'自立'的精神来补助我们的'倚赖'性质，若能把那种'超于良妻贤母人生观'来补助我们的'良妻贤母观'念，定可使中国女界有一点'新鲜空气'，定可使中国产出一些真能'自立'的女子。"②与之相似，邹韬奋认为，"妇女经济上的解放，是经济发达的副产品。即使你不提倡这事，这事迟早总是要来的。经济社会不发达，那吗，你从早到晚，口干声嘶的呼唤妇女经济上的解放，也不见有多少效力。"③

鲁迅对邹韬奋女性观的形成亦产生了重要的影响。鲁迅认为女性要获得解放，首先要掌握经济权，因为经济基础决定上层建筑。鲁迅在《娜拉走后怎样》中既肯定了娜拉为摆脱傀儡地位而出走的行为，又对她的前途充满担忧。鲁迅认为在女性没有独立经济权的年代，娜拉出走后只有两个结果：不是堕落，就是回来。而经济权的获得，不是恩赐的，必须通过"剧烈的战斗"来取得，这就将女性解放和社会解放联系了起来，这在《纪念刘和珍君》一文中有很好的体现。同样，邹韬奋认为，妇女要实现自立，获得男女平权，根本方法有两点，"一是极力普及并提高女子教育，二是养成女子经济自立的能力"④。

---

① 胡适：《论女子为强暴所污》，欧阳哲主编《胡适文集》第4卷，北京大学出版社1998年版，第93页。
② 胡适：《美国的妇人》，欧阳哲主编《胡适文集》第2卷，北京大学出版社1998年版，第501页。
③ 邹韬奋：《妇女解放与女茶博士被禁合废娼运动》，韬奋基金会、上海韬奋纪念馆编《韬奋全集》第1卷，上海人民出版社1995年版，第244页。
④ 邹韬奋：《改造家庭之两大观念》，韬奋基金会、上海韬奋纪念馆编《韬奋全集》第1卷，上海人民出版社1995年版，第207页。

（三）个人经历

邹韬奋出生在一个没落封建官僚的大家族。邹韬奋的母亲虽被人称为"少奶奶"，却也过着贫穷的生活，还要面对置妾恶俗的倾轧。"韬奋的祖父有一妻二妾；韬奋的父亲虽然经济上经常处在贫困之中……但是一妻之外，也还置了二妾。"① 在这样的大家庭中，邹韬奋对母亲十分同情，同时也埋下了反对大家庭制度的一颗种子。

邹韬奋受到母亲查氏的影响极深，在《我的母亲》中有详细描写。他认为自己的母亲一辈子忙碌操劳，只是一个平凡的母亲，她那"可爱的性格、努力的精神、能干的才具，都埋没在封建社会的一个家族里，都葬送在没有什么意义的事务上，否则她一定可以成为社会上一个更有贡献的分子"②。他并没有停留在对母亲的惋惜和同情中，而是从中认识到了封建旧制度的危害，唤起了对女性问题的思考。这也激发了邹韬奋女性观的萌芽。

邹韬奋的婚姻经历也是他女性观形成的一个重要因素。邹韬奋的第一任妻子是由"父母之命"订下的叶复琼。因为从未见面、交谈过，而且对方也未进学校接受教育，所以邹韬奋提出强烈抗议。这一抗议带着明显的时代烙印，自然引起了双方父母的反对。"未婚妻"更是秉承传统观念表示愿意为邹韬奋不嫁（"愿意为我不嫁"），婚事因此而搁浅。后来邹韬奋觉得有个女性因为自己而终身不嫁，于心不忍，便与她成婚。1923年两人结婚后，感情渐深。但好景不长，不到两年，叶复琼因伤寒症去世，他便"简直完全沉浸于情感的激动中，几乎完全失去了理性的控制"③。由此看来，邹韬奋的第一次婚姻是旧式婚姻，而叶复琼坚决非他不嫁的态度也只是封建文化所致，但二人感情深厚却未能白头偕老便生死两隔，实在令人唏嘘。从某种角度讲，这一经历并不全然符合女性解放者的婚姻观念，但它却使得传统婚姻

---

① 邹家骊：《忆韬奋》，学林出版社1985年版，第378页。
② 邹韬奋：《经历》，岳麓书社1999年版，第151页。
③ 邹韬奋著，中国韬奋基金会韬奋著作编辑部编：《韬奋自述》，学林出版社2000年版，第15页。

在不合理之下似乎显示了些许现实可能性，也促使邹韬奋在看待婚姻问题时多了一份现实观照和理性务实。

邹韬奋的第二任妻子是沈粹缜，当时她是苏州女子职业学校的年轻女教师，两人同样出身于"书香门第"。相恋一段时间后，两人于1926年元旦后结婚。婚后，邹韬奋努力事业，沈粹缜照顾家庭，两人相互扶持，幸福美满。在沈粹缜的支持下，邹韬奋的新闻出版事业有了进一步发展。邹韬奋的第二次婚姻是理想的现代婚姻，它让邹韬奋对自由婚姻有了更直接的感受和更深入的思考，并开始更加大力地宣传婚姻自由。

如此看来，邹韬奋经历了从并不糟糕的传统婚姻到理想的现代婚姻的人生之路，他的自身经历本身就是婚姻观的典型文本。由此，邹韬奋由己推人，从自我审视到观照世界，从而推演自己的婚姻观以至女性观。

此外，邹韬奋特殊的教育经历也不可忽略。邹韬奋在著名的教会学校——圣约翰大学的学习，为其接受先进思想奠定了基础。圣约翰大学推崇民主自由思想，邹韬奋在学习之余逐步接受了"男女平等，开设女学，反对缠足"等自由理念。这些自由理念为邹韬奋的女性观奠定了坚实的基础。

二　邹韬奋女性观的构成

邹韬奋的女性观具有强烈的时代特征，其鲜明的现代性因着媒介传播而独具影响力。

（一）批判传统文化和封建旧俗

邹韬奋身处时代洪流，受进步思潮的影响，对传统文化和封建旧俗下的旧有女性观进行了深刻的批判，具体表现为对大家庭制度、传统贞操观和旧式婚姻三个方面的批判。

首先，邹韬奋对大家庭制度进行批判。中国封建社会女性地位低下的一个重要原因是中国大家庭制度。旧式大家庭制度蔑视女性的存在，"为人妻"的封建伦理观念是她们身上沉重的枷锁，使她们在黑暗之中不能反抗，也无力反抗。

邹韬奋认为大家庭制度束缚了女性的思想，是一种监牢。"因为有大家族制度，所以妇女嫁出之后，无异进了一所监牢，受种种束缚，甚至于受种种苦痛。妇女解放的问题因此更难解决。"① 他认为造成中国女性社会地位低下的原因是两大观念，"第一观念是组织家庭是父母娶媳妇，不是自己娶妻子。第二观念是组织家庭是替祖宗传后，不是替社会上增加健全的分子"②。在这两种观念的作用下，女性只是作为传宗接代的工具存在。在这种婚姻中，父母处于主导地位，不考虑子女意志，夫妻之间的感情也无足轻重，夫妻矛盾、婆媳矛盾等问题便由此产生。这些都使女性在婚姻家庭中处于弱势地位，"父母之命，媒妁之言"即是典型的写照。

同时，在一些大家庭之中，生活方式腐化堕落，封建思想浓厚顽固，等级观念专制森严，这也对女性造成了严重的伤害。因为在这些思想的长期作用下，家族的许多人即会对媳妇百般刁难。邹韬奋这样写道："中国女子的出嫁，有许多不是嫁给一个心爱的丈夫，是嫁给一团心意隔阂，不关痛痒，或甚至如这家凶如豺狼，毒逾蛇蝎的全家族！"③ 许多家族甚至搬出家法来将对媳妇的刁难合理化。邹韬奋愤慨地写道："二十世纪的妖魔""万恶大家族的结晶体"，并且提出"要替社会涤秽去污，不得不鸣鼓而攻"④。

女性在大家族内部矛盾重重，在小家庭中无从自立，传统家庭

---

① 邹韬奋：《改造家庭之两大观念》，韬奋基金会、上海韬奋纪念馆编《韬奋全集》第1卷，上海人民出版社1995年版，第204页。
② 邹韬奋：《改造家庭之两大观念》，韬奋基金会、上海韬奋纪念馆编《韬奋全集》第1卷，上海人民出版社1995年版，第204—206页。
③ 邹韬奋：《不要脸的家法》，韬奋基金会、上海韬奋纪念馆编《韬奋全集》第2卷，上海人民出版社1995年版，第186页。
④ 邹韬奋：《不要脸的家法》，韬奋基金会、上海韬奋纪念馆编《韬奋全集》第2卷，上海人民出版社1995年版，第185页。

观念便是妇女遭受诸多迫害的根源。邹韬奋认为实行小家庭制度是解决这种问题的最好办法，即兄弟与父母"分居""兄弟析居"。这样做，一方面使夫妻感情更稳定、更具有向心力，另一方面减少了与婆婆、妯娌之间的接触，就能减少摩擦与冲突，从而使女性获得新生。

其次，邹韬奋对传统贞操观进行批判。中国封建的贞操观是在男权控制下、压迫女性实行单方面性禁锢的一种道德观。它要求处女守贞、夫死守节和禁止寡妇再嫁，造成了许许多多悲剧。邹韬奋对此极力批判，"越下等的民族，越重视贞节"①。一夫一妻制本是被用来巩固贞操的，在封建社会却把它扭曲了。"在我国则认为贞操全属肉体的关系，与精神无关，所以不幸的女子就终其身不幸。"② 虽然我国一夫一妻制在中华民国元年就颁布了，但各种历史原因导致 1950 年 5 月 1 日颁行的《中华人民共和国婚姻法》才正式实行。而这一时期的一夫一妻制，完全形同虚设。邹韬奋认为，"贞操既是关于性的德义，有意去败坏这种德义的才有责备之余地，才发生道德的问题，否则如有女子不幸为强暴所辱，或不幸为人用伪善的手段所骗，她的心地原是光明的，原是无辜的，都不应加以失贞的恶名"③。因此，邹韬奋提出了合理的贞操观。

合理的贞操观指"不应该是男子强迫女子的片面观念，应该实行一夫一妻制度里，在夫妇关系继续成立中，相互遵守的关于性的德义"④。他赞成日本学者泽田顺次朗在《贞操问题》一文中的看法，将贞操分为"三义"：未婚男女为尊重自己的人格，为将来的配偶保守

---

① 邹韬奋：《改造家庭之两大观念》，韬奋基金会、上海韬奋纪念馆编《韬奋全集》第 1 卷，上海人民出版社 1995 年版，第 249 页。
② 邹韬奋：《贞操》，韬奋基金会、上海韬奋纪念馆编《韬奋全集》第 4 卷，上海人民出版社 1995 年版，第 217 页。
③ 邹韬奋：《贞操》，韬奋基金会、上海韬奋纪念馆编《韬奋全集》第 4 卷，上海人民出版社 1995 年版，第 217 页。
④ 邹韬奋：《贞操》，韬奋基金会、上海韬奋纪念馆编《韬奋全集》第 4 卷，上海人民出版社 1995 年版，第 217 页。

贞操，拒绝与任何异性发生性的关系，是为第一义；第二义，结婚之后，夫妻双方应严格遵循一夫一妻制度，"双方必须尊重两者之间的贞操"，即婚后男女双方的责任和义务是相互的，而并非只有女子一方有保守贞操的义务，所以在合法的婚姻契约关系内，合理的贞操是有存在价值的；第三义，夫妇双方若有一方早逝，则"性的德义"也随之消失。如果再嫁或再娶，再婚夫妇间相互保守贞操，"我们就不能对其加以'无贞操的恶名'"[1]。

同时，邹韬奋对中国传统观念中的守寡进行了批判，"守寡不守寡原是个人的自由，所可怜的是我国女子一任他人排布，好像她的身体是卖给丈夫全族的！我们试闭目默想全国无数的任人排布披麻带（应为'戴'，作者注）孝的青年寡妇，是何惨状！"[2] 这是不合理的观念，邹韬奋坚决反对这种畸形的贞操观念，并主张打破妻子作为封建旧俗牺牲品的观念。

最后，邹韬奋对旧式婚姻进行批判。父母之命、媒妁之言，是中国传统婚姻的写照。在这种婚姻宿命论中，男女双方都是被动的，没有什么自由可言。在传统婚姻看来，"讨老婆的目的既重在'养儿子'，出嫁的目的既重在替人'养儿子'，所以婚姻的基础用不着什么'恋爱'"[3]。如果结婚后没有生下儿子，这不但会成为公公婆婆刁难媳妇的理由，也会成为男子娶妾的借口。对于女性自身而言，生不下儿子，自己内心也会有愧疚感，有的女性会主动劝丈夫纳妾，乡亲会称赞她贤惠。究其根源，是在他们的婚姻观中，以爱为基础的观念是不存在的，所有人都只把她当作传宗接代的工具。

邹韬奋首先批判了传统婚姻的缔结方式。"凡是没有征得本人同

---

[1] 邹韬奋：《贞操》，韬奋基金会、上海韬奋纪念馆编《韬奋全集》第4卷，上海人民出版社1995年版，第217页。

[2] 邹韬奋：《养儿子和恋爱》，韬奋基金会、上海韬奋纪念馆编《韬奋全集》第2卷，上海人民出版社1995年版，第264页。

[3] 邹韬奋：《旧礼教又开了一刀！》，韬奋基金会、上海韬奋纪念馆编《韬奋全集》（增补本）第2卷，上海人民出版社2015年版，第308页。

意的婚姻，都是野蛮婚姻。婚姻的最神圣的要素是'爱'，'爱'的含义虽很神秘，但至少要本人'心里喜欢'……没有'爱'而由他人凭藉腐败的习俗，凶横的威权，摧残个人的意志自由，强迫住在一起，这种横暴的逼迫行为，实际上等于强盗！强盗绝对不许受劫者有置喙的余地，这种强迫的婚姻也是不许本人有置喙的余地，所以殊途而同归于野蛮！"① 从婚姻自由来看这种缔结方式，更加难以想象。"就以'恋爱'为基础的婚姻立足点看，和不相识素不见面的人结为终身伴侣，是一件不可思议的荒谬绝伦的野蛮风俗。"② 同时，他也提出要改变女子道德层面的观念。"我以女德当然要重视，不过像专门拿来禁锢女子的自由与思想的有名无实的女德，借重女德两字来吓人，却要不得！像'女子无才便是德'，婚姻要自己一点不参与意见，何尝不是顽固派所谓女德，然而就不堪问了！"③

同时，邹韬奋也批判了传统观念中提倡的夫妻关系要"举案齐眉""相敬如宾""摧残夫妻间之和气生气，使之灭息无复有余烬者"④。邹韬奋看到在夫妻关系中造成女子地位低下的原因，即女性没有独立能力，吃饭穿衣都要依靠丈夫。"因此更无自由的思想，只求有饭吃，有得倚靠，对于丈夫并不觉得有什么不满意的地方（能自立有思想的女子对于无爱情的丈夫当然要觉得不满意）。"⑤ 在传统观念中，人们会将女性称为"内助"。这也意味着女性不应干涉男性在除生活之外的其他事情，并且男性在外面赚钱养女性，女性应对男性绝对服从并且给予其自由。邹韬奋认为这种观念是"纯粹的丈夫专

---

① 邹韬奋：《佩服两位女士与野蛮婚姻奋斗》，韬奋基金会、上海韬奋纪念馆编《韬奋全集》第2卷，上海人民出版社1995年版，第322页。
② 邹韬奋：《养儿子和恋爱》，韬奋基金会、上海韬奋纪念馆编《韬奋全集》第2卷，上海人民出版社1995年版，第266页。
③ 邹韬奋：《革新潮流中之日本妇女》，韬奋基金会、上海韬奋纪念馆编《韬奋全集》第1卷，上海人民出版社1995年版，第883页。
④ 邹韬奋：《爱与人生》，韬奋基金会、上海韬奋纪念馆编《韬奋全集》第1卷，上海人民出版社1995年版，第244页。
⑤ 邹韬奋：《太痛苦了》，韬奋基金会、上海韬奋纪念馆编《韬奋全集》第4卷，上海人民出版社1995年版，第206页。

制主义"①。

邹韬奋对旧式婚姻中存在的陈风旧俗也进行了深刻的批判。1931年5月27日，在湖南《大公报》刊登了一篇近期发生的女子抱主拜堂报道，它的标题是"抱主拜堂，爱情专一，可风末世"②。对这件事，邹韬奋愤慨不已，"在二十世纪光天化日之下居然还有这样惨无人道的把戏，已属滑天下之大稽，愚蠢狠毒"③。

（二）提倡新观念和新风尚

邹韬奋受到民主解放潮流的影响，极力倡导现代女性观，具体表现在以下三个方面：

首先，邹韬奋提倡婚恋自由。邹韬奋极力提倡婚恋自由平等，认为婚恋是双方之事，强调双方情投意合，即"婚姻要基于双恋，就是他爱她，她也爱他"④。他反对一厢情愿的恋爱，认为恋爱应该尊重彼此意愿。"若仅有一方愿意，愿意者不应勉强，至多可藉友谊的继续，用诚意感动对方而引起她的愿意，倘此层无效，便当废然思返，泰然搁置，不必苛责对方，亦不必自己烦恼。"⑤

接受新思潮的青年们对传统婚姻深恶痛绝，二者之间的冲突该如何化解？邹韬奋为青年们指明了道路："男女彼此具有相当的条件，彼此经过审慎的观察考虑，有了彻底的了解，由挚友进而为情侣，为终身的伴侣，成为夫妇，这非但不是我们所反对，而且是我们所赞成的。"⑥邹韬奋指出"自由婚姻"不仅仅包括恋爱，还有很多要素，其

---

① 邹韬奋：《打倒雌老虎编者附言》，韬奋基金会、上海韬奋纪念馆编《韬奋全集》第2卷，上海人民出版社1995年版，第198页。
② 邹韬奋：《抱主拜堂》，韬奋基金会、上海韬奋纪念馆编《韬奋全集》第5卷，上海人民出版社1995年版，第328页。
③ 邹韬奋：《抱主拜堂》，韬奋基金会、上海韬奋纪念馆编《韬奋全集》第5卷，上海人民出版社1995年版，第329页。
④ 邹韬奋：《求爱》，韬奋基金会、上海韬奋纪念馆编《韬奋全集》第4卷，上海人民出版社1995年版，第166页。
⑤ 邹韬奋：《理想中的一个伴侣》，韬奋基金会、上海韬奋纪念馆编《韬奋全集》第4卷，上海人民出版社1995年版，第184页。
⑥ 邹韬奋：《不愿意的女同志》，韬奋基金会、上海韬奋纪念馆编《韬奋全集》第4卷，上海人民出版社1995年版，第166页。

中最大的要素是要"自己选",应该以二人意志为主。"亲友可以介绍两方做朋友,家长可以指导,或帮同商榷,除非真有不妥之处,不必干涉他们的自由,即选择之权应完全属两方本人,由心爱而想到缔婚,要完全由两方本人心坎中出发。"①

对于父母已经缔结好的婚约,青年应该怎么处理?邹韬奋不是盲目地提倡解除婚约,"但对于强迫女子的无人道的婚约,为女界幸福起见,为社会风纪起见,不得不力主打倒"②。如果女性不满意,尽可以提出解约,男子则应该抱有"女子爱我则娶,不爱我则任其解约"③的光明磊落的态度,不应该一味有意留难,否则反而伤其人格或面子。

1930年4月24日的上海《时报》曾记载这样一则事例:

> 嘉善丁栅祁雪因女士,沪大高材生,早年订婚与松江天马山钟春岚为室,乃钟纨绮子弟,浪漫成性,日流连于烟窟赌场,不治生计,家产已荡去大半,祁女士于民十六春,曾邀原媒致亲笔函于钟,诚以改过自新,否则执迷不悟,惟有解除婚约云云,而钟反变本加厉,狂嫖滥赌,扬言青年不风流,等待何时,不怕你(指祁)无端赖婚云云,祁见如此情形,遂愿牺牲一切,抱独身主义,而家庭以既字钟姓,不应反变,祁怨艾身世,草《怨词》十卷,最近风闻钟有外遇,且染有恶疾,而家庭则仍墨守旧礼教,无解脱之望,祁遂于上年十一月起,草《春闺哀鹃》凡八十章,详述经过,痛诋旧式婚姻为女子之陷阱……于前夜忽仰药自尽,比及觉察,已香消玉殒矣。④

---

① 邹韬奋:《我的两位好朋友恋爱成功纪》,韬奋基金会、上海韬奋纪念馆编《韬奋全集》第2卷,上海人民出版社1995年版,第279页。
② 邹韬奋:《为解约事再答陈凤和女士并劝两方家长》,韬奋基金会、上海韬奋纪念馆编《韬奋全集》第2卷,上海人民出版社1995年版,第253页。
③ 邹韬奋:《不免要说几句——为秦女士解约》,韬奋基金会、上海韬奋纪念馆编《韬奋全集》第2卷,上海人民出版社1995年版,第369页。
④ 邹韬奋:《无赖的暴徒与残酷的家长》,韬奋基金会、上海韬奋纪念馆编《韬奋全集》第3卷,上海人民出版社1995年版,第106页。

对于上述惨剧，邹韬奋认为子女不必一味对父母决定持顺从态度。"对于慈爱的父母固当孝顺，不惜牺牲女儿终身的没有心肝的父母，便须毅然反抗，自保其做人的人格。"①

其次，邹韬奋提倡女性自立。邹韬奋认为，女性的"自立能力与环境，不仅指物质方面的供给，并包括思想或精神方面有自立的能力"②。他将自立分为物质层面和精神层面，物质层面主要体现在经济方面，精神层面是思想独立。中国女性在封建旧俗和传统礼教的压制下，没有被平等看待，因此对女性独立性、自立精神的培养是获得解放的关键环节。

邹韬奋认为女性解放的重要前提是国家经济快速发展。1922年，他在圣约翰大学的校刊上发表《妇女解放与女茶博士被禁合废娼运动》一文，指出"妇女经济上的解放，是经济发达的副产品。即使你不提倡这事，这事迟早总是要来的。经济社会不发达，那吗，你从早到晚，口干声嘶的呼唤妇女经济上的解放，也不见有多少效力"。他希望国家经济快速发展，女性才有解放的希望。"凡能够用价廉女工的都用价廉女工——这正是解放的大道。"③

女性要实现独立，获得和男性平等的地位，邹韬奋认为根本方法有两点，"一是极力普及并提高女子教育，二是养成女子经济自立的能力"④。即要大力倡导女性教育，使女性和男性享有同等的教育权利，从而提高女性的自身素质，获得一份稳定工作，实现经济上的独立，不再依附男性生活。同时，女性自立也包括人格解放，即女性和男性在社会中享有相同的地位，拥有相同的权利，甚至是忽略性别这个因

---

① 邹韬奋：《无赖的暴徒与残酷的家长》，韬奋基金会、上海韬奋纪念馆编《韬奋全集》第3卷，上海人民出版社1995年版，第108页。

② 邹韬奋：《深切的同感》，韬奋基金会、上海韬奋纪念馆编《韬奋全集》第4卷，上海人民出版社1995年版，第287页。

③ 邹韬奋：《妇女解放与女茶博士被禁合废娼运动》，韬奋基金会、上海韬奋纪念馆编《韬奋全集》第1卷，上海人民出版社1995年版，第249页。

④ 邹韬奋：《〈旧式婚姻制度下的被牺牲者〉编者附言》，韬奋基金会、上海韬奋纪念馆编《韬奋全集》第2卷，上海人民出版社1995年版，第63页。

素同等相待。这需要社会观念的深刻转变，不仅需要男性转变观念，而且需要女性自身观念的转变，不能把自己看作异于男性、需要照顾和保护的对象。否则，男性把女性当作奴隶看待，女性甘愿居于奴隶地位，再好的女性也不过是"良妻贤母中馈善良之动物"①而已。倘若女性这种观念长存，解放将无从谈起。

最后，邹韬奋提倡女性职业教育。邹韬奋认为妇女地位要想提高，要想获得自由和独立，必须先从教育入手，要和男性享有平等受教育的权利。"要使女子获得自由，能和男子平权，最基本的方法还要极力提倡女子教育的普及和提高。"②女性如果能接受新式教育，就能获得独立而不再依附男性生活，她们"至少已具有了自立的能力，有服务社会的可能，对于自身将来的自由多少可得到一种相当的保障，比之未受教育一无所能者事事须仰人鼻息，不但受精神上的痛苦，并在物质上不得不倚赖的痛苦，自是不同。自立能力的养成，即万一有不幸的遭遇，也比没有自立能力的好得多"③。因此，他支持女性入学接受教育，如果已经在学校求学的，则要继续就读；如果还没有入校的，则要设法学习知识；等学成后，自立能力就会增强，也不必要再依附男性生活。于此，邹韬奋感触颇深的有两点，一是女性乐意求学，这是一件比较乐观的事；二是女性缺乏学校就读，这是现实的难题。

邹韬奋极力主张女性以家庭园艺和家庭工艺为职业。当时，女性不可能完全离开家庭去工作，选择这种职业在家就可以干活，一举两得。他指出，"女子受有良好的教育，具有专门的技能，在家庭方面、社会方面固然得益不浅，即万一有不幸的事情发生，也比较

---

① 邹韬奋：《妇女解放与女茶博士被禁合废娼运动》，韬奋基金会、上海韬奋纪念馆编《韬奋全集》第1卷，上海人民出版社1995年版，第249页。
② 邹韬奋：《妇女解放与女茶博士被禁合废娼运动》，韬奋基金会、上海韬奋纪念馆编《韬奋全集》第1卷，上海人民出版社1995年版，第249页。
③ 邹韬奋：《恩爱中的波浪》，韬奋基金会、上海韬奋纪念馆编《韬奋全集》（增补本）第4卷，上海人民出版社2015年版，第243页。

有办法。因此，我们深切地觉得普及并提高女子教育实为妇女解放的根本方法"①。他也认为女子职业教育的发展不仅仅有利于自身，更有利于整个社会，"（一）生活程度日高，男子对家庭经济之担负，常有筋疲力尽的苦况，女子若能于暇暑从事相当的家庭工艺或家庭园艺，于家庭经济方面不无小补；（二）一国之富庶与其国民生产力很有密切的关系，吾国女子之数姑认与男子相等，则以半数之女子增加多少生产力，于全国总量所加可惊，所以这件事不但关系个人，于国家社会都很有关系"②。邹韬奋对女性教育和女性职业教育的关注，符合当时发展需要，这对推进当时的女子教育乃至妇女解放无疑具有一定的积极作用。

邹韬奋的女性观思想是丰富的，对女性问题的认识是深刻的、透彻的。它往往与婚姻观紧密相连，甚至也勾连了经济、文化、教育等诸多问题。邹韬奋认为现阶段男女存在不平等现象的根本原因是女性受到传统文化和封建旧俗的束缚，经济不自立，没有独立的人格。基于以上认识，他提倡从教育入手，使女性获得同男性相同的知识和技能，以便在职业上平等竞争。随着独立经济地位的获得，文化程度的提高，平等就业的实现，女性不仅仅在经济上不再依赖男性，在思想观念上也会自觉摈弃男尊女卑的意识，从而自觉地为争取自身的各项权利而抗争。这充分体现了邹韬奋早期作为一个民主主义者的思想特征和文化追求。

邹韬奋的女性思想与五四时期李大钊、陈独秀等为代表的早期马克思主义者有着很大不同。李大钊、陈独秀等为代表的早期马克思主义者将女性解放和更为宏大的阶级解放与社会解放相联结，阶级观念和社会主义观念贯穿始终。李大钊认为，"二十世纪是被压迫阶级的

---

① 邹韬奋：《痛念亡友雨轩》，韬奋基金会、上海韬奋纪念馆编《韬奋全集》（增补本）第2卷，上海人民出版社2015年版，第347页。
② 邹韬奋：《提倡女子职业教育之商榷》，韬奋基金会、上海韬奋纪念馆编《韬奋全集》第1卷，上海人民出版社1995年版，第524—525页。

解放时代，亦是妇女的解放时代"①，"妇女问题彻底解决的方法，一方面要合妇人全体的力量，去打破那男子专断的社会制度，一方面还要合世界无产阶级妇人的力量，去打破那有产阶级（包括男女）专断的社会制度"②。即通过阶级斗争改变社会制度，实现社会主义，从而实现女性解放。陈独秀同样主张女性问题必须与社会主义相结合，明确指出，"女子问题，实在离不开社会主义"，"除了社会主义，更没有别的办法"③。

与之不同，邹韬奋则以个性解放、经济解放为主线，更加务实，更为现实。邹韬奋提出男女平等、婚姻自由和个性独立等主张，力求以务实的态度解决女性问题。概言之，女性解放的条件是社会观念的转变和女性自身的独立。然而，社会观念的转变不是一朝一夕的，而是循序渐进的过程，思想的更新和现代观念的倡导对女性观的进化意义深远。因此，在那个特殊的历史时期，邹韬奋对女性观问题的关注具有鲜明的时代性与进步性，它对于推动国人尤其是女性冲破传统思想的樊篱、促进思想解放和社会进步，意义尤为深远。

---

① 李大钊：《李大钊文集（下）》，人民出版社1984年版，第513页。
② 李大钊：《李大钊文集（上）》，人民出版社1984年版，第640页。
③ 陈独秀：《陈独秀文章选编（中）》，生活·读书·新知三联书店1984年版，第104页。

第十章 婚姻观

19世纪末,中国正处于新旧交错的历史时期,传统文化受到外来文化的冲击。辛亥革命推翻清王朝统治后,西方的民主共和思想渐开传播,中国文化及其传统观念随之开始历史转轨,首先便是婚姻观。作为民主主义者,婚姻问题是邹韬奋早期社会关注和文化反思的重点。邹韬奋一生发表了许多有关婚姻问题的文章,批判传统婚姻观,传播西方现代婚姻观,并力图为革新中国传统的婚姻观念提供思考。邹韬奋的婚姻观及其社会实践,是其思想观念和专业实践的重要组成部分。

一 缘起:个体与社会的多维激发

邹韬奋婚姻观的形成既有其自身因素的作用,也和外部因素密不可分。一方面,民主思想的传播引发了邹韬奋对新式婚姻观的倡导;另一方面,邹韬奋的生活环境和教育经历也影响到他对婚姻的态度。故此,邹韬奋的婚姻观是在多种力量共同作用下形成的。

首先,邹韬奋婚姻观的形成,受到了时代背景的影响。晚清和民国肇造伊始,腐朽的封建纲常始终阻碍着社会思想的解放,旧式的婚嫁习俗和婚姻观念仍然存在。鲁迅曾批判当时的社会是"吃人"的社会,人性被严重禁锢。五四运动过后,新思潮盛行,旧的价值体系被打破，民主、科学的思想蓬勃生长。邹韬奋切实地认识到，社会的闭塞导致大众精神受到束缚，婚姻观念传统保守，由此引发了他对新式婚姻观的倡导。

其次，邹韬奋的婚姻观与其生活经历和家庭环境有着不可分割的关系。邹韬奋自小生活在封建家族中，母亲是典型的旧式婚姻中的女性。他目睹了母亲在封建大家庭中备受压迫、生活无法自主和才干被埋没的不幸遭遇，并对此深感不平。他怀念母亲，同情母亲，也因此对封建婚姻愈加深恶痛绝。邹韬奋母亲的遭遇折射了旧式婚姻里中国女性的普遍状况，也成为后期邹韬奋极力反对封建包办婚姻的缘由之一。

最后，邹韬奋的教育经历也影响了他对待婚姻的态度。幼时系统的传统私塾教育，奠定了他早期的儒家思想基础；1909年，他在福州工业学校开始接受新式教育；后在圣约翰大学的学习过程中，他接触到的新观念对其思想产生了深远影响。新文化运动掀起思想潮流，民主共和思想深入人心，像邹韬奋一样的中国现代知识分子大力倡导并学习、借鉴西方先进的婚姻观念和民权思想，这也为邹韬奋婚姻观的形成提供了思想渊源和文化动力。

二　自我实践：自主平等为基的现代化求新

邹韬奋的婚姻观与他的婚姻实践密不可分。他一生经历过两段婚姻，第一段是与叶复琼的包办婚姻，第二段是与沈粹缜真心相许的自由婚姻。这两段婚姻均对其婚姻观的形成产生了不同的影响。除此之外，他多次在《生活》周刊上为读者解答情感问题，传播现代婚姻观念。从这些经历中，邹韬奋切身体会到封建礼教的极大弊端，感受到传统婚姻制度对人性的禁锢和压制。面对封建礼制的钳制，邹韬奋试图打破婚姻和家庭对妇女的束缚，提倡新的观念。邹韬奋新式婚姻观的独特内涵主要表现为婚恋自主和男女平等。

(一) 现代婚姻的神圣律条：婚恋自主

首先，邹韬奋倡导婚恋自主。他表示"文明的婚姻，当然要以恋爱为基础，这是我们所主张的"①。在封建旧俗的长期制约下，男女婚配通常由媒人介绍和父母决定，想改变这种局面，需要从社交公开化开始。邹韬奋认为"因男女社交之公开，'求爱'乃能多得机会，这也是一种自然的趋势"②。自由恋爱有多种相识的方式，社交公开便是自由婚恋的基础，双方在自愿的基础上相识相知，男女都有权利选择自己未来的伴侣。此外，邹韬奋表示社交公开并非专为婚恋而设，无论是单身还是已婚，男女双方都可以结识知己朋友。在传统交友的观念中，与异性友人相处会遭受许多非议，对此邹韬奋曾回复一封题为"有位助教"的读者来信，内容为"做男子的除夫人外未尝不可有女友，做女子的除丈夫外也未尝不可有男友，最重要的是所择的朋友须正派人，即品性端正的人"③。男女社交本不是什么伤风败俗的事，重要的是对方的品行是否值得信赖，以及交友过程中双方是否有明确的界限，尤其是在婚后的社交中，是否在道德范围内结交良友。因此，邹韬奋对于社交公开问题的见解包括两个方面：第一，一切以自由为基础。无论是以何种目的进行社交，都是属于男女双方的自由；第二，在与异性交友的问题上，需要客观理性，无论婚前婚后，双方都需要社交，而社交对象也不仅限于同性。对于异性友人，只要遵守道德，相处便不是伤风败俗的事。

其次，邹韬奋提倡婚姻自由，包括结婚自由和离婚自由两方面。关于结婚自由，邹韬奋的两段婚姻中均有体现。第一段婚姻是由邹父先前定下，最初邹韬奋并未反驳此事，直至五四浪潮兴起，他的态度

---

① 邹韬奋：《结婚岂是儿戏?》，韬奋基金会、上海韬奋纪念馆编《韬奋全集》（增补本）第 2 卷，上海人民出版社 2015 年版，第 369 页。
② 邹韬奋：《求爱》，韬奋基金会、上海韬奋纪念馆编《韬奋全集》（增补本）第 4 卷，上海人民出版社 2015 年版，第 164 页。
③ 邹韬奋：《有位助教》，韬奋基金会、上海韬奋纪念馆编《韬奋全集》（增补本）第 4 卷，上海人民出版社 2015 年版，第 151—152 页。

才发生转变。邹韬奋反对此婚姻的原因一是对包办婚姻的不满和抵制；二是他与叶复琼互不相识，毫无情感基础。邹韬奋表示"我们根本主张婚姻应以双方互爱为基础，反对机械式的强迫婚姻"①。邹韬奋认为，在传统婚姻制度中，父母将自己的意志凌驾于子女意愿之上，将婚姻当作使命，违背结婚的初衷与本意。他指出，婚姻应是男女二人爱情的产物，不应受此桎梏。这一理念在他的第二段婚姻中得到践行。经人介绍，他与沈粹缜相识相恋。恋爱过程中，邹韬奋经常会给沈粹缜写情书，双方奠定了深厚的感情基础。婚后二人常常相约看电影，夫妻琴瑟和鸣。这影响着邹韬奋对待婚姻的态度，使他更加坚定了自由婚恋的相处模式。在他看来，自由婚恋比门户、道德情操和品质更加重要，婚姻须建立在爱情的基础上，双方更应该是彼此的精神寄托。正如邹韬奋提出的："'真正的恋爱'乃是互相欣赏，不是几朝伴侣就可以做到，一定要彼此相熟相知，然后可以讲到相互欣赏。"② 对于离婚自由，邹韬奋同样有着独到的见解，一方面，鼓励女性在面对失败的婚姻时，主动提出离婚。"不管女子自己错不错，凡是离婚的女子，都看不起，都没有好好的上等人肯娶她。"③ 他认为这样残酷的社会态度是需要改变的，男方在离婚后应当考虑前妻所处的困境，并给予一定的帮助，这样不仅能缓解离异后女性在精神、物质上的匮乏，也能推动社会对离异女性看法的转变。另一方面，邹韬奋赞同离婚再嫁和寡妇再嫁。"只要彼此有真正的情爱，就是所娶的是寡妇，或是已与他人离过婚的妇女，都是很正当的。"④ 他表示女子要有自己追求幸福的自由和勇气，不能认为离婚是一件让人感到耻辱的事情。离婚再嫁

---

① 邹韬奋：《理智和情感冲突的痛苦》，韬奋基金会、上海邹韬奋纪念馆编《韬奋全集》（增补本）第4卷，上海人民出版社2015年版，第175页。

② 邹韬奋：《〈生活〉周刊第6卷第18期编余随笔》，韬奋基金会、上海邹韬奋纪念馆编《韬奋全集》（增补本）第3卷，上海人民出版社2015年版，第349页。

③ 邹韬奋：《男女关系中的一个重要问题（下）》，韬奋基金会、上海邹韬奋纪念馆编《韬奋全集》（增补本）第1卷，上海人民出版社2015年版，第831—832页。

④ 邹韬奋：《觉悟了的她》，韬奋基金会、上海邹韬奋纪念馆编《韬奋全集》（增补本）第4卷，上海人民出版社2015年版，第231页。

和寡妇再嫁本应是理所应当的,女人在此后单身时享有接受他人爱慕和追求幸福的权利。在当时的社会环境中,大部分人仍以封建的"处女观"来评判女性,邹韬奋能够正视离婚问题,将离异后的女子与男子平等视之,具有鲜明的进步意义。

(二)美满婚姻的核心原则:男女平等

邹韬奋认为,女性长期被封建纲常压迫,导致其在婚姻中地位低下,男女地位不平等,因此男女平等是邹韬奋婚姻观倡导的另一个重点。邹韬奋主张从两个方面入手促进实现男女平等。一方面是改变婚姻中对女性的道德束缚,这主要体现在他对贞操问题的见解上。传统贞操观通常是由男权控制,女性则是受控制、被损害的一方。邹韬奋认为贞操观为"性的德义"[1],是由男女双方共同维持的,需要双方划定的界限和遵守的道德标准来保障。从男女平等的立场出发,邹韬奋将贞操观分为未婚、已婚和离婚三个阶段加以阐释。首先,未婚男女需要尊重自己的人格,拒绝与任何异性发生性关系,为将来的配偶而保守贞操。其次,已婚夫妇的贞操则是相互的,责任也远超未婚的贞操责任。最后,离婚后的夫妇便中断了相互遵守的"性的道义",所以即便是再嫁或续娶都无关"失去贞操"。"我们以为此处贞操两字须有相当的界限。就是旧礼教中的惨无人道的贞操观念宜打倒,只有合于新道德的合理的贞操观念才有存在的价值。"[2] 邹韬奋将贞操划定合理界限,并且强调贞操问题上男女应该是平等的,不能只顾及男子的感受。这种论断对当时提高女性地位具有积极的作用。

另一方面,邹韬奋主张提高女子婚姻外的"自立"精神。他的两段婚姻都很融洽,这离不开夫妻间的理解和尊重。关于首任妻子叶复琼,邹韬奋曾在"译者序言"中说,"常得叶复琼女士的帮助商量,她替我誊录校对所费的功夫更不少。若非有她时常鼓励,恐怕这本书

---

[1] 邹韬奋:《贞操》,韬奋基金会、上海韬奋纪念馆编《韬奋全集》(增补本)第4卷,上海人民出版社2015年版,第216页。

[2] 邹韬奋:《贞操》,韬奋基金会、上海韬奋纪念馆编《韬奋全集》(增补本)第4卷,上海人民出版社2015年版,第218页。

至今还不能完毕"①。可见邹叶二人间的理解与分担。第二段婚姻中，在沈粹缜的支持下，邹韬奋的新闻出版事业也得到了进一步的发展。由他的婚姻经历可以看出，结婚不仅要基于爱情，更需要婚后双方强烈的责任感来维系。邹韬奋主张男女双方都要承担起建设小家庭的责任，反对长久以来的"三从四德""夫唱妇随"。他认为婚姻需要的是彼此尊重、相互扶持，男性可以帮助女性操持家事，女性也可在家事之余做自己适合、喜爱的工作。当时的社会对待婚姻的态度，一概默认为"男主外，女主内"，并且大部分婚姻中男女地位是不平等的。无论是在经济上，还是人格上，对于女性来说，内主家事代表需要放弃学业和工作。同时，教育中断、经济不独立更使婚内女性失去了自主权。所以，邹韬奋提倡婚姻中的女性不要束缚于旧礼教中的"相夫教子"，他指出"所谓自立能力与环境，不仅指物质方面的供给，并包括思想或精神方面有自立的能力"②。邹韬奋提出，女性要实现自立，必要从两方面入手："一是极力普及并提高女子教育；二是养成女子经济自立的能力。"③邹韬奋认为，经济地位决定社会地位，女性想要获得经济上的独立，必然要先拥有一份工作。因此，需要大力提倡女子就业，因为女子只有获得经济独立，才能走出禁锢，建立起自由独立的人格。此外，邹韬奋认为女性在婚后也同样拥有接受教育的权利，以此提升个人能力。而且，女子只有在工作中发挥自己的才干，才能摆脱对男性的消极依赖，从而实现人格独立。邹韬奋深刻地意识到要提高婚姻中女性的地位，除了经济的独立，还有思想层面的提高，女性独立意识的觉醒才是根本。由此可见，邹韬奋对"自立"一词的本质有着深层次的理解，它涵盖了经济和思想的双重建构。当时的中

---

① 邹韬奋：《译者序言》，韬奋基金会、上海韬奋纪念馆编《韬奋全集》（增补本）第12卷，上海人民出版社2015年版，第7页。
② 邹韬奋：《深切的痛感》，韬奋基金会、上海韬奋纪念馆编《韬奋全集》（增补本）第4卷，上海人民出版社2015年版，第286页。
③ 邹韬奋：《〈旧式婚姻制度下的被牺牲者〉编者附言》，韬奋基金会、上海韬奋纪念馆编《韬奋全集》（增补本）第4卷，上海人民出版社2015年版，第63页。

国,"男主外,女主内"的封建思想依然根深蒂固。这种历史情境下,邹韬奋婚姻观所倡导的男女平等极具启蒙意义。

三 历史思辨

任何脱离时间、空间的真理,从来都是不存在的,邹韬奋的婚姻观亦不例外。本质上说,邹韬奋的婚姻观是时代的产物。邹韬奋在求学历程中深受西方思想的影响,加之受到辛亥革命和五四运动等运动的洗礼,他逐渐用自由、科学的眼光看待世界,并将这些现代观念付诸实践。但与此同时,封建文化的长期浸淫对邹韬奋依然有着潜移默化的影响,这也使得邹韬奋的理念中存在着不可不察的传统因子。在这些内外因素的共同作用下,邹韬奋的婚姻观呈现出现实性和超越性共存、复杂性与发展性并存的特点。

(一) 现实性与超越性

邹韬奋主张的婚姻观作用于现实,超越了时代和思想樊篱,呈现出一种鲜明的现实性与超越性。

首先,邹韬奋的婚姻观具有鲜明的现实性。邹韬奋的婚姻观受胡适、鲁迅等人的影响颇深,且利用现代媒介广泛传播,具有很大的影响力。不过,邹韬奋仅以民主主义立场提出了自己的婚恋主张,并未触及社会变革,从某种角度讲,似乎不及胡适等人深邃。但相比之下,邹韬奋的婚姻观却自有一种过人的现实观照性。邹韬奋立足现实,直面传统和现代的冲突,讲求批判和平衡的中和,其婚姻观显示了浓厚的现实意义。胡适和鲁迅等虽同样提出了男女平等的观念,但并未分析其观点的可行性,没有考虑到中国社会的实际情况,缺少有效的现实支撑。和胡适、鲁迅相比,邹韬奋的观点不是空泛而谈,而是源于社会现实,作用于社会现实。盖因《生活》周刊非常受欢迎,拥有广泛的读者受众,邹韬奋便借助《生活》周刊,针对社会现实提出了许多切实有用的观点。值得强调的是,邹韬奋在"读者信箱"栏目中与读者进行沟通对话，细致深入地帮助读者解决婚姻中的实际问题，打破妇女在婚姻中受到的禁锢，更加贴合社会实际和受众需求。因此，邹韬奋的新式婚姻观对受众的影响是切近而又真实的，它的触角深入到了中国家庭婚姻的现实冲突中，并以温和有度的方式进行分析研究，提出符合中国社会实际的解决之道，不偏激，不保守，显示了难得的现实性。

其次，超越性是邹韬奋婚姻观的又一特征。邹韬奋通过媒介传播提倡婚姻自由，帮助他们摆脱苦痛，解决婚姻难题，给陷入婚姻痛苦的人们带来了精神上的慰藉。① 这使得邹韬奋的婚姻观超越了一般意义的文化宣讲，以媒介传播的方式体现了特有的实践性。另外，邹韬奋曾译介过多篇有关国外婚姻恋爱的文章，在"小言论""读者信箱"中也多次发表有关国外婚恋观念的文章。他审慎检视，取其精华，弃其糟粕，并根据中国社会现状指出国内女性的婚姻问题，提出具有实践性的应对方略。由此来说，邹韬奋竭力将外来文化的积极成分糅入传统文化的现代化进程之中，从而炼造适合中国现实的婚姻观，以推动中国社会婚姻观的历史转变。邹韬奋以现代文明改化传统文化，这契合了中国社会发展的时代要求，具有鲜明的现代性和开放性，并在某种程度上显示了超越时代的可贵品质。

（二）复杂性与发展性

在某些方面，邹韬奋婚姻观及其传播实践呈现出更为特殊的情状，表现为复杂性与发展性互为交织，共存并进。

第一，邹韬奋虽坚决反对旧婚制，但他与叶复琼的婚姻本质上却是包办婚姻的产物。邹韬奋所倡导的理想婚姻是以公开社交、自由恋爱为基础的，而不是旧婚制下的包办婚姻，因为包办婚姻是他极力抨击的对象。然而，在真正面对封建婚制时，邹韬奋并未废除婚约，他虽然提出了自由恋爱的观点，却没有与家庭抗争到底，而是出于对叶复琼的怜悯和同情，接受了这段婚姻。可见，邹韬奋虽然强烈批判封

---

① 沈谦芳：《邹韬奋传》，生活·读书·新知三联书店2016年版，第86页。

建婚姻专制，但是在自我实践上却在某种程度上选择了妥协。究其缘由，一方面是当时封建婚姻观念和制度过于强大，在具体社会实践中，个体面临诸多因素的纠缠，一时无法冲破禁锢，或许也是社会现实的一种；另一方面，邹韬奋处理此事时较为年轻，没有足够的力量战胜传统，超越自我，即以怜惜代替反抗，感性代替理性。另外，不可忽视的是，这样的婚姻选择或许也是邹韬奋的性格使然。邹韬奋忠厚善良、敦厚温和的性格亦会导致他无法决绝地回绝叶复琼，并坚定地站在包办婚姻的对立面。以是观之，邹韬奋的婚姻实践与其婚姻观念并不完全契合，体现了他婚姻实践中更为复杂的一面。

第二，关于婚后女性的角色定位，邹韬奋也表现出了理念和实践不尽一致的特点。邹韬奋认为女子婚后在经济和教育人格上都应独立，不应束缚于妇女单纯服务家庭的封建文化定位。但是与之不同的是，邹韬奋与沈粹缜结婚后，作为现代女性的沈粹缜辞去了高薪工作，回归家庭，成为地道的家庭主妇。虽然沈粹缜是先进思想的支持者，但也并不完全否认传统的"贤妻良母"观念，邹韬奋亦然，他在指出其不合理成分的同时，也承认、接纳了其合理的因素。当然，我们也应该承认，这样的选择也与经济和事业等方面的现实境况逼迫有关。邹韬奋大力倡导女性应积极参与社会的理念，并不代表在具体实践中必须要女性完全抛弃传统角色所应承担的责任。这样，邹韬奋一方面提倡婚后女性需就业的观点，另一方面却并未在自己的婚姻家庭中加以践行，其中的裂痕和冲突不言而喻。由此可知，邹韬奋的婚姻观是新旧并存、适度扬弃的结果，新式中有旧的褶皱，开放中暗含着持守的纹理，实在是一个矛盾的结晶体。

第三，邹韬奋对婚恋中"父母介绍"的态度，由彻底拒绝逐步演变为有条件保留，体现出一种特殊的发展性。最初，邹韬奋认为父母介绍的婚姻为包办婚姻，非常拒斥。但婚后他与叶复琼的生活却意想不到地幸福美满。究其原因，二人婚前虽素不相识，观念不同，但婚后双方互相谦让，愿为彼此做出改变，遂使两人相互扶持，感情渐笃。

相较之下，邹韬奋比鲁迅对待包办婚姻的态度，多了几分宽仁和善良。具言之，鲁迅和朱安与邹韬奋和叶复琼的订婚有相似之处，同样都是父母选定。但不同的是，鲁迅应和当时社会的新思潮，坚定反对包办婚姻并付诸实践。在和朱安的婚姻已成定局的情况下，鲁迅不愿做出任何妥协，决绝而激烈，遂弃朱安而去。后来，朱安也曾试图通过改变自己来改善这种婚姻关系，但由于差距太大，无法追上鲁迅思想观念的步伐，最终成了旧婚制下的牺牲品，惨淡一生。究其缘由，个性因素关系甚大。邹韬奋性格忠厚善良，叶复琼温柔敦厚，二人温和渐进，相向而行，遂趋接纳。另外，邹韬奋对于传统文化并非完全否定，他认可旧式婚姻中或可存有的合理性，选择宽容和接纳。而鲁迅则不然，鲁迅性格犀利决绝，不容妥协，凸显了他对新文化的执着坚定和对旧文化的激烈反对，这导致他与朱安的婚姻注定走向悲剧性的结尾。

基于对包办婚姻的认知演化，邹韬奋后期不再完全否定父母的介入。邹韬奋起初激烈反对父母包办性介入，排斥封建家长的强力统治，认为这是对婚姻自由的摧残。后来，邹韬奋开始部分认同父母介入的现实合理性，将包办婚姻中父母的笼罩性介入持续弱化，限定在"指导"和"商榷"的范畴内。这样，父母在子女婚姻中的角色就由强力的决策者变成了有限的指导者和协商者。如此设定的理由在于确保婚姻的妥当和安全，出于审慎之故。"亲友可以介绍两方做朋友，家长可以指导，或帮同商榷；但是选择之权应完全属两方本人；由'心爱'而想到'缔婚'，要完全由两方本人'心坎中'出发。"[①] 换言之，邹韬奋力主褫夺父母的婚姻决定权，赋予子女以婚姻自决权，意在倡导自由自主的现代婚姻观。同时，他又主张保留父母的婚姻指导权和协商权，是为了保证婚姻的稳妥性和安全性。这无疑是对婚姻质量的有效维护，体现了传统和现代、民族和世界的适度融合。它没有偏执于一种理念的合法性，而是进行了发展性嫁接和合理性配置，这

---

① 邹韬奋：《我的两位好朋友恋爱成功纪》，韬奋基金会、上海韬奋纪念馆编《韬奋全集》第2卷，上海人民出版社1995年版，第279页。

是基于现实对婚姻观革新的有益加持。

此外，邹韬奋也敏锐地指出，婚姻的根本在于两个人的相处模式，而不是相识的方式。这在为传统辩护的同时，也表现了一定的现代性和真理性。

以是观之，邹韬奋的婚姻观不是一成不变的，其观点在思考和反省中不断自我完善，自我发展，体现了一定的变化性与发展性。

邹韬奋是一个生于旧时代、长于旧时代的人，然而，他的思想并没有完全被传统礼教束缚。在西方现代观念的熏陶下，邹韬奋的婚姻观着眼现实，聚焦诸多超越时代的观念。邹韬奋婚姻观通过媒介传播广为散布，使得现代婚姻观深入人心，践行了五四精神的启蒙愿景，体现出特有的现实性与超越性。但不可否认，邹韬奋的婚姻观与其社会实践并不完全吻合，甚至存在某些裂痕。他追求现代婚姻，却接受了包办婚姻；他反对父母专制包办，却也认同父母指导协商，主张对传统婚姻观进行扬弃性接纳。这些都体现了邹韬奋的婚姻观的复杂性和冲突性。

邹韬奋的婚姻观是个体与时代交融的结晶，是文化观念和专业实践相结合的产物。它具有现实性和超越性，同时兼具复杂性和发展性，既体现了邹韬奋鲜明的个性特征，也深深地烙上了时代的印记。其中，人性、文化和时代假以现代媒介之舟而勇毅前行。

第十一章　健康观

健康观是邹韬奋思想系统中的特殊构成要素。健康观不仅是一个与传统文化密切关联的文化观念体系，更是五四精神的现代遗产之一，因为它指代着"科学"理念的现代更新。而当健康传播以显学的强大阐释力席卷而来的时候，健康观便成了健康传播中的核心，释放出无所不在的力量，影响着人类的科学认知和社会的现代发展。

在中国传统文化中，健康往往与精神层面的"修身养性"紧密相关，这是儒家和道家传统长期浸润的结果。[①]"重静轻动"的传统主流健康观，使国人在追求精神、修养、礼法和天人合一的过程中，忽视了对身体的塑造。如果说地理大发现之前，在以自我为中心的封闭世界中，这种传统健康观代表着以伦理道德为中心的本土文明[②]，那么在与世界各国密切接触，尤其是纷争不断、战火四起的时期，旧的健康观则凸显出固有的弊端，使中华民族在向现代文明转型过程中陷入"东亚病夫"的泥淖中。正是在传统健康观日益受到挑战，而更新的、符合国家现实需要的健康观尚未形成的转折期，许多受过现代文明洗礼的有识之士开始了自己的探索，邹韬奋便是其中之一。

[①] 梁秋语、张宗明、张其成：《从个人养生到大众健身——近代体育事业的发展、身体观之变迁及其当代反思》，《中华中医药杂志》2020年第4期。

[②] 葛兆光：《中国思想史》第2卷，复旦大学出版社2000年版，第594页。

第十一章 健康观

在主流话语中，邹韬奋往往以出版家、新闻记者和爱国斗士等身份出现，相关学术研究也主要集中在这些方面。视野的极度聚焦使邹韬奋研究在特定领域不断深化，但也容易陷入难有创新的境地，李金铨教授所言的"内眷化"困境在邹韬奋研究中同样存在。近几年，学界开始有意识地打破邹韬奋研究的内眷困境，关注邹韬奋的媒介正义观[①]、新闻伦理观[②]等以往被忽视的议题。在此理念的指导下，学界较少涉及的邹韬奋健康观议题逐渐浮出水面。它试图从健康传播角度梳理邹韬奋的启蒙思想，以期发掘被传统邹韬奋研究所忽视的层面，展示邹韬奋精神的潜在维度。

一　从个体强身到健己健国：邹韬奋健康观的转变

邹韬奋的健康观并不是一成不变的，而是有着一个发展成长的过程。以《韬奋全集》（增补本）为文本，就其收录的健康类文章来看，以1919年为界限，邹韬奋的健康观大致可以分为个体强身和健己健国两个阶段。

（一）1919年以前：立足个体，强身健己

早在学生时期，邹韬奋就关注到了国人的健康问题，并专门撰文强调卫生健康的重要性。1915年，邹韬奋先后在《学生杂志》发表《医学博士俞凤宾氏学生卫生宗旨谈》及其续文，论述注重卫生对抵御疾病、减轻疲劳和尽享天年的意义，并将注重卫生与追求奢华进行区分，为讲卫生寻求科学合理性及道德传统的支撑。邹韬奋认为，"自来有健康强固之体魄，然后有坚韧不屈之精神。是以三育并重，无所轩轾。言夫德育，则以孱弱之躯，欲其居敬沈毅，势不可得也。言夫智育，则以衰颓之脑，欲其穷理深思，亦不可得也"[③]。邹韬奋进

---

① 阳海洪：《论邹韬奋的媒介正义思想》，《南昌大学学报》（人文社会科学版）2020年第1期。
② 张文明：《邹韬奋的新闻伦理观及其价值》，《当代传播》2017年第6期。
③ 邹韬奋：《医学博士俞凤宾氏学生卫生宗旨谈》，韬奋基金会、上海韬奋纪念馆编《韬奋全集》（增补本）第1卷，上海人民出版社2015年版，第23页。

一步指出,"体育与精神之关系如此之大,则于卫生之道,不可不三致意焉。然宗旨不明,则所行与所期背道而驰者有焉矣,则于卫生宗旨,亦不可不三致意焉"①。最后,邹韬奋指出了写作的目的,"于吾学界青年体育上大有裨益也,爱记所闻,以饷同志;更以鄙意妄案数语,导发而引申之,或亦读者所乐为是正也"②。1916年,邹韬奋又在《学生杂志》发表《学生卫生丛谈》一文,关注学生群体的卫生问题,并从早起、早寝、清洁等六个方面呼吁学生关注卫生健康。邹韬奋无不担忧地指出了学校中常见的一些不利于健康的现象。"学校之中,虽有运动之科,苟学者犹然茫然于健身之必要,卫生之不容已;或既知而惮于实践,或实践矣而毫无精神,其于卫生之道,犹风马牛不相及也。"③ 对于这些现象,邹韬奋劝勉青年学生,应当"思其有所裨益于卫生者而固守之,思其有所有害于卫生者而力去之"④。此外,邹韬奋还提出了具体的改进办法,"一当早起""一当早寝""一当清洁""一当窒欲""一当惩忿"⑤。最后,邹韬奋诚心告诫,"学者而有意于卫生,以行自爱自存之道乎,则除自恃之外,无有人焉能助其一臂之力也"⑥。此中,邹韬奋所关注的健康问题,多停留在心理健康和生活习惯方面,而且所关注的对象集中在青年学生身上。他就青年学生学校里容易犯的、卫生习惯和健康养生等方面的毛病做了细致的指摘,提出了行之有效的应对之策和改进方法。邹韬奋语气亲切和善,循循诱导,语重心长,令人感慨。青年时期的邹韬奋,对健康的理解多停留在个体强

---

① 邹韬奋:《医学博士俞凤宾氏学生卫生宗旨谈》,韬奋基金会、上海韬奋纪念馆编《韬奋全集》(增补本)第1卷,上海人民出版社2015年版,第23页。
② 邹韬奋:《医学博士俞凤宾氏学生卫生宗旨谈》,韬奋基金会、上海韬奋纪念馆编《韬奋全集》(增补本)第1卷,上海人民出版社2015年版,第23页。
③ 邹韬奋:《学生卫生丛谈》,韬奋基金会、上海韬奋纪念馆编《韬奋全集》(增补本)第1卷,上海人民出版社2015年版,第62页。
④ 邹韬奋:《学生卫生丛谈》,韬奋基金会、上海韬奋纪念馆编《韬奋全集》(增补本)第1卷,上海人民出版社2015年版,第62页。
⑤ 邹韬奋:《学生卫生丛谈》,韬奋基金会、上海韬奋纪念馆编《韬奋全集》(增补本)第1卷,上海人民出版社2015年版,第62—66页。
⑥ 邹韬奋:《学生卫生丛谈》,韬奋基金会、上海韬奋纪念馆编《韬奋全集》(增补本)第1卷,上海人民出版社2015年版,第67页。

身，即健己层面，主要强调注重卫生对个人强身及健康生活的价值和意义。这是一种微观的、个体的健康解读，构成了邹韬奋健康观的雏形。

（二）1919年及以后：放眼世界，健己健国

1919年，邹韬奋进入圣约翰大学读书，受到更多西式教育，对健康的理解也带有了更多西方色彩。1919年1月，邹韬奋在《申报·自由谈》发表了两篇与健康相关的文章，其中《欧战中之妇女》一文介绍美国女青年协会通过饮食、休息和体操让欧战妇女保持身体健康。"美国青年会辅助法国妇女，俾弗至为战争中工作所困厄，其方法有三，曰简单饮食，休息，体操，于新鲜空气之中而已"，而这是法国妇女"尤能以最高之勇气，耐苦之特质，于此四载大战中，孜孜矻矻，备尝艰苦，从事工作，殆可谓以实业兵营助成前敌兵营之成功矣"①。由此可见，邹韬奋已经认识到了健康对战事等举足轻重的作用。与之不同，《糖与筋力工作》是一篇医学健康知识的普及推广文。在这篇文章中，邹韬奋指出"人体筋力工作时，必耗糖质，盖为生理学者所公认"，糖"盖为强壮筋力之用，常应体中所需要而神其分配之功用，实为人体中勿可阙者"②。邹韬奋还在其中举了法、德、意等西方国家的医学案例，以示糖对人体健康的重要性。对比1919年以前的文章，可以很明显地发现，此时的邹韬奋对健康的关注已经开始慢慢脱离国内视野和健己观的束缚，有了进一步的深化趋势。1919年11月25日，邹韬奋在《约翰声》发表的《吾国国民体育怎样可以增进》一文，是其健康观迅速成长的标志。在此文中，邹韬奋指出："吾国里头因体育不发达而死的总是不少，尤可惨的就是把国家所靠做中坚的青年之生命抢去……岂不是极可痛心的事吗？"③邹韬奋在与美国对

---

① 邹韬奋：《欧战中之妇女》，韬奋基金会、上海邹韬奋纪念馆编《韬奋全集》（增补本）第1卷，上海人民出版社2015年版，第151页。
② 邹韬奋：《糖与筋力工作》，韬奋基金会、上海邹韬奋纪念馆编《韬奋全集》（增补本）第1卷，上海人民出版社2015年版，第153—154页。
③ 邹韬奋：《吾国国民体育怎样可以增进》，韬奋基金会、上海邹韬奋纪念馆编《韬奋全集》（增补本）第1卷，上海人民出版社2015年版，第174页。

比之后，借黄炎培自美回国后的演说词抒发感慨，"美国国民体育实在发达。返而比较吾国国民体育，实在惭愧得很"①。邹韬奋后又借范源濂先生之语，指出中美学生在体育和体质方面的不同。"美国学校于体育特别注重。吾国在美留学的学生，他事都未必下于人，独及体育，就不及人远甚，一千多人里头，体质能与同级强壮之美生相比，恐怕难得数十人。"② 这样就导致了严重的后果，致使"吾国学生体质远不如人，而功课乃欲和人争胜，其困难可想而知。故成绩甚好的学生，每年必有数人殉其学业"③。邹韬奋也为学问和品性俱佳的中国学生因病夭折而痛心疾首，伤心鼻酸。针对这种情况，邹韬奋思考的重要问题便是"吾国国民体育怎样可以增进？"④ 对此，邹韬奋提出了自己的补救办法。"全靠一般新人物——就是英俊有为的青年造成一种喜欢运动和卫生的好风气，使这好风气变成一般国民的第二天性；一方面于儿童体育当积极改良。"⑤ 邹韬奋进一步指出，"西人有一种最好的风气，就是喜欢运动和卫生，于公事余暇，多以运动为消遣"⑥。相比之下，"吾国向来是没有喜欢运动和卫生的好风气，人民脑经中并没有想把运动拿来做消遣的一种观念，这是无庸为讳的。因为没有这种好风气和观念，他们就趋入不道德或有损害的消遣一方面去了，像打扑克、叉麻雀、吃花酒等恶习惯就自然而然的造成了。这些恶习惯是与体质'背道而驰'的，道德方面姑且不去说他，单说身体方面，精神损伤，睡眠不足，已经像拿无形的刀剑自戕了。于是体育就

---

① 邹韬奋：《吾国国民体育怎样可以增进》，韬奋基金会、上海韬奋纪念馆编《韬奋全集》（增补本）第 1 卷，上海人民出版社 2015 年版，第 174 页。
② 邹韬奋：《吾国国民体育怎样可以增进》，韬奋基金会、上海韬奋纪念馆编《韬奋全集》（增补本）第 1 卷，上海人民出版社 2015 年版，第 174 页。
③ 邹韬奋：《吾国国民体育怎样可以增进》，韬奋基金会、上海韬奋纪念馆编《韬奋全集》（增补本）第 1 卷，上海人民出版社 2015 年版，第 174 页。
④ 邹韬奋：《吾国国民体育怎样可以增进》，韬奋基金会、上海韬奋纪念馆编《韬奋全集》（增补本）第 1 卷，上海人民出版社 2015 年版，第 174 页。
⑤ 邹韬奋：《吾国国民体育怎样可以增进》，韬奋基金会、上海韬奋纪念馆编《韬奋全集》（增补本）第 1 卷，上海人民出版社 2015 年版，第 174 页。
⑥ 邹韬奋：《吾国国民体育怎样可以增进》，韬奋基金会、上海韬奋纪念馆编《韬奋全集》（增补本）第 1 卷，上海人民出版社 2015 年版，第 174 页。

愈趋愈下"①。邹韬奋阐明了这种现象所导致的严重后果不仅仅在于个体，更在于国家大势。"因为缺乏一种喜欢运动和卫生的好风气，就产生一种坏风气。因为有了这种坏风气，国民体育就永无增进的时候。"② 对此，邹韬奋提出了自己的主张。"所以我主张增进国民体育第一要事，要把这种坏风气铲除。铲除这种坏风气的方法，就是造成一种喜欢运动和卫生的好风气来代替他。造成这种喜欢运动和卫生的好风气之责任，全在一般新人物肩上。"③ 最后，邹韬奋结合黄炎培和范源濂国外考察的结果，提出了"提倡国民体育是当今急务"的观点，足见其认识之深。

这表明邹韬奋开始认识到国民体质在国际竞争中的重要性，并强调体育是增强国人体质的重要手段，其对健康的理解也从卫生进一步扩展到体育和运动。

1926年，担任《生活》周刊主编后，有价值、有趣味、服务大众、改造社会成为《生活》周刊的新追求，邹韬奋也有了表达健康观念的思想园地。在此后的五年里，通过撰文、设置专栏、聘请医学专家等多种形式，邹韬奋试图唤起国民对健康的关注。也是在担任《生活》周刊主编期间，邹韬奋的健康观日益成熟，并于1931年在《健身操练的准备》一文中将自己对健康的解读概括为"全国同胞健己健国所应该实行的一件很重要的事情"④，并提出了"人人所易于实行"⑤的原则，且在时间、场所和服装三方面要求以"轻而易举，人人所能办得到"⑥为准则。

---

① 邹韬奋：《吾国国民体育怎样可以增进》，韬奋基金会、上海韬奋纪念馆编《韬奋全集》（增补本）第1卷，上海人民出版社2015年版，第175页。
② 邹韬奋：《吾国国民体育怎样可以增进》，韬奋基金会、上海韬奋纪念馆编《韬奋全集》（增补本）第1卷，上海人民出版社2015年版，第175页。
③ 邹韬奋：《吾国国民体育怎样可以增进》，韬奋基金会、上海韬奋纪念馆编《韬奋全集》（增补本）第1卷，上海人民出版社2015年版，第175页。
④ 邹韬奋：《健身操练的准备》，韬奋基金会、上海韬奋纪念馆编《韬奋全集》（增补本）第3卷，上海人民出版社2015年版，第403页。
⑤ 邹韬奋：《健身操练的准备》，韬奋基金会、上海韬奋纪念馆编《韬奋全集》（增补本）第3卷，上海人民出版社2015年版，第404页。
⑥ 邹韬奋：《健身操练的准备》，韬奋基金会、上海韬奋纪念馆编《韬奋全集》（增补本）第3卷，上海人民出版社2015年版，第405页。

至此，邹韬奋对健康的理解真正实现了从个体强身到民族强健的转变。之后，邹韬奋的健康传播实践也多是在健己健国的核心观念指导下施行的。

二 邹韬奋健康观的内涵及价值

对健康的关注是邹韬奋早期现代化思想的重要组成部分，经历了从个体强身到健己健国的转变。在此过程中，邹韬奋健康观的主要内涵得以形成，产生了非凡的现实价值与意义。

（一）强身健体，提倡国民体育

作为有目的有计划地通过身体运动进行的身心教育，现代体育是西方现代化的代表性符号之一。① 而在中国古代，没有形成通过体育运动进行身体教育的传统。唐朝以后，在士人的眼中，肉体的锻炼往往属于"末学"②，从宋代开始，"静坐"作为养生之法在上层社会流行，重精神、轻身体的传统在明清时期日益增强。受此影响，西式体育刚刚传入中国时，在上不受政府重视，在下不被国人所接受，很难推广开来。地理大发现之后，在日益激烈的国际竞争中，尤其是在我国处于劣势的条件下，体育的性质发生转变，体育从身心教育成为一种国家生存手段的认同。③

正是在这种背景下，邹韬奋设想通过国民体育增强国民体质，尤其是青年群体的体质，来提高我国的国际竞争力。1919年，邹韬奋在《吾国国民体育怎样可以增进》一文中，提出了提高国民体育的两个具体措施：一是依靠英俊有为青年使喜欢运动和卫生的好风气成为一般国民的第二天性，二是积极改良儿童体育，④ 设想通过普及国家体

---

① 梁秋语、张宗明、张其成：《从个人养生到大众健身——近代体育事业的发展、身体观之变迁及其当代反思》，《中华中医药杂志》2020年第4期。
② 梁秋语、张宗明、张其成：《从个人养生到大众健身——近代体育事业的发展、身体观之变迁及其当代反思》，《中华中医药杂志》2020年第4期。
③ 程卫波、孙波、张志勇：《中国近代体育发展阶段的历史审视——一种身体社会学视角》，《体育科学》2011年第3期。
④ 邹韬奋：《吾国国民体育怎样可以增进》，韬奋基金会、上海韬奋纪念馆编《韬奋全集》（增补本）第1卷，上海人民出版社2015年版，第174页。

育推动国家进步。鉴于1922年北洋政府将体育课纳入教育体系[①]，邹韬奋的观点不可谓不具前瞻性。

（二）解放女性，改良女子美育

现代化的发展史，往往也是一部受压迫群体的解放史，女性便是其中之一。邹韬奋向来注重讨论女性议题，这不仅体现在他对女性教育和女性职业的关注中，也体现在女性健康方面。在中国传统文化中，女性往往作为男性的附属而存在，在家从父、出嫁从夫的传统观念将女性牢牢捆绑。除了没有婚姻、没有教育等个人选择的自由外，种种压迫还体现在女性身体上，如不能轻易抛头露面、裹脚束胸、保持与异性的距离等。大家闺秀与小家碧玉的审美标准更是将女性与温柔、体贴，甚至是羸弱画上等号，致使"弱不禁风"成为很多古代女子的通病。

邹韬奋极力排斥这种病态的女性审美观和美育观，将健康作为女性美的标准之一。邹韬奋于1928年在《生活》周刊发表《这是现在的女子啊！》一文时指出：中国的女子不应该"像从前那样呆板板的，身体简直没有生成功，所谓'弱不胜衣'，走起路来，好像腰背之间钉上一块木板！""张近芬女士说得好，'西洋女子，以体格强健，发育平均，精神活泼，为美观的重要条件'，我以为我国女子此后也应该向这条路走"[②]。邹韬奋认为强健的体格对女子乃至社会意义重大。"这件事不但关系女子的一生幸福，家庭的美满姻缘，而且关系未来的国民体格。"[③] 邹韬奋进一步提出了自己的健康美的观念。"由体格强健，发育平均，精神活泼出来的美，才是真美。"[④] 邹韬奋最后对中

---

① 杨宇菲、张小军：《文化共融：中国近代冰雪大众文化与社会转型》，《清华大学学报》（哲学社会科学版）2021年第6期。
② 邹韬奋：《这是现在的女子啊！》，韬奋基金会、上海韬奋纪念馆编《韬奋全集》（增补本）第2卷，上海人民出版社2015年版，第143页。
③ 邹韬奋：《这是现在的女子啊！》，韬奋基金会、上海韬奋纪念馆编《韬奋全集》（增补本）第2卷，上海人民出版社2015年版，第143页。
④ 邹韬奋：《这是现在的女子啊！》，韬奋基金会、上海韬奋纪念馆编《韬奋全集》（增补本）第2卷，上海人民出版社2015年版，第143页。

国女性提出了热切的期望,"我所以特别提出,希望全国的女同胞,此后对于运动,对于体格的强健,发育的平均,精神的活泼,要十二分的注意;这是有关我国民族的前途,不要视为轻微的事"[①]。在这里,邹韬奋将体格强健上升到民族前途的高度,对健康的重视可见一斑。邹韬奋随后又多次发文论述,在《最近世界运动会中的女运动家》《男的身体和女的身体》《获得全世界网球锦标的妙龄女士》等文章中以直接或间接的方式呼吁社会抛弃传统腐朽的女性美育观,让中国女子跟西方女性一样,多运动,注重体育,从而拥有健康的体格。邹韬奋呼吁解放女性,尤其重视对女性身体的解放,这虽然挑战了很多人的传统观念,但在一定程度上为女性赢得了不少话语权。

(三) 学习西方,弘扬现代健康观念

国人对卫生、体育和运动等现代健康手段的排斥,往往与传统礼教塑造的意识形态密切相关。邹韬奋对西方健康方式的引介虽然得到了很多读者的赞同和呼应,但文章配图中健硕、裸露的身体也招来了不少读者的批评。邹韬奋意识到传统观念对国民的束缚,因此在传播新式健康观的同时,也在不断致力于改造旧的、落后的健康观念,帮助国民树立新式现代健康观念。

在1928年至1929年间,邹韬奋发表过《健康的美》《男性之美》《审美观念》等多篇兼有议论性质的文章,向国民传达"由健康体格发生的美,才是真美"的现代健康观念,认为"这不但女子如此,就是男子也如此"[②]。邹韬奋借潘光旦之口,说出了他对健康的评判。"形态色泽之丰润与对称,为健康之一种表示,论者谓与美观,聪慧,道德心诸端皆有连带之关系。而其共同之出发点为生理与心理之健全。"[③] 而

---

① 邹韬奋:《这是现在的女子啊!》,韬奋基金会、上海韬奋纪念馆编《韬奋全集》(增补本)第2卷,上海人民出版社2015年版,第143—144页。
② 邹韬奋:《健康的美》,韬奋基金会、上海韬奋纪念馆编《韬奋全集》(增补本)第2卷,上海人民出版社2015年版,第391页。
③ 邹韬奋:《男性之美》,韬奋基金会、上海韬奋纪念馆编《韬奋全集》(增补本)第2卷,上海人民出版社2015年版,第500页。

"男性之美有一部分是由于先天,有一部分也在乎体育的讲究,卫生的注意,尤其是清洁整齐"①。邹韬奋也把健康视为审美观念的重要指标,他引用了"美国意利诺大学"的"克勒教授"的话加以评价。"健康的人的智慧,大多数比不健康的人来得好,而美丽是健康之一种表现。"②邹韬奋直言,"凡是毁坏健康而自以为美的行为,都是野蛮的举动。言念及此,缠足之风尚未尽灭而压胸之习又在盛行的女同胞们,置身何地?"③邹韬奋在批判毁坏健康来追求不正常美的行为的同时,也认为中国的裹脚陋习属于其中之一,并予以强烈批判。对于不愿转变传统观念甚至发言讽刺的国民,邹韬奋也毫不留情。在《生活》周刊的《免得误购后悔》一文中,邹韬奋指出,《生活》周刊刊登了"健而美的体格",介绍了"穿游泳衣或运动衣的影片","如有人看惯了新年家中悬挂的穿着凤冠霞帔或箭衣外套垂襟危坐的祖宗遗像(俗称喜神或喜容),看了这种影片觉得不惯,甚至觉得难过,那只得请他们千万不要再勉强看"④,言语十分犀利。在传播现代健康观念的过程中,邹韬奋不愿一味迎合,而是有着自己的坚持和主张,这种坚持在其独特的健康传播手段中可见一斑。

三 邹韬奋传播健康的方法技巧

作为一个研究领域,健康传播虽于20世纪70年代后才逐渐兴起,但健康传播——即美国传播学者罗杰斯所言的"一切涉及健康内容的传播"⑤——的相关实践行为,却几乎伴随着整个人类传播活动。邹

---

① 邹韬奋:《男性之美》,韬奋基金会、上海韬奋纪念馆编《韬奋全集》(增补本)第2卷,上海人民出版社2015年版,第500页。
② 邹韬奋:《审美观念》,韬奋基金会、上海韬奋纪念馆编《韬奋全集》(增补本)第2卷,上海人民出版社2015年版,第584页。
③ 邹韬奋:《审美观念》,韬奋基金会、上海韬奋纪念馆编《韬奋全集》(增补本)第2卷,上海人民出版社2015年版,第585页。
④ 邹韬奋:《免得误购后悔》,韬奋基金会、上海韬奋纪念馆编《韬奋全集》(增补本)第2卷,上海人民出版社2015年版,第778—779页。
⑤ 田维钢、温莫寒:《价值认同与情感归属:主流媒体疫情报道的短视频生产》,《现代传播》(中国传媒大学学报)2020年第12期。

韬奋不是仅仅停留在理论层面,他还以新闻人的身份参与到了传播健康的实践之中,并形成了个人风格明显的传播特征。换言之,邹韬奋的健康观正是在理论和实践相互建构的过程中共同铸就的。

(一)设置专栏,聘请专家

邹韬奋对现代健康观念的传播主要依托于《生活》周刊,但这种传播不是杂乱无章,任意为之,而是有着鲜明的专栏、连载和互动意识。1927年,《生活》周刊从第2卷第36期开始连载日本东京帝国大学医学专家殷木强先生的《从医学上观察日本人的现代生活》一文,且每期都配有邹韬奋的"编者附言"。如果说殷先生的文章是对日本人现代生活的简单介绍,那邹韬奋的编者附言则通过生动的案例,致力于说服国人向现代日本看齐,抛弃衣食住行等方面的传统陋习。1928年,《生活》周刊从第3卷第35期开始特辟"本刊健康顾问部"专栏,指示"健康"和"防病"的途径,虽然不是每期都有,却极富实用价值。1929年,从第4卷第13期开始,《生活》周刊设置"健而美的体格"专栏,模仿西方各国体育杂志的编排方式,向国人介绍健美的体格,持续了一年多的时间,可见邹韬奋对其的重视。

除了邹韬奋亲自采写的健康类文章之外,《生活》周刊还刊载了很多读者或医学领域专家的文章,如《极便宜的可以尽人享用的滋补品》《打破医药买卖制的主张》等,使《生活》周刊成为大众交流健康思想的平台。为了保证健康类文章的科学性和专业性,邹韬奋还聘请陈水星博士、俞凤宾博士等人担任编辑部医学健康顾问,且十分重视与医学专家的关系维护。在俞凤宾先生去世时,邹韬奋专门发文志悼,就俞凤宾先生对《生活》周刊的赞助表示感谢。

(二)图文并茂,方法实用

邹韬奋十分注重健康议题的视觉化传播,受制于当时的技术手段,主要表现为对摄影照片、漫画等图片的使用,其中最具代表性的当数《生活》周刊的"健而美的体格"专栏。该专栏模仿了西方体育杂志的编排形式,图文并茂,且以图片为主,体现健美体格的泳装或运动照片占据大半版面，主角多为西方青年男女。这些图片的配文虽短，但能恰到好处地对图片进行说明，并潜移默化地告知国人健美体格是现代性和身心健康的重要表征。该专栏在当时可谓十分大胆，别具一格，现在看来，依然让人耳目一新。

除了强调版面编排外，邹韬奋还十分注重健康方法的普及，文章的实操性和指导性非常强。如在1931年间，从第6卷第31期起，《生活》周刊连续发表"全身各部平均操练"系列文章，分别从上肢、下肢、胸背、腰腹、颈和内脏诸器官等身体主要部分出发，提供切实可行的运动方法和保健方式。以《关于上肢的运动》为例，邹韬奋提供了一套完整的锻炼方法，整个运动被拆解为两臂向左右平阖、两臂向前平阖、两臂向上伸降、两臂向上屈四部分。其中，每个部分又进一步细分出预备和动作两步，配有注意事项，并适时加入图片进行指导，正如邹韬奋自己所言，"所述各种运动皆取其最简易切实而易于实行者"[①]。《关于下肢和颈部的运动》《关于胸背和腰腹的运动》等其他系列文章均保持这种简单易操作的风格，现在读来依然实用。当然，在健康传播方面，邹韬奋对实用方法的推荐也有一些需要商榷的地方，如在《大块头有了法子》这篇文章中，邹韬奋介绍了美国女士蜜泽尔（Mabel Mitchell）的减肥方式——饿着肚子，只饮橘子及柠檬汁，饿了63天，居然从201磅减到了157磅[②]。它给我们的启示是，健康的内涵及手段是不断发展完善的，虽然我们无法脱离时代及发展阶段的限制，但在健康信息传播方面，还是需要多方求证，尤为谨慎。

（三）选取典型，注重效果

为了巧妙地转变国人根深蒂固的传统健康观念，邹韬奋采取了树立典型和讲故事的说服方法，以轻松幽默的方法传递现代健康观念。在邹韬奋的健康类文章中，西方体育女星或健美女性是其中的正向主

---

① 邹韬奋：《关于上肢的运动》，韬奋基金会、上海韬奋纪念馆编《韬奋全集》（增补本）第3卷，上海人民出版社2015年版，第412页。
② 邹韬奋：《大块头有了法子》，韬奋基金会、上海韬奋纪念馆编《韬奋全集》（增补本）第2卷，上海人民出版社2015年版，第23—24页。

角，德国运动女健将达拉克女士、获得全世界网球锦标的妙龄女士威尔斯赫伦、全美美背比赛冠军赫胥蕊女士、美国最健康而美丽的女士之一赛丽等均是邹韬奋赞赏和希望国人学习的对象。

除了树立正面典型，邹韬奋还注重以讲故事的方式强调体育、运动和健康给生活带来的积极转变，以理服人，以情动人。在《保留美丽的母亲》中，美国许露德夫人因适当运动，二胎后依然保持美丽；在《二十老而三十美》中，美国福孟女士因加入健身馆摆脱被丈夫抛弃的阴霾，重新找到人生的乐趣。在这些文章中，普通人的故事可以拉近与国人的距离，注重健康转变后的生活和人生转变则极富教化意味，表现了邹韬奋对受众和健康传播效果的重视。

救亡与启蒙是近代中国的主旋律，前期的邹韬奋及《生活》周刊无意于社会革命，重在发挥思想启蒙的功效①，而健康观念正是这种思想启蒙的重要组成部分。纵观邹韬奋的思想发展史，健康观在其中占取的比例并不大，主要集中在1931年抗日战争之前。抗日战争之后，面对着民族危亡，邹韬奋的关注重心逐渐从思想启蒙转变为救亡图存，国民健康作为次要议题渐渐脱离邹韬奋的核心视线。但不可忽视的是，关注健康是邹韬奋早期启蒙思想的重要组成部分。不仅如此，邹韬奋的健康观还从观念到实践形成了较为完整的体系，且在传播健康方面创造了实务创新的方法，这些在今天看来依然具有借鉴意义。邹韬奋健康观的研究，不仅可以适当弥补邹韬奋研究视野的盲点，也会对炙手可热的健康传播研究催生史论和方法论上的意义，并产生不可估量的现实价值。

---

① 梁小建：《从"健而美的体格"看〈生活〉周刊的转变》，载邹韬奋纪念馆《邹韬奋研究》第2辑，学林出版社2005年版，第261页。

第十二章　学习观

学习观是人们对学习的价值、取向、方法论等的系统认知，意在研究为什么学习、学习什么和如何学习的根本问题。邹韬奋的学习经历由传统趋于现代、中国转向西方，教育理念中西杂糅，显示了不同寻常的学习观，值得深入研究。

邹韬奋出生于一个传统官僚家庭，六岁时就开始读《三字经》，学生时期前几年接触的是中国传统教育，之后便在圣约翰大学开始系统地接受西方教育。多年的传统文化教育炼造了邹韬奋卓越的文字功底，同时也培养了他恒久的家国情怀。与此同时，西方文化教育让邹韬奋接触了西方先进的科学技术成果，了解了世界文明发展的趋势，为他培养世界眼光、寻找中国的出路打下了基础。邹韬奋先中后西的学习经历，逐步形成了中西合璧的学习观，他的学习方法、内容中西结合，而学习的根本目的则是实现国家之崛起——立足现实的中国化命题。邹韬奋在《西国自活版兴而人群之进化以速论》指出："人群异于禽兽者，学而已。文明异于野蛮者，学而已。强国异于弱国者，学而已。"[1] 他进一步阐释，"人群多数有学，则文化速进而国势愈兴"[2]。这表明了邹韬奋

---

[1] 邹韬奋：《西国自活版兴而人群之进化以速论》，韬奋基金会、上海韬奋纪念馆编《韬奋全集》（增补本）第1卷，上海人民出版社2015年版，第9页。

[2] 邹韬奋：《西国自活版兴而人群之进化以速论》，韬奋基金会、上海韬奋纪念馆编《韬奋全集》（增补本）第1卷，上海人民出版社2015年版，第9页。

"学方可兴国"的观点。该观点强调了学习的重要性,即把学习的意义和价值由人群提升到文明,直指国家兴亡的宏大目标。同时,邹韬奋也试图用"学方可兴国"的学习观解释民族文化衰落的原因,彰显他对国家、民族命运的思考。

此外,邹韬奋在多篇文章中论述过学习方法、学习内容以及学习的根本目的,表达了对学习方法、内容和目的等诸多问题的深入思考,并逐步形成了富有鲜明个性的学习观。

邹韬奋的学习观是个体选择和世界影响的结果,体现了浓郁的个性特征和时代印记,显示了超越时代的价值和意义,并最终成为邹韬奋思想体系中的重要组成部分。

一 学习方法:专一勤奋为本

"研究任何学问,欲求造诣深邃者,也不可不有几分呆气。"[①] 邹韬奋在《呆气》一文中记述了两个著名科学家的轶事,一是牛顿潜心深思时将手上的一只手表当作鸡蛋放入锅内煮,二是爱迪生结婚之日沉迷做试验,把新夫人丢在外面许久。邹韬奋借这两位西方著名科学家的"呆气"表现,指出研究学问如果没有到呆气的地步,钻研探求就不会深,得到的也许只会是皮毛。由此,邹韬奋得出结论,想要做好学问,必要有几分呆气不可。邹韬奋号召青年,无论是做学问,还是干工作都要有几分呆气。邹韬奋所说的呆气意指专注、痴迷和执着到忘我的特殊境地。无独有偶,邹韬奋在《专一静穆与修学之关系》中也强调,"吾尝体验诸己,默察夫人,以为为吾侪修学之障碍,日与吾所志为仇敌,使吾无所进而日即退步者,莫若分心与浮躁。欲救其病,厥惟专一与静穆"[②]。可见,邹韬奋认为专一和静穆是修学必备

[①] 邹韬奋:《呆气》,韬奋基金会、上海韬奋纪念馆编《韬奋全集》(增补本)第4卷,上海人民出版社2015年版,第711页。

[②] 邹韬奋:《专一静穆与修学之关系》,韬奋基金会、上海韬奋纪念馆编《韬奋全集》(增补本)第1卷,上海人民出版社2015年版,第45页。

之能力，而欲有深邃造诣，必会有呆气。平常人常乐于被人夸赞聪明，往往看不到呆气背后的精神实质，更领略不了那种痴迷忘我的学习境界，而邹韬奋却认为呆有时比聪明更可贵。由此可见，邹韬奋在学习方法论上自有高论，独具慧眼。

邹韬奋对学习方法的另一见解为勤与苦。勤即读书勤，写作勤，苦则是不惧吃苦。邹韬奋是一位一贯勤于学习且在学习上苦下功夫的报人，而他文章写得好的原因之一就在于勤读勤写。邹韬奋幼年期间苦读国学，学生时代就开始接触新学，尤其对《时报》上黄远生的"北京通讯"和梁启超的《新民丛报》以及章士钊的《甲寅杂志》都非常喜爱，视如珍宝，有时甚至会读报到凌晨两三点方入睡。

邹韬奋在他的人生经历和专业实践中，一直身体力行，用自己的行动来践行勤奋学习、勤于写作的准则。邹韬奋从学生时代就开始练习写作，并发表了不少文章。创办刊物后，邹韬奋在为刊物写作时极尽心力，即使生病了也要坚持完成写作。有一次，邹韬奋生了病，在病榻上眼花头晕，还是要坚持写作。后来确因身体原因写不下去时，就请一位同事来到床头，逐句口述，让同事帮忙记录。同事见他病得厉害，就劝他静养，建议"小言论"的文章由别人执笔，谁知邹韬奋却坚持不肯。后来，邹韬奋也一直坚持勤学勤写，哪怕坐船流亡海外晕船时，仍坚持为《生活》周刊撰写海外通讯。

流亡海外后，邹韬奋的学习写作的方向发生了历史性转变，读书兴趣逐步转向了马克思列宁主义的著作。流亡海外的两年期间，邹韬奋也总是尽可能抽出时间广泛阅读，回国便写作《读书偶译》，着重介绍马克思、恩格斯和列宁的生平。在长达八个月的被囚期间，邹韬奋坚持阅读名著，以充实自我。沈钧儒曾回忆，邹韬奋"平时遇有新出版书籍及刊物，见必举以相告，辄加以说明，谓此书不可不读，或某篇文字不可不一看"[①]。沙千里也回忆道，"那时他全部时间差不多都用在写作方面，虽然和在狱外一样也定有作息时间，但他工作的时

---

① 沈钧儒：《寥寥集》，沈叔羊编，生活·读书·新知三联书店1978年版，第141页。

间，自早至晚几乎全部是握着笔埋着头在著译，其聚精会神、集中思虑的情形，任何外面的吵扰，对他都不可能发生影响，即使我们在打球的时候，他也能在球场旁边一只特制的写作藤椅上运笔如飞的写作他要写的东西"①。对于络绎不绝的来访者，邹韬奋"宁可怠慢了远道而来的朋友，而不肯放弃他规定好了的著述工作"②。由此可见邹韬奋求知之饥渴和读书写作之勤奋。

邹韬奋曾在《爱校与勤学》中说："天下事，未有不自艰难辛苦得来而可久可大者。古今学问，亦未有不自艰难辛苦求之而能有兴味有可乐之处者。孔子发愤忘食，乐以忘忧，夫必先有发愤忘食之苦功，而后能有乐以忘忧之乐境。旷观古今圣哲学问大家，无不刻苦奋励，竭尽心力。及夫得之而有以自乐，则又不知足之蹈之，手之舞之。所谓愤乐相生也。学问之必先难后获，不可倖致如此。"③ 邹韬奋认为，勤与苦二字紧密相连，欲有所进益必勤，欲勤则必要吃些苦头。此外，邹韬奋在《在校修学杂感》中指出，勤学是学者的美德之一，但学必与思相结合。邹韬奋指出，"学而不思则罔，思而不学则殆"，埋头苦学却不知思考，其结果定不如人意，勤学与深思必结合，才能有大收获。

邹韬奋在《经历》中写道："我所看的书，当然不能都背诵得出的，看过了就好像和它分手，彼此好像都忘掉，但是当我拿起笔来写作的时候，只要用得着任何文句或故事，它竟会突然出现于我的脑际，效驰驱于我的腕下。……无论如何，我在当时自己暗中发现了这个事实，对于课外的阅读格外感觉到兴奋，因为我知道不是白读白看的，知道这在事实上的确是有益于我的写的技术的。"④ 学习是一个日积月

---

① 邹嘉骊：《忆韬奋》，学林出版社1985年版，第25页。
② 邹嘉骊：《忆韬奋》，学林出版社1985年版，第25页。
③ 邹韬奋：《爱校与勤学》，韬奋基金会、上海韬奋纪念馆编《韬奋全集》（增补本）第1卷，上海人民出版社2015年版，第59页。
④ 邹韬奋：《经历》，韬奋基金会、上海韬奋纪念馆编《韬奋全集》（增补本）第7卷，上海人民出版社2015年版，第140页。

累的过程，积累多了后就会如邹韬奋所说的那样——下笔如有神。在邹韬奋看来，读书不能过分追求速度，学习是一个长期的、日积月累的过程，必须有足够的积累，才能对所说、所写的内容信手拈来。

正是由于这种勤奋执着，仅在从"九一八"事变到太平洋战争爆发的前后十年间，邹韬奋就先后主编了《生活》《大众生活》《生活日报》和《抗战》等报刊，写作了数百万字的文章。在勤学勤写的过程中，邹韬奋时时牢记自己的职责，为读者服务。他通过健康进步的内容引导受众，帮助他们接受先进文化，积极上进，以改化社会。他以笔代剑，为抗日救国贡献自己的力量，在广大受众尤其是青年学生中享有崇高的声望，是当之无愧的良师益友。

二 学习内容：中西结合为纲

邹韬奋幼年接受了近十年的传统教育，之后又系统地接触了西学教育，这使得他对东方的传统文化与西方的现代文明有了较为深入的了解。他力图将东西方文化融会贯通，并通过东西方文化的交汇达到服务民众与国家的目的。这样，东西方文化结合就成了邹韬奋学习内容之纲。

对邹韬奋而言，学习传统文化对个体发展和国家命运都至关重要。由于对中国传统文学感兴趣，邹韬奋在课余时间阅读了《古文辞类纂》《韩昌黎全集》《王阳明全集》等古文典籍。邹韬奋在《经历》中描写了他读书的方式，他认为老师教得好很重要，但更重要的是个人通过自己的努力去领悟与运用。邹韬奋在读书时看到自己比较喜欢的书，就会做个记号多次阅读，最喜欢的书一有时间就看，乐此不疲。[1]

上下五千年的历史，创造了灿烂的中华文明。然而，近代以来，中华民族不断遭受侵略，民族危机不断加深。邹韬奋正是成长于这一

---

[1] 邹韬奋：《经历》，韬奋基金会、上海韬奋纪念馆编《韬奋全集》（增补本）第7卷，上海人民出版社2015年版，第139页。

时期,他对传统历史文化的学习,并非沉浸于盛世汉唐的繁荣兴盛,而是意欲借传统文化探寻中华民族陷入危机的原因,借古讽今,启发思考。邹韬奋在《班超遣甘英使大秦至条支临大海不渡而还论》与《西国自活版兴而人群之进化以速论》中指出了中西文化发展的不同趋势,认为西方进步速,而中华"高枕而卧,日即其退"[1],令人扼腕叹息。在《青衣行酒》一文中,邹韬奋指出,在华北日军进攻北平大演习的时候,老百姓流离失所,日军司令却受到众人祝贺与鼓掌。邹韬奋愤而慨叹,这种惨痛的现象与中国古时晋朝的怀帝被汉主刘聪所房,青衣行酒,却不免被杀的命运有什么两样?邹韬奋借此文来警醒当时国民党政府,一味地退让妥协,带来的只会是日本更进一步的侵略。同时,如果对日军侵略听之任之,日本的狼子野心终将会使中国落得与怀帝一样的下场。邹韬奋通过古今对比,以史为鉴,敏锐地觉察到了民族的重大危机,并给予警示。

中华民族是礼仪之邦,自古以来就重视仁义礼智信等品德的培养,尤其重视忠孝两义,忠即尽己报国的责任,孝为对父母长辈的尽心侍奉与顺从。邹韬奋对国民品德培养也尤为看重,写了很多篇论述品德的文章。如《爱与人生》中说:"天地间爱之最真挚者有二,曰母子之爱与夫妇之爱。……母子之爱与夫妇之爱皆本诸天性,与有生俱来,不过表显有先后。"[2] 值得注意的是,邹韬奋赞扬的孝与中国古代的愚孝有所差别。在《所谓孝子贤孙》一文中,邹韬奋借邻居家的儿子不仅要供养好嫖的父亲,还要供养父亲的小老婆,最后不堪重负,吐血大病之事,讽刺中国伦理中愚孝的荒谬性。为此,在《非孝是什么意思?》中,邹韬奋提出要摒弃过去盲目的尽孝,推崇有理性、有真情地尽孝。[3]

---

[1] 邹韬奋:《班超遣甘英使大秦至条支临大海不渡而还论》,韬奋基金会、上海韬奋纪念馆编《韬奋全集》(增补本)第1卷,上海人民出版社2015年版,第5页。
[2] 邹韬奋:《爱与人生》,韬奋基金会、上海韬奋纪念馆编《韬奋全集》(增补本)第1卷,上海人民出版社2015年版,第241页。
[3] 邹韬奋:《非孝是什么意思?》,韬奋基金会、上海韬奋纪念馆编《韬奋全集》(增补本)第1卷,上海人民出版社2015年版,第211页。

在"九一八"事变爆发后,邹韬奋思想与工作重心有了转变,开始将民族解放、抗日救国放在核心位置。这期间,邹韬奋创作了大量文章,号召国民尽己报国的责任,要求团结抗日,反对妥协投降,弘扬中华正气。国民大众尤其是青年学生在他的号召下,纷纷投身各个抗日战线,为团结抗战做出了重要贡献。

邹韬奋认为,对中华传统文化的学习也就是品德培养的过程。邹韬奋在《在校修学杂感》中认为,学与德互为促进,"学日进而德亦随之日进,此学之所以可贵也"①。学与德相结合,通过学习增进知识的过程,也是培养品德的过程。邹韬奋是在中国传统文化的影响下成长起来的,他非常喜爱国学,也非常重视道德的培养。在《交友四德》中,邹韬奋提出了包含敬爱、虚心、不蓄疑以及不嫉妒在内的"四德"②。在《刚毅与刚愎》中,邹韬奋又对"刚毅"与"刚愎"进行了区分界定。"勇于改过迁善,而不以外力摇动沮丧其志者,强毅之士也。善于文过饰非,而犹讳莫如深,自欺欺人者,刚愎之小人也。强毅志士,则进德修业,日进无疆,个人之文章事业以成,而国家亦利赖焉。刚愎小人之结果,则适得其反。呜呼!凡吾青年志士,不可不深长思也。"③ 在《不求轩困勉录》中,邹韬奋提出了"学生十思",包括思国家、思父母、思师友、思先哲、思幸福、思光阴、思希望、思责任、思励学和思敦品,体现了邹韬奋对学生综合品质的重视。④

此外,邹韬奋在《爱校与勤学》中点明爱校始于勤学。《爱校心之培养》一文中指出,爱校是学生应尽之义务,然而当下社会学生普遍无真诚爱校之心。"欲培养爱校心,必师友敬爱相得也。……欲培

---

① 邹韬奋:《在校修学杂感》,韬奋基金会、上海韬奋纪念馆编《韬奋全集》(增补本)第1卷,上海人民出版社2015年版,第145页。
② 邹韬奋:《不求轩困勉录 交友四德》,韬奋基金会、上海韬奋纪念馆编《韬奋全集》(增补本)第1卷,上海人民出版社2015年版,第17—22页。
③ 邹韬奋:《刚毅与刚愎》,韬奋基金会、上海韬奋纪念馆编《韬奋全集》(增补本)第1卷,上海人民出版社2015年版,第34页。
④ 邹韬奋:《不求轩困勉录 学生十思》,韬奋基金会、上海韬奋纪念馆编《韬奋全集》(增补本)第1卷,上海人民出版社2015年版,第37页。

养爱校心，必学业笃实有恒也。……欲培养爱校心，当知学校之所以恩惠我者何在也。……欲培养爱校心，当知校誉之关系我者何如也。"①邹韬奋在此强调培养爱校即是培养品德与爱校之心的途径。

五四运动以后，邹韬奋开始倡导学习西方文化，并强调学习西方科学文化知识的重要性。受五四运动影响，邹韬奋主张大力学习西方的科学，包括自然科学和社会科学。近代之初，国人只重视自然科学而忽略社会科学，这显然失之偏颇。邹韬奋也不认同这种现象，他主张全面介绍，将自然科学和社会科学同样加以介绍。为此，邹韬奋注重西方社会科学的译介，他翻译、写作了多篇介绍西方政治、文化和社会新闻的文章，如《欧战中之妇女》《美军总司令潘兴将军幼年时代》《土耳其全国老幼同做小学生》《外国的黄包车夫》，让国民对西方有了更深的了解。另外，邹韬奋还翻译了多本西方著作，向国人介绍西方哲学、教育学、物理学和心理学等，以提高国民的社会科学素养。与此同时，邹韬奋也强调西方自然科学的重要性，通过中西对比，学习西方先进的科学技术成果，以提升国民生活质量。其中，《激烈紫色射光之新功用》《世界最强之探照灯》等介绍西方科技的文章就是很好的例证。

另外，邹韬奋在圣约翰大学主修的是西洋文学，也是西方文化的主要内容。

此外，邹韬奋还注重读书的选择性。他认为书不可不读，也不可滥读，而要有选择地读书，要善于读书。邹韬奋推崇中西文化的兼容并包，对书的阅读并不是不加选择的，而是择优而读。他不盲目崇拜知名作家的作品，而是重点关注书的内容是否充实，读起来是否通俗易懂。邹韬奋每次选择书籍时总会先翻几页，觉得称心才会买下来。他总是先看书的内容是否充实和书的写作技巧如何，不爱佶屈聱牙之作。

除了学习文化知识外，邹韬奋受西方文化的影响，也非常重视体

---

① 邹韬奋：《爱校心之培养》，韬奋基金会、上海韬奋纪念馆编《韬奋全集》（增补本）第1卷，上海人民出版社2015年版，第53—57页。

育。邹韬奋在求学期间时常选译英文杂志，投稿赚取稿费。由于受到南洋重视体育风气的熏染，他选译的文字通常是体育杂志、科学杂志中体育方面的材料。比如，邹韬奋1915—1918年在《学生杂志》上发表的文章，就主要论述了勤勉好学和养成健全体魄这两方面的问题。其实，邹韬奋也是个体育爱好者，早在读中学的时候他就热爱运动，是学校足球队的主力。之后在新闻专业实践中，邹韬奋把爱好体育的习惯一直延续了下来，他在主编《生活》周刊时对体育的倡导与推广就是明证。邹韬奋在刊于《生活星期刊》中名为《体力的比赛》的文章中指出，"一般国民的体力——在表面上看来似乎是一件不急的事情，但是国民体力的健全是要在平日有素养，不是一朝一夕所能速成，是临时急不来的，所以在平日就要急赶起来才有效果"①。邹韬奋还将公共卫生学博士俞凤宾的演讲加以整理，并以《医学博士俞凤宾氏学生卫生宗旨谈》为题，连载于《学生杂志》，意在培养国民的运动意识，倡导国民强健体魄。

在《吾国国民体育怎样可以增进》一文中，邹韬奋认为喜欢运动和注重卫生是西人的良好风气，而中国国民普遍不爱运动。邹韬奋指出，他的几位好朋友就因为身体不好而早逝，我们国家因为体育不发达、身患疾病而失去生命的人也不在少数。对此，邹韬奋痛心疾首。邹韬奋主张倡导喜欢运动的良好风气，以取代消极怠惰的坏风气。他觉得这一责任自然应该落在年轻有为的年轻人身上，由年轻人发挥主体能动性，以改变国人不爱运动的不良习气。"我所谓造成一种喜欢运动和卫生的好风气，并不是希望普通国民都个个变成运动大家，这事固然办不到，就是办得到，亦没有什么好处。我的意思是要普通国民都应晓得普通卫生常识，养成一种活泼好动的习惯，注意锻炼自己身体。"②另外，邹韬奋主张通过向女子灌输保

---

① 邹韬奋：《体力的比赛》，韬奋基金会、上海韬奋纪念馆编《韬奋全集》（增补本）第7卷，上海人民出版社2015年版，第61页。

② 邹韬奋：《吾国国民体育怎样可以增进》，韬奋基金会、上海韬奋纪念馆编《韬奋全集》（增补本）第1卷，上海人民出版社2015年版，第176页。

养儿童健康的方法，改进儿童的体育活动。同时，邹韬奋还主张将体育纳入教育体系，学校教育与家庭培养相结合，以增强国民体质。总之，邹韬奋在这篇文章中不仅提出要发展体育，更是提出了发展体育的具体方法。他从国家未来的角度出发，以对体育运动的倡导，表达对民族命运的关怀。

邹韬奋中西结合的学习理念，是近代中国屡遭凌辱、民族危亡之际，中国知识分子勇于探索的产物。它以扬弃传统、学习西方的策略力图实现强民救国的使命，具有强烈的时代特征。

三 学习目标：为国奋斗之意

邹韬奋身处乱世，面对国破山河在的现实境况，他预设了宏大高远的学习目标，即为国而奋斗。

邹韬奋在《斯宾塞谓修道之法在于尝人生最大之辛苦说》一文中，说："天之将降大任于斯人也，必先劳其筋骨，苦其心志，而后立功成德，遗泽万世。后人闻风兴起，馨香膜拜，钦之仰之，慕之亲之，豪杰之士，甚至俯仰慷慨，感涕零泣，恨不同时者，夫岂偶然哉。"[①] 邹韬奋首先指出"劳"的重要性，他把周公握发待士之劳与王莽伪恭下士之劳的结果相对比，拿孔子周游列国之劳与苏秦游说之劳的结果相对比，深刻地指出虽同样历经辛苦，但是否合乎道义则意义迥然不同。他认为，若致力于正义的事业，则万千辛苦会有益于社会，并垂名后世。如果追求的是非正义的目的，则虽尝尽辛苦，却无益于家国，也不会为后人所认同。由此可见，"比苦其心志"更为重要的核心问题是"所修之道"，而与如何学相比，为什么而学则是更核心的问题。

亦如周恩来十二岁就立志为中华之崛起而读书，长于乱世的邹韬

[①] 邹韬奋：《斯宾塞谓修道之法在于尝人生最大之辛苦说》，韬奋基金会、上海韬奋纪念馆编《韬奋全集》（增补本）第1卷，上海人民出版社2015年版，第3页。

奋也将为国奋斗作为学习的宏大目标。为此，他前期致力于文化启蒙的学习和传播，"九一八"事变后又以媒介传播的学习和工作献身于民族解放事业。具体来说，邹韬奋前期在办报办刊中不断增进对西方文化、科技的了解学习，并将介绍西方先进的文化、科学知识为己任。"九一八"事变爆发后，邹韬奋坚持抗战，反对妥协，一直奋斗在民族解放事业中。他通过学习和写作各种文章引导民众，澄清日军和国内妥协分子散播的谬误，并用文字激发群众反抗侵略的斗志。邹韬奋指导青年学生运动，注重"联合战线"原则的应用，指导学生结成学生联合战线为民族解放斗争而奋斗。这些都对推动抗日民族统一战线的形成产生了不可忽视的作用。

最为突出的是，1933 年至 1935 年邹韬奋第一次被迫流亡海外，在长达两年的流亡生涯中，邹韬奋考察学习了英法德意苏联和美国的社会文化知识，对欧美与苏联社会有了较深的了解，先后写成了共计五十七万字的《萍踪寄语》与《萍踪忆语》。这些文章对邹韬奋欧美旅行所见所感进行了真实的呈现，内容翔实，文字轻快易读，读者喜称它们是"充满着爱与力的新游记"[1]。邹韬奋通过对欧美和苏联不同社会制度的实践成果对比，研究了马克思主义思想，指出资本主义制度必将为社会主义制度逐步取代，认定中华民族解放斗争的中心力量是中国勤劳的大众。

1935 日本侵略的魔爪伸向了华北地区，中华民族到了生死存亡的关头。5 月，国内发生了"新生事件"，国民党政府封闭了《新生》杂志，并逮捕了主编杜重远，邹韬奋对此深表不满。同年 8 月离开美国回到国内。回国后，邹韬奋积极参加抗日救亡运动，并开始筹办《大众生活》。在《大众生活》题为"我们的灯塔"的发刊词中，邹韬奋提出："力求民族解放的实现，封建残余的铲除，个人主义的克服：这三大目标——在汪洋大海怒涛骇浪中的我们的灯塔——是当前全中国大众所要努力的重大使命；我们愿竭诚尽力，排除万难，从文化方面推动这个大运动

---

[1] 张之华：《邹韬奋》，人民日报出版社 1998 年版，第 15 页。

的前进!"① 这再一次表明了邹韬奋致力于民族解放事业的决心。

在之后的时间里,邹韬奋仍然致力于推动民族解放的实现。在"一二·九"运动期间,邹韬奋发表了《学生救亡运动》《再接再厉的学生救亡运动》和《学生救亡运动与民族解放联合战线》等文章,充分肯定了学生运动的重大意义,并对青年学生运动进行了宣传和指导,号召学生结成联合战线。邹韬奋在《北平学生联会的继续努力》中说:"北平学生于万分艰危的环境中发动学生救亡运动,风声所播,震惊寰宇,全国学生纷纷响应,使汉奸寒胆,民众感奋,已以英勇的牺牲和沸腾的热血,写成中华民族解放史上最光荣的一页!"② 学习是学生的本职任务,但是只有国家无战乱,社会安定,学生才能安心读书学习。在邹韬奋看来,民族危亡关头,青年学生乃至我们每一个人都要奋起反抗,为中华民族解放做出自己应有的贡献。这也许就是青年学生乃至我们每个人学习的最终且最重要的目的。

邹韬奋一生始终致力于救国运动,为民主政治和文化事业奋斗不息。"始终以读者的利益为中心",是邹韬奋办刊时一贯秉持的理念。为此,邹韬奋不断努力学习各种理论和科学知识,提高自己的专业修养。他勤奋写作,努力工作,期望以健康高质的内容来给读者做指引。他设置"信箱"专栏,帮助战乱中的中国读者解答恋爱、婚姻、人生道路和社会政治等方面的问题,以便更好地为大众服务。显明的证据是,1927 年邹韬奋接手《生活》周刊不久后,就在该刊的《本刊与民众》一文中表示,他办《生活》周刊的动机就是以民众福利为前提,是为了给民众谋福利③。之后在上海创办《大众生活》时,邹韬奋进一步强调代表大众的立场和意识,主张发动整个民族解放的英勇抗战。

---

① 邹韬奋:《我们的灯塔》,韬奋基金会、上海韬奋纪念馆编《韬奋全集》(增补本)第 6 卷,上海人民出版社 2015 年版,第 495—496 页。
② 邹韬奋:《北平学生联会的继续努力》,韬奋基金会、上海韬奋纪念馆编《韬奋全集》(增补本)第 6 卷,上海人民出版社 2015 年版,第 524—525 页。
③ 邹韬奋:《本刊与民众》,韬奋基金会、上海韬奋纪念馆编《韬奋全集》(增补本)第 1 卷,上海人民出版社 2015 年版,第 644—645 页。

由此可见，邹韬奋的学习观始终指向为大众谋福利、为国家奋斗这一终极目标。

综上所述，邹韬奋的学习观产生于学生时代，发展于职业教育时期，形成于抗战时期。邹韬奋专一勤奋的学习方法、东西结合的学习内容和为寻求民族解放的终极目标，表现了他作为一代知识分子超凡脱俗的学习精神和忧国忧民的家国情怀。邹韬奋的学习观倾注着浓郁的个体意识，同时也深深地烙上了显明的时代印记。它将微观的学习规律和宏观的社会责任紧密结合起来，把个体思考注入历史解读，显示了超越时代的价值。它不仅具有强烈的个体借鉴意义，更以时代的回响启发大众，昭示后世。

第十三章　广告观

　　广告是邹韬奋新闻传播实践独立性品质的有力保障，也是其媒介经营的重要经验之一。对于职业新闻传播者邹韬奋而言，广告观是其媒介经营伦理的内在驱动，也是其思想体系的重要组成部分，亟须在媒介经营观之外进行单独研究。

　　《生活》周刊是邹韬奋广告观研究最为典型的文本，代言着邹韬奋广告经营的核心理念。它以典型文本的特质，成为邹韬奋广告观研究的系统指代。

　　《生活》周刊始终保持经济独立和思想独立并重，实现了社会效益和经济效益的共赢，为邹韬奋思想理念的传播奠定了坚实的基础。如邹韬奋所言，"《生活》周刊的发展，是随着本身经济力的发展而逐渐向前推的"①。《生活》周刊经济的发展始终与邹韬奋的广告经营观有着密切的联系，二者相辅相成，相互促进，折射了邹韬奋广告观的系统价值，彰显了邹韬奋思想和新闻传播实践的独特性。

一　广告：以"商业性"促"事业性"的指代

　　邹韬奋说："在经济方面，因为我们要靠自己的收入，维持自己的生存，所以仍然要遵守量入为出的原则。这里便牵涉到所谓商业性。

---

① 韬奋：《经历》，生活·读书·新知三联书店1978年版，第74页。

我们的业务费，我们的资金，既然要靠自己的收入，所以我们不得不打算盘，不得不赚钱。这可以说是我们的商业性的含义。"① 与此同时，邹韬奋始终坚持报刊的"服务精神"，认为报刊本身要从事"进步的文化事业"，这是坚决不可动摇的原则。关于报刊"商业性"与"事业性"二者之间的关系，邹韬奋认为不能将二者对立，因为只顾事业而对经济采用放任态度，最终必将破产，而只顾商业却罔顾事业则必将失去读者的信任，从而走向灭亡。所以说，必须要在不违背"事业性"原则的前提下努力赚钱，增加经济效益，使"商业性"得到充分发展，"因为我们所赚的钱都是直接或间接用到事业上去"②。

其中，广告成为这种"商业性"促"事业性"经营理念的指代。在具体实践操作上，主要体现在《生活》周刊于广告开始兴起和发行高峰时期其广告的面积、收入、种类的对比分析中。

首先表现在篇幅上。从1929年第5卷第1期起，《生活》周刊由单张、一张半变成了16开本的杂志，内容篇幅增加的同时，广告篇幅也相应增加。1929年第5卷的第1期至第3期、1933年第8卷第1期至第3期的广告面积所占比例对比如图13.1所示。

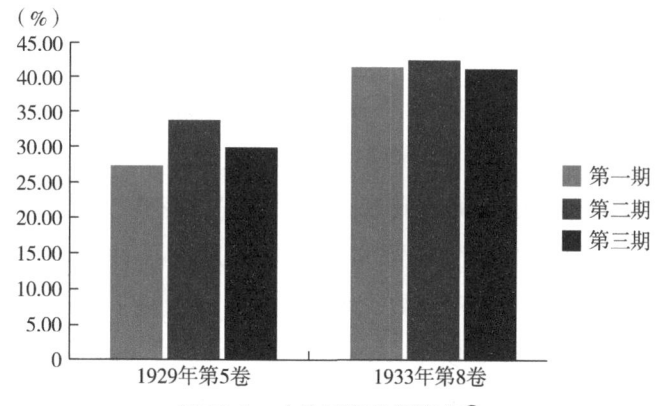

图13.1 广告面积比例变化③

---

① 邹韬奋：《事业管理与职业修养》，生活·读书·新知三联书店1982年版，第116页。
② 邹韬奋：《事业管理与职业修养》，生活·读书·新知三联书店1982年版，第115页。
③ 文中的表格数据均出自高运锋《从〈生活〉周刊剖析邹韬奋的广告观》（《新闻大学》2000年第3期）一文中数据的再整理。

在其他条件相对稳定的前提下,广告篇幅的增加势必能够带动广告经济的发展。从当时的广告刊价来看,《生活》周刊的刊价等同于《申报》,基本保持在每平方英寸(1 英寸=2.54 厘米)1 元 5 角。广告所占面积和营业额情况如图 13.2 所示。

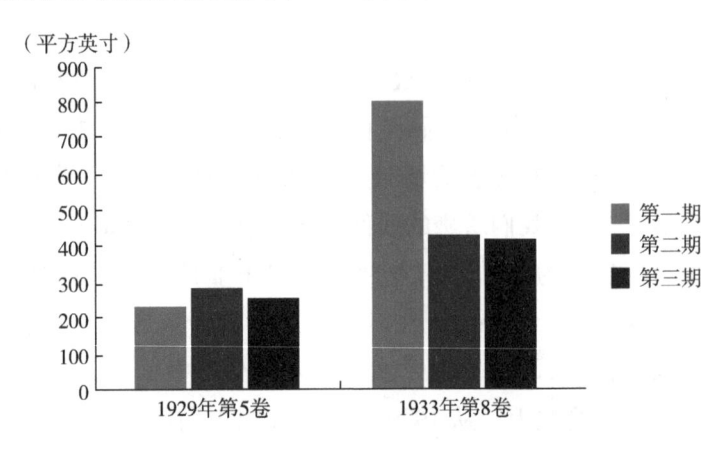

图 13.2 广告所占面积变化

其次是在广告种类上。在 1929 年第 5 卷第 1 期之前,广告刊登内容少,且类型主要集中在书籍广告方面。而之后,商品广告、金融广告、医疗广告、化妆品广告种类增多,如荧昌公司生产的火柴、永和宝业公司生产的"月里嫦娥"牌化妆品、梁新记牙刷公司生产的牙刷、天一味母厂生产的味母调味品等。《生活》周刊打破了过去书籍广告"一枝独秀"的局面,开始了广告的"百花齐放"。

从上述材料的对比分析可知,广告收入在某种程度上已经成为《生活》周刊重要的经济来源,为刊物的"事业性"发展奠定了牢固的经济基础,如图 13.3 所示。

而对于广告所得的收益,邹韬奋表示:"都尽量地用来力谋改进本刊的自身,由此增加读者的利益,由协助个人而促进社会的改进。"[①]在《创办〈生活日报〉之建议》一文中,他又说道:"本报注重为大

---

① 邹韬奋:《〈生活〉周刊究竟是谁的》,《生活》周刊 1928 年第 4 卷第 1 期。

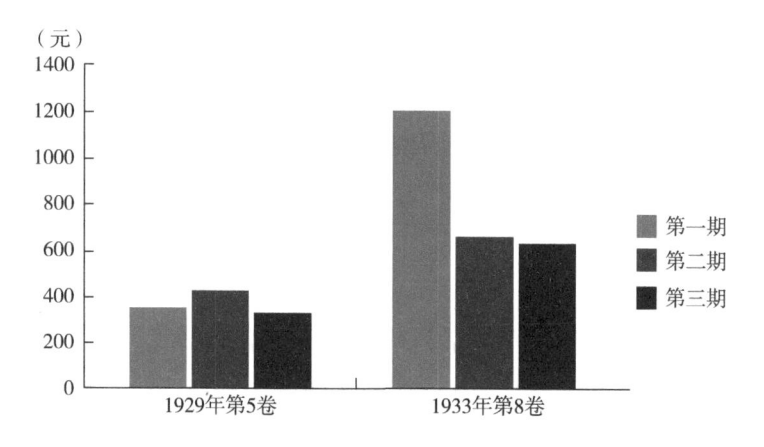

图 13.3 广告收入变化

多数民众谋福利,不以赢利为最后目的。"①《生活》周刊将广告费的收入运用到事业自身的发展中,具体表现在以下四个方面:

(一)提高报刊质量

《生活》周刊八年来不断顺应时代的要求丰富自身内容,增加篇幅。每期从最初的一张到第3卷第32期的一张半,再到后来改成16开本一印张,后续又增加到一又四分之一张、一又二分之一张、一又四分之三张,又出增刊到二又二分之一张,由单张改为订本。这些支出相对于过去成倍增长,但全年的定价却只由原来的1元增加到1元2角。而到了"金价愈高,纸价飞涨"的1930年,报刊的全年定价才不得不涨到1元5角,但同时也增加了"读者信箱"内容。从第5卷起,《生活》周刊由4开单张改为16开本16页,后又增加到28页,出增刊时甚至达到40页,但价格分文未涨。

(二)重金求稿

《生活》周刊随着广告收入的增加不断壮大了自身的经济实力,与此同时,对于刊物自身内容的要求也越来越高。邹韬奋为了刊物内容的精彩,不惜花重金求好稿,"最初八毛钱一千字的稿费,后由一

---

① 邹韬奋:《创办〈生活日报〉之建议》,韬奋基金会、上海韬奋纪念馆编《韬奋全集》(增补本)第4卷,上海人民出版社2015年版,第32页。

元，二元，三元，四元，五元，六元，七元，八元乃至十元！（较多的是海外寄来的通讯，因为洋面包特别贵，非重费难得好稿。）在当时，全国刊物中，所送稿费最大的是推《生活》周刊了"①。《生活》周刊有了属于自己的庞大的写作团队，仅海外通讯员就有近二十人，他们发出的国际资讯深受读者喜爱。

（三）促进报刊栏目发展

这里的栏目主要指《生活》周刊对于"读者信箱"的回信。据统计，刊物1928年平均每天回复信件在四五十封以上，1930年平均每天达到了约二百封。尽管邮费昂贵，但是邹韬奋还是坚持对这些来信都一一回复。

（四）带动了生活书店的发展

生活书店是在生活周刊社基础上成立的，是早期重要的进步文化机构。《生活》周刊一度是生活书店的主要经济来源。周刊广告事业经营的成功为生活书店的进一步扩展提供了有力的资金支持。

二 广告须彰显与人为"信"的理念

与人为"信"是邹韬奋在广告经营过程中坚持不动摇的理念原则。具体而言，主要体现在两个方面：

（一）确保广告的真实性

邹韬奋非常重视所刊登广告的真实性。他在《生活日报》时指出："本报对于所登载的广告，也和言论新闻一样，是要向读者负责的。"② 他要求工作人员"凡是骗人害人的广告，一概拒绝不登"，"凡不真实或有伤风化之广告，虽出重金，亦不为之登载"③。如《生活》周刊第6卷第28期和第30期登出私立上海女子中学的招生广告，事

---

① 马仲扬、苏克尘：《邹韬奋传记》，重庆出版社1997年版，第235页。
② 邹韬奋：《〈生活日报〉的创办经过和发展计划》，载《生活日报》第55号，1936年7月31日。
③ 邹韬奋：《创办〈生活日报〉之建议》，《生活》周刊1932年第7卷第9期。

后发现该校未经立案批准，《生活》周刊便即刻在第31期上登出《本刊重要声明》，宣布该校广告作废，承认自己的疏忽大意，表达了“置身歉疚”，并“自愿牺牲广告费”，将广告停刊。由于《生活》周刊在“读者信箱”中解决了很多读者关于婚姻、爱情、两性关系问题，得到了读者的广泛认可，有些读者就建议通过报刊“刊登征婚或征求异性朋友的广告”，而邹韬奋认为“字面上的介绍似乎含有危险性，未敢鲁莽开端，因为我们既无代为调查的能力，这种责任实在负不起”，“此种责任太重，我们既自问无力担负得起，就不应贸然担负，所以就是屡次有人要在《生活》周刊上登征求女友或征婚广告，我们都一概婉谢”[①]。也正因为《生活》周刊在刊登广告时谨慎负责的态度，读者对其所登广告十分信任，他们认为“《生活》周刊上登出广告的商品，大多为国产名牌货，质量有保证”[②]。

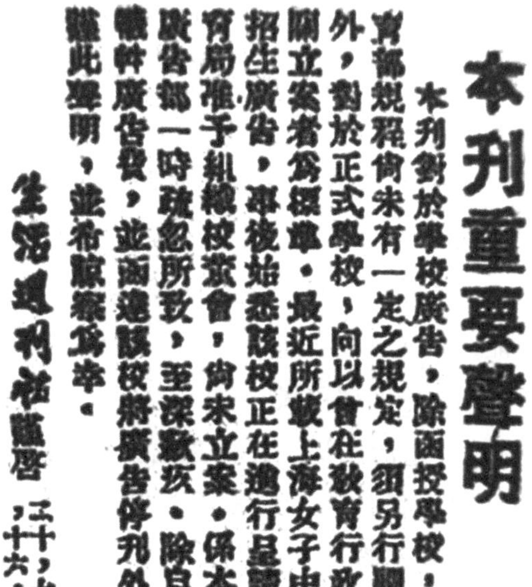
本刊重要聲明

本刊對於學校廣告，除函授學校，教育部規程尚未有一定之規定，須另行調查外，對於正式學校，向以曾在教育行政機關立案者爲標準。最近所載上海女子中學招生廣告，事後始悉該校正在進行呈請教育局准予組織校董會，尚未立案。係本刊廣告部一時疏忽所致，至深歉疚。除自願犧牲廣告費，並函達該校將廣告停刊外，謹此聲明，並希諒察爲幸。

生活週刊社謹啓　二十，七，十六。

图13.4　《生活》周刊刊发重要声明

① 周頫萍：《不解》，《生活》周刊1931年第6卷第5期。

② 生活书店史稿编辑委员会：《生活书店史稿》，生活·读书·新知三联书店1995年版，第25页。

(二) 信用与服务并重

广告主在投放广告的过程中,最在意的是广告媒体发行量的多少和发行范围的大小。当时上海的某些大报存在着虚报发行量以骗取广告主刊登广告的不良行为,《生活》周刊则坚决表示绝不因为尽力赚钱而损害广告主的利益。邹韬奋曾说:"我深信'信用是刊物的第二生命',故我对于《生活》的信用必用不顾一切地、不避嫌怨地全力保全它,绝对不许因任何人任何事而损及它。"① 他认为:"获得社会信用的刊物,就表面上看起来,好像只要拿出这个刊物的名称,信用便随在后面,其实它的名称所以能引起信用,并非'名称'的本身有何神奇的力量,全靠它的精神确能和从前一贯。倘若虽仍用旧名,而内容已掉了枪花,名存而实亡,读者非愚呆,谁再愿给与原来的信用?刊物的信用既失,刊物的本身当然只有'料理后事'的一条路走。"② 所以,邹韬奋"讲到编者的个人,不想做什么大人物,不想做什么名人,但望竭尽其毕生的精力,奋勉淬励,把这个小小的周刊,弄得精益求精,成为社会上人人的一个好朋友,时时在那里进步的一个好朋友"③。为"保证广告效立计,按时请会计师检查销数,正式公布","绝对公开是避免无谓的怀疑的最好方法,是取得大众信任的重要途径"④。所以,《生活》周刊公布数据是以邮局回单为凭证,认真统计之后加以公证,并在刊物上郑重声明,以示公允。这一做法在当时上海激烈的报刊竞争中实属可贵。

除诚实守信外,《生活》周刊还体现出了超前的服务意识。这不得不提到邹韬奋的挚友徐伯昕。由于其美术特长十分突出,徐伯昕专门负责广告业务,并经常为广告商义务设计广告。他所设计的广

---

① 邹韬奋:《中国人用科学方法办的好工厂》,韬奋基金会、上海韬奋纪念馆编《韬奋全集》(增补本)第3卷,上海人民出版社2015年版,第149页。
② 邹韬奋:《漫笔》,韬奋基金会、上海韬奋纪念馆编《韬奋全集》(增补本)第4卷,上海人民出版社2015年版,第438—439页。
③ 韬奋:《经历》,生活·读书·新知三联书店1978年版,第145页。
④ 邹韬奋:《创办〈生活日报〉之建议》,《生活》周刊1932年第7卷第9期。

告既美观得体又经济实惠，很多厂商都将刊登在《生活》周刊上的广告同时又在其他刊物上刊登，因此省下一笔广告设计费。邹韬奋称赞徐伯昕：“他完全用服务的精神，为登广告的人家设计……做得人家看了心满意足，钦佩之至。”"因此我们的广告多一家，便好像多结交一位朋友，他们对于我们的服务精神，都得到非常深刻的印象。"①

图 13.5　生动有趣的冠益草帽广告

也正因为诚信无欺的经营态度，《生活》周刊与广告主之间建立起了真诚合作的伙伴关系，拥有了一批忠诚可靠的广告客户，如上海雪园饭店、梁新记牙刷制造厂、上海五和制造厂、上海聚兴诚银行、中国乒乓球厂等。"九一八"事变后，在《生活》周刊发起的援助东北马占山将军抗日捐款运动中，登在《申报》上的有关捐款人姓名、金额等信息的大幅广告所需费用都是"几个素来对我们事业同情而富

---

① 邹韬奋著，中国韬奋基金会韬奋著作编辑部编：《韬奋新闻出版文选》，学林出版社 2000 年版，第 339 页。

有经济力的厂家所捐送的，自己没花一分钱"①。

三 广告要有强烈的社会责任意识

大众传媒具有特殊的意识形态属性，它报道新闻，发表时评，监督政府，传播知识，提供娱乐，刊载广告；大众传媒又具有产业的属性，它提供媒介产品，有有形的产品——通过订阅、零售等途径到达受众手中的报纸、杂志等，还有无形的产品——信息、广告、时间和版面。因而，大众媒介的管理既要体现其社会效益，又要强调它的经济效益，二者都不可偏颇。②

邹韬奋很重视报刊广告，在他主编《生活》周刊期间，曾亲自出马向外商拉广告。1932年3月5日，他在发起创办《生活日报》的文章中提出了9项建议，其中第4项为"广告"，第3项与第5项为同广告有密切关系的"张数"和"销数"。邹韬奋对于广告十分重视，却又坚持绝不违背自身的原则。他要求"报纸上面登载广告，不应该专为了报纸的营业收入，而应该同时顾及多数读者的利益"，"对于所登载的广告，也和言论新闻一样，是要向读者负责的"③。这种态度反映在具体的实践中有以下两点：

（一）秉承服务精神

《生活》周刊对于广告的选择和刊登有着严格的限制。骗人害人的广告一概不登自不必说。"略有迹近妨碍道德的广告不登，略有迹近招摇的广告不登，花柳病药的广告不登，迹近滑头医生的广告不登，有国货代用品的外国货广告不登。"④《生活》周刊所登载的广告大都

---

① 邹韬奋：《事业管理与职业修养》，生活·读书·新知三联书店1982年版，第24页。
② 凌昊莹：《媒介经营管理》，中国广播电视出版社2002年版，第7页。
③ 邹韬奋著，中国韬奋基金会韬奋著作编辑部编：《韬奋新闻出版文选》，学林出版社2000年版，第126页。
④ 邹韬奋：《大拉广告与自力更生》，韬奋基金会、上海韬奋纪念馆编《韬奋全集》（增补本）第9卷，上海人民出版社2015年版，第727页。

是与人们的生活息息相关的商品或服务。除此之外，该刊十分注重教育、书籍等文化类广告。无论哪个时期，书籍广告都占有相当的比重，如图13.6所示。

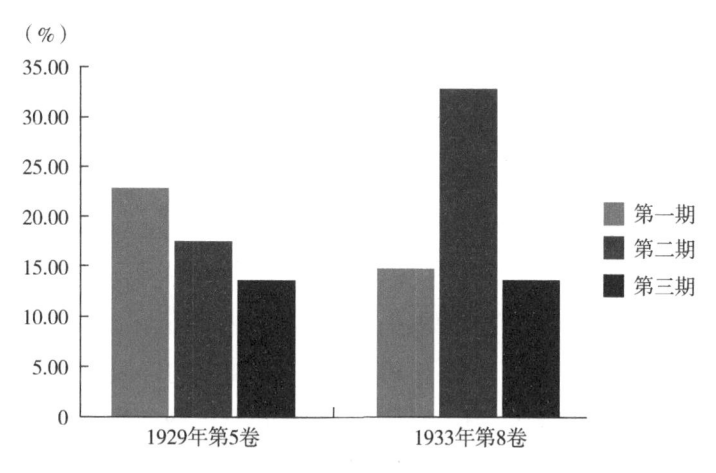

图13.6 书籍广告面积比例

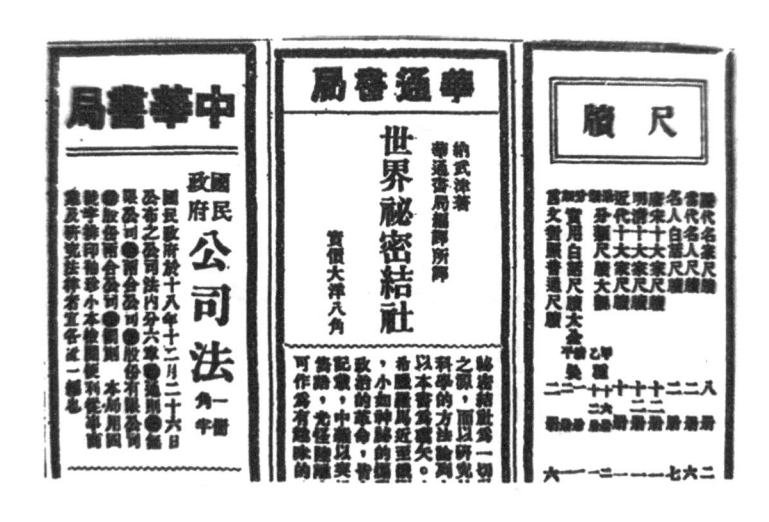

图13.7 书籍广告

（二）倡导公益取向

《生活》周刊的广告经常与刊物内容相一致，充分发挥"促进人生与指导人生的功能"，利用广告宣传刊物的政治主张，反映传达并指导社会舆论。"九一八"事变后,《生活》周刊上刊登了很多爱国主义性质的广告。如《生活》周刊第 7 卷连续刊登了上海雪园饭店的广告,呼吁全民团结、支持抗战:"同胞们:国难已临在我们头上了,匹夫有责,不容稍存观望。目前的急务是:有力的出力,有钱的捐钱,一致予前敌作战的忠勇将士以相当之鼓励。同胞们!少看几回影戏罢!少打几回麻雀罢!"同时期,上海泰康公司也登出同类广告:"空谈国难,等于不谈,自我牺牲,是真救国。"中国乒乓球制造厂的"连环牌"乒乓球产品广告更令人拍案叫绝。其广告以"马占山"三个黑体字为标题,正文是:"赤诚保国,是军人应尽之天职,设人人能如马占山,马占山何足奇?正确耐用,是标准乒乓球应尽之优点。设各品牌如连环牌,连环牌何能独占其美?"① 寥寥数句,响应了当时抗战救国的社会浪潮,既弘扬了马占山将军英勇抗敌、保卫国家的爱国主义精神,又巧妙地将"连环牌"乒乓球卓越品质表现出来,让人耳目一新。

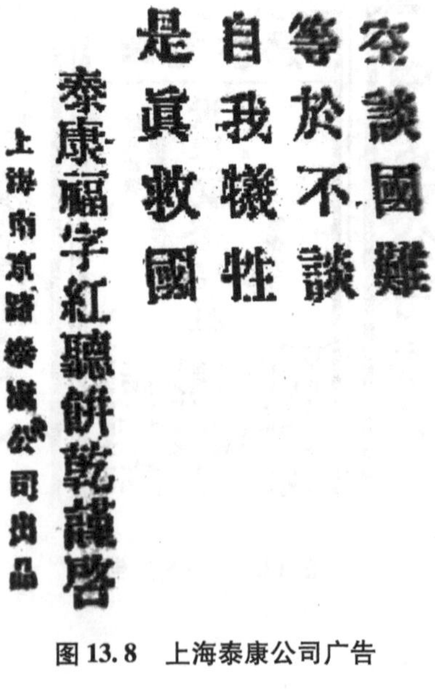

图 13.8　上海泰康公司广告

---

① 高运锋:《从〈生活〉周刊剖析韬奋的广告观》,《新闻大学》2000 年第 3 期。

四 坚持广告版面与刊物风格协调一致

在邹韬奋所处的那个年代，政治、经济、文化等各个方面错综复杂，在同一报纸杂志上经常出现不同甚至对立的观点方针，比如在主版倡导新文化，在副版又鼓吹旧观念。邹韬奋对于这种割裂版面的做法十分反对，所以他特别讲究刊物在编排上的协调一致性。表现在广告上是强调广告要与其他栏目和谐统一，要把"广告的位置划定，勿使广告割裂了新闻，而结果却能使新闻和广告俱保持着美观"，一般"新闻下面刊登性质相类之广告，使眉目分清，读者极易寻觅"。① 观察每期的刊物可知，《生活》周刊在1、2版的"小言论"栏目中从不登广告。其他各栏广告一般登在每版的下二分之一版或左三分之一版，

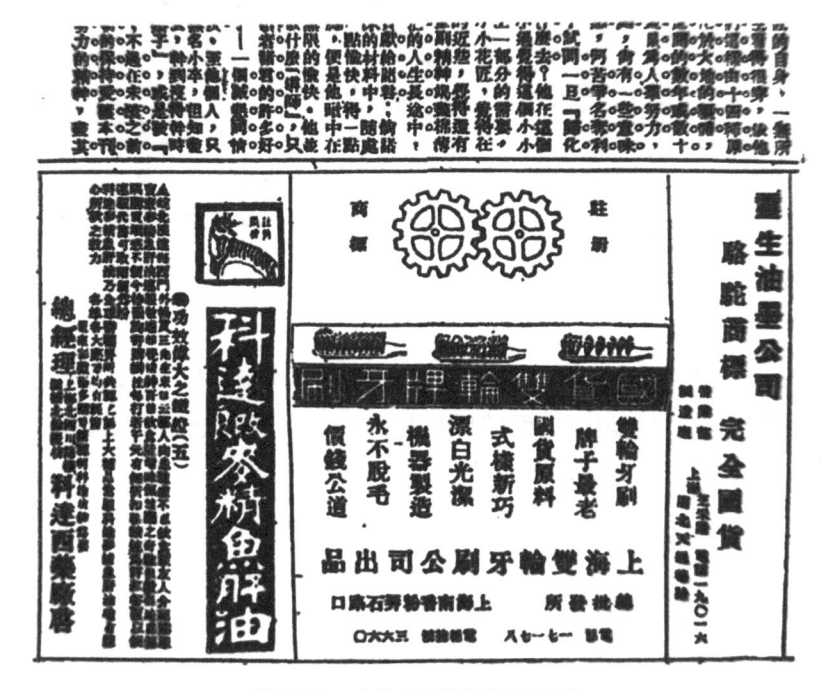

图13.9 广告位于版面下1/2处

---

① 邹韬奋：《创办〈生活日报〉之建议》，《生活》周刊1932年第7卷第9期。

位置相对固定,有些广告排在与文字内容相近的版面,如学校招生广告排在文教新闻版,书刊广告排在副刊版。

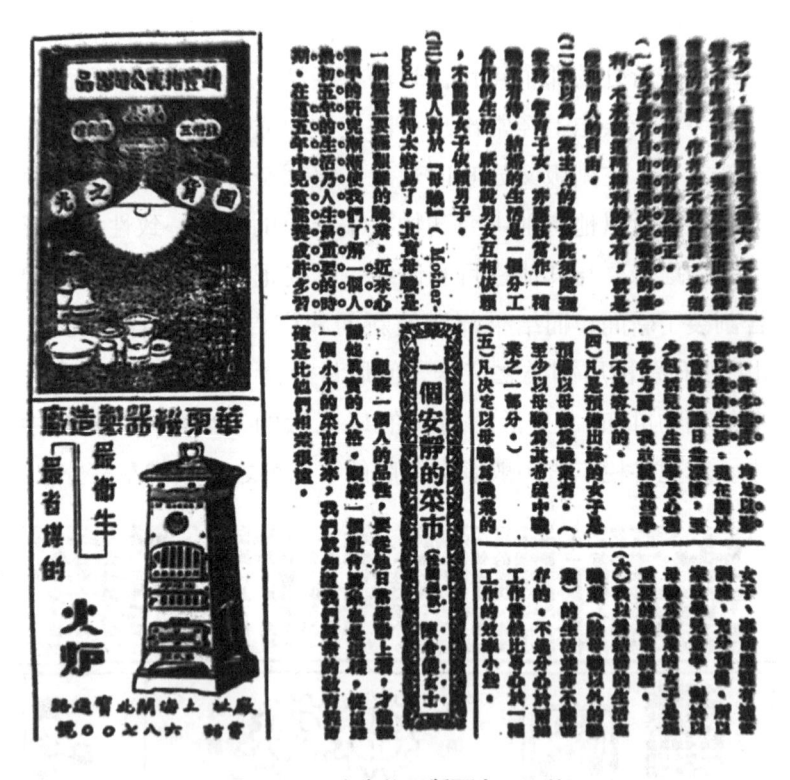

图 13.10 广告位于版面左 1/3 处

除此之外,《生活》周刊"提倡小广告,反对大广告",这与《生活》周刊讲究文章短小精悍的风格相一致。与同时期其他报刊的广告相比,《生活》周刊刊登的广告具有条数多、面积小、容量大的特点。"胜三搪瓷品""月里嫦娥牌蚊香""玫瑰牌袜子""大中华唱片""冠生园陈皮梅""正泰橡胶"等常年在《生活》周刊上刊登小广告,有一百多幅,篇幅绝少超过四分之一版。这些广告大多构思巧妙,主题突出,画面简洁,形象生动,因此颇为业界称道。①

---

① 江苏省政协文史资料委员会、江苏省常州市政协文史资料委员会编:《新文化出版家徐伯昕》,中国文史出版社 1994 年版,第 447—453 页。

图 13.11　月里嫦娥牌蚊香（几乎每期都有）

从图 13.12 的对比情况来看，即便是在发行量最高的 1933 年第 8 卷，每条广告的平均面积基本在 9 平方英寸左右。

邹韬奋在《生活》周刊的广告经营过程中近乎完美地将"事业性"和"商业性"协调统一；坚持与人为"信"，不以牟利为最终目的；注重广告版面与期刊的整体协调性，且具有强烈的社会责任感。正是邹韬奋对其广告经营观的坚持，才使媒介经营获得了经济效益和社会效益的双丰收，在坚守"人格"的同时，促进了"报格"的发扬光大。他兢兢业业的工作态度，始终坚持真诚为读者和广大群众服务

（平方英寸）

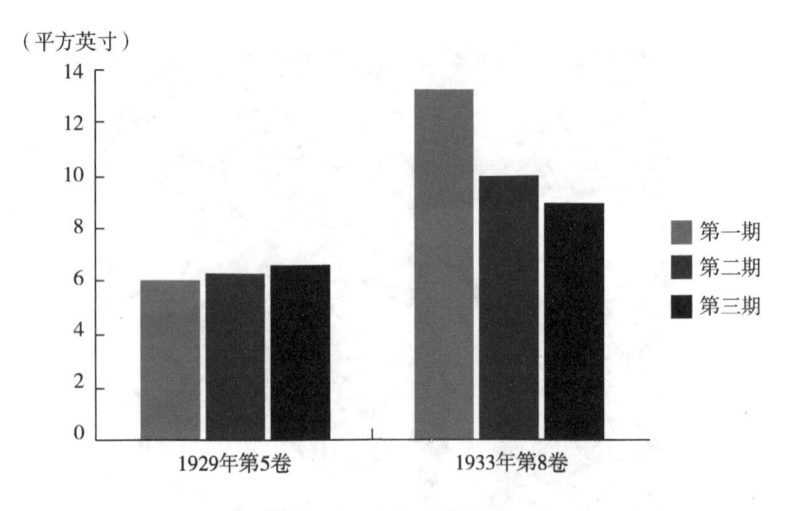

图13.12 每条广告面积

的精神，无疑都具有重要的启迪功能和崇高的典范意义。

邹韬奋《生活》周刊的广告理念是其后媒介经营理念的奠基，它成功地导引了邹韬奋的新闻传播实践，成为邹韬奋思想的重要内核，最终形塑为中国近现代新闻传播业界的典范。

第十四章　胡适传播观

从某种意义上讲，邹韬奋的胡适传播观不同于其他宏观和中观层面的观念体系，更具文化意义，更加微观具体。它展现了邹韬奋站在左翼知识分子的视角，对同样为五四知识分子、文化界领袖的个体认知和历史判断。它折射了邹韬奋思想观念的时代烙印和个体特征，其中的复杂性和深刻性见证了历史肌理的多义性，值得深思。

必须承认，邹韬奋和胡适有着一种特殊的关联。邹韬奋生于1895年，而胡适生于1891年，邹韬奋仅比胡适小4岁，但二人经历却迥乎不同。邹韬奋多遭曲折，方才跻身报界，成为左翼知识分子的中坚，而胡适则早年即暴得大名，扬名于学界和政界，并最终成为自由主义知识分子的旗手。两人在现实中过往甚少，多以文相交，利用报刊等现代大众传播媒介批评时政，传播观念。在他们的传播历程中，不难发现，胡适是邹韬奋的一个重要传播对象和评论焦点。然而，与对鲁迅始终如一的盛誉有所不同，邹韬奋对胡适的传播和评判显得复杂多变，耐人寻味。这就使得邹韬奋的胡适传播观演变有了一种不同于鲁迅传播观的复杂性和深刻性。

邹韬奋的胡适传播观演变，折射了左翼知识分子对自由主义知识分子历史评判的复杂性，显示了一代新闻人特殊的知识分子观和新闻传播观。它对邹韬奋的知识分子观、传播观乃至社会观研究都有着特殊的意义。

那么,邹韬奋的胡适传播观演变内在逻辑是什么?意义和价值启发何在?这将是一个值得探讨的问题。

一 研究现状:盛名与清冷

以胡适的盛名以及邹韬奋和胡适的特殊联结,邹韬奋的胡适传播观演变应该是一个不容忽视的重要命题,然而,遗憾的是相关研究却相当清冷。

较早关注这个话题的是沈谦芳的《胡适与邹韬奋》,该文细致地分析了"九一八"前后邹韬奋对胡适由"推崇"到"痛骂"、"赏识"到"分道扬镳"①的历史变化,史料翔实,但或许有所顾忌,点到即止,没有进一步的意义深掘。

郝丹立2002年的《邹韬奋的知识分子观——从其对陈布雷、胡适的评价说起》一文以知识分子观为切入点,认为邹韬奋对胡适由"宣传"到"批判"的变化,凸显了邹韬奋以民族家国、民主自由、精神独立和服务社会为核心的知识分子观②。郝文视角新颖,但邹韬奋和胡适交往的相关内容也是作为邹韬奋知识分子观的佐证而出现,不具有独立性。肖伊绯的《邹韬奋专访胡适》记述了邹韬奋1927年专访胡适的过程,史料细读是其根本目的③。

其后,邹韬奋与胡适的关联性研究就寄身于中国现代知识分子尤其是自由主义知识分子的研究中,如龚鹏2009年的《"九·一八"事变后中国自由知识分子的选择》等,知识分子视角的研究遮蔽了新闻传播史维度的研究,这对邹韬奋和胡适同为一代媒体人的另一身份特质来说,无疑是忽视和剥离。

邹韬奋的胡适传播观演变研究较为清冷的原因是多方面的,不过

---

① 沈谦芳:《胡适与邹韬奋》,《西北民族学院学报》(哲学社会科学版)1995年第3期。
② 郝丹立:《邹韬奋的知识分子观——从其对陈布雷、胡适的评价说起》,《四川教育学院学报》2002年第7期。
③ 肖伊绯:《邹韬奋专访胡适》,《百年潮》2019年第4期。

有一点不难想象,除了新闻传播领域中传播与交锋多,社会领域交往少(即所谓"思想上、文字上交往多,行动上交往少"①)之外,或许与邹韬奋和胡适长期以来在主流话语中褒抑悬殊、多有定论、不便或难以突破不无关系。

二 传播倾向的演变

邹韬奋的胡适传播观演变主要表现为传播倾向的演变和传播形象的迁化。传播倾向的演变导致了传播形象的迁化,而传播形象的迁化又进一步推动了传播倾向的演变。

传播倾向的演变是值得研究的首要问题。邹韬奋的胡适传播倾向展现了一个特殊的历史过程,即从"适之先生"为端起的热情崇仰到"胡适之先生"为指代的中正评判,直至"胡博士"为极致的强烈批评。

(一)热情崇仰:"适之先生"为端起

邹韬奋对胡适的传播倾向最初表现为热情的崇仰,而这种热情崇仰又可以邹韬奋担任《生活》周刊主编为节点,分为个体性崇仰和媒介化崇仰。个体性崇仰是邹韬奋作为普通的社会一员,对胡适寄予的、个体性的崇仰;媒介化崇仰则是邹韬奋主编《生活》周刊后,因其媒介传播而传达出的崇仰之情,这种崇仰因媒介传播而得以形成和传播,姑且称之为媒介化崇仰。个体性崇仰更为个性和主观,媒介化崇仰则渐趋社会和理性。藉此,邹韬奋的胡适传播观展现了最为初始的景观。

首先是个体性崇仰。个体性崇仰即个体人除却特殊社会角色对特定对象的崇拜和仰慕之情。1926年10月入主《生活》周刊之前,邹韬奋尚不能借《生活》周刊之名,以媒体人的身份和胡适发生联系。以此,邹韬奋和胡适的所有连接都是源于个体人的身份。同时,声名显赫的胡适对邹韬奋来说,无异于泰山在前,崇敬和仰慕自不待言。就其本质而言,这种崇仰是一种不具特殊社会身份即媒体人的个体性

---

① 沈谦芳:《胡适与邹韬奋》,《西北民族学院学报》(哲学社会科学版)1995年第3期。

崇拜。这种崇仰完全是高山仰止般的崇仰，热烈而拘谨，大胆又小心，"适之先生"是其端起和符码。同时，因为地位悬殊，这种个体性崇仰多处于传而不通、难以沟通的传播间隔之中。

2020年西泠拍卖公司的春季拍卖会上，中外名人手迹暨三宁斋旧藏专场中，推出了邹韬奋、丁声树致胡适有关傅斯年及出版杜威译著信札二通，引发关注。其中就有邹韬奋1922年3月10日写给胡适的一份带实寄封的信。

信件内容如下：

> 适之先生：上年十二月底寄由先生转交世界丛书社拙译杜著稿件一束，至今两个多月了，未得一点消息。现寄上邮票十分，如该社不收此稿，请先生即为寄还。如先生并未收到，亦请写几个字告诉我。当时此稿是用挂号付寄，得信例可往邮局调查的。如该社以为可用，也望示及，我便把全书寄上。①

原件如图14.1所示：

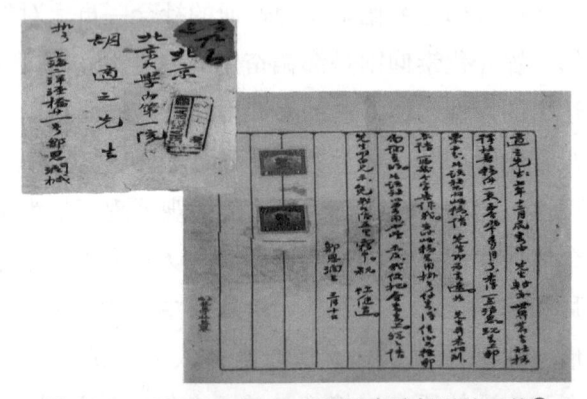

图14.1　1922年3月10日邹韬奋致胡适信原件②

---

① 《邹韬奋、丁声树　致胡适有关傅斯年及出版杜威译著信札二通》，卓克艺术网，https//www.zhuokearts.com/auction/art/30447978.shtml。

② 《邹韬奋、丁声树　致胡适有关傅斯年及出版杜威译著信札二通》，卓克艺术网，https//www.zhuokearts.com/auction/art/30447978.shtml。

邹韬奋于1921年12月15日以"邹恩润"的笔名在《时事新报·学灯》上发表《杜威的〈民治与教育〉》一文，文首第一句便是"杜威先生的《民主与教育》一书，我已译毕……（十二月十日恩润志于上海）"①。不难推断，邹韬奋寄给胡适的所谓"杜著稿件"即为该书译稿。据邹嘉俪、汪习麟的《韬奋年表》记述，1919年，邹韬奋于"是年，开始试译杜威的《民本主义与教育》一至四章，翌年发表时题名为《德谟克拉西与教育》"②。此书在1928年易名为《民主主义与教育》由上海商务印书馆出版。胡适是杜威的高徒，深受杜威实用主义影响，并大力传播之。杜威于1919年"民国八年五月一日——'五四'的前二天——到上海，在中国共住了两年零两月"③。其间，胡适是主要的陪同者和翻译者，亦是极力的鼓吹者和传播者，并因此而被称为在中国宣传杜威主义的第一人。故此，对于杜威及其著作的翻译，胡适是其时当之无愧的权威。也正因为如此，初试身手的邹韬奋把自己的杜威译著稿件寄给了胡适，期望得到胡适的推荐并采用。

信中所说世界丛书社成立于1920年上半年，该社发起人及核心人物包括胡适、蔡元培、陈独秀和蒋梦麟等。新文化运动兴起后，学人为有组织、有系统地翻译介绍世界新文化而集结，与当时最具实力的出版机构上海商务印书馆合作成立该社，其大本营即设在北京大学④。邹韬奋的意图是明显的，他期望将译稿寄给杜威权威和世界丛书社核心的胡适，得到胡适的认可和举荐，并最终在世界丛书社得以刊行。邹韬奋当时初试牛刀，寂寂无闻，且有求于胡适，所以信中言语间尽显后学的恭敬之情。舍弃姓名，以字冠以"先生"相称，这在当时来说是流行的一种最为敬仰的称呼。邹韬奋用"适之先生"其实就依此例，表达了自己作为一介

---

① 邹韬奋：《杜威的〈民治与教育〉》，韬奋基金会、上海韬奋纪念馆编《韬奋全集》（增补本）第1卷，上海人民出版社2015年版，第233页。
② 邹嘉俪、汪习麟：《韬奋年表》，韬奋基金会、上海韬奋纪念馆编《韬奋全集》（增补本）第14卷，上海人民出版社2015年版，第643页。
③ 胡适：《杜威先生与中国》，https://www.douban.com/group/topic/26533420/。
④ 《邹韬奋、丁声树 致胡适有关傅斯年及出版杜威译著信札二通》，卓克艺术网，https://www.zhuokearts.com/auction/art/30447978.shtml。

后学出乎个体的、强烈的崇敬仰慕之情。"如该社不收此稿，请先生即为寄还。如先生并未收到，亦请写几个字告诉我"，以及"如该社以为可用，也望示及"，则是谦卑的请托，同时，"写几个字"进一步表达了一个上进青年对大师极为平常、同时又极为卑微的请求。此外，寄邮票、挂号寄、提醒邮局查找和如被采用则寄全书等，又显示了邹韬奋面对仰慕对象的细心周到。最后，"至今两个多月了，未得一点消息"，隐约地泄露了年轻的邹韬奋仰慕前辈而不得回应的失落和惆怅。①

据言，至今关于邹韬奋和胡适的现有资料都没有胡适回信的信息，可知或因地位悬殊，或因其他缘故，初出茅庐的邹韬奋并没有收到胡适的回复。这个结果是不难想象的，但是，邹韬奋对于胡适的个体性仰慕却就此传而不通，未成正果，便告一段落。

其次是媒介化崇仰。邹韬奋担任《生活》周刊主编之后，身份发生了历史性的转变。邹韬奋开始由个体人转变为媒体人，并以新闻传播者的特殊身份和胡适发生联系。媒介的、《生活》周刊的邹韬奋对胡适的传播就此发生了隐隐的改化，渐趋理性和社会化。

据沈谦芳所言，邹韬奋接任《生活》周刊主编后。自 1926 年 12 月 5 日第 7 期刊登胡适文《时间不值钱》一文后，到终刊（1933 年 12 月）的 7 年时间里，共刊登胡适的"名著"5 篇，介绍、引述胡适言论的文章 8 篇，邹韬奋本人及别人评述胡适言论的文章 8 篇，访问记 1 篇，胡适的画像 1 幅，照片 2 张。② 在《生活》周刊的传播历程中，这种传播力度不可谓不大。

担任《生活》周刊主编短短两个月之后，邹韬奋便开始刊登胡适的文章，胡适就此成为邹韬奋和《生活》周刊的传播焦点之一，而热情的崇仰依旧是初期的传播倾向，只不过不再是之前未具特殊社会身份的个体崇拜。

---

① 《邹韬奋、丁声树 致胡适有关傅斯年及出版杜威译著信札二通》，卓克艺术网，https//www.zhuokearts.com/auction/art/30447978.shtml。

② 沈谦芳：《胡适与邹韬奋》，《西北民族学院学报》（哲学社会科学版）1995 年第 3 期。

邹韬奋在《生活》周刊中所刊登的胡适文章，主题多为对新文化、新思想的宣扬，以及对西方文化思想的介绍传播。《生活》周刊1926年12月5日第2卷第7期首次刊登了胡适的文章《时间不值钱》，邹韬奋就此开始了胡适思想的传播。《时间不值钱》一文以"我回中国所见的怪现状，最普通的是'时间不值钱'"为主题，批判了国人以打麻将、打扑克和玩鸟等能事，借此消遣时间的不良生活习气，并进一步提出，"时间不值钱，生命自然也不值钱了"①。最后，胡适借此批判了浪费时间，漠视生命的社会现象，谴责了社会之不公。其后，邹韬奋在《生活》周刊中用"名著一脔"为名的栏目再次刊登了胡适的文章《为什么》（12月19日第2卷第9期）。《为什么》中，胡适认为，"新生活就是有意思的生活"，"凡是自己说不出'为什么这样做'的事，都是没有意思的生活。反过来说，凡是自己说得出'为什么这样做'的事，都是有意思的生活"，"生活的'为什么'就是生活的意思"②。这些文章都是胡适对新文化、新生活的思考和倡导，同时也表达了胡适对旧文化、旧生活的批评。

1927年年底，邹韬奋在《生活》周刊第3卷中改用"名著"栏刊登了胡适的长文《我们对于西洋近代文明的态度》。文前加了邹韬奋的编者按语，介绍了刊登此文的情况。邹韬奋申明之所以刊登此文，是因为"本刊读者时常发生关于精神文明与物质文明的讨论"③。邹韬奋又说，赖于葛敬业提议，"本刊"致信胡适，得到胡适回信，并蒙其特许而刊发。邹韬奋在特别重要的地方加上了"密圈"，并以此"请求胡先生恕我的僭妄"。《我们对于西洋近代文明的态度》分为上（1927年11月27，第3卷第4期）、中（1927年12月4日，第3卷第5期）、下（1927年12月11日，第3卷第6期）三期连载，较为突出地传播了胡适对西方文化艺术的观念，凸显了胡适作为新文化运动旗手的地位和特殊意义。

---

① 胡适：《时间不值钱》，《生活》周刊第2卷第7期，1926年12月5日。
② 胡适：《为什么》，《生活》周刊第2卷第9期，1926年12月19日。
③ 《我们对于西洋近代文明的态度（上）·编者按》，《生活》周刊第3卷第4期，1927年12月27日。

第二编　思想研究

除了刊登胡适的文章以外，邹韬奋也撰文热情宣扬胡适的观念和思想。邹韬奋在《生活》周刊先是以"惭虚"为自己笔名刊登了《胡适之先生最近回国后的言论》（上）（1927年6月26日第2卷第34期），记述了胡适关于中国要发展物质文明的观点。胡适认为，"中国容忍'以人为奴隶的人力车夫'之存在，这种文明，实远不及西方"。"我们真要变到物质的文明，就是汽车前面的狗的态度，也在必须改变之列。"① 1927年7月3日第2卷第35期，邹韬奋连载了《胡适之先生最近回国后的言论》（下），其文以"逸趣横生却含有惊心动魄之谈"为题，分述了胡适"现在是最伟大的时代"的论断，以及批评不敢考察事实、"固执己见"的主张②。

图14.2　《大陆报》上的胡适博士照片③

图14.3　《访问胡适之先生记》中的胡适照片④

---

① 邹韬奋：《胡适之先生最近回国后的言论》（上），《生活》周刊第2卷第34期，1927年6月26日。
② 邹韬奋：《胡适之先生最近回国后的言论》（下），《生活》周刊第2卷第34期，1927年6月26日。
③ 邹韬奋：《〈大陆报〉上的胡适博士》，《生活》周刊第3卷第2期，1927年11月13日。
④ 邹韬奋：《访问胡适之先生记》，《生活》周刊第3卷第5期，1927年12月4日。

颇有意思的是，1927年11月13日《生活》周刊第3卷第2期，邹韬奋以"秋月"为笔名著文《〈大陆报〉上的胡适博士》，说西方报纸画中国人多"怪形怪状"，但《大陆报》上的胡适画像却"到底是名闻中外的学者""仍是蔼然可亲的学者态度""神气颇像"①。评语尽显邹韬奋的崇敬之情。

无独有偶，1927年11月10日，邹韬奋向当时暂住上海的胡适写了一封信，在致以敬重之意的同时，提出了专访胡适的请求。信文如下：

适之先生：

久切心仪，无缘识荆，至以为怅。为着《生活》周刊的事情，我很想和先生作几分钟的谈话。因知先生事忙，未敢冒昧。倘蒙见许，请告我一个时间。

《生活》周刊的读者好几次引起精神物质之争，我们要想把大著《我们对于西洋与近代文明的态度》一文在《生活》里转载一下，以飨读者，未知能蒙许否。祝你康健。

邹恩润上

十六、十一、十②

短札字里行间散发出邹韬奋对胡适的推崇之情，毕恭毕敬、郑重谨慎之意尤为显明，而"适之先生"再一次成为崇仰之情的符码。

邹韬奋对胡适的热情崇仰在1927年12月4日《生活》周刊第3卷第5期的《访问胡适之先生记》达到了空前的高度。该文与刊载于其后的同期长文《我们对于西洋近代文明的态度》（中）相配合，一专访，一长文，体量巨大，相得益彰。文章以"预约""曲径""静悄悄的西式小房子"和"万籁俱静"为引入，并以"怕新闻记者""对报刊的意见""日本话""求学时代""家庭状况""现在的日常生活"

---

① 邹韬奋：《〈大陆报〉上的胡适博士》，《生活》周刊第3卷第2期，1927年11月13日。
② 肖伊绯：《邹韬奋专访胡适》，《百年潮》2019年第4期。

第二编　思想研究

"星期日的特别生活""娱乐""北京""对中国的观察""本份人物""努力"为主体。专访中，邹韬奋生动地呈现了一个经历丰富（英文教员，留美七年，大困难——由"醉汉"变哲学家和文学家）、忙碌辛劳（大学教学，家里著书，星期日特别忙）、幽默有趣（怕记者，喜欢跳舞）、思想深刻（"不谈政治""不要做大人物，要做本分人物""各尽其是，各尽所能，是真正的救国"）的"思想界中心人物"形象。专访还插入了胡适题写的一首初唐白话诗人王梵志的白话诗，内容为"梵志翻着袜，人皆道是错，乍可刺你眼，不可隐我脚。初唐白话诗人王梵志的诗，胡适"①。该文文笔简约，张弛有度，细节描摹与系统观照相结合，生活勾画与思想深挖共凸显，使得邹韬奋作为一个优秀的新闻采访者的形象和胡适作为一个著名的思想家的形象互为映现，完美体现。尤其值得一提的是，文章还插入了胡适后来最为流行的一张肖像和家庭照片，留下了珍贵的资料。

图14.4　《访问胡适之先生记》中的胡适家庭照②

在这一阶段，邹韬奋对胡适的热情崇敬极为突出，几乎不加质疑。

---

①　邹韬奋：《访问胡适之先生记》，《生活》周刊第3卷第5期，1927年12月4日。
②　邹韬奋：《访问胡适之先生记》，《生活》周刊第3卷第5期，1927年12月4日。

胡适认为对中国物质文明不及西方，乃是因为中西生活的异同。名为"林谋深"的读者对此提出异议，认为骨子里还有"国权"和"外国经济力压迫"的原因，并就此著文和胡适商榷，要和胡适"叽里咕噜"几句。邹韬奋认为这不是"为难或驳诘"，不是"瞎埋怨"，而是"补充一下"，而且"补充的很有道理"①。邹韬奋虽然认可"补充"的合理性，但也仅仅是承认了林谋深分析的正当性，而没有以此质疑胡适的观点，可见邹韬奋对胡适的崇敬之深。

（二）中正评判："胡适之先生"为指代

走出个体性崇仰和媒介化崇仰的初期传播之后，邹韬奋的新闻传播实践渐趋成熟，其新闻专业主义理念及其实践也日益完善。于是，邹韬奋的胡适传播观遂转变为中期的中正评判，其中对胡适的指称运用最多的就是"胡适之先生"。尽管"胡适先生"也被邹韬奋和《生活》周刊的作者和读者所使用，但"胡适之先生"因其客观中正的特质，超越了"胡适先生"，成为邹韬奋胡适传播观中期演变的指代。这正是邹韬奋成为一代新闻旗手的卓越品质，也是其专业主义新闻传播理念的生动体现。

1927年12月18日的"读者信箱"栏目中，邹韬奋以"编者附言"的方式回答了读者蒋调生的来信。在名为"吴稚晖与胡适之"的信中，蒋调生认同吴稚晖的"冷铁铺"主张和胡适的物质文明之倡导，并主张要从观念和切身改良方面加以推进，呼吁《生活》周刊多多记载改善物质生活的材料，成为提倡物质生活的指导。邹韬奋回答了蒋调生的来信，并提出了与胡适不同的理解。胡适和吴稚晖一道力主增进物质文明，但邹韬奋认为，"要特别注重物质的开发，以裕民生而固国基，这是应该极力鼓吹的事情。但是品性的修养却也不可偏废"。邹韬奋进一步指出，"真正要开发物质的文明，为大多数的一般国民计，非大刀阔斧，办大规模的实业不可，决不是枝枝节节的改服

---

① 邹韬奋：《〈我要和胡适之先生叽里咕噜〉编者附志》，《生活》周刊第2卷第40期，1927年8月7日。

装用分食制等等所能奏效"①。这样,邹韬奋在胡适大力发展物质文明的基础上,强调了品性修养等精神文明同等发展的重要性,而且指出了大规模兴办实业、以改变社会现实的策略。这无疑是对胡适传播观点演变的完善和补充,而这样的补充完善超越了之前不加质疑的崇仰,表达了中正评判的传播观。

其后,这种中正评判的传播观更趋成熟,邹韬奋的胡适传播观也随之进一步演变。

(三) 强烈批评:"胡博士"为极致

据笔者所查,邹韬奋在《生活》周刊担任主编的 7 年间共刊发有关胡适的评论性文章稿件共 13 篇,其中自评文章 7 篇,评论读者来稿的他评性稿件 7 篇。以刊发年份观之,1927 年最多,有 6 篇之多;1933 年次之,共 4 篇;1928 年 2 篇,1929 年 1 篇。依此观之,邹韬奋在《生活》周刊刊发有关胡适的评论性文章稿件集中在 1927—1928 年、1932—1933 年两个阶段。而这两个阶段中间具有历史意义的分水岭则是爆发了"九一八"事变的 1931 年,换言之,"九一八"事变的爆发,民族危机的空前高涨和抗战大计的分歧,造成了邹韬奋对于胡适前后迥异的传播景观。

1931 年"九一八"事变的爆发,使得中国的民族矛盾和民族危机异常激烈,邹韬奋身为左翼知识分子的代表,对胡适的传播和观念也发生了重要变化。最突出的表现是中正评判的比重逐步上升,渐趋强化为理性质疑乃至强烈批评。

这是一个最为显著的历史性转向。其中对胡适的指称较为多元,"胡适""胡适之""胡适先生""胡适之先生"和"胡适博士"交相使用,成为邹韬奋以及《生活》周刊的作者和读者们评判胡适的指称,但是"胡博士"确是其批评话语的标志符码。

1933 年 3 月 25 日《生活》周刊第 8 卷第 12 期的"信箱"栏目刊登

---

① 邹韬奋:《〈吴稚晖与胡适之〉编者附言》,《生活》周刊第 3 卷第 7 期,1927 年 12 月 18 日。

了邹韬奋的《〈梁漱溟与胡适之〉编者附言》。名为"胡实声"的读者给"信箱"栏目写了题为"梁漱溟和胡适之"的信。信中讨论了胡适梁漱溟在《新月》第 3 卷第 1 期通讯讨论的话题"我们走那条路"。胡适认为,"贫穷""疾病""愚昧""贪污"和"扰乱"等"五大恶魔是我们革命的真正对象"。暴力革命不能打倒他们,唯有"集合全国的人才智力,充分采用世界的科学知识与方法,一步一步的做自觉的改革",方为"真革命"①。梁漱溟则认为,"疾病,愚昧皆与贫穷为缘,贪污则与扰乱有关,贫穷则直接出于帝国主义的经济侵略,扰乱则间接由帝国主义之操纵军阀而来,故帝国主义实为症结所在"②。胡适注重于历史的自反,强调世界视域下的自我改良,实为改良主义;梁漱溟瞩目于现实思考,凸显了帝国主义压迫下的阶级评判,倾向于阶级意识。

对此,邹韬奋是梁非胡。他认为,"胡先生的话是倒果为因,模糊大众革命所应认清的明确对象。梁先生的话比较近于事实"③。针对胡梁的进一步争论,邹韬奋认为,"胡先生不能举八十年前的事实来否认八十年来的事实"④。他申明,"我们指明帝国主义和它的走狗军阀是中国的'症结'所在,绝不是'把全副责任都推在洋鬼子的身上……了事',乃在指明大众革命的对象,看清向前努力的途径,正所以要增加努力的效率"⑤。同时,邹韬奋也质疑胡适的解决办法,认为"集合全国的人才智力,充分采用世界的科学知识与方法,一步一步的做自觉的改良",并非良方,因为"事情原没有那样简单"。邹韬奋"相信果有以大众为中心的革命政府建立起来,驱除帝国主义和它

---

① 邹韬奋:《〈梁漱溟与胡适之〉编者附言》,《生活》周刊第 8 卷第 12 期,1933 年 3 月 25 日。
② 邹韬奋:《〈梁漱溟与胡适之〉编者附言》,《生活》周刊第 8 卷第 12 期,1933 年 3 月 25 日。
③ 邹韬奋:《〈梁漱溟与胡适之〉编者附言》,《生活》周刊第 8 卷第 12 期,1933 年 3 月 25 日。
④ 邹韬奋:《〈梁漱溟与胡适之〉编者附言》,《生活》周刊第 8 卷第 12 期,1933 年 3 月 25 日。
⑤ 邹韬奋:《〈梁漱溟与胡适之〉编者附言》,《生活》周刊第 8 卷第 12 期,1933 年 3 月 25 日。

的走狗军阀以及它们的种种附属品,并非不可能"①。由此可见,邹韬奋的阶级观、革命观已经与胡适的历史观、改良观相矛盾,邹韬奋也已开始了对胡适的质疑,只不过,此时的质疑依然是理性有度的质疑。邹韬奋质疑胡适的同时,在文末对梁漱溟"扰乱皆军阀所为"的观点同样提出了反驳。

之后,《生活》周刊的"信箱"栏目就胡适的抗战观点进一步展开了讨论,言辞和观点渐趋激烈,批判的意味也更趋浓厚。1933年6月10日第8卷第23期"信箱"栏目刊登了读者唐一鸣的来信《胡适之先生是帝国主义的代言人吗?》。唐文开头便说,"最近几期,贵刊'信箱'栏,常有攻击胡适之先生的文字","对于胡先生的批评,不免有故意指摘的地方,对于我国文化界领袖的胡先生,肆意侮蔑,因此,我不得不出来替胡先生辩护几句"②。唐文集中笔墨,就1933年5月27日第8卷第21期"信箱"栏目读者何达人的长信《废话与胡说》进行了质疑和批评。唐文不赞成何文对胡适的批评,认为何文硬把胡适称作是"帝国主义的代言人",是对"五四文化运动的老前辈"的"随口谩骂"③。唐文进一步阐释,我们不应该像"一般人"一样"喜欢信口批评学者名流,来出出风头,结果使民众对于学术界领袖失去信仰,以致国是纷纭,莫衷一是"④。唐文亦提及与何文同期的"信箱"栏目文章朱光的《"恋爱"和"抗日救国"的"机会"》一文。朱文称,"胡适博士的既不主战又不主和的臭论,真是狗屁!唯恐人知的受过高深教育的爱国,更狗屁!"⑤ 唐文不赞成朱文这种称胡适主张为"狗屁"的观点。对此,

---

① 邹韬奋:《〈梁漱溟与胡适之〉编者附言》,《生活》周刊第8卷第12期,1933年3月25日。
② 唐一鸣:《胡适之先生是帝国主义的代言人吗?》,《生活》周刊第8卷第23期,1933年6月10日。
③ 唐一鸣:《胡适之先生是帝国主义的代言人吗?》,《生活》周刊第8卷第23期,1933年6月10日。
④ 唐一鸣:《胡适之先生是帝国主义的代言人吗?》,《生活》周刊第8卷第23期,1933年6月10日。
⑤ 朱光:《"恋爱"和"抗日救国"的"机会"》,《生活》周刊第8卷第21期,1933年5月27日。

邹韬奋进行了回答，并表明了自己对胡适的观点。邹韬奋认为，对于胡适的抗战主张之批判，何文的"麻醉人心"的、"帝国主义利益"代表论，和唐文的"负责的""非'瞎说的国际论'"之说，意见相反，值得讨论，意即认可讨论乃至批判胡适抗战论这个话题的意义所在。邹韬奋断言，"胡适之先生的抗日主张，现在已引起多方面的反感了"，唐文的辩护"似乎不能代表多数人的见解"。邹韬奋进一步认为，胡适"不应战，又不应和"的抗战主张，"是代帝国主义及其依附者负责，这是对的。但要说对民众负责，那是不对的"①。据此，邹韬奋声称，"胡适之先生的救国'主张'——其实就不成为主张——大家多已承认是荒谬的，本来不必多所哓舌。"②而且，邹韬奋针对把胡适当作五四文化运动老前辈崇拜者不乏其人的现象，主张"把五四文化运动的意义和胡适之在文化思想学术上的地方，一加批评，却更有意义"③。

不难看出，邹韬奋已经将胡适及其观点界定为是"代帝国主义及其依附者负责"，认为胡适"不应战""又不应和"的抗战主张，令人"反感"，且是"大家多已经承认是荒谬的"，"不必多所饶舌"，同时需要将胡适的文化学术地位和五四文化意义一并重评。至此，邹韬奋的胡适传播观已经发生了根本性转向。换言之，激烈的批评已经置换了初期个体性和媒介化的热情崇仰以及中期的中正评判，展现了邹韬奋的胡适传播观演变之剧烈。尽管邹韬奋一再声明，对于胡适"不敢做个人攻击"，对其"历史上的价值，我们是完全承认的"，但却强调，刊发这些来信的目的，是"以胡适之先生为代表"，将其《独立评论》上发表的文章因"代表目前一部分人的思想"，而加以"清理"④。质言之，胡适

---

① 邹韬奋：《〈胡适之先生是帝国主义的代言人吗？〉编者附言》，《生活》周刊第8卷第23期，1933年6月10日。
② 邹韬奋：《〈胡适之先生是帝国主义的代言人吗？〉编者附言》，《生活》周刊第8卷第23期，1933年6月10日。
③ 邹韬奋：《〈胡适之先生是帝国主义的代言人吗？〉编者附言》，《生活》周刊第8卷第23期，1933年6月10日。
④ 邹韬奋：《〈胡适之先生是帝国主义的代言人吗？〉编者附言》，《生活》周刊第8卷第23期，1933年6月10日。

已经成为邹韬奋激烈评判的焦点和代表，邹韬奋对胡适的热情崇仰和中正评判就此式微。

对此，《生活》周刊1933年7月1日第8卷第26期"信箱"刊登了另一则读者来信加以阐释。名为"不鸣"的作者在《情形不同了》的来信中继续批评胡适，声称"他（指胡适，笔者注）的在时代已经进步后的保守的落伍的主张，却不可因他'历史上的价值'而不加以纠正。（注意！我们所攻击的是足以麻醉一般人的不通的主张，决不是个人。）倘使以为'名流''学者'的话，永远是对的，永远应该盲目地跟着走，便何异于崇拜'偶像'"①。邹韬奋对这段话的一部分加注了圈号，以示强调和认同。细究之，这段话和邹韬奋对胡适的看法确有相合之处，似乎隐曲地表达了邹韬奋和《生活》周刊的观点。

之前，邹韬奋还借回答读者的来信，声明了自己批判胡适的立场。1932年7月23日第7卷第29期中，在读者闻友蓉的来信《胡适先生确当否?》之后，邹韬奋评论道，"胡先生仅提出'勇敢'两字，原有些滑头意味"，但"大概偏于善意的居多"②。最后邹韬奋强调了自己"执笔评人论事"，"最重要的是公正的态度"。邹韬奋进一步说，自己和胡适"'挚友'不'挚友'并无关系，胡先生虽是记者所认识的一位朋友，但我绝对没有偏袒他的意思"③。邹韬奋放弃了读者眼中的"挚友"之论，将胡适从"崇敬的大师"改化为"认识的一位朋友"，意即表明了邹韬奋心目中胡适地位的遽然下降，而不偏袒、公正的态度在显示自己专业主义理念的同时，也为批评胡适提供了依据。

邹韬奋对胡适的批评在《听到胡博士的高谈》一文达到高潮。在这篇刊发于1933年6月24日的"小言论"栏目中，邹韬奋言辞犀利，批评激烈。邹韬奋承认，尽管"还够不上说那'肉麻主义'的所谓：

---

① 不鸣：《情形不同了》，《生活》周刊第8卷第26期，1933年7月1日。
② 邹韬奋：《闻友蓉〈胡适先生确当否?〉之答复》，《生活》周刊第7卷第29期，1932年7月23日。
③ 邹韬奋：《闻友蓉〈胡适先生确当否?〉之答复》，《生活》周刊第7卷第29期，1932年7月23日。

'我的朋友胡适之'",但是"胡先生向来也是我所佩服的一位学者"①。之后,邹韬奋话锋一转,"但是听到他近来对国事发表的伟论,实无法'佩服',只觉得汗毛站班",同时,"不得不感到这位'思想界之泰斗'的思想实在有不可思议的奇异"②。邹韬奋最后质问,"在胡博士所'均属赞成'的上海停战实现之后,何以我们也没有眼福看到胡博士所幻想的'抬头'和'接触'的这么一回好事?"③ 言辞之间,"'肉麻主义'""所谓:'我的朋友胡适之'""伟论"等显明地表达了邹韬奋的讽刺和不屑,这在以前是不曾有过的。此外,"无法'佩服'""汗毛站班""不可思议的奇异""幻想"等词则表达了邹韬奋强烈的批评立场,批评的语调和烈度在以前的评论中也是不曾有过的。

互为呼应的是,同一期的"信箱"栏目也刊登了一篇风格类似的来信。在题为"胡博士的救国伟论"的读者来信中,作者赵敏断言,"胡博士老实说不过是一个'不抵抗主义'的注释者和发扬者。如果张少帅……是不抵抗主义的实行家,那么胡博士就是不抵抗主义的理论家"④。"他是极忠实的帝国主义的拥护论者,又是勇敢的反帝国主义的论者。"赵敏进一步批判胡适,"胡博士的高见决不能认为他个人的意见,而是代表中国不知天下有羞耻事的高等华人的。所有的军阀、官僚、买办、大腹贾、豪绅、地主都是胡博士的同志,他们都是要中国民众躺下四五十年,让帝国主义强盗肆意劫掠屠杀的"⑤。文中,胡适同样被冠以"胡博士"的称号,同样是激烈的批评。此文虽然不是邹韬奋所撰写,但事关对胡适的批评,《生活》周刊的刊登应该显示了与作为主编的邹韬奋相近的观点。并且,邹韬奋同期篇首"小言论"栏目的《听到胡博士的高谈》一文已有相关论述,所以邹韬奋对

---

① 邹韬奋:《听到胡博士的高谈》,《生活》周刊第8卷第25期,1933年6月24日。
② 邹韬奋:《听到胡博士的高谈》,《生活》周刊第8卷第25期,1933年6月24日。
③ 邹韬奋:《听到胡博士的高谈》,《生活》周刊第8卷第25期,1933年6月24日。
④ 赵敏:《介绍胡博士的救国伟论》,《生活》周刊第8卷第25期,1933年6月24日。
⑤ 赵敏:《介绍胡博士的救国伟论》,《生活》周刊第8卷第25期,1933年6月24日。

赵文选择了不加评论和编者附言的做法，认同之意不言自明。

　　需要特别强调的是，这里出现了一个典型的符号——"胡博士"。查考之，不难发现，邹韬奋对胡适的称呼由"适之先生""胡适之先生""胡适先生""胡先生"和"胡适博士"等一步步演化，在这里遽然变成了"胡博士"。其中，最需细究的是"胡适博士"和"胡博士"的些微差异和个中深意。"胡适博士"将胡适之名和博士的学位并称，是一个中性的甚或是褒扬性的称呼。但是"胡博士"则不然，"胡博士"用姓不用名，语气隐晦，暗含深意，在民国时期多有讥讽的特殊意味。由此，"胡博士"成了邹韬奋强烈批评胡适的符号指代，揶揄、嘲讽和攻讦之气显明且强烈。

　　这并非没有依据的想象。邹韬奋在1929年1月13日的"小言论"中，刊发了一篇题为"柏林大学找不出这位博士"的短文。邹韬奋在文中坦言，"我并不轻视博士，而且很敬重博士"，"但是我有时却不自禁的讨厌博士，因为在社会上常常遇着名不符实的博士"，即所谓"肚子里偏是一把草"的"茅塞博士"和虚假的"冒牌博士"①。在对比了中外博士的不同含义之后，邹韬奋说，"'名者实之宾也'，名过于实已经可耻，既无实而所谓名者又是冒牌的更糟！"②当邹韬奋将胡适直呼为"胡博士"时，也许那种"不自觉的讨厌"，以及"名不符实"、"名过于实"的"可耻"感，就是其时邹韬奋对胡适暗含于心的未尽之言。

　　无论如何，"胡博士"为指代的评判，显示了邹韬奋对胡适的批评已经达到了前所未有的高度，其态度之激烈，情绪之浓烈，表明作为一代新闻旗手的邹韬奋对一代新文化运动旗手胡适结束了敬重有加的蜜月期，开始渐行渐远，并最终分道扬镳。道不同则不足与谋的古训，再一次在邹韬奋和胡适之间得到了验证。

---

① 邹韬奋：《柏林大学找不出这位博士》，《生活》周刊第4卷第9期，1929年1月13日。
② 邹韬奋：《柏林大学找不出这位博士》，《生活》周刊第4卷第9期，1929年1月13日。

三 传播形象的迁化

传播倾向的演变，催生了传播形象的迁化。邹韬奋及其《生活》周刊对胡适传播倾向的演变，促成了邹韬奋媒介传播中胡适形象的历史迁化，而胡适传播形象的迁化，确是邹韬奋的胡适传播观演化之核心。

(一) 高山仰止的新文化运动旗手

邹韬奋的胡适传播观演变早期，无论是个体性崇仰，还是媒介化崇仰，初出茅庐的邹韬奋都热情而诚挚，对胡适的崇仰热烈且不加质疑，亦不容置喙。胡适此时的形象几乎是尽善尽美的，"适之先生"是符码。他知识渊博，学贯中西，思想深刻，温良谦恭，同时又不乏风趣诙谐，平易近人，俨然是一位高山仰止的新文化运动旗手的形象。其间，"逸趣横生却含有惊心动魄之谈"[①]，"到底是名闻中外的学者"，"仍是蔼然可亲的学者态度"[②] 等评语，即为明证。究其缘由，当其新文化运动余脉尚存之时，除了胡适自身所具有的超凡影响力和历史地位之外，也与邹韬奋初出茅庐的热情单纯不无关系。

(二) 或未尽善的社会文化思考者

及当邹韬奋主编《生活》周刊、几经磨砺之后，邹韬奋的新闻传播观渐趋成熟，其新闻专业主义理念日臻完善，于是便开始用中正客观的评判来审视胡适。此时，胡适不再是完美无缺、无可指摘的文化旗手和大师巨匠形象，"胡适之先生"亦为其指代。对于胡适，邹韬奋业已超越了不容置疑的崇仰之情，开始了中正的评判。于是，分析不足，补充完善，也已经成为邹韬奋传播胡适的有效组成部分，而胡适也开始走下神坛，进入理性的媒介评判场域。换言之，邹韬奋结束了对胡适的持续仰视，开始平视胡适，胡适此时是有隙可辩的，可以

---

① 邹韬奋：《胡适之先生最近回国后的言论》(下)，韬奋基金会、上海韬奋纪念馆编《韬奋全集》(增补本) 第1卷，上海人民出版社2015年版，第739页。

② 邹韬奋：《〈大陆报〉上的胡适博士》，《生活》周刊第3卷第2期，1927年11月13日。

补充协商的，确乎是一个或未尽善的社会文化思考者。邹韬奋是一个以新闻专业主义为圭臬的新闻传播者，这样的变化是他新闻传播观日渐成熟的标志，同时，这也预示着胡适真实全面地步入媒介传播视域，开始与受众和社会平等对话。从此，对邹韬奋和胡适而言，不再有神和顶礼膜拜者，只有作为新闻人和思考者在媒介、受众和社会等多维相交中的交往与质评。

（三）荒谬不经的抗战大计误导者

"九一八"事变后，民族危亡的关键时期，抗日救国大计的讨论成为中国社会的核心话题。身为左翼知识分子的邹韬奋与自由主义知识分子胡适就此产生了矛盾。邹韬奋认为帝国主义及其走狗军阀是中国命运的症结所在，而胡适认为贫穷、疾病、愚昧、贪污和扰乱等五大恶魔是革命的真正对象；邹韬奋主张一种和反革命势力不相妥协、有选择的团结，呼吁站在工农大众的立场而奋斗，而胡适则力主拥护各种社会阶级同情的大团结，以超阶级的立场去实现民族自救；邹韬奋立足于现实危机，强调唤醒民众，组织民众，抗敌救国，其中现实性、阶级性、革命性和外向性是基本特质。与之不同，胡适则放眼于历史文化，意在文化自省和国家治理，以此强国自救，而文化性、超阶级性、改良性和内向性是突出意旨。两者视角不同，路径不同，本可进一步深度探讨，但是民族矛盾的尖锐和救亡图存的紧迫性，却使得胡适成为邹韬奋及其《生活》周刊集中批评的对象，胡适遽尔变为脱离民众、为帝国主义及其依附者代言的不抵抗主义者，"胡博士"是邹韬奋批判的极致。"荒谬"、令人"无法'佩服'"、"汗毛站班"等评判逐步将胡适打入另册，使得胡适的大师形象光辉不再，遂成为一个荒谬不经的抗战大计误导者。这是邹韬奋的胡适传播观演变的高潮，亦是终点，意味着邹韬奋对胡适形象的曲终定调。

究其实质，邹韬奋和胡适之间的分歧仅仅是不同视角下抗战策略的不同，而在抗敌保国的根本立场上并无不同。但在社会舆论中，抗战策略的不同往往会不断发酵，上升为立场的层面，指向民族大义和阶级站位。于是，立场判断遮蔽了策略分歧，从而成为邹韬奋乃至社会舆论评论胡适的出发点。

需要强调的是，邹韬奋对胡适的评价虽然有了历史性的转变，整体趋向于否定和批评，但还是保留了卓越知识分子和新闻人应有的理性，对胡适的评价也显示了些许宽容和客观。

在《"记录"胡适之先生认错》一文中，邹韬奋以"未署名"的形式发表了对胡适的新认识。文章引述了胡适在《大公报》"星期评论"栏发表的《用统一的力量守卫国家》一文的观点。胡适在此文中沉痛自省，"我（胡先生指自己）是当年曾替华北停战协定辩护的人。当时我的主要理由是：'华北停战虽不能使敌人将东四省退出一寸一尺，至少也应该使他们不得在东四省以外多占一尺一寸的土地。'……现在看来，我完全错了。《塘沽协定》成立以来，两年半之中，我们完全忽略了守御的工作，所以我们不能禁止别人得寸进尺的野心！"同时，胡适也悲叹，"屈辱之后还有更大的屈辱，永永没有止境，永永不会到一个饱和点"[①]。对此，邹韬奋首先指出了犯错的代价。他认为，"处于领导社会的地位的胡适之先生，他认错只要说几句简单的话，就算完了"，但"在被压迫民族的损失，却是不可胜计的了！"因为，"'错了，一着输了全盘'"[②]。在邹韬奋看来，作为文化界领袖的胡适不同于常人，需要为犯错负责，因为他犯错会有巨大的影响力，对全面抗战产生的消解力是不可估量的。尽管如此，邹韬奋还是认可胡适认错的正当性，毕竟"胡先生总算还肯认错"，比那些"错了不肯认""'不到黄河心不死'"的人要有境界，值得肯定。[③] 当然，邹韬奋对胡适"极力说明'守'的重要，而却仍不赞成'抵抗'"的观

---

① 邹韬奋（未署名）：《"记录"：胡适之先生认错》，《大众生活》第1卷第3期，1935年11月30日。
② 邹韬奋（未署名）：《"记录"：胡适之先生认错》，《大众生活》第1卷第3期，1935年11月30日。
③ 邹韬奋（未署名）：《"记录"：胡适之先生认错》，《大众生活》第1卷第3期，1935年11月30日。

点并还是表达了嗤之以鼻的态度。因为中国"遇着得寸进尺的'友邦',不'抵抗'又怎样能'守'?这也是一个谜"①。邹韬奋的观点是明确的,胡适主张守而不抵抗的抗战策略是不现实的,也不具有可行性,只会贻误国事,丧权亡国。

尽管反对的基本立场没有改变,但是邹韬奋对胡适的认识有了一个微妙的回转,在整体否定的同时显示了部分的再肯定。

刊发于《生活日报》的《送胡适博士赴美》不仅有异曲同工之妙,还有更进一步的评论。在这篇文章中,邹韬奋再一次强调了胡适作为"五四运动的文化界领袖之一"的特殊地位,也再一次用了"胡适博士"的称谓。②邹韬奋直言不讳地表达了对胡适的不予苟同,坦言"胡适博士最近的政治主张,有许多地方是我们所不能同意的",而且"不仅是我们,凡是热血的中国人大概都不会愿意跟随胡适博士"③。其中,最突出的是,"胡适博士一面主张把东北四省送给外人,一面又主张中央下令讨伐西南,薄于己而厚于人,也未免过火了一些"④。在此,邹韬奋非常显明地表达了对胡适抗战策略的反对和批评。

但话锋一转,邹韬奋又表达了对胡适的承认和肯定,认为胡适"是十余年前文化运动的急先锋""五四运动的文化界领袖之一",是"国内代表实验主义思潮的著名学者"⑤,且能"再三当众认错","这种勇于改过的精神,不仅表现了实验主义的精神,而且是我们青年人所应奉为楷模的"⑥。应该说,邹韬奋对胡适的肯定是真诚的,也是客观理性的,表现了邹韬奋爱憎分明、有理有度、平和持中的个性特征。

紧接着,邹韬奋表达了自己对胡适访美的期望,希望胡适"用实

---

① 邹韬奋(未署名):《"记录":胡适之先生认错》,《大众生活》第1卷第3期,1935年11月30日。
② 邹韬奋(未署名):《送胡适博士赴美》,《生活日报》第37号,1936年7月13日。
③ 邹韬奋(未署名):《送胡适博士赴美》,《生活日报》第37号,1936年7月13日。
④ 邹韬奋(未署名):《送胡适博士赴美》,《生活日报》第37号,1936年7月13日。
⑤ 邹韬奋(未署名):《送胡适博士赴美》,《生活日报》第37号,1936年7月13日。
⑥ 邹韬奋(未署名):《送胡适博士赴美》,《生活日报》第37号,1936年7月13日。

验主义的精神，观察许多新的事实，甚或因此改变一向的观点"①。邹韬奋甚至希望胡适在太平洋学会上能充分认识苏联五年计划的伟大成就，并学习苏联的建设经验，以对照省察自己的抗战观点。同时，邹韬奋还指出了胡适访美所肩负的国家使命，即"向美国人士宣传太平洋安全的重要，远东和平的危机和中国被侵略的事实"②。

之后，邹韬奋再次确认，"胡适博士是中国文化界领袖，而且也是美国人所崇拜的著名中国学者。所以胡博士要是以国民外交代表的资格，向美国朝野游说宣传，并且在太平洋学会公开提出讨论，对于太平洋集体安全制度的建立，一定有极大的效果"③。其效果则是促进"中美苏三大倾向和平的国家""携手合作，共同防止侵略"，如此"不但世界和平有望，中国民族独立自由也有了保障"④。邹韬奋将民族独立、世界和平的重要期望都寄托在胡适访美之上，可见邹韬奋对胡适期望之高，而之所以有如此厚望，其实还是源于对胡适作为中国文化界领袖和著名学者的高度认可。

最后，尽管对胡适心存疑虑，并且对他的抗战策略耿耿于怀，不时加以批驳、嘲讽和揶揄，但是邹韬奋还是对胡适表达了理性的期望和祝福。"我们竭诚盼祷胡适博士为民族前途努力奋斗，将来远游归来，不要使我们失望！祝胡适博士健康！"⑤

这样，邹韬奋和胡适终于超越了政见、思想的藩篱，达到了暂时而理性的认同，其中温情、诚挚与狐疑、批驳共存。但是，知识分子的心有灵犀、惺惺相惜，最终还是敌不过历史的裹挟。对于邹韬奋和胡适而言，渐行渐远将是不可避免的宿命，而邹韬奋的胡适传播观也因此增添了更加复杂的纹理，令人唏嘘。

邹韬奋的胡适传播观演变凸显了一个特殊的内在逻辑，其传播倾

---

① 邹韬奋（未署名）：《送胡博士赴美》，《生活日报》第37号，1936年7月13日。
② 邹韬奋（未署名）：《送胡博士赴美》，《生活日报》第37号，1936年7月13日。
③ 邹韬奋（未署名）：《送胡博士赴美》，《生活日报》第37号，1936年7月13日。
④ 邹韬奋（未署名）：《送胡博士赴美》，《生活日报》第37号，1936年7月13日。
⑤ 邹韬奋（未署名）：《送胡博士赴美》，《生活日报》第37号，1936年7月13日。

向由崇仰终而变为批评，胡适传播形象由文化旗手而结之于抗战误导者，两者异曲同工，指向了同一个历史走向。基于此，邹韬奋和胡适显示了不同的文化身份和历史命运。就其文化身份而言，一方面，邹韬奋因其新闻评论而成为激进又不失理性的左翼知识分子代表；另一方面，胡适依从历史文化反思而变为温和又低调的自由主义知识分子符号。自此，一个立志唤醒民众、抗敌救国的新闻专业主义者，和一个企图文化自新以立国、低调抗战的社会文化思考者逐步失和，渐行渐远。同时，他们的历史命运也迥然不同。邹韬奋在持守独立文人立场的同时，逐步认同阶级观和革命观，遂与中共渐行渐近，孰料英年早逝，但却因此成为中共大力标举的文化偶像，垂名后世。与之不同，胡适坚守独立自由之理念，欲做国民政府"诤友"而不得，几经变离，遁身台湾，一度成为主流话语遮蔽和批评的对象。两人的历史纠葛尚未厘清，命运却显天壤之别。

邹韬奋的胡适传播观演变，彰显了现代中国左翼知识分子和自由主义知识分子终将分道言别的历史宿命，而选择的错位、矛盾和冲突则表达了一代知识分子特定的身份认知、家国理念和历史判断，进而显示了中国现代知识分子历史命运的复杂性和冲突性。

它启示我们，知识分子到底是要遵从阶级观的玉律，还是要倾听文化观的悲鸣？到底是要选择激进高调的新闻传播话语，还是要俯首温和负责的历史文化学理？这将是一个需要持续跟进的历史命题。而当这一命题和时代主题、现实要求联结起来的时候，也将会和主流话语、历史正义发生碰撞。如何寻找其中真义，也许需要我们在和历史拉开足够的距离之后，透过历史和现实的夹缝捕捉些许微光。

第三编

新闻传播实践研究

新闻传播实践是邹韬奋思想系统的践行，也是邹韬奋作为新闻传播者区别于一般思想家的重要依据。对邹韬奋而言，实践是新闻传播的生命。只有实践，理论才有可能发光。

在某种意义上讲，实践是邹韬奋挺立于历史之中、卓尔不群的根本理由之一。

股份制经营的实验是邹韬奋出版经营实践的重要内容。股份制经营实验的成功，使得邹韬奋所经营的报刊能够自主经营，自立于市场。这些报刊经营良好，盈利丰厚，以经济独立确保了独立报格的实现。股份制经营的成功实施，最终成就了邹韬奋作为一代出版家的历史地位。

女子职业教育实践关乎邹韬奋职业教育、女性解放的双重任务。邹韬奋是一位有着特殊影响力的女子职业教育家，从女子职业教育思想的引入到思想体系的形成及其实践，邹韬奋充分利用报刊等媒介来传播女子职业教育理念，以实现女性思想启蒙和个性解放的宏志。媒介传播形式的创新和立足现实的传播立场体现了邹韬奋女子职业教育实践的独特价值。

译介传播凸显了邹韬奋的另外一重特殊身份。作为中国现代卓有影响的译介者，翻译和介绍国外著作并借助现代媒介加以传播，是邹韬奋新闻传播实践的重要组成部分。无论是"内容把关"，还是"意义再造"，邹韬奋的译介传播都实现了跨文化传播的特殊使命，体现了邹韬奋作为文化使者的历史职责。

新闻写作是邹韬奋作为职业新闻传播者最具职业特征的传播实践，其中欧美通讯因其篇幅之巨、考察之深、影响之大堪为代表。同时，邹韬奋的欧美通讯由于展现了对社会主义苏联和欧美资本主义国家截然不同的认知，引起了巨大关注和诸多争议，并成为韬奋研究的焦点话题之一。邹韬奋的欧美通讯是特殊时代背景的产物，其中的城市媒介形象建构是邹韬奋欧美通讯中极富时代特征的传播实践，并凝聚成为韬奋价值取向和政治追求的"缩略图"。

媒介动员是现代传播媒介的基本功能之一。邹韬奋作为一代职业新闻人和社会活动家，其新闻传播实践往往蕴含着显明的媒介动员取向。抗日救亡运动的高涨、左翼知识分子身份的要求以及救亡图存宏志的鼓动，都使得邹韬奋的新闻传播实践以强烈的媒介动员为主线，最终践行了邹韬奋作为左翼知识分子的特殊传播使命。

邹韬奋的新闻传播实践是系统的、多方面的，具体的形象建构也是其不可忽视的实践内容，其中女性形象的建构则是影响深远的一个维度。女性形象的建构，既是邹韬奋文化启蒙的重要内容，也是专业实践意义非凡的构成，并成为时代之声的代言。

这样，邹韬奋的新闻传播实践就包含了经营方略、职业教育、翻译介绍、新闻写作、动员功能和形象建构等多方面的历史经验。它们虽然以散点的形式存在，但依然展示了邹韬奋新闻传播实践的历史景象和经验图式，弥足珍贵。

第十五章　股份制经营的实验

邹韬奋的报刊经营理念及其实践作为新闻传播实践的重要组成部分，是学界研究的重点命题之一。邓向阳、王美虹在《邹韬奋媒介经营管理思想初探》一文中总结了邹韬奋媒介经营的主要理念，即"不以赢利为最后目的""满足消费者需求为立足点"和"科学性、民主性、公开性的企业管理风格"，体现了科学管理、公开管理的基本原则，并最大限度保证了报纸的独立自由①。聂震宁在《从生活书店的崛起看邹韬奋的管理思想与实践》中指出，生活书店"社员参股的生产合作社"体制是当时社会环境下的创举，是邹韬奋管理思想进步性的体现，对提高书店管理水平等方面颇具意义②。刘火雄在《邹韬奋与生活书店管理实践》一文中认为，在当时抗战时局与国民党政府言论规制的大环境下，邹韬奋的诸多媒介经营尝试虽不可避免带有乌托邦的色彩，但在人事组织架构和民主管理模式等方面的探索依然具有不可磨灭的贡献。③

资产阶级民营报刊的历史中，股份制的经营方式并非特例。沈祖炜在《中国近代企业：制度与发展》一书中提到，近代中国资本主义

---

① 邓向阳、王美虹：《邹韬奋媒介经营管理思想初探》，《安阳师范学院学报》2004年第1期。
② 聂震宁：《从生活书店的崛起看邹韬奋的管理思想与实践》，《中国编辑》2016年第1期。
③ 刘大雄：《邹韬奋与生活书店管理》，《现代出版》2015年第5期。

经济的发展进程中，企业形态的演化遵从企业发展的一般规律，企业制度随企业规模与社会经济环境发展逐步进化，由个体业主制到合伙制，再到股份制①。作为中国近现代资本主义经济的一种特殊形态，民营报刊企业同样遵循这一规律。

从历史上看，无论是在南隅争霸的《申报》《新闻报》，还是在北方立足的《大公报》，都采取了股份制的经营模式。相较于企业股份悉数掌握在少数管理者手中的民营报刊，《生活日报》采取了"全民持股，共同监督"的持股方式，以坚守大众立场，为人民利益服务，凸显了卓越的新闻专业主义精神。与邹韬奋主办的其他报刊相比，《生活日报》继承和发展了《生活》周刊的经验，并进一步衍化完善，为其后的报刊经营提供了可供参考的样板，成为研究邹韬奋股份制经营实践的中坚，折射出邹韬奋媒介经营中股份制实验的历史经验。

一 源起与演化

《生活日报》是邹韬奋股份制经营实验的典范。《生活日报》寄托了邹韬奋全部的报刊理想，如何经营好《生活日报》，是邹韬奋日夜思索的问题。股份制经营的策略，并非邹韬奋突发奇想，早已有迹可循，是在其一贯的管理实践与经验中，不断总结出的科学管理模式。1926年邹韬奋任《生活》周刊总编，因为发表抗日救亡言论触怒了国民党当局，周刊面临被查封的危险。为应对不测，邹韬奋采取胡愈之等"生活"同人的建议，决定将《生活》周刊改组为生活书店，以便届时可以利用生活书店继续开展出版业务。

生活书店采用"生产合作社"的经营模式，收益归全体员工所有。任意职员只要在生活书店任职6个月以上，便可以加入"生产合作社"，成为生活书店的股东。年底召开社员大会进行总决算时，扣

---

① 沈祖炜：《中国近代企业制度与发展·序一》，上海社会科学院出版社1999年版，第1页。

除回馈社会的公益福利金和扩张经营规模的公积金，缴纳股份的社员便可依照剩余利润分派红利。会计师每年要向大会提供查账证明，保证书店内部经济透明公开。这样的经营分配方式，"没有谁剥削谁的存在，各人一面为社会服务，同时也为着自己工作"①。

除了社员参股的"生产合作社"，邹韬奋希望将生活书店办成一个具有民主特点的实体。生活书店采取民主集中制的管理模式，店里的事情都是由全体员工公开商讨决定的，每一位员工都有当家作主的民主权利。书店内部分别设置三个领导机构，机构成员由全体员工通过民主选举产生：理事会负责制定书店发展路线以及经营上的重大决策；人事委员会负责商定员工福利待遇和奖惩条例；监察委员会则主要负责书店经济监督与账目核算。随着事业的发展，邹韬奋又提出了"集体领导，个人负责"的办法，将一部分权力下放给各分店经理，分店经理根据领导机构制定的原则，自行处理本店具体事务。

生活书店的生产合作社体制，促成"劳者有其股"的利益共同体的形成，建立在这之上的民主管理机制，既保证了社员的权益，又确保了生活书店的正确走向。生活书店要成为一个公共的文化事业机关，而非资本家牟取利益的私产。邹韬奋曾多次表述："我平生并无任何野心……我只有一个理想，就是要创办一种为大众所爱读，为大众喉舌的刊物。但是办好一种周刊是不够的，我们一定要创办一种真正代表大众利益的报纸。"② 正是出于这种思想，在筹办《生活日报》之初，邹韬奋便延续了股份制经营的策略，并将其发展为全社会共同参与、全民共同持股的模式。

二 经营方略

努力促进民族解放，积极推广大众文化，是《生活日报》创刊的

---

① 邹韬奋：《前尘影事》，韬奋基金会、上海韬奋纪念馆编《韬奋全集》（增补本）第5卷，上海人民出版社2015年版，第624页。

② 穆欣编：《韬奋新闻工作文集》，新华出版社1985年版，第117页。

两大目的。邹韬奋认为，创办《生活日报》"是从民众的立场，反映全国民众在现阶段内最迫切的要求"①。然而，邹韬奋辣手著文，撰写了大量抗日救国的文章，触怒了国民党当局，《生活》周刊作为《生活日报》的最大无限责任股东惨遭封禁，《生活日报》的出版申请自然也不予批准，办报计划"流产"。

1936年，当《大众生活》再一次被国民党查封后，邹韬奋将目光转向了香港。与上海相比，香港拥有言论相对自由以及纸张免税的得天独厚的办报优势。为"设法避免有任何大股东的操纵，勿因此失却独立自由的特质"②，邹韬奋在《生活日报社股份两合公司章程草案》中，最终确定了股份两合公司的经营方式。

（一）实行股份两合公司

《生活日报》筹创之时，面临着严重的资金问题，"本刊自记者全权主持以来，事业的维持和进展，全恃自己在营业上（即发行，广告，及出版书籍各方面）所得的收入，绝对不受任何团体或私人的津贴"③。开办股份两合公司，进行社会募股，不仅解决了经济上的问题，也在最大程度上保障了《生活日报》的言论自由。邹韬奋认为，《生活日报》是"多数人为大众文化而共同努力而护持的机关"④，必须保持经济上的独立，才能成为民众喉舌，实现民族的独立与解放。

股份两合公司意指公司由无限责任股东和有限责任股东共同出资成立。"无限责任股东对内执行业务，对外代表公司，负担经济上之无限责任"⑤，"本刊发展到这个地步，势非分工不可"⑥，无限责任股东则有权聘请"干部"，分工处理具体事务。有限责任股东在国人中募集，只要是认同该报经营方略的中国人都可以认购股份，《生活日

---

① 邹韬奋：《生活日报》创刊词，《生活日报》1936年创刊号。
② 邹韬奋：《独立自由的〈生活日报〉》，《生活》周刊1932年第7卷第15期。
③ 邹韬奋：《〈生活日报〉背后是什么?》，《生活》周刊1932年第7卷第17期。
④ 邹韬奋：《我们要怎样办〈生活日报〉? 绝对公开》，《生活星期刊》1936年第1卷第12号。
⑤ 邹韬奋：《独立自由的〈生活日报〉》，《生活》周刊1932年第7卷第15期。
⑥ 邹韬奋：《再谈〈生活日报〉与〈生活〉周刊》，《生活》周刊1932年第7卷第19期。

报》是属于民众的报纸，"因此本报的招股，并不希望有什么大股东，只希望投股者人数之多；人数愈多，这个报愈为大众所有"①。

有限责任股东对公司债务以出资额度为限，认购三年后可确认转让股份，持股数额高的大股东必须提前声明，"惟一户入股在千元以上者，如欲退股，务于一月前通知"②。无限责任股东可在股东会上陈述意见，但无表决权。决策形成时，须有占公司股份总1/3以上的股东到场，在场股东半数以上表决通过，决议才能通过进而实施。

（二）实行监察人制度

监察人制度是实施股份两合制度时设立的补充性制度，目的是监督、限制无限责任股东，做到让报纸真正属于广大人民，而不被少数的管理者操纵。"特设监察人五人，由股东会在股东中选出自己所信任者担任……认一股者皆可被选为监察人"③，监察人不得兼任公司的主要职员，且无限责任股东不得被推选为监察人。监察人有权要求无限责任股东定期汇报公司的经营状况，但无权干预报纸的编辑内容与经营业务。

股份两合制度与监察人制度的配合实行使公司的财政权和经营权完全分离，这样既保证了对无限责任股东的有效监督，又维护了《生活日报》的独立性和自主性。监察人通过选举产生使其更具民众性和广泛性。

（三）保障股东权益

《生活日报》由生活周刊社出资三千元整，成为无限责任股东，邹韬奋担任股东代表。有限责任股东出资总额二十九万七千元，分为二万九千七百股募集。在股东分红派息方面，《生活日报设股份两合公司章程》做出以下规定：股息每年6厘，但公司无盈余时，不得"以本为息"，即不得用筹集到的资金支付股东红利。无论是有限责任

---

① 邹韬奋：《我们要怎样办〈生活日报〉? 什么背景?》，《生活星期刊》1936年第1卷第13号。
② 邹韬奋：《创办〈生活日报〉之建议》，《生活》周刊1932年第7卷第9期。
③ 邹韬奋：《〈生活日报〉计划之具体化》，《生活》周刊1932年第7卷第12期。

股东还是无限责任股东，股东分红全部依照出资金额和认购股份数目平均分配，不存在无限责任股东享有特权的情况。分红之后仍有盈余，其中65%作为股东分红和职工奖金，剩余35%作为特别公积金，"其动用及支配，'干部'须同监察人议定之"①。

会计公开是维护股东权益的另一重要方式。"经济的来源以及继续招股的情形，应随时在本报上作公开的报告。"② 除了公开经济来源，《生活日报》每日的印数销数同样进行公开，各位股东的姓名、住址以及认购份额也要记入改动名册进行公示。经营者维护股东利益，股东便会对公司经营有更高的积极性。邹韬奋在这一点上有着深刻的认知，这也为《生活日报》的经营运作奠定了坚实的基础。

三 历史评判

在邹韬奋及《生活日报》之前，众多政党报刊和商业报刊已在中国发展得如火如荼。与这些报刊相比，无论是创刊目的还是经营模式，《生活日报》都表现出截然不同的风格。从中国近代报刊发展的历史来看，资产阶级创办的政党报刊一直占据中国报业的主流地位，创刊目的大都是为革命开辟舆论阵地。资产阶级政治家办报无关报刊理想，更不会在意刊物盈亏。同时，中国近代资产阶级改革"自上而下"的局限性，致使其政党报刊的受众定位也局限于社会高位，政治性过强，未能向下扎根到民众。梁启超创办的《新民丛报》是资产阶级改良派宣传维新变法、实行君主立宪，并与资产阶级革命派辩论的主要阵地。在办刊的近六年时间里，其运营资本基本全部来自政党拨款和社会捐助。《新民丛报》是保皇派的机关报，一些重要的文章均出自梁启超之手，主要受众是受过良好教育的社会中上层人士。虽在内容上也包含了近闻、地理和小说等"软文"，但报纸代表的是资产阶级上层人

---

① 邹韬奋：《〈生活日报〉计划之具体化》，《生活》周刊1932年第7卷第12期。
② 邹韬奋：《我们要怎样办〈生活日报〉？绝对公开》，《生活星期刊》1936年第1卷第12号。

士的利益，难以代表广大公众利益、成为大众的报纸。

随着近代中国资产阶级经济的发展，中国的报业市场日益成熟。国人自办商业报刊的经营管理模式由单纯模仿外报的原始状态，日渐成熟，走向资本主义企业化管理，甚至具备了现代报业集团的雏形。"在商言商"，当新闻原则与报社的利益发生冲突时，理想注定会让步于现实。被张季鸾推崇为"东方之《泰晤士报》"的《新闻报》，1921年日销量已经达到五万份，超越《申报》成为上海报界之首。在创刊之初，《新闻报》标榜着"不偏不党""经济独立"的办报方针，迎合中国国情与社会思潮。张季鸾曾评论其为"不求津贴，不卖言论，不与任何特殊势力缔结关系，仅凭其营业能力，步步经营，以成今日海内第一之大报，此诚难能可贵"[①]。这番评论虽不尽准确，但也足以说明，以事业性的进步推动报刊商业性的发展这一特征在《新闻报》最为鼎盛的时期是十分明显的。1937年，"八一三"战事爆发，上海沦陷。《新闻报》一改往日，接受日军检查，妄图谋求生路，却被日军接管，成为日军侵略的舆论工具，最终走向衰颓。这一时期的诸多资产阶级商业报刊都曾在经济上获得了巨大的成功，但也为了追逐经济效益而对社会效益做出让步，罔顾大众利益，难以成为大众喉舌。

邹韬奋一直将公众利益作为报纸的灵魂，《生活日报》鲜明的公共性与当时的办报环境截然不同，甚至格格不入。"《生活日报》的后面是什么？是民众，因为他是民众所扶持的，因为他下决心为民众而努力。"[②]"《生活日报》也有它的背景，不是少数人的，也不是一党一派的；他所有的是中国的最大多数老百姓的背景，它所积极图谋的是中国的最大多数老百姓的利益。"[③] 因此，《生活日报》自始至终站在民众的立场，坚持"民治民有民享"[④]，实现国家民族独立与人民思想

---

① 张季鸾：《新闻报三十年纪念祝词》，载《季鸾文存》（下），天津大公报馆1944年版，附录第3页。
② 邹韬奋：《〈生活日报〉背后是什么》，《生活》周刊1932年第7卷第17期。
③ 邹韬奋：《我们要怎样办〈生活日报〉？什么背景？》，《生活星期刊》1936年第1卷第13号。
④ 邹韬奋：《〈生活日报〉的创办经过和发展计划》，《生活日报》1936年第55号。

解放的目标。为此，《生活日报》言论要反映全国各界人士的意见，语言风格力求大众化；报纸增刊不增价，避免增加民众负担；即使是刊登广告，也要严格把控广告质量，为大众利益负责。之所以如此，原因在于邹韬奋力求将《生活日报》销行全国，惠及全民。

《生活日报》继承和发扬了邹韬奋历来所办刊物的传统，"大众喉舌"是邹韬奋恪守的报格。经济自立，不依附于政治资本势力，才能保持报刊的独立品格，而报刊的独立性是其公共性的保障。《生活日报》的成长全部依赖于民众的扶持与赞助，经费取之于民又用之于民，以公众利益为基本立场，以收益反哺报刊事业。邹韬奋清醒地认识到，在客观因素的制约下，《生活日报》依然难以实现他真正的办报理想，"只有在新中国才能有理想的《生活日报》"[①]。即便如此《生活日报》表达出的经营思想，在充盈着政党性与商业性的办刊环境中，不可谓不先进，不可谓不大胆，不可谓不孤勇。

《生活日报》是邹韬奋为实现新闻理想的勇敢实践，虽然只短暂地存在了55天，但"大众喉舌"这一报刊原则在《生活日报》股份制经营中得到了集中的体现。遗憾的是，邹韬奋股份制经营的实验受现实客观因素的制约，未能在长期的出版实践中获得系统检验。这并不意味着邹韬奋经营思想不够成熟。相反，邹韬奋在办报过程中恪守的新闻专业理想和媒介经营理念，丰富了中国近代新闻报刊的经营模式，促进了我国近代新闻事业的发展，已然在某种程度超越了同时期的政党报刊和商业报刊，成为独具一格的存在。

---

① 邹韬奋：《关于〈生活日报〉问题的总答复》，《生活日报星期增刊》1936年第1卷第3号。

第十六章 女子职业教育的践行

20世纪初,随着西方人权理论和女权学说传入中国,实业教育和妇女解放快速推进,职业教育就此应运而生。鉴于中国女性所受传统文化禁锢的严重性以及五四女性解放运动的迅猛发展,女子职业教育在某种程度代言了职业教育的整体态势,从而成为研究的重点。女子职业教育的困境和突破,以特殊的价值折射了中国职业教育的历史境况。

20世纪初是一个破旧迎新的时代,女子职业教育作为连接女子教育与女子职业的纽带,不再充当闺阁女子的装饰物,而成为引领女性掌握谋生技能、自立于社会的必经路径。西方女子职业教育引入后,以梁启超、黄炎培等人为代表的中国本土近代女子职业教育家,分别从开展女子职业教育的意义、兴办方式和社会出路等方面提出了自己独到的见解。

其中,邹韬奋就是一位有着特殊影响力的女子职业教育家,他在已有女子职业教育理论的基础上形成了较完整的女子职业教育思想体系。这些思想有利于妇女解放和社会观念的改变,为民国时期女子职业教育事业的发展提供了理论指导。邹韬奋的女子职业教育实践与他的工作经历密不可分。从女子职业教育思想的引入到思想体系的形成及其实践,邹韬奋充分利用报刊等媒介来传播女子职业教育理念,以实现女性思想启蒙和个性解放的宏志。媒介传播形式的创新和立足现实的传播立场体现了邹韬奋女子职业教育实践的独特价值。

一 历史语境

邹韬奋的女子职业教育思想及其社会实践是中国近现代社会历史发展的产物，有着特殊的历史语境。中国古代对于女性的教育主要集中于伦理道德教育，且以家庭教育为主。自清朝末年，西学东渐，女子职业教育开始逐步发展。随着五四新文化运动的开展，社会开始倡导女性解放。现代知识分子的女子职业教育思想的演进和实践，形成了女子职业教育思想及其践行的历史语境，表现为社会发展、思想传承和个人经历等的综合影响。

（一）社会发展：妇女解放运动的激发

中国自确立父权制的宗法社会以来，女性逐渐丧失了与男性平等受教育的权利。中国历史上对于女性的教育，有一种看似松散实则无处不在的教育形式。传统对女性的教育主要着眼于压制才华、灌输伦理道德和完善女性社会角色，并以家庭教育为主要形式，而内容则始终围绕伦理道德教育方面，且性别教育色彩极为突出。[①] 在两千多年的封建社会发展历程中，"男尊女卑"的传统思想如同镣铐一般紧紧禁锢着中国的广大女性。

清朝末年，随着资本主义工商业在中国的发展，中国的先进人士逐渐接受西方教育思想，开始倡导女权，并提倡女子实业教育。1903年清政府颁布了"癸卯学制"，虽然其中未涉及女子实业教育的内容，但女子实业教育的思想依然开始兴起，不断呼吁女子接受教育并参与实业。辛亥时期，革命派所提出的妇女解放主张，促进了妇女的觉醒，传播了资产阶级民主思想。1913年民国政府颁布"壬子·癸丑"学制，这一学制规定女性与男性平等接受中等、实业及高等师范教育，

[①] 章艳丽：《简论中国传统的女性教育》，张全新等主编《中国特色社会主义：理论·道路·事业》，山东人民出版社2008年版，第440—442页。

女子职业教育由此得以发展。民国时期，对于职业教育的界定有广义和狭义之分。广义上指"凡含职业性质之教育，无论分科简密，俱得谓之职业教育。如律师、教师、医生、新闻记者等皆是"①。狭义上则包括农业教育、工业教育、商业教育、家事教育，职业学校则是"以授直接生产之技艺者为限"②。

在五四运动的启蒙下，一部分知识分子在揭露封建专制主义对妇女施加迫害的同时，提出了妇女应通过经济独立而达到解放自身之目的。如何使妇女获得解放，以实现社会的进步，便成了一代中国知识分子深入探索的课题。"五四"之后，妇女解放的呼声并没有减弱，许多知识分子继续呼吁女子自强自立，以养成独立的个性，并对封建礼教加以猛烈的抨击。中国的有识之士认识到妇女社会地位的状况关系到国家强弱问题，中国妇女在家庭、社会中的地位低下是中国衰弱的原因之一，因而妇女解放的呼声不断。青年时代的邹韬奋受到时代思潮的影响，对女子教育和妇女解放极为关注，从求学时期到供职于中华职业教育社，先后发表了《妇女解放》《妇女觉悟的曝光》《愿全国为女子者思之》和《男女问题的根本观》等多篇文章，主张女性独立，呼吁妇女解放，就此开始了他的女子职业教育探索之路。

（二）思想传承：女子职教思想与实践的导引

邹韬奋女子职业教育实践是特殊文化语境的产物，时代之交女子职业教育思想的传承是邹韬奋女子职业教育实践的缘起和催化剂。

20世纪初的中国文化思想以激烈变革和复杂多变为特征，而女子职业教育作为其中的构成部分影响深远。

总体看来，清末民初至20世纪20年代的女子职业教育思潮中经历了三个阶段，梁启超、张謇、蔡元培、黄炎培和陶行知等是其中的代表。

1840—1899年为第一个阶段，是以改良派和维新派为代表的萌芽

---

① 杨鄂联：《职业教育概要》，世界书局1929年版，第9页。
② 杨鄂联：《职业教育概要》，世界书局1929年版，第15页。

阶段，形成了以"强国保种"为目的的封建主义女子职业教育思想。清朝末年，梁启超先生在《变法通议·论女学》中指出，由于中国女性未能接受教育，尤其是实业教育，致使国家积贫积弱。"无业之人，必待养于有业之人，不养之则无业者殆，养之则有业者殆"，此之谓"生利分利"①。中国有两亿女性，全属"分利"，因为女性没有任何正式的职业，导致无以为生。然则女性因何没有职业？盖因任何一种职业都有其专门的学问，"必有此业中所以然之理，及其所当行之事，非经学问不能达也"②。由于女性无法接受与男性同等的职业教育，也就无法"经学问"以达各业，于是乎成了"分利者"。因此，梁启超主张"学业者，业之母也"③，呼吁女性接受实业教育，成为拥有正式职业的"生利者"。梁启超认为，女性可借此摆脱对男性的经济依附，获得经济独立，进而取得与男性同等的社会地位。这样则男女同为"生利者"，可以借民富推动国强。梁启超以"生利分利"理论，倡导女性实业教育，实现女性平等解放，以此富民强国。

1900—1911年为第二个阶段，是以实业派张謇和女权派秋瑾等为代表的形成阶段，女子职业教育的思想开始从"小家"进入"大家"、"自养"迈向"养家"。在梁启超"生利分利"理论的基础之上，实业家张謇进一步论述了女子实业教育的重要性。他认为，几千年来，中国人民长期处于蒙昧状态，而女性更是深受其害。要想摆脱这种现状，除了兴办女子师范教育外，还应积极倡导女子实业教育。"实业教育直接即可生利……当以经济为目的。"④ 人不能依赖于他人，而应自谋生计，女子实业教育应当帮助女性获得经济独立的能力。张謇从中国资本主义工商业发展的视角出发，看到了女子实业教育的"生利"作

---

① 梁启超：《变法通议·论女学》，《饮冰室合集·文集》第1卷，中华书局2008年版，第43页。
② 梁启超：《变法通议·论女学》，《饮冰室合集·文集》第1卷，中华书局2008年版，第38页。
③ 梁启超：《变法通议·论女学》，《饮冰室合集·文集》第1卷，中华书局2008年版，第39页。
④ 刘桂林编：《中国近代职业教育思想研究》，高等教育出版社1997年版，第105页。

用，但思想依然保留了一定的封建性。张謇提倡女子实业教育的"生利"作用，却反对男女平等。

1912—1927年为第三个阶段，随着民国的建立、五四新文化运动的开展，女子职业教育思想发生了巨大变化，开始大力倡导女性解放和男女平等。随着对女性问题讨论的深入，很多知识分子逐步意识到一个更为重要的问题，即女性只有实现经济独立才能享有"人"的自主权，女子职业问题由此作为女性解放的核心问题引起了人们更多的重视①。其中，蔡元培是杰出的代表。作为实践，蔡元培在北大力行改革，规定北大实施男女同校，以实现女子平等接受教育的权利。蔡元培认为，女子职业教育有三个方面的必要。首先，女子通过职业教育，能够脱离依附地位，实现男女平等。"女子不学，则无以自立而一切依男子以生存，至乃不惜矫揉涂泽，以求容于男子。"② 长此以往，女性便会更加懦弱无能，经济上依附于男性。因此，亟须通过教育来发展女性德智体等方面的综合素养，唤醒女性的自立意识，发展女性独立人格，进而实现女权。但女性仅具有自立意识是不够的，还需要以职业获得经济上的独立，根本上实现男女平等。其次，发展女子职业教育能够推动生产力的解放。蔡元培曾愤而质问，"占全国民半数的女子不读书不做工，这不是国民的智力及生产力一种大大的损失吗？"③ 鉴于此，他主张发展女子职业教育，使女性通过专门的职业训练而适应社会需求，并服务于社会。最后，发展女子职业教育，能够培养女性的自产意识，养成良好的品格。蔡元培指出，"乃自己有一定之职业，以自谋生活之谓。夫人果能自谋生活，不仰食于人，则亦无暇装饰，无取虚荣矣"④。

---

① 王慧敏：《民国女性词研究》，博士学位论文，南开大学，2012年，第81页。
② 高平叔编：《蔡元培全集》第1卷，中华书局1984年版，第150页。
③ 蔡元培：《工读互助团募款启事》，中国蔡元培研究会编《蔡元培全集》第3卷，浙江教育出版社1997年版，第753页。
④ 蔡元培：《在爱国女学校之演说》，中国蔡元培研究会编《蔡元培全集》第3卷，浙江教育出版社1997年版，第14页。

无独有偶，同时期的黄炎培也从理论与实践两个方面来倡导女子职业教育。黄炎培是我国著名的教育家，他的探究和实践形成了独具特色的职业教育思想体系。从重视女子教育发展到大力提倡女子职业教育，黄炎培女子职业教育思想的演变是其职业教育思想体系中至关重要的部分。理论方面，黄炎培笃信进化论，认为社会是接续进化的，文明是不断发展的，进入工业文明时代后，女性在封建社会所遭受的压迫应当彻底消除。在实践层面，黄炎培认为职业教育可以解决平民问题，因此提倡"男女教育机会应该均等"①。同时，女性接受教育是手段，而非目的，需要通过接受职业教育获取谋生手段，以求实现经济独立。"解放必先自立，必先能治生。"②女子只有自谋生计，才能获取与男性平权、家庭幸福的基础，进而为国家谋生存，为世界谋幸福。

另外，陶行知也同样对女子职业教育给予了关注。他认为，女子职业教育其时备受冷落。中国人口中一半为女性，而"女性同为人类，自应有知识技能，去谋独立生活"③，这就需要女子接受职业教育。

作为中华职业教育社的成员，邹韬奋立足前人思想基础，积极参与并推动了中国女子职业教育的发展。④邹韬奋不仅吸纳了前人的女子职业教育思想，而且基于新闻传播实践，做了大力发展创新。上述知识分子对女子职业教育的推进大多限于理论层面的阐述，邹韬奋则在理论指导之下更加重视社会实践，利用现代传播媒介践行之。具体来说，在中华职业教育社工作期间，邹韬奋不仅潜心职业教育的研究，还参与了一系列职教社的职业指导活动，调查女子职业状况、学生个性与境况，以此来启迪学生的择业兴趣。同时，邹韬奋还研究和编译

---

① 黄炎培：《对于中国今后教育设施的意见》，中华职业教育社编《黄炎培教育文选》，上海教育出版社1985年版，第309页。
② 黄炎培：《读职业教育最近统计》，中华职业教育社编《黄炎培教育文选》，上海教育出版社1985年版，第104页。
③ 陶行知：《陶行知全集》第1卷，湖南教育出版社1983年版，第257页。
④ 刘桂林：《论中国近代职业教育思想》，《华东师范大学学报》（教育科学版）1996年第4期。

了《职业教育研究》《职业指导》等著作，发表了大量文章，并通过与读者的互动，来践行自己的女子职业教育理念。

（三）个人经历：家庭的浸淫与教育的熏陶

邹韬奋的个人经历也是其女子职业教育实践的重要影响因素。最早对邹韬奋施以影响的是祖父邹舒宇，其"铁肩担道义"的中国传统士大夫入世精神对邹韬奋的影响颇深，而幼年严格而枯燥的私塾生涯也为邹韬奋积淀了深厚的传统文化底蕴。之后对邹韬奋有所影响的是父亲邹国珍。邹国珍曾受实业救国思想影响，一度想办大型纱厂，于是将17岁的邹韬奋送进南洋公学附小就读电机工程专业。邹韬奋就此初步认识了西方的实业发展，为女子职业教育打下了基础。同时，邹韬奋也受到了母亲人生遭遇的影响。邹韬奋对自己的母亲充满同情，认为母亲是封建礼教的牺牲品。1936年，邹韬奋特意写了《我的母亲》一文以作纪念。文章回顾了母亲平凡而伟大的一生，但也叹惋"她的努力的精神，她的能干的才具，都埋没在封建社会的一个家族里，都葬送在没有什么意义的事务上，否则她一定可以成为社会上一个更有贡献的分子。我也觉得，像我的母亲这样被埋没葬送掉的女子不知有多少！"[①]

1919年，美国实用主义大师约翰·杜威（John Dewey）来华讲学。美国实用主义思想的传入在中国知识界掀起了巨大的思潮，其中对于女子独立与解放的讨论也日趋热烈。胡适曾大力宣传实用主义，并换位思考，替女性发声。"我是一个堂堂的人，有许多该尽的责任，有许多可做的事业，何必定须做人家的贤妻良母才算尽我的天职，才算做我的事业呢？"[②]胡适主张女子"自立"的"超贤妻良母主义"的呐喊，是民国初年"实用主义"女子职业教育宗旨的集中体现。对邹韬奋而言，当时在美国人所创办的教会学校——上海圣约翰大学求

---

① 邹韬奋：《我的母亲》，韬奋基金会、上海韬奋纪念馆编《韬奋全集》（增补本）第7卷，上海人民出版社2015年版，第289页。

② 胡适：《胡适文存》第4卷，东亚图书馆1928年版，第41页。

学的经历，使他接受了系统的美国实用主义教育。同时，翻译杜威的《民本主义与教育》（*Democracy and Education*）的经历让胡适对实用主义有了更深入的认识，对他后来的职业教育思想，尤其是女子职业教育思想，都有很大的影响。

1921年7月，邹韬奋从上海圣约翰大学毕业，一直想进入新闻界工作，但由于找不到合适的机会，便不得不走"曲线就业"之路。1922年经黄炎培介绍，邹韬奋得以供职于中华职业教育社，担任编辑股主任一职。在此期间，邹韬奋善于学习，并受蔡元培、黄炎培等早期倡导女子职业教育的人的影响，勇于接受新事物，撰写文章、翻译书籍，积极参加中华职业教育社的职业指导实践。他的文章一改传统认知，将女子纳入到了职业教育的行列，逐步形成了比较完备的女子职业教育思想。

二 作为实践先导的思想演化

历史地看，梁启超、张謇、蔡元培、黄炎培及陶行知等人对女子职业教育的探索，是邹韬奋女子职业教育思想及其践行的先声。邹韬奋通过对前人思想和实践的学习和吸纳，逐步形成了自己的女子职业教育思想体系，并逐步成为其社会实践的先导。

学界对邹韬奋的女子职业教育思想体系多有关注。唐树森注目于教育目的论，认为邹韬奋早期的妇女解放思想指涉女子职业教育目的，力倡男女教育平权，强调中国妇女问题根源于传统小农社会的经济基础，而随着社会经济制度的变革和工业的大规模发展，妇女问题也将随着大量女性从事社会工作而得以解决。[①] 王秀霞的研究与此不同，她落脚于教育意义论，认为邹韬奋的见解是对张謇女子实业教育可生利思想的继承与发展，在一定程度上更为深刻地揭示了女子职业教育

---

① 唐森树：《论邹韬奋早期的妇女解放思想》，《河南科技大学学报》（社会科学版）2005年第3期。

的意义。王秀霞进一步指出,邹韬奋强调开展女子职业教育是实现男女平等的基础,将有助于推动国家的经济增长。但是,对于女子职业教育的课程设置与教材选择以及具体如何兴办等问题,邹韬奋并未能像张謇、黄炎培等人那样有详细的论述。① 实践方法是另外一个研究的方向。李益生指出,职业指导是邹韬奋女子职业教育乃至职业教育的重要组成部分,邹韬奋使之走向社会,深入到学校教育、学习生活及家庭生活等方面,意义更加深远。② 冯丽则在该问题的另一个维度进行了探讨,认为邹韬奋确认女子职业教育存在着严重的现实困难,即女子难以抛开家务而专门从事于职业,为此他提倡家庭工艺,兴办解放妇女的实际设施。③

这些研究从不同角度推进了邹韬奋女子职业教育思想的研究,但仍有系统深入研究的必要和空间。

细察之,邹韬奋女子职业教育思想以社会实践和新闻传播实践为中心,有着显明的个人特征。它既有承继、坚持与发展,也有传统和现实维度的妥协与自守。

（一）现代性开拓

邹韬奋女子职业教育思想是其在五四之后现代性开拓的重要表征,它是中国社会女性解放思潮和现代化演化的结果。

1919年五四新文化运动期间,中国社会达成了某种共识,认为女子自立能力和独立精神的培养是其获得解放的关键,女子职业教育则是女性解放的必要条件。因此,女性解放和男女平等的呼声日趋升高,有力地推动了我国妇女解放事业的发展。然而,运动结束之后,复古派开始大肆攻击女性的正常社交活动,甚至称男女之间的自由情爱"有伤风化",鼓吹"女子无才便是德"的封建伦理思想,一股公开反对女性解放与男女平等的逆流开始涌动。针对这一逆流和封建教条思

---

① 王秀霞:《民国时期的女子职业教育思想》,《理论学刊》2005年第9期。
② 李益生:《邹韬奋论职业教育》,《教育与职业》1994年第6期。
③ 冯丽:《论邹韬奋的女子教育思想》,《河南职业技术师范学院学报》(职业教育版)2004年第1期。

想，女子解放运动的呼声更趋强烈，但由于当时社会动荡不安，经济发展落后，女性解放运动未能得到广泛推动。对此，邹韬奋认为，两千年来"三从四德""男尊女卑"等封建思想根深蒂固，受其毒害，我国女子自甘奴化，缺乏自我解放意识，这是非常严重的问题。

邹韬奋放眼国外，介绍了世界女性解放运动的形势。在《革新潮流中之日本妇女》一文中，邹韬奋介绍了明治维新以来五十余年间日本女性的巨大变化。邹韬奋指出，在女性革新的潮流下，日本女性的变化日新月异，生活和思想都有了很大进步。在日本，女子出外就职情况已经较之以前大有改观。"在全国的妇女里面，已有百分之十三的是有职业的能够自食其力的妇女；这百分之十三共有三百五十万妇女，其中约有一百五十万是就业于工商界，约有一百五十万是服务于农业，还有五十万做其他的工作。"① 鉴照日本，邹韬奋认为，女性要想谋得有益的革新，最根本的途径还是提升教育，进而普及职业教育。

马克思说："没有妇女的酵素就不可能有伟大的社会变革，社会进步可以用女性（丑的也包括在内）的社会地位来精确地衡量。"② 邹韬奋坚持男女平等，而男女平等要靠妇女解放来实现。"妇女解放，至少有两方面，一是经济上的解放，二是人格上的解放。"③ 他进一步阐释，要实现妇女解放和男女平等，"最重要的是男女须有领受教育的同等机会"，同时，"要使女子获得自由，要能和男子平权，最基本的方法还是要极力提倡女子教育的普及和提高"④。

邹韬奋认为，女子天生才能并不比男子差，只是备受摧残被埋没，所以女子只有积极争取入学的权利，接受新式教育，最终才能成为一

---

① 邹韬奋：《革新潮流中之日本妇女》，韬奋基金会、上海韬奋纪念馆编《韬奋全集》（增补本）第1卷，上海人民出版社2015年版，第879页。
② 《马克思恩格斯全集》第32卷，人民出版社1974年版，第571页。
③ 邹韬奋：《妇女解放与女茶博士被禁合废娼运动》，韬奋基金会、上海韬奋纪念馆编《韬奋全集》（增补本）第1卷，上海人民出版社2015年版，第244页。
④ 邹韬奋：《男权扫地》，韬奋基金会、上海韬奋纪念馆编《韬奋全集》（增补本）第2卷，上海人民出版社2015年版，第423页。

个有独立人格的人。"所谓自立能力与环境,不仅指物质方面的供给,并包括思想或精神方面有自立的能力。"① 由此可见,人格上的独立即能够确立自己的自主性,在精神上不依赖他人,并在自立的基础上寻求个人自由发展,追求个人价值实现。

职业是妇女经济独立的必要条件。邹韬奋认为,经济上的独立是一切平等的基础;女子要想平等,必须先得到经济的独立,要做到这一点,必须在社会上工作,否则在经济上总是脱离不了依赖男子的境地。"妇女要获得自由,要不受人欺侮,要争风,最重要的是能经济独立,有自立的职业做后盾。否则完全处于'依赖'的地位,安得不'饮泣吞声'?从那里来的勇气?"② 在邹韬奋看来,女子应该拥有属于自己的职业,才能实现经济上的独立,而经济上的独立又是实现男女平等极其重要的因素。邹韬奋进一步强调,女子必须从事于社会服务才能养活自己,其现实意义在于,一方面她就不必担心受家庭的压迫,另一方面即使终身不嫁也不至于仰人鼻息。

换言之,对广大妇女来说,想要有经济独立的能力,就必须接受教育尤其是职业教育,以养成专门技术,并具有生产的能力。因此,邹韬奋积极倡导女子职业教育,并为此设计了一条环环相扣的链条:女子职业教育——经济独立——人格独立(不依附于男子)——男女平等。妇女在经济上得不到独立,势必依附于丈夫或其他家庭成员。正如陈独秀说的,"若以一人而附属一人,即丧失其自由自尊之人格,立沦于被征服之女子奴隶捕房家畜之地位"③。

对此,邹韬奋在《妇女解放与女茶博士被禁合废娼运动》一文有着较为集中的论述,他认为经济上的解放和人格上的解放是妇女解放

---

① 邹韬奋:《深切的同感》,韬奋基金会、上海韬奋纪念馆编《韬奋全集》(增补本)第4卷,上海人民出版社2015年版,第288页。
② 邹韬奋:《一位女明星的婚姻问题》,韬奋基金会、上海韬奋纪念馆编《韬奋全集》(增补本)第1卷,上海人民出版社2015年版,第812页。
③ 陈独秀:《吾人最后之觉悟》,任建树、张统模、吴信忠编《陈独秀著作选》第1卷,上海人民出版社1993年版,第172页。

最重要的两个条件。邹韬奋提出，我国正处于"新旧过渡的时代，女子教育比男子教育还差得远的时候"①，要想获得职业当然更为困难。为此，邹韬奋要求女子自己去争取求学的机会。"诸位女士，当极力向父母求得求学的权利。有了知识，有了自立技能，便可做堂堂的一个人，谁也不敢蔑视。这真全恃女界同胞自己觉悟啊！"②

邹韬奋进一步发现，"家庭在人类生活中占有最大势力，家庭之入款有百分之八十五至九十出诸女子之手，而儿童在体育方面、道德方面，及与社会有关系各方面之发展，其责任亦全在女子之手"③。因此，邹韬奋认为，女子从事社会服务，则"能于暇晷从事相当的家庭工艺或家庭园艺，于家庭经济方面不无小补"④。同时，女子要得到工作，就必须接受职业教育。邹韬奋提出女子职业教育有助于女子寻得适当的职业，改善自我生活，让其在繁杂琐碎的家务之余，发现人生的趣味与意义，进而实现经济独立和人格自立。

正如恩格斯所言，"妇女解放的第一个先决条件就是一切女性重新回到公共的事业中去。"⑤邹韬奋也敏锐地认识到了女子职业教育在平衡个人与社会之间关系的作用。邹韬奋的理想职业教育目标就是发展知能品性以"自立而利群"⑥，女子职业教育也莫不如此。邹韬奋认为，即使是女子，也能够"自立而利群"，实现个体应有的价值。

邹韬奋有关女子职业教育的言论在当时引起了强烈的社会共鸣。1930年召开的女子职业教育大会上，邹韬奋更是从女子自立和女子利

---

① 邹韬奋：《一个总答复——蹉跎到现在还没有完婚》，韬奋基金会、上海韬奋纪念馆编《韬奋全集》（增补本）第2卷，上海人民出版社2015年版，第325页。
② 邹韬奋：《妇女解放》，韬奋基金会、上海韬奋纪念馆编《韬奋全集》（增补本）第1卷，上海人民出版社2015年版，第194页。
③ 邹韬奋：《一九二五年之美国职业教育》，韬奋基金会、上海韬奋纪念馆编《韬奋全集》（增补本）第1卷，上海人民出版社2015年版，第468页。
④ 邹韬奋：《提倡女子职业教育之商榷》，韬奋基金会、上海韬奋纪念馆编《韬奋全集》（增补本）第1卷，上海人民出版社2015年版，第521页。
⑤ [德]恩格斯：《家庭、私有制和国家的起源》，人民出版社2018年版，第80页。
⑥ 邹韬奋：《理想职业教育目标》，韬奋基金会、上海韬奋纪念馆编《韬奋全集》（增补本）第1卷，上海人民出版社2015年版，第402页。

群这两个角度提出了女子职业教育的三个必要性：一是"认职业为服务，则女子亦应为社会服务，即亦应有职业，亦应受职业教育"；二是"从妇女运动上说来，要求解放，要求经济独立，不能不受职业教育"；三是"要打破安坐而食的习惯而为直接或间接生产的女子，应该受职业教育"①。

需要强调的是，外国女子职业教育对邹韬奋有着决定性的影响，并对其女子职业教育理念和实践具有显著的催化作用。邹韬奋始终主动学习和传播国外关于职业教育发展的相关知识，美国、德国、菲律宾、日本、哥伦比亚和苏联等国的职业教育事业都是他关注和学习的对象。他不断学习和吸收世界先进职业教育思想和经验，然后加以融合创新，即成为他职业教育思想和实践的核心。为此，邹韬奋撰文介绍国外女子职业教育的经验，希望民众参考借鉴，开阔视野，自我创新。其中，邹韬奋最为推崇的是美国的职业教育。

美国职业教育的发展，给邹韬奋提供了可资借鉴的宝贵资源。他在《一九二五年之美国职业教育》一文中介绍了这个时期美国对家事经济教育的重视，美国将烹饪、缝纫、服装、食物贮藏法、饮食卫生、看护、家庭爱护、家庭管理法、预算与簿记、儿童护养法、儿童训练、家庭与社会的关系等内容都纳入女子可以学习和工作的范畴。②

对美国女子职业教育指导和科目设置，邹韬奋也进行了详尽的介绍。"无易思康辛大学（Worcester University）每年皆有女学生会议，商榷关于职业指导的事……华盛顿省立大学（State College of Washington）也有女学生职业指导的会议，特别注意教师以外的其他各种职业。"③ 另外还有波士顿妇女教育工业会、明纳苏他（明尼苏达）大学女子职业指导委员等进行女子教业教育的指导等"妇女职业教育，此

---

① 《女子职业教育讨论会记录》，《教育与职业·女子职业教育专号》（1930年5月）。
② 邹韬奋：《一九二五年之美国职业教育》，韬奋基金会、上海韬奋纪念馆编《韬奋全集》（增补本）第1卷，上海人民出版社2015年版，第467页。
③ 邹韬奋：《美国的职业指导运动》，韬奋基金会、上海韬奋纪念馆编《韬奋全集》（增补本）第1卷，上海人民出版社2015年版，第267页。

科之目的盖欲示以高等职业以及农工商家事各业皆有妇女占得之重要位置与机会。"①

邹韬奋力求突破妇女求职的局限，大力介绍种类繁多的职业，以供参考。美国的职业教育范畴随着经济的发展不断拓展，邹韬奋就此及时介绍美国职业教育发展的新情况，以便为中国公众提供世界经验。在美国大约有八百五十万妇女出外办公。其中从事学校教师（大学教育不在内）这一职业的大约六十三万五千人，占全美国教师比例的百分之九十五。做缩写员与打字员的大约有五十六万四千人，约有两百万人从事制造工业及机械工业，有十四万妇女做看护，有十七万八千人做电话接线生，还有两百万人做家政服务。除此以外，有许多人是女医生、大学校长、教授、图书馆馆长、著作家、编辑、新闻记者、宗教家、慈善家、女律师、女审判官以及政府官员。女子和男子一样，可以从事的职业很多。②"职业教育之机会，本不限于男子，即美国以国帑积极进行之职业教育，本亦不限于男子。鉴于职业教育须大放其眼光，注意全部分之国民，故对于妇女之职业教育，特别注重。"③ 邹韬奋的介绍详细生动，具有非同寻常的参考价值。

（二）传统与现实的妥协

不可否认，20世纪初的中国女子职业教育面临着传统和现实的双重压力，饱受传统文化熏陶和社会现实逼迫的邹韬奋在女子职业教育方面表现出了适度的妥协。

面对现实，邹韬奋清醒地意识到了女子职业教育的困境，将其作为革新的依据。

首先，女子职业范围过窄与教育资源匮乏，是女子职业教育的一

---

① 邹韬奋：《哥伦比亚大学职业教育科之内容》，韬奋基金会、上海韬奋纪念馆编《韬奋全集》（增补本）第1卷，上海人民出版社2015年版，第300页。
② 邹韬奋：《顾全家政与职业的美国妇女》，韬奋基金会、上海韬奋纪念馆编《韬奋全集》（增补本）第2卷，上海人民出版社2015年版，第78页。
③ 邹韬奋：《最近三年间美国职业教育进步概述》，韬奋基金会、上海韬奋纪念馆编《韬奋全集》（增补本）第1卷，上海人民出版社2015年版，第651页。

大现实困境。

在近代中国社会，可供女子选择的职业范围过于狭窄，且大都集中在家事领域，同时，有关女子职业教育的学校机构寥寥无几，教育资源极度匮乏。由于传统性别分工的普遍存在和生产力水平的低下，女子职业种类极少，大都集中在蚕桑、裁缝、编织、做花等与家庭生活密切相关的科类。如此一来，女子毕业后的择业范围极为狭窄。

"国中女子学校之缺乏，实在可怜，有教育之责者，当亟筹补救之实际的办法。"① "依民国十年中华职业教育社调查表，全国共有五十六校。然有不称女子职业学校而实际则同为职业教育性质者。如天津女子工艺传习所、江苏省立女子蚕业学校、浙江省立女子蚕业讲习所等即其例也。此项学校，依该社十年调查表，全国亦有十四校。惟两项共计，不足一百。可知我国女子职业教育，尚在极幼稚时代。"②

其次，家庭与事业之间进退维谷的选择，是女子职业教育的另一羁绊。

在中国几千年的传统思想中，"男主外、女主内"的认知使得"女子不能抛弃家务"的观念根植于中国人的思想中。一个女子，既要在社会上立足扮演好自己的社会角色，又要顾及恋爱与家庭，若二者能兼顾自是再好不过，但结果往往都是顾此失彼。邹韬奋在《女子之职业与丈夫》一文中就发出这样的疑问："在女子方面，恋爱与职业比较，恋爱为重乎，职业为重乎，此又一重要之问题。"③恋爱与婚姻对一名女子来说是很重要的，而婚嫁自然是一个关键节点；正在求学的女子，往往到了这个时候，大多半途中止；或是已有职业的，因家庭牵累，往往会就此牺牲职业。推广女子职业教育有一个"非男子所有

---

① 邹韬奋：《妇女觉悟的曙光》，韬奋基金会、上海韬奋纪念馆编《韬奋全集》（增补本）第1卷，上海人民出版社2015年版，第195页。
② 邹韬奋：《中国之职业教育》，韬奋基金会、上海韬奋纪念馆编《韬奋全集》（增补本）第1卷，上海人民出版社2015年版，第281页。
③ 邹韬奋：《女子之职业与丈夫》，韬奋基金会、上海韬奋纪念馆编《韬奋全集》（增补本）第1卷，上海人民出版社2015年版，第414页。

而为女子所独有的"的特殊困难，即"男子可以不管家务而聚其全力于职业，女子则势不能抛弃家务而专做职业"，"因为这个缘故，所以我们看见女子能兼顾这两方面而能持久的，实在很少很少……"① 一个家庭常需女子看管照料，离开家庭而从事社会职业，于事业及家庭两方面都不免产生种种阻碍。

在如何解决家庭与社会这个看似对立的两难问题上，邹韬奋并没有给出一个绝对的答案，而是从先后顺序这个角度来阐释。他说："女子能有丈夫而同时又能有其事业乎，抑既有丈夫而势必弃其事业乎，此又一重要之问题，择业与择夫两事，苟不违反其顺序，彼此非不相容。"当时的实际情况是，已经有职业的女子不难觅得如意郎君，而已结婚的女子想要再有职业就颇为不易。因此，邹韬奋认为，"故彼意女子当先寻得职业。彼等既嫁之后（大多数女子固须出嫁，且应当出嫁能），使丈夫与职业并存，固佳，否则搁置其职业以应特殊需要，亦可"②。也就是说，女子学习知识技能，在社会中有其事业是正确的，但如果有"特殊需要"，例如事业和婚姻家庭相冲突，"搁置其职业，亦可"。

有人主张女子出嫁之后，绝对须继续其职业。对此，邹韬奋认为"苟此妇女于家务之外，尚有余暇以从事其所喜为之职业，固为美事。倘家务已用尽其时间和思想，则专心于此，亦属可佳。总之，此问题须视特殊情形而定也"③。从中可以看出，对于女子事业与家庭的选择，邹韬奋留有很大转圜余地，也有一定程度的妥协和退让。

鉴于此，邹韬奋在女子职业教育中相应地做出了妥协——从职业教育到家事教育转变。

---

① 邹韬奋：《提倡女子职业教育有之商榷》，韬奋基金会、上海韬奋纪念馆编《韬奋全集》（增补本）第1卷，上海人民出版社2015年版，第520页。
② 邹韬奋：《女子之职业与丈夫》，韬奋基金会、上海韬奋纪念馆编《韬奋全集》（增补本）第1卷，上海人民出版社2015年版，第414—415页。
③ 邹韬奋：《女子之职业与丈夫》，韬奋基金会、上海韬奋纪念馆编《韬奋全集》（增补本）第1卷，上海人民出版社2015年版，第415页。

邹韬奋在提倡女子职业教育前加了一个前提——"要斟酌女子所处的地位而提倡女子职业",在不离开家的前提下,"我们要提倡一种无须离开家庭而可得从事的职业,这样一来,家事余暇可得利用,而又不必抛弃家务,或奔波于家务及家庭外之事业。这种相当职业就是家庭工艺,或者家庭园艺"[1]。

这样,邹韬奋虽然也提出"并不是说除了家庭工艺或家庭园艺以外,其他职业如律师、教员、商界、职员等,不应有女子的参加"[2],但总体而言,他的女子职业教育思想就此出现了某种妥协和退让。

因此,女子职业教育在发展过程中表现为设科的集中性,主要集中于与家庭、手工相关的职业科目,而农业、工业等相对设科较少。这不利于女子职业的开拓,在一定程度上也限制了女子职业教育的发展。这是在传统与现代、理想与现实之间的理性平衡,表现了邹韬奋理性、务实、温和的个性特征。

三 调查研究和媒介传播:实践的两翼

基于对外国女子职业教育的考察以及中国社会现实的审视,邹韬奋开始了中国女子职业教育的历史实践,调查研究和媒介传播是其中两个重要路径,一如鸟之两翼。

(一) 职业指导——女子职业教育的调查研究

确定了职业指导的范围与方法后,中华职业教育社便从实际调查入手,调查各种职业的实际内容和各种学校的教育效果。调查先在江苏省试行,调查结果被编纂成《江苏中学以上投考须知》,最终成为教育指导与职业指导的重要参考资料。除调查外,中华职业教育社职业指导委员会就上海、南京、济南和武昌这几个重要地方实行一星期

---

[1] 邹韬奋:《提倡女子职业教育之商榷》,韬奋基金会、上海韬奋纪念馆编《韬奋全集》(增补本)第1卷,上海人民出版社2015年版,第521页。
[2] 邹韬奋:《提倡女子职业教育之商榷》,韬奋基金会、上海韬奋纪念馆编《韬奋全集》(增补本)第1卷,上海人民出版社2015年版,第521页。

职业指导运动。邹韬奋宣称，一星期职业指导运动不过是一种鼓吹刺激的作用，不仅是开端，还需注意继续进行的办法①。可见，职业指导是职业教育的基础，也是关键。邹韬奋将一星期职业指导运动的实验结果整理后编成《职业指导实验（第二辑）》报告学界，促进了职业指导在教育界的推行。

1925年5月，邹韬奋到江苏私立女子职业中学校和武进县立女子职业学校参观，以考察一星期职业指导运动的实验结果。邹韬奋充分肯定了这两所职业学校的成果，皆以为"成绩斐然"。后邹韬奋以"参观职业教育记"为总题，对此次参观的学校进行成果总结，刊载于上海《申报》上，以介绍这两所女子职业学校的科目设置和教学成果。

（二）"读者信箱"——女子职业教育的媒介传播

1926年10月邹韬奋接任《生活》周刊主编后，便开始了《生活》周刊的改革。在内容上，他更加注重短小精悍的评论和有趣味有价值的材料，并设"读者信箱"一栏来讨论读者所提出的问题。"信箱里解答的文字，也是我所聚精会神的一种工作。我不敢说我所解答的一定怎样好，但是我却尽了我的心力，有时并代为请教我认为可以请教的朋友们。"② 在这个颇受关注的栏目中，有不少文章的话题涉及了女子的职业和教育，而邹韬奋正是通过人们最受关注的现代媒体传播女子职业教育思想，形成了一种独特的女子职业教育实践方式。从"读者信箱"的内容来看，邹韬奋对女子职业教育思想的传播，主要针对女子自身和社会认知两方面。

邹韬奋在"读者信箱"中竭力唤醒女子的经济独立意识。一篇名为"自立与独身"的读者来信提到来信者身体残疾，遂坚定独身主义。邹韬奋在信中回复："女子自由幸福与她的经济自立能力有密切

---

① 邹韬奋：《职业指导实验（第二辑）》，韬奋基金会、上海韬奋纪念馆编《韬奋全集》（增补本）第1卷，上海人民出版社2015年版，第345页。
② 邹韬奋：《聚精会神的工作》，韬奋基金会、上海韬奋纪念馆编《韬奋全集》（增补本）第7卷，上海人民出版社2015年版，第198页。

的关系……独身诚然需要有自立的能力。"① 邹韬奋的回复实际确认了自立能力对女子独身的重要作用。又如有女子在一篇名为"霹雳"的读者来信中表达了自己即将辍学的痛苦,邹韬奋在回信中劝导她,认为求学是实现经济独立的重要方法。"女子要得未来的幸福,或免未来的危险,无论嫁后用得着用不着,有了可以自立的学术,总可以加一重保障。"② 由此可见,女子若要获得幸福自由的生活,改变在社会上受压迫的地位以及婚姻中的不幸,首要的工作便是要实现自立,摆脱对男性的经济依赖。

女子的职业教育不仅需要自身独立意识的觉醒,也需要社会认知的推进。邹韬奋在"读者信箱"中提出,社会也要转变对女子职业的态度,增加女子就业机会。在《女卖票》一信中,来信者提到服务社会的女子逐渐增多,但有些职业如卖票,不适宜女子从事。邹韬奋在回信中表明并不反对女子卖票,反而认为"女子职业机会应该尽量的开放"③。又如在《北平的女招待》一信中,来信者肯定了女子职业的重要性,但部分人对女招待等职业依然抱有侮辱和挖苦的态度。对此,邹韬奋在回信中写道:"现在世界的趋势,男子可以做的事情,差不多女子都可以做。"④

可以看出,邹韬奋在"读者信箱"中与读者的交流往往日常而具体,这一栏目作为邹韬奋与读者的互动平台,方便了双方的思想交流。一方面,读者可以将自己的困惑传达给邹韬奋;另一方面,邹韬奋为其提供切实可行的方法,甚至对读者进行思想上的引导。信中涉及的女子经济独立和教育问题是社会性的普遍问题。虽然他在回信中答复

---

① 邹韬奋:《自立与独身》,韬奋基金会、上海韬奋纪念馆编《韬奋全集》(增补本)第4卷,上海人民出版社2015年版,第219页。

② 邹韬奋:《霹雳》,韬奋基金会、上海韬奋纪念馆编《韬奋全集》(增补本)第4卷,上海人民出版社2015年版,第91页。

③ 邹韬奋:《女卖票》,韬奋基金会、上海韬奋纪念馆编《韬奋全集》(增补本)第5卷,上海人民出版社2015年版,第306页。

④ 邹韬奋:《北平的女招待》,韬奋基金会、上海韬奋纪念馆编《韬奋全集》(增补本)第5卷,上海人民出版社2015年版,第304页。

的是来信的读者，但面临相似问题的读者亦会从中受到启发。

邹韬奋的媒体实践对女子职业教育意义重大，它对内有助于唤醒女子的独立意识，对外则有助于减少社会对女子的歧视和误解，减小女子从业的阻力，从而推进女子职业教育的发展。

四　实践的独特性

显然，邹韬奋的女子职业教育实践受到了胡适、黄炎培等人的影响，但邹韬奋独特的个人经历决定了他的女子职业教育实践与胡适、黄炎培等存在着显著的不同，体现了鲜明的个体特征。

（一）创新性与传统性并存

邹韬奋和胡适都强调女子实现自立的重要性。在胡适看来，妇女是一个堂堂正正的人，有许多应尽的责任和事业，不应拘囿于家庭中。他提出了"超贤妻良母"观念即"自立"观念，主张发扬女子的才性，克服自身的依赖性，而这种观念的养成，全靠教育。邹韬奋也认为，妇女要想获得真正的解放，须摆脱对男性的经济依赖，通过接受教育来获得从事正当职业的机会，实现自身独立。但两人在看待问题和解决问题的方式上又存在差别。

一方面，在家务与职业的关系中，胡适否定了"女子责在阃内说"，认为这种学说是捆绑女子的铁索，主张打破"男子能做而女子不能做"的思想。胡适直言，"有许多女子足能够做学问……有许多男子，只配抱孩子、煮饭的"，并鼓励女子走出家庭。[①] 而邹韬奋则认为，女子并非一定要抛弃家务而专做职业。"苟此妇女于家务之外，尚有余暇以从事其所喜为之职业，固为美事。倘家务已用尽其时间与思想，则专心于此，亦属可佳。总之，此问题须视特殊情形而定也。"[②] 在女子职

[①] 胡适：《女子问题》，《容忍与自由：胡适演讲集》，中国画报出版社2013年版，第271—272页。

[②] 邹韬奋：《女子之职业与丈夫》，韬奋基金会、上海韬奋纪念馆编《韬奋全集》（增补本）第1卷，上海人民出版社2015年版，第415页。

业教育的科目设置上，邹韬奋也主张以家事教育为主。这也体现了邹韬奋思想中的传统意识与现实境况之间的冲突与博弈。

另一方面，在实践方式上，胡适注重在思想文化等层面逐渐改良，解决办法并没有现实针对性。另外，胡适只是看到了女子解放这一表面问题，却没有探究中国女子受压迫的深层原因。胡适注重的是提出问题，分析问题，他将女子的问题完全归结于教育，却没有看到教育背后的社会制度问题。因此，胡适的妇女观是书院式的，是启蒙性质的。与之不同，邹韬奋充分利用了报纸这一现代媒体，通过"读编互动"的新形式，倾听妇女心声，在了解社会现状的同时，将女子职业教育的重要性和具体实施办法传达给读者。同时，邹韬奋在《生活》周刊"读者信箱"栏目中发表的关于女子职业与教育的内容具有很强的现实针对性。他的语言通俗易懂，言辞恳切，提出的解决办法往往从实际出发，易被读者接受，对女子的职业教育和思想解放产生了直接的影响。此外，邹韬奋提出，"局部突发的事实应该引起对社会制度的深刻观察"[①]，女子在学校或职业中受到的不公平待遇，归根结底是深层社会制度问题。遗憾的是，由于诸多限制，邹韬奋虽然看出了制度的弊端，但并未提出根本的应对措施。

（二）社会性与微观性共生

邹韬奋和黄炎培在女子职业教育理念方面有着强烈的共通性，他们都强调女子职业教育的社会性。黄炎培提出"大职业教育主义"，认为女子职业教育不仅是女子经济独立的有效途径，更是为社会和国家谋利的必然要求。他对女子职业教育与社会割裂、学校与社会脱节的教育现状持否定态度。邹韬奋也认为："职业教育之精义，在使受教育者各得一艺之长，藉以从事有益于社会之生产事业。"[②] 在女子职业教育的作用上，邹韬奋认为不仅仅有利于女子自身的解放，更是对

---

① 邹韬奋：《错误的眼光》，韬奋基金会、上海韬奋纪念馆编《韬奋全集》（增补本）第5卷，上海人民出版社2015年版，第292页。
② 邹韬奋：《中国之职业教育》，韬奋基金会、上海韬奋纪念馆编《韬奋全集》（增补本）第1卷，上海人民出版社2015年版，第272页。

社会进步大有裨益。此外，邹韬奋和黄炎培都肯定了家事教育在女子职业教育中的重要地位，认为女子在工作的同时，更要注重家务。如黄炎培在杭州女子职业学校演说中提出，"女生于受职业教育外，尤须尽力于家庭中之职务"①。

但由于社会地位和工作内容不同，邹韬奋和黄炎培在推进女子职业教育的实践层面也有所不同。黄炎培的具体实践主要集中于女子学校的创办（如南京女子职业传习所、镇江女子职校等），女子学校的机构设置，草拟学校职业教育的计划，撰写职业教育报告以及经费等行政方面的问题。他力图从宏观层面考虑女子职业教育的实施问题，并逐渐建立了女子职业教育的理论体系。黄炎培撰写了有关女子职业教育的学校计划书、职业教育改进方案和职业报告等，主要受众是教育厅人员、教育家和学校领导等人，并不是普通大众。不同的经历使得邹韬奋的女子职业教育实践显示了异乎黄炎培的特点。邹韬奋任职于中华职业教育社时，职业教育实践主要集中于介绍外国女子职业教育的科目设置、师资等人们普遍关心的问题。之后，邹韬奋接任《生活》周刊主编，更加聚焦于具体社会现象的分析解读，重在细致耐心地解决妇女职业教育的实际问题，以作用于社会实践。不难看出，邹韬奋主要致力于女子职业教育的微观层面，以解放女子思想，进而达到推进社会发展的目的。

五 历史价值

邹韬奋的女子职业教育思想及其新闻传播实践，为中国现代女子职业教育乃至妇女解放运动做出了巨大的贡献。胡愈之曾评价邹韬奋："他的热情奔腾喷发出生命火花的如椽巨笔，和他领导创办的遍及后方和前线、国内和国外的生活书店出版事业相结合，才能使他在三四十年代前后十余年间，成为全国爱国青年的精神导师，形成鼓舞全国

---

① 中华职业教育社编：《黄炎培教育文集》第2卷，中国文史出版社1994年版，第216页。

人民团结抗战的宣传堡垒，在抗战前后时期，影响了整整一代青年的成长发展。"[1] 邹韬奋作为中国先进知识分子的代表之一，家庭的影响与自身深厚的儒家文化积淀使他萌发了发展女子职业教育的理想，而母亲的人生遭遇让他对妇女独立与妇女解放的问题更为关注，从而启发了其女子职业教育思想和实践。从求学于上海圣约翰大学到供职于中华职业教育社，邹韬奋深受美国实用主义和黄炎培职业教育思想的影响，并通过对欧美等国女子职业教育的译介以及对中国女子职业教育的考察，形成了自己较为系统的女子职业教育思想体系和实践图式。

邹韬奋强调女子通过职业教育进入社会，获取职业，以经济独立实现男女平等乃至国家繁荣。但这仅仅是邹韬奋一厢情愿的美好设想，这样的理想在当时是难以实施的。当时中国社会连年动荡，经济低迷，百业萧条，加之男尊女卑的封建思想根深蒂固，使得中国的女子职业教育难以普及，女性想要找到一份工作更是难上加难。故此，很多女子无法接受职业教育，难以实现人格解放和经济独立，最终依然不得不依附于家庭，陷于"奴隶捕虏家畜之地位"[2]。当然，邹韬奋并非提倡所有女子都接受职业教育，他认为当时中国女子学校极其稀少，有教育之责者，当亟筹补救于实际的办法。邹韬奋据此提出，在办女子学校有困难的情况下，宜办女子职业教育学校，这是根据现实境况为大多数女子所考虑，而有能力进入高等教育从事律师、教师等的女子例外。

由于所处社会环境、教育背景和供职于中华职业教育社等因素，邹韬奋所提倡的职业教育主张面对现实语境做出了诸多妥协，较为保守，是温和的现实主义。面对当时社会教育资源匮乏、就业范围狭窄的困境，邹韬奋认为多数女性需要兼顾家庭与事业，因此他折中地把

---

[1] 胡愈之：《我的回忆》，江苏人民出版社1990年版，第361页。
[2] 陈独秀：《一九一六年》，任建树、张统模、吴信忠编《陈独秀著作选》第1卷，上海人民出版社1993年版，第172页。

女子职业教育转变为家庭教育为主。同时，邹韬奋主张通过点滴的改良，使套在妇女头上的绳索逐渐松散，直至脱落，这与后来中国无产阶级领导下的革命改化思想具有明显的不同。

囿于历史原因，邹韬奋女子职业教育实践虽具有某种妥协性，但仍具有鲜明的时代价值和现实意义。它对于推动国人尤其是女性冲破传统思想的樊篱，促进思想觉悟和解放无疑具有积极作用。

尤其需要强调的是，邹韬奋力主在调查和实验中逐步推进女子职业教育，以现代媒体为通道传播女子职业教育思想。这种传播实践具有强烈的时代性和独特性，并对中国现代女子职业教育乃至整个职业教育实践都产生了巨大的推力。但邹韬奋以媒介实践来践行女子职业教育思想的路径，仅限于抗日战争之前的一段历史时期。之后，随着"九一八"事变的爆发，尤其是1935年流亡归国之后，邹韬奋便转换目光，投身历史大潮，将更多的精力投入到了宣传抗日的实践中。

第十七章　译介传播的推进

毋庸置疑，邹韬奋是中国现代卓有影响的译介者，翻译和介绍国外著作并借助现代媒介加以传播，是邹韬奋新闻传播实践的重要组成部分。

邹韬奋在翻译领域做出了其杰出的贡献，直接证据之一是，1988年出版的《中国翻译家辞典》就将他收入其中。1929年《中央大学》中一篇《译学问题商榷》就较为细致地介绍了邹韬奋的一些翻译理论[1]。时隔半个多世纪，《邹韬奋的译学见解》一文，进一步探讨并分析了邹韬奋的翻译思想和理论[2]。而近年来，除《邹韬奋的语言应用观》[3]《翻译、评介、引导等多重角色——浅析邹韬奋进步思想在翻译出版中的体现》[4]和《邹韬奋的翻译观点及其译作传播》[5]几篇外，鲜见有关研究邹韬奋译介传播的文章。

邹韬奋的翻译活动是其文字发表生涯的起点。邹韬奋曾说："于是我想个办法，到图书馆里去看几种英文的杂志，选择一些东西。这

---

[1] 艾伟：《译学问题商榷》，中国翻译工作者协会《翻译研究论文集（1894—1948）》，外语教学与研究出版社1984年版，第160—180页。

[2] 陈福康：《邹韬奋的译学见解》，《中国翻译》1991年第1期。

[3] 刘英：《邹韬奋的语言应用观》，《东南大学学报》（哲学社会科学版）2005年第6期。

[4] 毕晓燕：《翻译、评介、引导等多重角色——浅析邹韬奋进步思想在翻译出版中的体现》，载韬奋纪念馆编《邹韬奋研究》第四辑，生活·读书·新知三联书店2016年版，第166—192页。

[5] 白鸽：《邹韬奋的翻译观点及其译作传播》，《考试与评价》2017年第7期。

选择并不是什么长篇大文，只是几百字的短篇的材料……有一天翻开报纸来看，居然看见自己的文字登了出来。"① 由此可见，翻译活动在邹韬奋整个的职业生涯中占据重要地位，对他今后的著作和思想都产生了深远影响。纵观邹韬奋的译介传播活动，其对个人传播角色的定位经历了"内容把关人"到"意义再造者"的演化，但值得说明的是，无论是"内容把关"，还是"意义再造"，这两者并非截然割裂开来的，而是贯穿了邹韬奋译介传播活动的始终，只是在特定时段，把关和再造有不同的凸显和侧重而已。

一 "内容把关人"——邹韬奋前期译介传播角色特征

邹韬奋的译介活动有着显明的阶段特色，前期以"内容把关人"的角色定位为焦点。

（一）"内容把关人"角色的形成

邹韬奋在长期的译介传播过程中，形成了最初的传播角色定位，体现了"内容把关人"的显著特征。

首先是求学时期（1916—1920）。邹韬奋在求学时期所修专业是西洋文学，他在此期间翻译的作品主要有《述李佳白先生演说词》《社会改造原理》《为生刍言》《社会改造原理（续）》《科学底基础》和《穆勒底实验方法》等。这些译文以科学小品文为主，内容涉及社会学、生物学和物理学等方面，体现出邹韬奋作为一名在校读书的学生对于社会和世界的思考和探索，而对社会研究和科学探索的聚焦和关注，则表现了青年邹韬奋最初的内容选择。

其次是中华职业教育社时期（1922—1924）。供职于中华职业教育社后，邹韬奋担任中华职业教育社编辑股主任，负责编撰"职业教育丛刊"，编辑《教育与职业》月刊。而此时，他翻译作品的选择则偏向于职业教育和职业指导方面。这些译作中，有的着重介绍英美国

---

① 邹韬奋：《邹韬奋自述》，安徽文艺出版社2013年版，第16—17页。

家职业教育现状，例如《英国徒弟制度之现况》《美国军队职业教育之特点》和《初级中学之职业指导问题》；有的偏向于介绍职业检测方法，如《职业教育研究》《职业测验》以及《职业智能测验法》；有的是关于职业教育理论著作，如《农村学校与社会》《伦理进化的三时期》等。

从翻译作品的内容和种类可以看出，这段时期由于工作的关系，邹韬奋在翻译作品内容的"把关"上，主要是偏向于职业教育与国民发展。

再次是《生活》周刊时期（1926—1933），这是较为重要的时期。邹韬奋在这一时期接办和主持《生活》周刊，该时期也成为他职业生涯的重要阶段，也是他思想转变的重要阶段。在接办《生活》周刊初期，邹韬奋仍然选取与职业教育有关的内容进行翻译，如《职业分析之内容与效用》《职业心理学》《关于职业心理与生理的最新实验》等。但其中值得注意的是，与原来相比，邹韬奋在对内容的"把关"上开始更加侧重选取与中国实际相结合的文章，像《宜于中国之工业人材》等。

邹韬奋在推广传播职业教育思想时逐渐意识到，在当时的政治、社会情境下，仅仅靠职业指导并不能从根本上解决和改善社会所面临的诸多问题。因此，他对翻译作品的"把关"就开始转向于有启蒙意义的现实主义文学作品，如《外国人嘴里的中国新式婚姻可算闻所未闻》《一位英国女士与孙先生的婚姻》《一个女子恋爱的时候》等。这些译作主题从恋爱到婚姻，特征鲜明，可以看出邹韬奋对中西方文化差异下的家庭观和伦理观的关注与探究。

在主持《生活》周刊期间，随着"读者信箱"的受关注度越来越高，邹韬奋对于社会问题和政治问题的关注进一步加深。此时，他选取并翻译了《民本主义与教育》。1933年邹韬奋当选由宋庆龄等人发起的"中国民权保障同盟"执行委员，同年，邹韬奋翻译了《革命文豪高尔基》。

在此时期，邹韬奋的思想发生了关键性的转变，他"从群众抗日运动中受到了锻炼，接受了中国共产党的政策和马克思列宁主义思想的影响，他的政治觉悟，迅速提高"①。而这也对他的译介取向产生了重要影响。

最后是流亡海外与归国抗日时期（1933—1941），这也是邹韬奋译介传播的最后阶段。

1933年，邹韬奋被国民党当局迫害，被迫流亡法国、苏联和英国等地。流亡期间，他在海外潜心研读马克思主义著作和其他社会科学书籍，并进一步深入研究马克思主义的传播及其对欧洲政治思想的影响。

1935年底，邹韬奋因杜重远被捕而提前回国，与沈钧儒等人组织成立上海文化界救国会。回国后，邹韬奋积极参与抗日救亡运动，传播先进文化与进步思想，却于1935年11月23日和沈钧儒等六人一同遭到国民党当局的无理逮捕，此即历史上震惊世人的"七君子"事件。

这一阶段，邹韬奋的译介以研讨抗战和世界局势的作品为主。邹韬奋从鼓吹抗战的角度出发，翻译和介绍了外国媒体对于日本侵华的报道和抗议，如《备战中的日本》《澳洲拥护中国人民抗战》《反对世界运动会在东京召开！》等。

同时，邹韬奋还翻译了大量有关世界局势分析的外国作品，如《苏联儿童戏院的十八周年》《从美国看到世界》《苏联的民主》《美苏在远东合作的基础》《英美禁运下的日本末路》《美国在国际的特殊地位》等。从上述题材可以看出，邹韬奋此时期最关注的就是抗战形势、社会民主和人民教育问题。在此期间，邹韬奋还选译了马克思主义理论作品，如1937年整理的《读书偶译》《社会科学与实际社会》等。

（二）"内容把关人"角色的特点

邹韬奋在不同历史时期的"内容把关人"角色内涵都会有所侧重，但总体体现出了以下两种取向和特点。

---

① 范长江：《韬奋的思想的发展》，韬奋基金会、上海韬奋纪念馆编《韬奋全集》（增补本）第14卷，上海人民出版社2015年版，第674页。

首先是以读者为本位的直译与意译。

邹韬奋对于直译和意译的态度,直接影响了他往后译介传播活动角色身份的定位。邹韬奋首先分析了直译和意译的优劣势,指出在译法方面,有人主张直译,但直译往往有晦涩的弊病;有人主张意译,但意译往往有与原意不符的弊病。他认为:"鄙意翻译最重要之条件须使阅者看得懂。如直译能使人看得懂,不妨直译,否则宜略参意译。即在一书之中,直译可懂之句即直译,直译不懂之句则须略为变通,略加意译。"他又说:"鄙意以为译书之最大要素,在使看的人懂,而且觉得畅快舒服,若使人看了头痛或糊里糊涂,不但不足劝人看书,反使人懒于看书。""译的人也许看惯了原文,不自觉得译文里有使人不甚易懂之处,所以无论译得如何,最好能由一二人校阅一遍。(此点在专门著述为尤要,文学次之。)"[①] 由此可见,邹韬奋在直译和意译的看法上,一直坚持以读者为本位、对读者负责的态度。

其次,强调撷取精华、酌删糟粕。

邹韬奋曾写道:"原书材料很好,不过笔者不免存着种族的成见,有的地方说些不相干的话,我译述的时候,只撷取他的精华,酌删他的糟粕。"[②] 这种取其精华、去其糟粕的翻译思想,是邹韬奋在译介传播中充当"内容把关人"这一角色的重要体现。对"精华"的选择,是邹韬奋具有社会责任感的体现,他所选取的编译内容都扣合了当时中国社会变化和国民素质发展的切身需要。反之,对"糟粕"的抛弃,也反映了邹韬奋对外来文化的把关立场。

邹韬奋供职于中华职业教育社时,其"内容把关人"的角色就已得到了充分的体现。供职期间,他翻译介绍了大量有关职业教育和职业指导的文章,目的就是为了给中国的职业教育提供借鉴。"故实行职业教育者,固宜博考他国之良法美意为借镜,尤宜体察本地之社会

---

① 陈福康:《邹韬奋的译学见解》,《中国翻译》1991年第1期。
② 邹韬奋:《译者附言》,韬奋基金会、上海韬奋纪念馆编《韬奋全集》(增补本)第13卷,上海人民出版社2015年版,第25页。

状况为基本,庶几因地制宜,不贻削足适履之讥。"① 因此,他在编译作品时,并不是照搬国外原作,而是应国民需求和理解力的情况,有取有舍,"根据参考书与杂志约三十种","撷其精华,参酌以本国实际需要"②,而"此书的主旨,是要表明'反省的思想'与道德问题有密切的实际的联系。所以此书在我国新旧伦理冲突递嬗的时候,尤其有研究的价值"③。

二 "意义再造者"——进步思想阐释与架构

邹韬奋在编译国外作品时,除了有选择性地对内容进行"把关"撷取之外,还通过其他形式针对原作中的进步思想和言论展开分析,进行意义再造。这种进一步阐释和架构进步思想的形式,使读者更能够结合中国当时实际,更好地理解文章内容,接受进步思想。

(一) 译余闲谈——从翻译文本到评论社会

"译余闲谈"是邹韬奋在翻译三部小说《一位美国人嫁与一位中国人的自述》《一位英国女士与孙先生的婚姻》和《一个女子恋爱的时候》时,每小节结束后附写的若干段文字。它先对原文进行书面化的解读,再进行"本土化"的解读,最后是对国内现状的引申和评论,故而名之曰"译余闲谈"。"译余闲谈"每节长短不一,但都与本节所述内容紧密相关,借此与读者进行沟通,将进步思想传递给受众。

例如,在《一位英国女士与孙先生的婚姻》中,对花园会(garden party)这个名词,邹韬奋首先将其书面化解释为"是一种增加社交愉快的一种好方法……",接着"本土化"解读为"与花园会取意

---

① 邹韬奋:《职业教育研究·编译赘语》,韬奋基金会、上海韬奋纪念馆编《韬奋全集》(增补本)第11卷,上海人民出版社2015年版,第175页。
② 邹韬奋:《职业教育研究·编译赘语》,韬奋基金会、上海韬奋纪念馆编《韬奋全集》(增补本)第11卷,上海人民出版社2015年版,第175页。
③ 邹韬奋:《伦理进化的三时期》,韬奋基金会、上海韬奋纪念馆编《韬奋全集》(增补本)第11卷,上海人民出版社2015年版,第257页。

相仿的是野游会……野游会人数不如花园会多"。最后他进行了引申评论，"我国交际大多数不过请人饱吃一顿，而且只有男子专利，家庭妇女儿童更少参加的机会，弄得家庭生活异常单调"①。

邹韬奋在主持《生活》周刊期间，与读者不断互动，非常重视社会问题。在邹韬奋自己的著述中，有关婚恋观和女性观的文章不在少数，这同样也体现在他的翻译活动中。除了对相关题材的选取，此时的邹韬奋还利用"译余闲谈"形式，进一步阐释他的感情观和家庭观。这是邹韬奋建立在翻译基础上的意义再造。例如对自由婚恋的讨论："尤其因为我国自由婚姻正在萌芽时代，有许多青年男女往往卤莽讲恋爱，很缺乏审慎的态度，以致后悔无及。"② 另如对家庭生活的看法："这种愉快的小家庭不是一方面好就可组成的，要两方面都好才组的成。"③ 此外，还有对中西方婚恋观、家庭观、伦理观的比较："在东方，女子嫁人不是嫁与丈夫一人，简直是嫁于一族！……在中国现在的过渡时代……还有一种较为折中的方法"，④ 国人既要实现小家庭的独立，也要兼顾大家庭的互帮互助。

除了关注社会问题，邹韬奋也会根据自己翻译著作中的不同内容，以此为引子，在每节的"译余闲谈"中进一步阐明自己的思想。例如在小说中，女主人公（美国人）对于中国人的民族成见："我当时心中存有成见，心里很不自在。恐怕说话有不留意的时候，露出对于中国所存的成见……"邹韬奋在"译余闲谈"中对此也评论道："民族的仇视，是世界生活不太平的导火线，真是一件大憾事，尤其是黄白两种。我们在国内大半都是糊里糊涂的，一出国门，这种感触便愈

---

① ［美］露易斯·乔丹·米恩：《一位英国女士与孙先生的婚姻》，邹韬奋译，韬奋基金会、上海韬奋纪念馆编《韬奋全集》（增补本）第13卷，上海人民出版社2015年版，第28页。
② ［美］露易斯·乔丹·米恩：《一位英国女士与孙先生的婚姻》，邹韬奋译，韬奋基金会、上海韬奋纪念馆编《韬奋全集》（增补本）第13卷，上海人民出版社2015年版，第123页。
③ ［美］露易斯·乔丹·米恩：《一位英国女士与孙先生的婚姻》，邹韬奋译，韬奋基金会、上海韬奋纪念馆编《韬奋全集》（增补本）第13卷，上海人民出版社2015年版，第144页。
④ ［美］麦葛莱：《一位美国人嫁与一位中国人的自述》，邹韬奋译，韬奋基金会、上海韬奋纪念馆编《韬奋全集》（增补本）第12卷，上海人民出版社2015年版，第442—443页。

甚，……我敢说一句公道话：这两方面用不着彼此'恭维'，也用不着彼此'蔑视'；因为人类是'良莠不齐'的，各方有各方的好，也有各方的坏的。"①

此外，值得一提的地方就是"译余闲谈中的闲谈"。邹韬奋会结合当时刚发生的新闻事件——"美国妇人吉泰氏，在临时法院控与其夫嘉定人顾志义离婚"，对自己所翻译的内容进行评论和阐释："（一）无论做什么事，都要量力，像这样丢脸的事，不但丢了自己的脸，并且丢了中国人的脸，实为憾事。（二）女子要生活自由和稳妥，须有自立的能力，像这位女子虽遭此意外的不幸，因'可自立'，还可减少痛苦。"② 这就使得邹韬奋的翻译作品不仅介绍了国外的风土人情、民俗文化，同时也具备了社会评论和新闻评论的功能。

（二）读书笔记——马克思主义理论的介绍与阐释

在翻译的过程中，邹韬奋往往以读书笔记的形式介绍马克思主义和苏联国情。1937年邹韬奋被国民党当局抓捕，因于苏州监狱，他在狱中写下了《读书偶译》。《读书偶译》整部作品既有翻译，也有邹韬奋的叙述。它仅仅是"在伦敦博物院图书馆里所写下的英文笔记的一部分"，"只是一本漫笔式的译述，不是有系统的社会科学的书，但是也略微有一点贯穿的线索……此外还有一点，这本书所撮译的，多为其他作家对于这几个思想家的解释；要做进一步的研究，还要细读他们自己的著作，本书不过是扼要的'发凡'罢了。先看了'发凡'的解释，对于进一步的研究也许不无小补。这是译者所希望能够贡献的一点微意"③。邹韬奋此处的"发凡"就是他对于译述作品的二次意义建构之阐释，结合之前以读者为本位的翻译策略，要"在译这本书的

---

① [美] 麦葛莱：《一位美国人嫁与一位中国人的自述》，邹韬奋译，韬奋基金会、上海韬奋纪念馆编《韬奋全集》（增补本）第12卷，上海人民出版社2015年版，第428页。

② [美] 麦葛莱：《一位美国人嫁与一位中国人的自述》，邹韬奋译，韬奋基金会、上海韬奋纪念馆编《韬奋全集》（增补本）第12卷，上海人民出版社2015年版，第485页。

③ 邹韬奋：《读书偶译·开头的话》，韬奋基金会、上海韬奋纪念馆编《韬奋全集》（增补本）第14卷，上海人民出版社2015年版，第16页。

时候，时刻注意的是要尽量使读者看得懂"。在看得懂的基础上，邹韬奋又进一步要求，"倘使读者不但看得懂，而且觉得容易看，看得有趣，那更是我莫大的愉快"①。基于这样的翻译目的和策略，在《读书偶译》这本书中，对马克思主义理论著作的进一步阐释和建构有两种形式——译者注和译者按。这两种形式，在整部作品中发挥了名词解释、译法说明以及延伸介绍等作用。

例如，在卡尔关于政治经济学的几点问题中，"有机构成"这个名词，邹韬奋就以译者注的形式解释为"资本的有机构成，是指不变资本与可变资本的比例"②。再有，在《唯物史观的解释》一文中，邹韬奋采用译者注的形式，进行译法的解释说明："'公民社会'原文为 civil society，系指资产阶级的社会而言……一般所谓'公民'，系指享有公权而能参加选举的人民而言。所谓 civil society 系对封建社会而言，在封建社会里，人民没有权利可言；在资产阶级的社会里，有一定资格的人民，即享有公权和选举权……译为'公民社会'，似较适当。"③ 在《伊里奇的时代》一文中，以译者注的形式对英国的宪章运动进行延伸介绍："宪章运动指 Chartism。这可说是英国历史上的一种革命的民主运动，起于1838年间，终于1850年，主要的要求为普通的选举权，取消选举权的财产限制，要求秘密选举等。"④

有研究认为，《读书偶译》具有双重历史意义，它不仅是邹韬奋学习的笔记和总结，更是邹韬奋借此传播马克思主义思想，达到影响普罗大众目的的体现。⑤

---

① 邹韬奋：《读书偶译》，韬奋基金会、上海韬奋纪念馆编《韬奋全集》（增补本）第14卷，上海人民出版社2015年版，第175页。

② 邹韬奋：《读书偶译》，韬奋基金会、上海韬奋纪念馆编《韬奋全集》（增补本）第14卷，上海人民出版社2015年版，第57页。

③ 邹韬奋：《读书偶译》，韬奋基金会、上海韬奋纪念馆编《韬奋全集》（增补本）第14卷，上海人民出版社2015年版，第100页。

④ 邹韬奋：《读书偶译》，韬奋基金会、上海韬奋纪念馆编《韬奋全集》（增补本）第14卷，上海人民出版社2015年版，第138页。

⑤ 李晓灵：《试论邹韬奋马克思主义思想及其新闻实践的历史呈现》，韬奋纪念馆编《邹韬奋研究》第六辑，上海锦绣文章出版社2017年版，第75—97页。

在《读书偶译》中，此类解释说明的文字不胜枚举。邹韬奋在译文中对中国读者比较陌生的西方政治经济学概念进行了深入浅出的解释，同时又给读者额外介绍了译文相关的背景知识，以便读者更好地理解和消化译文内容。通过译介，邹韬奋不仅介绍了西方（欧美和苏联）的政治体制，而且也传播了大量有关马克思和列宁生平及思想的论著。更为可贵的是，邹韬奋始终站在读者的角度，以真诚而恳切的态度传播着先进文化和进步思想，表现了他特有的译介传播宗旨和目的。

邹韬奋的一生都处在风雨如磐的年代，在那个动荡不安的时代，他是执着追求光明、寻找真理的勇猛斗士。在如火如荼的抗战热潮中，邹韬奋的翻译作品确实起到了打开国人视野、促进思想启蒙的重要作用。

就内容的把关人而言，邹韬奋的译作所选取的题材呈现多样性特征，而这种多样性与他的思想发展密不可分。从早期的科学小品到欧美小说，再到《读书偶译》以及《苏联的民主》《社会科学与实际社会》等马克思理论作品，邹韬奋的译作折射出的是他思想观念的变迁轨迹。具言之，邹韬奋译作从早期的社会改造、职业教育等社会学译作，到科学基础、实验方法等科学小品，基本上都是资产阶级话语系统的体现。而从《革命文豪高尔基》开始，邹韬奋的思想倾向就逐渐转向了俄国革命、社会主义和马克思主义。譬如，从《读书偶译》对苏维埃制度、马克思理论体系、恩格斯生平、列宁理论的介绍，到《从美国看到世界》中对资本主义走向穷途末路的揭示，再到《苏联的民主》对苏联国家制度、民主概念、人民生活的阐述，以及《社会科学与实际社会》中对资本主义本质的揭露和对马克思主义从理论上的普及，无一不显示了邹韬奋与资本主义理论的日趋背离，和对马克思主义、俄国革命和理论的逐步肯定。正如周恩来在纪念邹韬奋逝世五周年题词中指出的，"邹韬奋同志经历的道路是中国知识分子走向进步、走向革命的道路"[①]。

---

① 周恩来：《周恩来题词》，邹嘉骊编《忆韬奋》，学林出版社1985年版，第516页。

就意义再造者而言,邹韬奋的译作发挥了著作不可替代的作用。其翻译作品展现了其他民族的历史与经历,提供的是他国的抗争经验,具有生动直观的传播动员效果。在邹韬奋的翻译作品中,不乏以故事、真实经历作为底本,然后抒发己见的意义再造。具体而言,邹韬奋大力编译马克思主义读物、苏联政治作品及欧美小说等,并引导生活书店同人编译相关读物,积极传播进步思想,其意义和价值不可低估。进而观之,邹韬奋一系列有关苏联和马列主义的翻译作品,是中国近代有关马列主义的启蒙读物。它们虽然屡屡遭到国民党当局的查禁,出版和发行波折不断,但依然受到广大知识青年的热烈欢迎。胡愈之在纪念邹韬奋的文章中写道:"再没有一个中国人写的文章,能像韬奋的文章那样,拥有广大的读者群。抗战中,韬奋到西南大后方,到处都有一些不相识的青年们,甚至少年人,老年人,闻名访谒……我问过许多三十岁以上的人,他们青年时期思想受影响最深的是谁,都异口同声地说出'韬奋'这个伟大的名字。"①

从"内容把关人"到"意义再造者",变与不变之间是邹韬奋作为一名爱国者始终站在读者大众的立场,竭力改变中国现实、改善民众生活的初心。毛泽东为他题词:"热爱人民,真诚为人民服务,鞠躬尽瘁,死而后已,这就是邹韬奋先生的精神,这就是他之所以感动人的地方。"②

邹韬奋的译介传播,很好地体现了其"以读者为中心"的服务精神,凝聚着复杂深刻的文化传播理念和为国为民的新闻理想范式,可为楷模,垂范后世。

---

① 毛泽东于1944年11月15日为邹韬奋的题词,见延安《解放日报》1944年11月22日"邹韬奋先生逝世纪念特刊"附1版。
② 毛泽东:《毛泽东题词》,韬奋基金会、上海韬奋纪念馆编《韬奋全集》(增补本)第1卷,上海人民出版社2015年版,附页。

第十八章　欧美通讯的写作

　　新闻写作是邹韬奋作为职业新闻传播者最具职业特征的传播实践，其中欧美通讯因其篇幅之巨、考察之深、影响之大堪为代表。同时，邹韬奋的欧美通讯由于展现了对社会主义苏联和欧美资本主义国家截然不同的认知，引起了巨大关注和诸多争议，并成为邹韬奋研究的焦点话题之一。

　　邹韬奋的欧美通讯是特殊时代背景的产物。1933年7月，邹韬奋被国民党特务组织列入黑名单，开始了第一次海外流亡生涯。1934年7月到9月，邹韬奋在苏联考察两个月，他据此写成了十八万字的《萍踪寄语（三集）》（六十六——一三一）。在两年的西行流亡中，他先后游历欧洲和美国，写下了近两百篇旅行通讯。这些通讯早期部分发表于《生活》周刊，之后全部汇编在《萍踪寄语》（初集、二集与三集）和《萍踪忆语》中，前者涉及欧洲资本主义诸国和刚刚完成"一五"计划的苏联，后者内容主要集中于美国。这些通讯中，邹韬奋描写西方城市时着墨甚多，牵涉十几个国家。在这些城市，邹韬奋看到了不同的生活方式和技术发展，但他更强调了资本主义的剥削和残酷。因此，这些通讯以及密布其中的城市媒介形象成为理解邹韬奋评判资本主义的重要窗口，也为研究邹韬奋政治思想提供了切入点，可以说，城市媒介形象建构是邹韬奋欧美通讯中极富时代特征的传播实践，并凝聚成为邹韬奋价值取向和政治追求的"缩略图"。

一　城市媒介形象的"缩略图"

邹韬奋笔下的西方城市媒介形象"缩略图"不是等同比例的缩放，而是借西方情状回应自身思考，并针对中国现状，表达邹韬奋的思想认知和立场判定。首先，邹韬奋全程都心怀寻求救国之路的急切目的。他在《萍踪寄语》开篇就通告了游历写作的根本目的："心目中却常常涌现着两个问题：第一是世界的大势怎样？第二是中华民族的出路怎样？"① 邹韬奋的直接答案是"最重要的当然在努力于民族解放斗争"②。经过对比西欧和苏联，邹韬奋认为取得斗争胜利的根本答案就在苏联："除苏联外，很显然的现象是生产力的进步已和生产工具私有的社会制度不相容。"③ 其次，在救国动机下，邹韬奋也曾试图寻找过其他国家的经验，但是均以失望告终。他先后考察了意大利、英国、法国、德国等西欧国家。考察结果让邹韬奋感到极度失望，他在《萍踪寄语》初集、二集中对这些国家政治的虚伪性和社会管理的混乱进行了猛烈抨击。他愤然写道："谁也想象不到在这样繁华的伦敦，竟有这样的人间地狱！"④ 面对发展很不平衡的西方社会，救国目标的紧迫和民族危亡的焦虑交叠在一起，加之仓皇逃亡的无奈，邹韬奋最终选择考察资本主义社会中的剥削、歧视和不公，进而表达对资本主义制度的批判。一言蔽之，邹韬奋是用一种被压迫者的视角去扫描西方城市的总体形态的。

在邹韬奋的通讯中，西方城市内部充满对立矛盾。通过媒介话语

---

①　邹韬奋：《弁言》，《萍踪寄语（初集/二集）》，生活·读书·新知三联书店2018年版，第4页。

②　邹韬奋：《萍踪寄语（三集）·弁言》，韬奋基金会、上海韬奋纪念馆编《韬奋全集》（增补本）第6卷，上海人民出版社2015年版，第10页。

③　邹韬奋：《萍踪寄语（三集）·弁言》，韬奋基金会、上海韬奋纪念馆编《韬奋全集》（增补本）第6卷，上海人民出版社2015年版，第13页。

④　邹韬奋：《萍踪寄语（初集）·如此救济》，韬奋基金会、上海韬奋纪念馆编《韬奋全集》（增补本）第5卷，上海人民出版社2015年版，第764页。

的选择、城市空间的对比和城市中人物形象的塑造，邹韬奋建构了一个个病态、不公和充满无奈妥协的西方城市媒介形象。这些西方城市媒介形象"缩略图"，是邹韬奋悉心考察、深入思考的结果。

故此，一个问题显得极为重要，即邹韬奋是以何种图式对诸多欧美城市进行媒介形象建构的？其中的内在逻辑又是什么？

二 媒介建构话语：在辉煌与暗淡之间

西方城市"辉煌与暗淡"并置的媒介话语是构建形象"最外在"的内容，也是最明显的媒介手段。遵循批评话语分析（Critical Discourse Analysis）的语篇分析范式，按照诺曼·费尔克拉夫（Norman Fairclough）提出的批评话语分析三维框架（文本分析、文本生产分配消费的分析、话语的社会文化实践的分析），不难发现，邹韬奋的通讯不仅在词汇、语法、连贯性和文本结构上凸显了西方城市发展的不平衡性，更是在言语行为、文本连贯性和文本互文性方面刻画了一个辉煌和暗淡并现的资本主义世界。具体来看，邹韬奋的媒介话语集中在城市选择、环境呈现和价值揭示三个层面上，彰显了他对西方权力关系和统治现状的认知。

（一）城市选择：对比强烈的媒介节点

经过有选择地排篇布局，18个城市成为邹韬奋建构西方城市媒介形象的关键节点。在邹韬奋笔下，这些城市中充满着强烈对比——人与人的境状判若云泥，旧时压迫与现代剥削大同小异，响亮口号和悲惨现实天差地远……

之所以选择这些城市，原因有二。一是行程有限。邹韬奋于1933年7月开始西行，1935年8月从美国返华。在两年的时间里，他游历了欧美两个大陆，综合考虑当时交通条件和行程距离，可以推知邹韬奋的行程非常匆忙。二是游访对象的影响。很多时候，邹韬奋拜访的都是在外求学的故友和读者，他们所到的城市在欧美诸国中都具有相当的代表性。综合二者，城市虽未刻意挑拣，但主客观种种因素导致邹韬奋通讯选择的城市有着共同点：它们都是区域内经济发达、交通便利和资本主义制度发达的地区，同时也是受到经济危机破坏程度最深，社会矛盾更为凸显的地区。

表 18.1　　　　　邹韬奋欧美通讯中重点详叙的
西方城市分布一览表（以时间为序）

出处	国家	城市
《萍踪寄语》（初集）	意大利	威尼斯、佛罗伦萨、罗马、那不勒斯
	瑞士	齐亚索
	法国	巴黎
	英国	伦敦、曼彻斯特、利物浦
	爱尔兰	都柏林
《萍踪寄语》（二集）	荷兰	阿姆斯特丹
	德国	柏林、莱比锡
《萍踪忆语》	美国	纽约、华盛顿、伯明翰、底特律、芝加哥、旧金山

这些城市的记叙先后经历了三重过滤：邹韬奋游历→邹韬奋记录→邹韬奋详叙。在经历重重筛选后，选中的城市都倾注了邹韬奋的思考，既融入了他救国救民的渴望，又展现了他对资本主义的批判。彼时，欧洲刚刚经历了4年的世界经济危机，人民生活还未走出困境，社会生活仍难以回到正轨。邹韬奋在欧美最脆弱的时刻来到这里，看到了社会的不公，满目尽是底层穷苦群众的呼嚎。在此背景下，这些城市越发达，"上下之别"越强烈，最终作为一个个媒介节点，奠定了辉煌和暗淡共在的西方城市媒介形象。

（二）城市环境：政治至上的传播语境

在邹韬奋笔下，西方城市不仅拜物教的特征非常明显，更重要的是城市整体都被裹挟在一种"政治至上"的媒介景观中。由此，媒介形象的建构呈现为一种特殊的情状。

在手法上，邹韬奋通过展现认知过程、穿插背景材料以及强调意识形态等手段，巧妙运用了删节规则、概括规则和组织规则营造了西方城市"政治本位"的媒介形象。在描述意大利佛罗伦萨的古建筑物时，邹韬奋谈及了建筑的高大雄伟，却落脚在对封建时代的批评："这种封建时代的遗物，不知含着多少农奴的血汗。"①邹韬奋主观地删减了这些建筑的文化意义，将其直接概括成了一种阶级压迫和剥削的产物，组织了一套社会分化和阶层对立的话语。以此为代表，佛罗伦萨乃至意大利的传统文化最终都归于统治阶层的压迫，西方城市组接成为一个从上至下等级森严、政为根本的媾和关系体制。

在内容上，邹韬奋对"政治至上"的批判体现在权力的分配和集中关系上。当时的德国柏林风雨如晦，纳粹政府正千方百计地营造"无限忠于希特勒"的社会气氛。邹韬奋对细节的描写更凸显了"政治造神"的城市政治景观，例如，描写街边店铺的橱窗："在照相馆玻璃窗内所陈列的，满山满谷的形形式式的希特勒的相片；在雕刻铺子或铜铁铸像铺子的玻璃窗里所堆着排着的，也是大大小小无微不至的希特勒的造像。"②基于此，邹韬奋对领袖崇拜充满鄙夷，并提出了他认可的领袖政治，表达了他对中国黑暗政治的暗讽："中国人所要重视的领袖是在行动上事实上有办法为大众努力的领袖，不是挂着空招牌摆着空架子的领袖。如有人自以为是中国的领袖而怪中国人民不知或不肯拥护他，我要请他问一问自己有了什么，做了什么，足以引起中国人民的信仰和敬重！"③

（三）城市价值：道义冲突的媒介框架

邹韬奋笔下的西方城市饱含两类对立价值：内在真实价值和外在标榜价值。两类价值共同奠定了城市形象的传播框架，在价值对立的框架内，西方城市充满了道义上的冲突。亚里士多德认为，情感的深层次

---

① 邹韬奋：《佛罗伦司》，《萍踪寄语（初集/二集）》，生活·读书·新知三联书店2018年版，第93页。
② 邹韬奋：《所谓的领袖政治》，《萍踪寄语（初集/二集）》，生活·读书·新知三联书店2018年版，第338页。
③ 邹韬奋：《所谓的领袖政治》，《萍踪寄语（初集/二集）》，生活·读书·新知三联书店2018年版，第344页。

语言系统是道义，影响着社会性的集体情感表达。邹韬奋的通讯并没有直接表达强烈的情感取向，而是通过最基本的"道义判断"，揭示了西方城市"里外不一"的价值追求，进而将批判延伸到对资本主义制度的贬斥，最终建构了特殊的媒介情感框架以及辉煌与暗淡并置的现实。

"自由"价值不仅是西方城市吹捧的价值，更是整个资本主义制度的支柱。在邹韬奋笔下，这"自由价值"却受到了双重压迫——"事事商品化"的生存规则和无法逃避的经济大危机。压迫下的"自由"不仅畸形，而且道义丧尽。邹韬奋称英法城市发行的报纸也只是"纸上自由"，"尽管听任你在文字上大发挥，尽管听任你在嘴巴上大发挥，但在行动上，这资本主义的社会制度好像铜墙铁壁似的，却不许你越雷池一步！"[1] 此外，在巴黎看见的"自由的野鸡"也是实例。他直斥经济压迫逼良为娼，所谓"自由"更是伪民主的幌子。他一针见血地指出："在表面上虽似乎没有什么人迫她们卖淫，尽可以强说是她们'自由'卖淫，实际还不是受着压迫——经济压迫——才干的？这也便是伪民主政治下的借来作欺骗幌子的一种实例！"[2]

另一个西方引以为傲的价值就是"文明"，但邹韬奋在"解剖"完这些城市后发现，自我标榜"文明"的城市却丧失基本人道。邹韬奋在纽约考察时，亲眼看到白人对黑人从生至死的残酷剥削，并且这些恶行已经演变成社会群体的习惯，甚至成为"不成文法"。生命权、平等和民主等理念在这份"文明"的价值中一文不值，黑人如草芥般苟活于世，辉煌与暗淡宛若天壤。邹韬奋愤然直陈："我们常听说纽约是世界上最'文明'的一个大城市，谁料得到在这'文明'的大城市里有着这样一个'人间地狱'！"[3]

---

[1] 邹韬奋：《纸上自由》，《萍踪寄语（初集/二集）》，生活·读书·新知三联书店2018年版，第239—240页。

[2] 邹韬奋：《巴黎的特征》，《萍踪寄语（初集/二集）》，生活·读书·新知三联书店2018年版，第122—123页。

[3] 邹韬奋：《世界上最富城市的解剖》，《萍踪忆语（初集/二集）》，生活·读书·新知三联书店2018年版，第62页。

三　城市空间：显在和隐藏

邹韬奋的欧美通讯建构了对比强烈的媒介空间，成为形象建构中最为关键的逻辑链条，空间对比就此直接刻画了资本主义的现实图景。法国思想家列斐伏尔（Lefebvre）在现代哲学的社会性与历史性的维度外，提出了"空间性"维度。"空间"不仅是事物所处的地点场所，更隐喻社会秩序的空间化（the spatialization of social order），关系的生产隐藏其中。空间是物质的，也是精神的，更是社会的。①

邹韬奋的欧美通讯将西方城市划分成两种空间——显在空间和隐藏空间，不同的空间代表不同的阶级、利益和生活景象。相异的媒介空间背后，隐藏着的是资本主义制度的内在失衡和冲突。其中的空间生产具体表现为城市地标划分关系空间、城市布局划分区域空间和城市记忆划分历史空间。不难发现的是，繁华的城市里，流光溢彩的街景和傲视一切的豪气尽显于世人眼前，但内里隐藏的却是底层人群的痛苦艰辛。

（一）城市地标：资本关系的媒介表征

城市地标建筑映照出城市乃至国家的利益取向和情感号召。在邹韬奋游历的西方城市里，不同的地标成为资本主义社会对应的媒介表征。在邹韬奋看来，庞大的地标光辉耀眼，但背后要么是底层群众苦苦挣扎的身影，要么是民族国家惨痛的历史。在资本的剥削和压迫下，穷民和弱国从未被社会"看见"。

在威尼斯，邹韬奋第一眼看见的就是未完工的海边纪念塔，其庞大外观引人注目。然而在纪念塔脚下，来回穿梭的普通人民"衣衫褴褛，差不多找不出一条端正的领带来"②。在圣马可广场，夜晚灯火辉煌胜于白昼，来往的俊男靓女衣着时尚，行为开放。但邹韬奋很快就

---

① ［美］Edward W. Soja：《第三空间：去往洛杉矶和其他真实和想象地方的旅程》，陆扬等译，上海教育出版社2005年版，第78—79页。
② 邹韬奋：《威尼司》，《萍踪寄语（初集/二集）》，生活·读书·新知三联书店2018年版，第86页。

发现:"这班男女并不是一般意大利人民,多是本国和欧美各国的少数特权阶级,只有他们才有享用这样生活的可能。"① 类似的建筑也存在于其他城市,邹韬奋以此为媒介,展现了资本关系中同样为人但生活截然不同的普遍图景。

(二) 空间布局:权力分配的媒介"刺点"

在欧美通讯中,邹韬奋左翼立场体现得非常明显。这种立场形成于他一波三折的人生经历。在早年求学历程中,邹韬奋深受中国传统儒家思想影响,这促使他在之后的新闻传播实践中,立志以找寻国家救亡之路为己任。邹韬奋求学时受尽辛劳,经历了中国社会的混乱黑暗,深刻地意识到了尖锐的民族危机,遂逐渐接受了左翼思想。其后主编《生活》周刊时,邹韬奋历经艰险被迫流亡欧美,这使得他对资产阶级思想更加厌恶。

邹韬奋关注西方城市的布局,并以此作为判断资本主义社会权力和利益分配的依据。他笔下的西方城市具有明显的区隔性,按照阶级、经济状况、职业甚至种族的不同,同一座城市被划分成了泾渭分明的几个部分,呈现了多个不同面孔。其中最为可怜、最受压迫的群体居所成为城市"缩略图"中的"刺点"(punctum)。罗兰·巴特(Roland Barthes)在《明室》中提出"刺点"的概念,认为"刺点"是画面中一个极不协调的信息,以很强的反常性和破坏性藏身其中,"驻扎着晃动的事实,慌乱的情绪"②。在邹韬奋描绘的城市形象图景中,有两个最明显的"刺点":贫民窟和"黑带",前者主要是一个城市内的布局分野,后者更集中呈现了一片城市群的布局景观。

伦敦通讯中,"东伦敦"③ 是贫民窟的代名词,成为一个扎人眼球

---

① 邹韬奋:《威尼司》,《萍踪寄语》(初集/二集),生活·读书·新知三联书店2018年版,第90页。

② 刘涛:《符号抗争:表演式抗争的意指实践与隐喻机制》,《中国地质大学学报》(社会科学版)2017年第4期。

③ 韬奋到访伦敦时,伦敦共分28区,按地域被通俗划为东西南北四个部分。其中,西伦敦最为繁华,北伦敦和南伦敦属于工人住宅区,东伦敦集中了最大规模的贫民窟,社会环境恶劣,软硬件条件最差。

的"刺点"。同属一个城市,京西两边经济差距悬殊。西边"西伦敦"聚集了奢华店铺和豪华住宅。与之毗邻的东边却集中了密集的贫民窟,生活秩序混乱,来往之人衣衫褴褛,群众住所阴暗潮湿。邹韬奋将之归因于人和制度,认为贫民窟是"世界上任何城市里劳动阶级最集中的一个区域"①,同时"贫民窟问题也是资本主义制度下的一部分的产物"②。

美国通讯中,"黑带"(black belt)贯穿南方十一个邦,各邦城市中黑人人口超过总人口的75%。尽管规模庞大,但是黑人"号称为人却是过着非人的生活"③。邹韬奋将这些城市比作"最黑暗的世界"④,认为资产阶级对黑人进行了双重迫害,第一重是制造"白种优越"的偏见,进而"文饰对于整千整万的黑色工人和佃农的残酷的剥削"⑤;第二重是将社会问题和矛盾转嫁给黑人,邹韬奋断言,"失业和穷苦虽然是资本主义末路的必然的结果,但是美国的资产阶级仍想出种种方法使白工相信这全是黑工给他们的灾害!"⑥ 在一片繁荣昌盛的城市景观中,饱经迫害的黑人成为最显著的"视觉刺点",凸显了邹韬奋对权力、资源分配过于不公的愤慨。

(三)空间记忆:历史力量的媒介生产

邹韬奋的城市通讯中,城市的历史记忆和现实情状相互应和或冲突,在两种具有互文性的时空关系中,媒介传播的力量得到了巨大释放。列斐伏尔认为,空间历史性是空间生产的必然结果⑦,他强调:"如果空间是生产的,如果有一个生产的过程,那么我们的考察就有了历史性。"⑧ 邹韬奋笔下的城市或是具有深厚的历史文化底蕴(如威

---

① 邹韬奋:《大规模的贫民窟》,《萍踪寄语(初集/二集)》,生活·读书·新知三联书店2018年版,第244页。
② 邹韬奋:《大规模的贫民窟》,《萍踪寄语(初集/二集)》,生活·读书·新知三联书店2018年版,第247页。
③ 邹韬奋:《黑色问题》,《萍踪忆语》,生活·读书·新知三联书店2018年版,第231页。
④ 邹韬奋:《黑色问题》,《萍踪忆语》,生活·读书·新知三联书店2018年版,第231页。
⑤ 邹韬奋:《黑色问题》,《萍踪忆语》,生活·读书·新知三联书店2018年版,第231页。
⑥ 邹韬奋:《黑色问题》,《萍踪忆语》,生活·读书·新知三联书店2018年版,第232页。
⑦ 贾斐:《论列斐伏尔的城市空间理论》,硕士学位论文,上海师范大学,2012年,第50页。
⑧ Henri Lefebvre, *The Production of Space*, London: Blackwell Ltd., 1991, p.46.

尼斯、罗马),或是具备高度发达的经济科技(如伦敦、纽约),或是凭借工业制造一跃成为世界名城(如曼彻斯特、底特律)……正是在昔日辉煌的历史光环下,当下暗淡的发展前景和穷苦百姓更显苍凉。尤其是在政治和经济上,邹韬奋对资本主义的批判更显尖锐。

政治上,邹韬奋将巴黎见闻和法国"阁潮""政潮"的媒介记忆强烈地联系在一起。他在巴黎的游历目的是"瞧瞧占欧洲所谓'民主政治'第二把交椅的法兰西"①。邹韬奋在巴黎先后观察了众议院、格雷温博物馆②和"玻璃房子"③。关于巴黎众议院,邹韬奋在通讯中写道:"五点钟起开始开会,五点四十分即闭会,简直是四十分钟继续不断的一场大吵闹。"④ 这成为历史"政潮"的现实映射,同样国家中不同掌权者接替登场,正常的讨论蜕变成哄闹低效的吵架,国家政治更是无从谈及。邹韬奋从一场会议联系到一个历史时期的媒介记忆,进而隐晦曲折地影射中国混乱动荡的政局。

经济上,曼彻斯特的媒介记忆和萧条现实形成了巨大落差,表现出资本争夺的惨烈。邹韬奋描写曼彻斯特的辉煌发家史:"世界市场的棉织物进口货,全部中的四分之三是由孟却斯特的公司输运出来的"⑤,但此时整个城市支柱经济"已越缩越少,缩到不及从前的三分之一了"⑥,邹韬奋形容它是一个"倒霉的时代"⑦。究其根本原因,邹

---

① 邹韬奋:《再到巴黎》,《萍踪寄语(初集/二集)》,生活·读书·新知三联书店2018年版,第284页。
② 格雷温博物馆(Musée Grévin),巴黎的一个蜡像馆。
③ "玻璃房子",巴黎街头的公娼馆,邹韬奋记述其"墙上多设备着镜子,使着几十个赤裸裸的公娼混在里面更热闹些罢了"。见于邹韬奋《再见巴黎》,《萍踪寄语(初集/二集)》,生活·读书·新知三联书店2018年版,第283—291页。
④ 邹韬奋:《再到巴黎》,《萍踪寄语(初集/二集)》,生活·读书·新知三联书店2018年版,第286页。
⑤ 邹韬奋:《孟却斯特》,《萍踪寄语(初集/二集)》,生活·读书·新知三联书店2018年版,第200页。
⑥ 邹韬奋:《孟却斯特》,《萍踪寄语(初集/二集)》,生活·读书·新知三联书店2018年版,第201页。
⑦ 邹韬奋:《孟却斯特》,《萍踪寄语(初集/二集)》,生活·读书·新知三联书店2018年版,第201页。

韬奋认为有限的资本主义市场和生产过剩存在巨大矛盾，最终演变成"帝国主义互争市场的把戏"①。除曼彻斯特外，底特律等工业城市在邹韬奋笔下也有类似的媒介记忆，这些形象显示了他对资本主义生产的反思和担忧。

四　人物形象：管制与抗争

邹韬奋欧美通讯中的人物描写是对资本主义内核关系的直接呈现。这些人生活在同一个城市，但却处于宰制和被宰制的对立状态，表现为管制与抗争的关系。其中，女性、族群和外乡人是邹韬奋注目的三类人群，他们受到制度、习俗和等级观念的管制压迫，同时又将身体、情感和表演等作为迂回抗争的手段，最终管制和抗争相媾和，这些人才争取到了局促的生存空间。

（一）城市女性：生存救赎的媒介符号

欧美通讯中，邹韬奋将主要笔触对准了两种城市女性——无奈为娼和生活困顿的女性。为了在经济危机下艰难求生，她们要么笑中带泪，无奈做起"皮肉生意"；要么年过古稀，却被迫日夜劳作。这些女性成为批判资本主义的价值符号，象征着不幸生活和生存愿望的对峙，显然，后者力量过于微薄，只能承受被无情碾压的命运。女性符号成为邹韬奋通讯中最柔软的媒介符号，凸显了邹韬奋对社会公平和美好愿景的渴望。

首先，欧美通讯中关于失足女的描述比比皆是，成为邹韬奋批判欧美社会拜物教的常见媒介符号。这些妇女命运惨淡，在战争频仍和经济恐慌的暗淡现实中，她们一次又一次被社会抛弃，沦为供人享受烟花之乐的"器物"。伦敦一个妙龄金发女子成为邹韬奋通讯中的一个典型符号，她父亲战死，母亲改嫁，又无钱读书，只得

---

① 邹韬奋：《孟却斯特》，《萍踪寄语（初集/二集）》，生活·读书·新知三联书店2018年版，第203页。

自食其力，但无奈经济衰败，最终"无路可走，除求死外，只得干不愿干的事情"①。但即使这样，她们也要小心躲避权力的再次压迫，邹韬奋写道："因怕警察干涉，仅敢对你做媚眼，或轻声低语。"②

其次，邹韬奋还看到了众多年龄偏大的女性被藏在了"华美窗帷的后面"。她们无法从事社会的主要劳动，同时，她们的家庭往往也残缺不全，只能依靠仅有的资产勉强度日。邹韬奋在伦敦租住的房子的女主人即是实证，老太太丈夫身患疯病，两个儿子在世界大战中丧命，她只能凭着外租破旧的房屋以奉养自身。即使如此，老太太仍然要遭受苛捐杂税的盘剥，忍受日夜劳作之苦。为此，她肝肠寸断，日夜痛哭，思念亡子以终老。

(二) 城市族群：渴求平等的媒介隐喻

邹韬奋眼中，西方城市内部的不同族群也存在着管制和抗争。在不同城市，这对矛盾的尖锐程度判然不同。例如，邹韬奋在瑞士只是隐隐约约地感觉到了这种族群之间的矛盾，但在英国、法国、德国和美国的社会结构中，这种对立却成了他大书特书的社会现象。其中存在两个极端——德国柏林社会中"雅利安人至上"和美国各城市"黑人至下"，邹韬奋借此阐述"平等"对一个国家的重要性，隐喻中国社会民族团结的极端重要性。

在德国柏林，邹韬奋驳斥了希特勒鼓吹的狭隘民族观。他反对不择手段地实现自身政治利益。但希特勒恰恰如此，他利用"本族至上"的理念裹挟社会民意，并鼓吹："把人类的种族分做三个范畴——创造者、维持者和破坏者——那么只有亚利安这一种族可算是第一个范畴的代表者。"③

---

① 邹韬奋：《华美窗帷的后面》，《萍踪寄语（初集/二集）》，生活·读书·新知三联书店2018年版，第174页。
② 邹韬奋：《华美窗帷的后面》，《萍踪寄语（初集/二集）》，生活·读书·新知三联书店2018年版，第174页。
③ 邹韬奋：《种族的成见和梦想》，《萍踪寄语（初集/二集）》，生活·读书·新知三联书店2018年版，第352页。

邹韬奋认为，正是这种观念，才使得"白种人有征服一切其他种族而单独生存的权利"①的观念大行其道，进而引起对犹太人祖先及当时犹太人的排斥。邹韬奋对此蔑视鄙夷，他嘲讽道："做子孙的要替百年前的祖宗的性的关系负这样大的责任，而且是无法负责的事情，真可说是含冤莫白！"②

在美国的城市通讯中，邹韬奋批判歧视黑人的观念贯穿始终。邹韬奋直言这是一个"黑色问题"③，究其根源要归咎于美国白种资产阶级的统治。邹韬奋将黑人看作是"劳工运动中很重要的部分"，但在美国尤其是南方各个城市里，白种资产阶级却不断分化压迫者形成的同一阵营。邹韬奋指出："美国的资产阶级却很聪明，极力提倡'白种优越'的偏见。"④同时，他又揭露了资产阶级实施压迫时所用的媒介话语，如"宣传黑人都是'强奸专家'"⑤，"他们（白人）都叫黑人做'尼格'"⑥等表述。此外，伯明翰的电车上"黑白分离"、塞尔玛贩奴车、纽约黑人贫民窟等事件都成了通讯的媒介隐喻，其中德国和美国两个极端相互映照，邹韬奋则借此表达对民族平等的渴望。

（三）"外邦人"：同情怜悯的媒介情感

在邹韬奋的欧美通讯中，"外邦人"是个特殊的存在，规模庞大却飘若浮萍，无法真正融入当地，中国人则是其中的主要群体，邹韬奋对此大为同情。这同情的来源既有思念故国的情愫，更有对横遭欺凌、无法安身立命的无奈和愤慨。在邹韬奋看来，这些外邦人迫于生计远渡重洋，但在外国资本主义的压迫下，要么干的都是当地人弃之

---

① 邹韬奋：《种族的成见和梦想》，《萍踪寄语（初集/二集）》，生活·读书·新知三联书店2018年版，第353页。
② 邹韬奋：《种族的成见和梦想》，《萍踪寄语（初集/二集）》，生活·读书·新知三联书店2018年版，第353页。
③ 邹韬奋：《黑色问题》，《萍踪忆语》，生活·读书·新知三联书店2018年版，第229页。
④ 邹韬奋：《黑色问题》，《萍踪忆语》，生活·读书·新知三联书店2018年版，第231页。
⑤ 邹韬奋：《黑色问题》，《萍踪忆语》，生活·读书·新知三联书店2018年版，第235页。
⑥ 邹韬奋：《黑色问题》，《萍踪忆语》，生活·读书·新知三联书店2018年版，第237页。

鄙夷的营生，要么成为当地人心中道德败坏、人品恶劣的代名词，最终形成一种刻板印象。其中，欧洲的青田人①和美国唐人街的中国人就分别对应上述两种情况，邹韬奋的同情成为他批判资本主义的又一利器。

在欧洲城市通讯中，"青田人"多数是以小贩的身份出现。邹韬奋看到他们在国外备受凌辱，艰难度日，他们的穷苦"欧洲人所莫名其妙，认为是非人类所办得到的！"②在荷兰首都阿姆斯特丹，青田商贩被叫作"拚大"③，他们"穷相毕露，其中抽鸦片的更是涕泪滂沱，面有菜色"④。至于原因，外国人的冷眼是一方面，但另一方面，邹韬奋将青田人的境遇更多地归因于国内"层出不穷的军阀官僚继续勇猛的干着'侮辱国体'的勾当，使民不聊生，这些商贩情愿千辛万苦逃到海外，受尽他人的蹂躏侮辱"⑤。更让邹韬奋感到悲哀的是，在国内国外两个世界的含垢忍辱中，青田人似乎变得精神麻木。瑞士警方用盖手印的方式防范青田小贩偷渡入境，但邹韬奋发现："外人对盖手印看得很重，只施于强盗一类的重犯，视为很大的耻辱，但做了中国人有什么话说，要盖便盖就是了！"⑥

邹韬奋通讯中的美国唐人街华人表现为"可怜又气愤"的媒介形象。其中，华盛顿和纽约的唐人街代表着社会暴力团体的盘踞地，它

---

① "青田人"指来自中国青田县的华侨。青田县，地处浙江省东南部，瓯江中下游，位于温州的西部、丽水东南部，有"石雕之乡、华侨之乡"的称誉。据民国二十四年《中国年鉴》（英文版）载，清初时已有青田县人侨居国外。清光绪年间，青田人是最早到意大利定居的中国人，多以贩卖青田石雕为生，后又有沿陆路经西伯利亚、莫斯科到达柏林的青田人。在此期间，青田人逐渐遍及欧洲诸国。
② 邹韬奋：《在法的青田人》，《萍踪寄语（初集/二集）》，生活·读书·新知三联书店2018年版，第161页。
③ "拚大"是荷兰语"pinda"的音译，意思是"花生糖"。在荷兰的青田人多凭借兜售花生糖谋生。因此，"拚大"成为荷兰当地人对这些小贩甚至中国人的别称。
④ 邹韬奋：《荷兰的商业首都》，《萍踪寄语（初集/二集）》，生活·读书·新知三联书店2018年版，第321页。
⑤ 邹韬奋：《在法的青田人》，《萍踪寄语（初集/二集）》，生活·读书·新知三联书店2018年版，第162页。
⑥ 邹韬奋：《出了世界公园》，《萍踪寄语（初集/二集）》，生活·读书·新知三联书店2018年版，第119页。

们组织成以"堂"为单位的不同派系。娼妓、大烟和滥赌等行为元素与"堂"组织密切地联系起来。纽约的"堂"不仅划分势力范围，而且动辄以命相拼。邹韬奋认为，堂组织之间的触斗蛮争与中国内战相似，因为无论最终胜负结果如何，受损失最大的都是群众，而"分赃的好处只是归于所谓'领袖'"①。因此，邹韬奋断定军阀混战并不存在群众基础，"国内的老百姓用不着内战，不需要内战，而军阀们却用内战来为少数人争权夺利……"②

透过欧洲青田人和美国唐人街华人的形象，邹韬奋将同情怜悯转化成对国内外资本主义、统治阶级的无情批判。于国内，他斥责以官僚军阀为代表的资本主义压迫穷苦百姓；于国外，他讽刺乘人之危、残酷剥削的资本权贵。最终，华人只能以精神的麻木抗争"文明"的剥削，在内外管制强压中谋求生存之道。

基于寻求国家出路的目的，邹韬奋肩负精神和物质的双重压迫，完成了欧美城市通讯的写作和传播。面对身陷大萧条的欧美城市，邹韬奋将其城市形象在通讯中大多塑造成负面。其中，媒介建构话语整体上蕴含着"辉煌和暗淡"的对立，并由此深入，通过地标、布局和记忆搭建了"显在和隐藏的"两种城市空间，终而用女性、族群和外邦人搭建了"管制与抗争"并存的媒介形象景观。借此，空间和人物的媒介建构相呼应，充实了整个媒介话语系统。邹韬奋的欧美通讯最终形成了一个集历史性、立体性和个性化为一体的形象建构体系，在跨文化语境之中彰显了邹韬奋新闻传播实践的历史面向。

应当承认，这幅经过精巧选择的"缩略图"更加侧重于挖掘欧美城市中的结构性缺陷，而较少关注科学技术和制度模式的进化。同时，邹韬奋关于群体矛盾和社会两极化的归因比较浅显，对社会成因的探究也较为有限。因此，关于西方城市媒介形象以及价值评判，邹韬奋

---

① 邹韬奋：《再经华盛顿回到纽约》，《萍踪忆语》，生活·读书·新知三联书店2018年版，第303页。

② 邹韬奋：《再经华盛顿回到纽约》，《萍踪忆语》，生活·读书·新知三联书店2018年版，第303页。

仅仅提供了一种相对单一的认知维度。如果要进一步进行更为系统全面的评价，则应在多元视角下加以综合考察，而西方社会发展的历史性、特殊性和复杂性应为更加重要的聚焦。

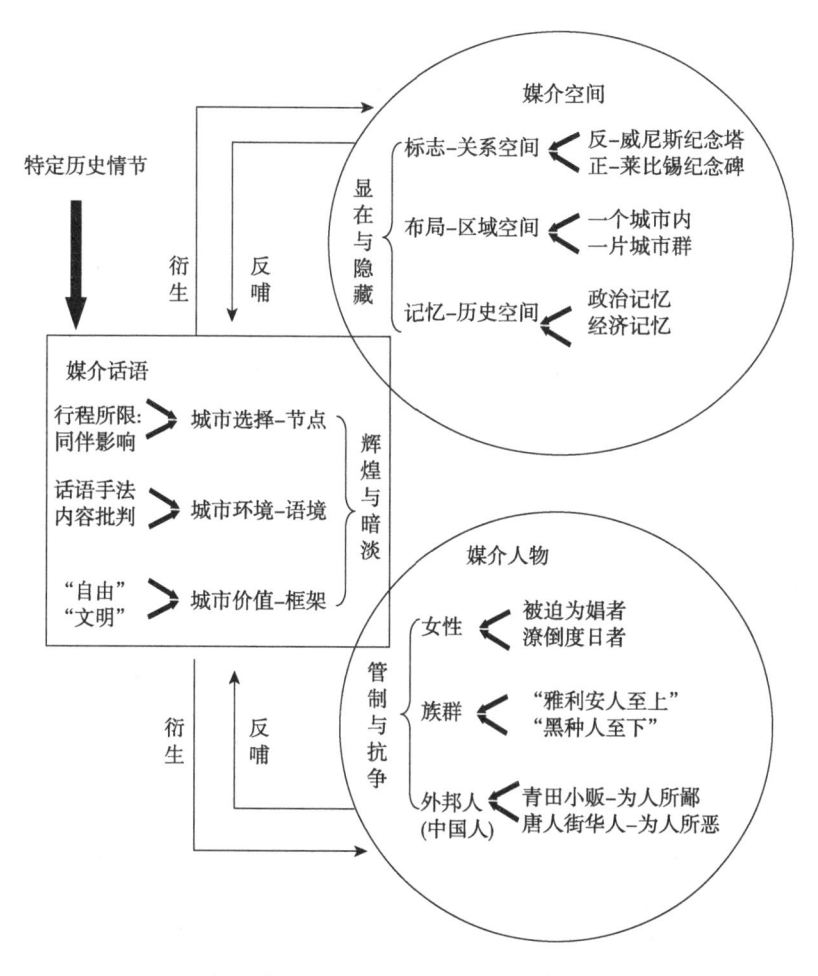

图18.1 邹韬奋通讯中西方城市媒介形象建构的逻辑理路

第十九章　媒介动员的凸显

以传播学视角观之，媒介动员是现代传播媒介的基本功能之一。邹韬奋作为一代职业新闻人和社会活动家，其新闻传播实践往往蕴含着显明的媒介动员取向。加之，抗日救亡运动的高涨、左翼知识分子身份的要求以及救亡图存宏志的鼓动，都使得邹韬奋的新闻传播实践以强烈的媒介动员为主线。值此国破族灭的危难之际，媒介动员成了邹韬奋以现代媒介传播为利器，实现呼号抗敌救国大义的有效途径。

1935年上海创刊的《大众日报》是"抗日救亡运动的号角"①，也是邹韬奋新闻传播实践媒介动员研究的典型文本。

1935年12月9日，一场由大学生和中学生组成的抗日救国游行示威行动率先在北平发起。"反对华北自治、反抗日本帝国主义"的抗日怒吼，很快从华北传遍华中华南乃至全国②。尽管中国共产党在学生运动中起到极为关键且重要的组织领导作用，梁骏却认为在动员群众方面，《大众生活》可以说是起到了重要作用，从而直接推动了运动的进程。诚如其言，抗战时期，邹韬奋主办的《大众生活》销售量达至20万份有余，周刊内容通过多种体裁形式的报道，宣扬民族主义以及提出联合战线的方案，的确直接动员与指导了"一二·九"运

---

① 陈挥：《韬奋评传》，上海交通大学出版社2009年版，第192页。
② 北平学生发起的"一二·九"救国运动于1935年12月9日发生以后，上海、南京、天津、武汉、广州、杭州等大中城市学生奋起响应，相继举行示威游行。

动①。引人思考的是,《大众生活》不乏有关同年远在东非埃塞俄比亚民族解放运动和北非埃及学生运动等国际事件的图片、评论报道等,这般内容的呈现与"一二·九"运动动员有着怎样的联系?这个问题就犹如雪莱诗中的"面纱",如若我们不揭开,怎能看到抗战岁月"后面隐藏着恐惧与希望,交织着不同的命运"②?

众所周知,"媒体动员成了抗战时期社会动员的主要力量"③,因此多数研究都是从报刊史角度透析抗战时期的动员机制。若仔细考察便可发现,其研究思路大抵从报刊主体出发,分析动员的媒介镜像(主要包括报刊的新闻写作方式)如何塑造民族精神,激发抗战斗志。新闻写作大致可分为叙事策略与报刊体例两类,主要的叙事策略大体表现为典型叙事、国难叙事、胜利叙事、民族精神宣传和怀旧记忆叙事等;报刊的常见体例可分为新闻消息、评论、商业广告与漫画等④。

然而多数动员研究缺乏国际视野,倾向于关注报刊内容中的国内报道,对国际事件熟视无睹。其实鸦片战争前夕,国际信息就开始传入国内。林则徐禁烟时创办了《澳门新闻纸》,翻译外报以作"夷情备采"⑤,后来严复创办报刊为"通中外之故"⑥。随着《万国公报》等外报及维新报刊的出版,大量西学知识、宗教思想、政治理念的传入,"启蒙开化"成为主旋律⑦。外报译介直至五四运动才开始被打破,

---

① 详细可见《大众生活》周刊第 8 期《学生救亡运动与民族解放联合战线》等。
② 来源于珀西·比希·雪莱《别揭开这华丽的面纱》:"别揭开那些活着的人们称之为生活的华丽面纱:尽管这都是些不真实的假象,但却模仿着我们所相信的一切而随意地涂抹上颜色,在其背后潜藏着恐惧和希望,交织着不同的命运。"
③ 杨琳、刘晓旭:《抗战动员与媒体人的责任担当——邹韬奋与媒体抗战动员研究》,《天水师范学院学报》2019 年第 3 期。
④ 详见高娟《战时商业广告中的抗战动员——以〈申报〉为例(1931—1937)》,胡正强等《论抗战时期中国共产党漫画宣传的主题与特色》,郭辉等《历史记忆与社会动员:抗战动员中的"文天祥"记忆》,吴仁明等《手笔如刀:〈抗战〉三日刊在抗战初期的民众动员》,唐小兵《战争、苦难与新闻——试论抗战时期民间报刊的舆论动员》,张红春《论〈群众〉周刊与中共抗战政治动员》。
⑤ 刘建明:《中国媒介批评史》,海峡出版发行集团、福建人民出版社 2011 年版,第 25 页。
⑥ 吴廷俊:《中国新闻史新修》,复旦大学出版社 2008 年版,第 83 页。
⑦ 方汉奇、张之华主编:《中国新闻事业简史》,中国人民大学出版社 1995 年版,第 57—58、104 页。

随着国际通讯加强,新闻报道具备了形成"自我特色的可能性"①。

尽管上述报刊史研究对国际新闻报道的梳理较为齐备,但未将其与抗战动员联系起来并加以阐释,些微泯灭了民国报刊救国的光辉。好在有部分学者关注并发掘国际新闻的意义,如金子求在对抗战时期《新中华报》的研究中发现,报刊"通过报道欧洲战况,揭露英国'不干涉主义'的实质及其危害,敦促国家反法西斯统一战线尽早形成"②。黄瑚更是对邹韬奋所言"新闻报道'研究化'"中的配合报道进行阐述,"所谓配合报道法,就是指为帮助读者正确认识、全面考察和深入研究重大新闻事件,对报道的新闻'用很有系统的叙述,撰述专篇,和有关系的新闻同时发表'",形式上包括评论、通讯、文件、译文等③。这一表现方式体现了邹韬奋在实际办报中通过对国际事件的关注来辅佐国内思想动员的实践。

不过,前述等人对抗战报刊中国际报道的研究凤毛麟角,国际新闻作为被遗弃的角落仍然等待着被发掘,如何阐述抗战时期国际新闻报道也着实需要一个可靠的方法。本雅明(Walter Benjamin)倡导历史研究需存有"横向的空间有共观性,纵向的时间有共时性"的观念④;杜赞奇(Prasenjit Duara)在挖掘中国民族主义话语时提出了"复线的历史"概念,"过去不仅直线式地向前传递,其意义也会散失在时空之中"⑤。这些均是在强调历史研究切莫一头扎进时间演进的叙事中去,应对历史的即时即刻予以横向空间的关怀。回到新闻传播研

---

① 党李丹、陶喜红:《五四时期国际新闻报道的特征与当今借鉴》,《新闻爱好者》2019年第5期。

② 金子求:《延安时期中共党报的抗战动员——以〈新中华报〉为例》,《中共中央党校学报》2015年第4期。

③ 黄瑚:《邹韬奋倡导的新闻报道"研究化"述评》,邹韬奋纪念馆编《邹韬奋研究》第四辑,生活·读书·新知三联书店2016年版,第87页,转引自邹韬奋《研究化——我们怎么办〈生活日报〉?》,《生活星期刊》1936年第1卷第17号。

④ [美]彼得斯:《交流的无奈:传播思想史》,何道宽译,华夏出版社2003年版,第2页。

⑤ [美]杜赞奇:《从民族国家拯救历史:民族主义话语与中国现代史研究》,王宪明译,社会科学文献出版社2003年版,第3页。

究中来，周葆华通过借鉴国际政治学中"关联政治"概念，分析我国《新闻联播》中国内国际报道的关联，讨论中国电视国际新闻报道中存在的"关联政治"机制①，从而避免了因国内报道或国际报道研究的单一叙事，造成"真实的遮蔽"。有鉴于此，看待历史报刊内容时，应当参照本雅明与杜赞奇论点，充分运用"空间共观"与"复线叙事"的方法，以国际视野来观照具体情境下报刊中的国际国内新闻动员。

《大众生活》作为邹韬奋媒介动员中最具代表性的期刊，其内容呈现方式在国际报道方面显得尤为特殊。这使得我们需要追问，在《大众生活》的时代，国际报道的强化于媒介动员的意义究竟为何。因此，以由外而内的视角讨论"一二·九"运动中《大众生活》周刊的动员机制，继而剖析邹韬奋的媒介动员实践方略，就具有了特殊的研究价值。

一 历史情境

"远方的呐喊声"已然随着历史长河远去，但拣选新闻的陈章旧篇，还原当事人感受，还原总体图画，还原真实②，或许能够参悟出历史的玄机。因此，如若想探究《大众生活》的媒介动员机制，就必须先了解当时国际局势与中国情境。

（一）内外局势的激变

1935年国际社会风云变荡，意日帝国主义肆意侵略的态势日趋明显。彼时，意大利入侵埃塞俄比亚，日本加紧对中国的侵略，引起了

---

① 周葆华：《内外之间的关联政治：中国电视国际新闻研究——以CCTV〈新闻联播〉为例》，香港：《传播与社会学刊》2010年第13期。
② 姚大力在2012年《汉武帝的三张面孔》研讨会上提出了"历史学研究应追求三个还原"的观点，第一个还原处在那个时代的人对那个时代的感受；第二要还原到一个大的历史途径，还原一幅总体的图画；第三要还原的就在史实这个层面，还原良知与常识。参见姚大力《姚大力：学历史的人要为不学历史的人做什么？》https://book.douban.com/review/8981571/，2017年12月12日。

英美等国与苏联的警觉，并开始寻找应对之策。

另外，1935年的国内局势就如美国历史学家巴巴拉·塔奇曼（Barbara W. Tuchman）的评论，"在日本的压力下，完整的华北，犹如海滨遭到波涛冲刷的沙上峭壁，不断塌陷"①。5—6月，日军制造"河北事件"和"张北事件"，先后迫使南京国民政府与其签订"何梅协定"和"秦土协定"，使得中国丧失河北、察哈尔两省主权。11月中旬日本帝国主义策动华北五省"防共自治运动"，建立"冀东防共自治委员会"②。在国土主权日益遭受侵犯的情势下，11月18日北平大中学校抗日救国学生联合会成立，在中国共产党的领导下，于12月9日展开了一场声势浩大的学生游行示威行动。

但是"一二·九"运动爆发以后，虽然有国内各界人士的支持与配合，但仍然遭遇了不小的阻碍。一方面，帝国主义和当局军警对学生运动进行残酷镇压，"中国的武装警察用水来冲打我们，皮条鞭打我们，枪打我们，刺刀刺杀我们"③；另一方面，学生运动的合理性也遭遇了挑战。当时国人对学生运动的认识存在着两种错误倾向，严重影响了学生运动的进行：其一是失败主义者认为示威游行只是学生们一时的感情冲动，对中国毫无帮助，甚至会贻误国事。其二是机械论者认为学生群众最不中用，不配担当起民族解放的突击任务。④ 那么此时，遭遇挫折的学生运动如何进行下去呢？

（二）国际新闻的际遇

在上述国内外局势影响下，邹韬奋主办的《大众生活》擎起了运动动员的大旗。从第6期开始，《大众生活》持续关注国内"一二·九"运动的发展态势，直至1936年期刊被当局封禁，一共刊发了10期。《大众生活》从多个角度用事实和评论，发动舆论动员，激起民

---

① ［美］巴巴拉·塔奇曼：《史迪威与美国在华经验（1911—1945）》，陆增平译，王祖通校，商务印书馆1985年版，第199页。
② 金冲及：《华北事变和抗日救亡高潮的兴起》，《历史研究》1995年第4期。
③ 罗金：《关于学生救亡运动的报告》，《大众生活》1935年第1卷第6期。
④ 邵翰齐：《救亡运动的认识与路线》，《大众生活》1935年第1卷第7期。

众民族解放的信心与勇气。已有研究主要关注的是《大众生活》如何通过国内新闻报道和代表民众声音的大众信箱进行运动动员,却将重要的国际新闻弃之一旁。

据统计,《大众生活》一共有8个栏目(包括星期评坛、通讯、评论之评论、狱中杂感、文艺修养、图画的世界、漫笔和大众信箱),如若加上封面和封底图片共计180篇报道。其中涉及国际局势的评论、通讯和漫画共计二十余篇,基本每期周刊都会有1—3篇国际新闻报道。国际新闻主要关注的是国际弱小民族解放运动,例如共有6篇埃塞俄比亚人民英勇反抗的报道、4篇1935年埃及民族解放运动的报道以及1篇1936年叙利亚民族解放斗争的报道。此外,还有凸显意日帝国主义及英美等大国动向的文章。比如1935年意大利入侵埃塞俄比亚战争,日本退出伦敦海事会议,太平洋上的英美日军备竞赛,西伯利亚上的苏联军备陈列等。《大众生活》主要利用评论和图片报道,一方面对半殖民地民族的英勇抗争加以评论,赞赏半殖民地国家的学生运动和国民坚强抵抗帝国主义的光荣事迹;另一方面利用图片全景再现弱小民族解放运动与帝国主义和世界大国间的军备斗争,以此表达对弱小民族解放运动的声援和对帝国主义的谴责。

国际新闻的兴起,凸显了它在媒介动员中的特殊地位和重要价值,然而研究的疏漏却暴露了国际新闻的不同际遇。

二 内外关联的动员策略

不难发现,《大众生活》不仅是"一二·九"运动舆论动员的重要平台,更是紧跟国际局势、具备国际视野的公共媒介。别有意味的是,国际局势每天都在发生着新的变化,而《大众生活》却特意多次关注埃塞俄比亚反对帝国主义的民族解放运动和埃及学生运动,这自然而然使人想到当时的国内"一二·九"运动。因此将《大众生活》周刊的国际报道与国内报道关联起来后,可以发现周刊主要从下述三个方面对"一二·九"运动进行动员：

（一）鼓舞自信心：国内外抗争运动关联性考察

当国家遭受着帝国主义的蹂躏之时，时人逐渐体认"（在）帝国主义的侵略下，我们是弱小民族"①。于是，国人尤其是知识分子便开始主动接受西方知识，并基于中国传统形成新的国际认知框架，以此缓解外来冲击和挫败感，使中国更加从容地面对"世界"②；此外，知识分子更加关注国际局势，特别是弱小民族国家的反抗，认为"弱小民族只有和同样弱小民族联合起来，和能够以平等待遇弱小民族的新势力联合起来，才能获得解放"③。于是，当国内"一二·九"运动爆发之际，邹韬奋就将国际"弱小民族勇敢的抗争"作为最重要的抗争动员资源，来鼓舞学生运动信心。

第一，通过封底图片的运用，真实地同步展现国内学生的英勇抗争与国外解放运动场景。邹韬奋在编辑"一二·九"运动报道首期（第6期）时，采用了文章与图片呼应的方式，在封底图刊登了名为"埃及民族解放运动"与"北平学生的救亡运动"两组图片。其中埃及学生集合示威的照片放置在最醒目的位置，且注明"学生集合作示威运动时的激昂情形，其中若干人已受伤殒命"④。而"北平学生的救亡运动"组图中则有"向请愿学生示威的军警"图片与"埃及民族解放运动"图相对照。从两组图片的关联中，可以看到同样两个被压迫民族国家的学生都在为民族解放而抗争，表现出两个国家的青年学生无所畏惧的勇气。这些图片让读者如身临其境一般，产生了强烈的现场感，从而极大地鼓舞了国内学生的抗争信心。它激励学生不畏暴政，并以强烈的民族主义立场号召人民，反对帝国主义，争取民族解放。

第二，将国内学生运动纳入到"被压迫民族、弱小民族的解放运

---

① 孟如：《日苏关系与中国》，《大众生活》1935年第1卷第8期。
② 毛维准、庞中英：《民国学人的大国追求：知识建构和外交实践——基于民国国际关系研究文献的分析（1912—1949年）》，《世界经济与政治》2011年第11期。
③ 孟如：《日苏关系与中国》，《大众生活》1935年第1卷第8期。
④ 《埃及民族解放运动》图1说明，《大众生活》1935年第1卷第6期。

动"的国际语境中，激发内外互动。在第 7 期开篇的《星期评坛》中，邹韬奋将国内运动与国际波澜联系起来："在这星期里，在国内最吸人注意的是风起云涌的学生救亡运动，在国际最吸人注意的要算英国因对意阿战争秘密分赃（所谓'和平方案'）的事件失败而在政治上掀起的一个大波澜。"① 邹韬奋将国内外联系起来，对世界被压迫民族抗争的大势加以分析评论："时代不同了！到了现代，前进的思潮和世界被压迫民族力争解放的怒潮合流，只须果能奋起自救的国家，要灭亡它是一件不可能的事情了。"② 民众由此看到了斗争的希望：尽管帝国主义侵略甚嚣尘上，但是被压迫民族的奋勇反抗，也会让希望不再遥远。

邹韬奋又在第 7 期以《岁暮年关的一篇总账——分赃宰割及其他》一文，将中国身份划进"弱小民族"的行列，通过对多个弱小民族保卫家园的分析，阐述世界反帝运动的现状，更为国内民族解放运动呐喊："可是在帝国主义再分割的过程中，我们却看到壮烈的民族解放斗争；阿比西尼亚的抗意，埃及青年的抗英，中国大众的保卫国土和反对出卖民族利益的呼声，就是全世界弱小民族反帝运动普遍地开始的先声啊。"③ 邹韬奋通过不停更换界定，从被压迫民族再到弱小民族，试图将中国纳入抗击侵略和反抗暴政的国际阵营。邹韬奋启发公众，中国与其他反抗民族共同处于水深火热之中，所有被压迫民族要不畏强暴，积极斗争，才能赢得胜利。邹韬奋意图借此激起国内民众的斗争志气，唤醒民族主义激情，进而增强民族解放的信心，动员全国民众全员抵抗帝国主义的侵略。

（二）合理性阐释：学生运动争论的质证

五四运动以后，社会知识界对学生的主体身份发生过各种争论，对学生的国民身份与学生身份的认识出现了分歧，学生究竟"在学言

---

① 邹韬奋：《阿国坚强抗敌下的英国政潮》，《大众生活》1935 年第 1 卷第 7 期。此处"阿国"为今日的埃塞俄比亚，以下"阿国"皆指代埃塞俄比亚，特注。
② 邹韬奋：《阿国坚强抗敌下的英国政潮》，《大众生活》1935 年第 1 卷第 7 期。
③ 冷壁：《岁暮年关的一篇总账——分赃宰割及其他》，《大众生活》1935 年第 1 卷第 7 期。

学"，还是应该"爱国救国"，逐渐成为争论的中心①。这种思潮一直延续至"一二·九"运动，胡适劝阻学生不要继续"学生运动"，认为"青年学生的基本责任到底还在平时努力发展自己的知识与能力。社会的进步是一点一滴的进步，国家的力量也靠这个那个人的力量。只有拼命培养个人的知识与能力，而是报国的真正准备功夫"②。他指出学生应当"复课"，而非参与示威行动。

毋庸置疑，这种说法对"一二·九"运动的合理性形成了一定的冲击。对此，《大众生活》严词批评，予以强烈回击。《大众生活》连续撰文《为胡先生"进一言"》和《再为胡先生"进一言"》驳斥胡适论点。首先，《大众生活》认为国家形势危如累卵，求学环境已然不复存在。《大众生活》直言东北大学学生的求学环境已经被大炮飞机破坏，被迫迁到北平，而北平也同样遭受着日本帝国主义侵略的威胁。在此情况下，"什么人都不知道能够'苟安'到什么时候！"③"胡先生却不愿客观的现实环境是怎样，却在敌人飞机大炮威胁之下，一味硬劝学生'复课'，这一种劝法，等于在大火烧的场上，硬劝消防队员抛却水龙不要救火而回到家里看小说！"④《大众生活》反复强调学生运动是维护民族利益的正义之举，是维护公众利益的合理行动，"我们认为北平的学生运动和其他各地的学生运动，正在'牺牲的维护公众（民族的）利益'"⑤。但是手无寸铁的学生青年却遭到了当局的严酷镇压，"受伤的受伤，被捕的被捕"，一片惨烈。对此，《大众

---

① 马建标：《学生与国家：五四学生的集体认同及政治转向》，《近代史研究》2010年第3期。马建标认为民国时期，中国政府和社会精英对学生国民身份意识的培养和灌输，在很大程度上有"刻意而为之"的倾向，但是这一国民身份的认定在五四事件中出现争议；由于学生在五四事件之后的社会参与更加频繁，学生的国民身份意识日益强烈，而学生身份意识日益减弱，再加上"学生神圣""学生万能"的错误观念的传播，从而导致学生社会行为的失范或错位。这也引起了社会对学生要"读书"、还是"爱国"的讨论。以蔡元培为代表的"学生身份的回归派"对学生的身份调适是"在学言学"之路，而以邵力子为首的"学生身份离异派"则认为学生应以"国民"资格做学生。

② 永生：《为胡先生"进一言"》，《大众生活》1935年第1卷第6期。
③ 永生：《为胡先生"进一言"》，《大众生活》1935年第1卷第6期。
④ 永生：《再为胡先生"进一言"》，《大众生活》1935年第1卷第9期。
⑤ 永生：《再为胡先生"进一言"》，《大众生活》1935年第1卷第9期。

生活》激呼，作为青年学生，应先保卫国家，再谈求学问题。"必须在政治上负责者真正能够担负起'御侮'的责任，保障着全国领土（远东北四省在内）和主权的完整，然后青年学生自然而然地可以安心向学"①。这样，《大众生活》再次确认了青年的主体身份，认为学生应当先"青年"，后"学生"，他们只有先致力于民族解放，保家卫国，才能安静身心，继续学业。

《大众生活》不仅对"国内学生是否应参与示威行动"进行了回应，还将埃及学生运动与"一二·九"运动进行了关联性评论："最近扩大反英示威的埃及学生又和警察冲突，警察竟异想天开，用一种不可洗刷的有色墨水，装进抽水机里，用皮带管向学生灌射……这和中国压迫学生救国运动的大刀水龙可以媲美，比残杀爱国学生的'市民救国''锄奸团'虽还望尘莫及，但用尽巧思来压迫救国运动却是殊途同归！"②文章对埃及学生不畏警察的镇压大加赞赏，对埃及学生为民族解放斗争而牺牲自我的行为进行了高度评价："其实为民族解放斗争牺牲小我，实莫大的光荣，这种'光荣色'异常可贵，大有'长留着'的价值！"③这种评价，在主观上是对学生"在学言学"论调的有力回击，客观上又为国内学生抗争运动提供了强有力的精神支持。

在此之前，《大众生活》就曾借用国际案例进行对比分析，追问"为什么在半殖民地国家是学生运动最容易发生的地方"④。文章以阿根廷学生运动、拉丁美洲学生宣言、1933年古巴学生运动和埃及学生反英运动等为例加以阐释：第一，具有学识和敏锐社会观察的青年，"对于帝国主义的侵略压迫，感觉得最为深切"；第二，《大众生活》认为"半殖民地国家的上层阶级大部分是主张依赖帝国主义的半殖民地国家的统治者"，因此学生对帝国主义统摄下的卖国贼和上层阶级抱有强烈的不满，也就容易激发学生对国内统治阶层的反抗；第三，

---

① 永生：《为胡先生"进一言"》，《大众生活》1935年第1卷第6期。
② 《埃及学生的荣誉色》，《大众生活》1936年第1卷第13期。
③ 《埃及学生的荣誉色》，《大众生活》1936年第1卷第13期。
④ 孟如：《谈半殖民地国家的学生运动》，《大众生活》1935年第1卷第6期。

"半殖民地国家的统治阶层因为要依赖帝国主义，对于民众的反对便也采用压制的手段，这种手段对于学生青年尤其施行得严密厉害"。这也就意味着充满热血和激情的学生青年会遭到严密镇压，但他们不仅不会屈服，反而会反抗得更为激烈。这三点缜密分析表明，面对帝国主义和依赖帝国主义的国内政权的压制，感受最为深切、最有担当的当属青年学生。他们"常会突然擎起光辉的勇敢的旗帜，做社会运动的先驱"。由此，学生运动并非中国所独有，而是"这在半殖民地的国家，尤其是常见的事情"①。

《大众生活》凭借国内外互为关联的报道和评论，驳斥了以胡适为代表的"学生身份"派的观点，通过逻辑推演和案例对比论证了学生对民族解放运动不可替代的作用，认为学生是民族解放运动的中坚，对社会运动具有巨大的推动作用。《大众生活》继而用半殖民地学生运动的普遍性来肯定国内学生运动的合理性，以唤起大众对学生运动的认同和支持。

(三) 启发觉悟：国内外民族解放运动之短长

当"一二·九"学生运动进行一段时间以后，学生组织内部出现了一些分化，导致救亡运动的发展产生了偏差。"有的地方组织还未能健全，尤其是患着不能统一的毛病"，学生内部组织如救国会和自治会出现了对立②。此外，群众的力量被严重忽视，尽管学生组织通过游行示威活动扩大了影响力，但是并没有做好宣传推广工作，也没有密切联系社会力量。例如，学联不信任国民党政府和学校，在"一二·九"运动和"一二·一六"游行示威后，学生运动陷入了与学校、地方当局和国民党政府对立的局面，这样就将不少人排除在爱国救亡运动的宣传范围之外③。

同时，《大众生活》在第8期《学生救亡运动与民族解放联合战

---

① 孟如：《谈半殖民地国家的学生运动》，《大众生活》1935年第1卷第6期。
② 《学生救亡运动与民族解放联合战线》，《大众生活》1935年第1卷第8期。
③ 欧阳军喜：《一二九运动再研究：一种思想史的考察》，《中共党史研究》2014年第2期。

线》里分析了学生运动组织不统一和不与社会力量联合的缺憾，并从两个方面对"联合战线"提出了要求：一方面从学生组织建设的角度对联合战线进行了阐释，认为在救亡的大目标下，各个学生团体之间都要联合，这样才能形成斗争的坚实力量；另一方面，将学生救亡运动界定为民族解放运动，倡导学生走出校园，与普罗大众建立全国救亡运动的联合战线。与国内运动的总结相对应，《大众生活》还从埃及学生运动中阐发启示，并提出了具体的运动指导。"军警压迫努力爱国运动的学生，无非被'乱命'所利用，学生救亡运动在宣传方面也要'用尽巧思'来把他们说服过来，使他们也加入救国战线，至少要'用尽巧思'使他们中立不再助桀为恶。"① 这样的反思显然超越了国内运动中"联合战线"的内涵，不仅仅要联合学生团体、普通民众，而且将敌对势力、镇压力量都拉入到联合的范围之内。《大众生活》的这种认知为学生运动与社会各界救国力量联合提供了指导原则，为学生救亡运动助力全国民族解放运动提供了有效的路径。

当时社会上还有一种联合路线是"以夷制夷"，即将部分救国希望寄托于帝国主义国家，希望借帝国主义国家间的嫌隙和矛盾，联合其他国家来帮助中国摆脱现状，争取和平空间。《大众生活》对这种"联合路线"有着清醒的认识，认为这是"完全由卑鄙的势利和绝对自私自利的信条黏合起来的"②。《大众生活》随之对日本帝国主义和国内反动势力的联合展开了猛烈的批评，认为他们是"站在大众头上大挥屠刀的少数凶手"③，有力地揭开了帝国主义侵略和反动势力卖国的罪恶嘴脸，促使国人清醒地认识到这种联合的本质乃是另一种欺压和侵略。

此外，《大众生活》通过对帝国主义动向的省思，无情揭露了帝

---

① 《埃及学生的名誉色》，《大众生活》1936年第1卷第13期。
② 邵翰齐：《论联合战线》，《大众生活》1935年第1卷第9期。
③ 邵翰齐：《论联合战线》，《大众生活》1935年第1卷第9期。

国主义不抵抗主义与侵略弱小的本质:"英法两帝国主义者因为要为着他们自己的利益,不惜片面牺牲被压迫的弱小民族的阿国,可见帝国主义者的利益终是立于一条战线。"① 站在侵略和瓜分世界的一条战线上的帝国主义国家并不会给世界带来和平,更不会给被压迫民族带来安全保障,《大众生活》通过梳理1935年帝国主义欺压被压迫民族的活动,认为"一九三五年是帝国主义者们对于殖民地和半殖民地利益的再分割剧烈而疯狂的一年,必然地,跟着一九三五年而来的一九三六年,又是疯狂的分赃宰割和鲸吞的一年"②。面对帝国主义国家的侵略和瓜分,《大众生活》从弱小民族解放中得到启发,劝告社会公众须打破建立中国与帝国主义间的联合战线之幻想,言明民族解放斗争必须要有自己斗争的决心和行动。"倘若只不过想等这个来帮助,那个来帮助,这样的倚赖劣根性是只有加速度地走上灭亡的道路"③。

为何要告诫社会公众须坚定信心,独立斗争,方能实现民族解放呢?《大众生活》进一步通过引用埃塞尔比亚英勇抗意的事例,来回答国内民众这样的疑惑:"(阿国能够成功的原因)最重要的一点,那就是阿国自身始终能坚强抗敌,绝不苟安,绝不畏缩,绝不屈伏,决不投降。"④ 此外,《大众生活》从埃塞俄比亚传来胜利的消息中获得觉悟:"解放斗争,是要靠自己下决心作坚决的斗争,同时联合真能以平等待我的民族共同奋斗!"⑤ 这也就意味着独立抗争并不等同于要放弃联合战线,而是绝不能联合帝国主义,要联合也须要联合弱小民族,共同为世界民族解放运动贡献力量。

《大众生活》善于反思国内运动的偏差和国民运动的错误倾向,有力揭露了帝国主义国家的侵略本质,阐明了学生运动的未来走向是

---

① 邹韬奋:《阿国坚强抗敌下的英国政潮》,《大众生活》1935年第1卷第7期。
② 冷壁:《岁暮年关的一篇总账——分赃宰割及其他》,《大众生活》1935年第1卷第7期。
③ 邹韬奋:《阿国坚强抗敌下的英国政潮》,《大众生活》1935年第1卷第7期。
④ 邹韬奋:《阿国坚强抗敌下的英国政潮》,《大众生活》1935年第1卷第7期。
⑤ 邹韬奋:《阿国自卫战争的近势》,《大众生活》1936年第1卷第10期。

民族解放运动，并提醒国民打破认识局限，认清正确的运动路线。《大众生活》力主从弱小民族国家中吸纳经验，呼吁国民联合起来，共同参与到民族解放的斗争中来，以实现国家复兴的想象。

德赛图（Michel de Certeau）宣称，"作者薄薄的纸页成为岩层的移动，空间的游戏，一个不同的世界（读者的）滑入作者的空间"①。《大众生活》对国内外事件的编排，即是将不同空间内的事件关联起来，重新编织，把读者引入"同情弱小民族，批判帝国主义"之"扭曲的世界地图"②中，为学生运动动员积蓄力量。具言之，《大众生活》将国内外抗争运动关联起来，报道和同情国外弱小民族英勇不屈的抗争运动，揭露并批判帝国主义国家的侵略本质，并采取鼓舞学生运动信心、强调运动合理性和激发运动觉悟等三大策略，以践行对"一二·九"运动的舆论动员方略。

"一二·九"运动中《大众生活》周刊持续关注国际弱小民族的解放运动，这从《大众生活》创刊号《我们的灯塔》可以找到答案。在邹韬奋看来，斗争力量是实现民族解放的保证，"因此中华民族解放的斗争，决不能倚靠帝国主义的代理人和附生虫；中心力量须在和帝国主义的利益根本不两立的中国的勤劳大众的组织"③。而邹韬奋创办《大众生活》也是基于国土丧失的现实，"救国运动和妥协阴谋两方面的斗争日益尖锐""爱国的热火在每一角落里、每一个爱国同胞的心坎里燃烧着，当局虽尽力压抑，亦有难于禁止之势"④。邹韬奋致力于民族解放，爱国救国是他的本心，所以他激烈地批判妥协论和内

---

① [法]米歇尔·德赛图:《日常生活实践·序言》，戴从容译，中国民俗学网，https//www. Chinesefolk/one, org. cn/web/index. php? page=38News ID=5605，2009年9月6日。
② "扭曲的世界地图"这一概念源于陈沛芹《扭曲的世界地图与伞降的驻外记者》一文的启发。该文在探讨《国际新闻与驻外记者》一书对美国国际新闻的分析时发现，美国国内新闻和国际新闻报道差异巨大，呈现出一个与世界人口分布、地理疆域和国际经济不对称的、扭曲的世界版图。与国家政治取向为动机而形成的"世界地图"不同，《大众生活》基于民族主义和爱国主义对世界事件编辑报道，从而建构了"同情弱小民族，批判帝国主义"的"扭曲地图"。
③ 邹韬奋:《我们的灯塔》，《大众生活》1935年第1卷第1期。
④ 邹韬奋:《经历》，岳麓书社1999年版，第163页。

战论，指出民族解放是国家前途所在。于此，从邹韬奋主笔的《星期评坛》也能窥见一斑。

《大众生活》意义非凡的国外报道与邹韬奋的海外经历也不无关系。邹韬奋刚结束两年的海外流亡就投入《大众生活》的创办之中，而记录欧美考察的海外通讯《萍踪寄语》不仅生动反映了异域历史和现实情状，更重要的是对西方国家的社会政治和黑暗现实进行了深刻的批评，以不同社会形态的对比为中国道路谋求参考。

无论如何，《大众生活》以其广阔的国际视野，展示了1935—1936年国际风云与中国局势之间的紧密关联。以"共观历史"而言，中国遭受着帝国主义的侵略，但也收获了被压迫民族伙伴的支持。《大众生活》通过内外关联的新闻报道，一方面从被压迫民族的抗争中汲取解放斗争的信心和觉悟，另一方面也宣示了中国未来的道路在于坚决反抗帝国主义、联合弱小民族以形成联合战线。

进而言之，这种内外关联的策略也为揭示了救国知识分子的思想转向，即从"向大国取经"转到"从弱小国家汲取觉悟"。第一次世界大战和五四运动后的国际环境，对中国思想界产生了重要的影响。由于帝国主义侵略威胁的持续增强以及中国民族主义日益高涨，中国人心目中的"西方"逐步分裂为优劣兼具的复合体，而中国学习的对象逐渐由西方大国和日本让位于苏联及其马克思列宁主义的意识形态[1]。此外，从20世纪30年代开始，帝国主义侵略弱小国家的战争日渐频繁，国际战场风云不断进入国内知识分子的视野，备受关注。这在周海建看来是"旁观者的政治"，是中国知识分子强烈的国家观念和民族情感的展现，更是投射中国现实政治、反思中国政府对日外交的一次实践[2]。同时，知识分子对国际问题的急切关注也是一种揽镜自鉴的做法，即分析他国教训来探讨中国命运。从"复线的历史"观

---

[1] 罗志田：《西方的分裂：国际风云与五四前后中国思想的演变》，《中国社会科学》1999年第3期。

[2] 周海建：《旁观者的政治：中国知识阶层对意阿战争的反应与回响》，《武汉大学学报》（人文科学版）2016年第1期。

之，1935—1936年同一时期国外发生了大大小小的运动和国际事件，而只有半殖民地国家的埃塞俄比亚、埃及和叙利亚被《大众生活》所关注，内中缘由令人深思。究其旨意，《大众生活》意在通过国际弱小民族斗争的新闻与国内运动局势互为关联，激发国人的民族主义情绪，进而探究运动的前途与路径，即从弱小国家借鉴经验，启发觉悟。

这种内外关联的动员策略是否在抗战时期得到了相关验证呢？已有的资料显示，延安时期的中共党报《新中华报》也采用了类似的做法，将抗战时期的欧洲战况与中国战区的重大战事相关联，进行了系统性动员。当然，这种内外关联动员策略的历史继承和时代发展，仍是一个值得研究的问题。

《大众生活》除了运用国际新闻报道推进动员战略以外，还充分运用了大众信箱、漫画和商业广告等多种渠道强化动员效果。近年来，新闻传播史研究逐步由"书籍史/报刊史"向"阅读史/报刊阅读史"转化，学界更多聚焦于读者/底层视角。其中，关于"读者信箱"的研究备受瞩目，其研究从唐小兵认为的"底层反馈与精英言论对话讨论的公共空间"[①]，渐而转向蒋含平、梁骏所指认的"'聆听低音'的动员互动形式"[②]。《大众生活》在"一二•九"运动动员中拥有丰富的"低音"资源，在推进聆听"低音"动员的同时，试图进一步沟通底层和精英，最大限度地实现全员动员，这也是邹韬奋新闻实践动员方略的超越之处。

《大众生活》为代表的动员实践，体现了邹韬奋新闻传播动员体系的系统逻辑和丰富内涵，指代了一代职业新闻传播者和爱国知识分子卓绝的使命意识，从而成为专业实践的典范和民族精神的符码。

[①] 唐小兵：《公共讨论与国民意识之建构——以1930年代〈大公报•读者论坛〉为中心的考察》，《安徽大学学报》（哲学社会科学版）2014年第2期。

[②] 梁骏：《"聆听低音"：战时报刊舆论动员的另一种可能——以"一二•九"期间〈大众生活〉"大众信箱"栏目为例》，《兰州大学学报》（社会科学版）2020年第1期。

第二十章　女性形象的建构

邹韬奋的新闻传播实践是系统的、多方面的，既有经营管理方面的经济实践，也有社会动员方面的社会实践，更有译介、通讯写作方面的专业实践，而具体的形象建构也是其不可忽视的实践内容，其中女性形象的建构是影响深远的一个维度。女性形象的建构，既是邹韬奋文化启蒙的重要内容，也是专业实践意义非凡的构成。

20世纪二三十年代，女性受到新文化运动和五四运动的洗礼，她们的自我意识开始觉醒，社会地位逐步提升，越来越多的五四知识分子开始注目女性，邹韬奋就是其中重要的一员。同时，也有越来越多的报刊将目光投向女性，其中就包括邹韬奋主编的《生活》周刊与《良友》画报，而这两份报刊中的女性形象建构，也成为邹韬奋女性形象媒介建构的代表之一。

以《生活》周刊与《良友》画报中的女性形象建构对比来研究邹韬奋的女性形象建构，有着特殊的依据。第一，这两份报纸创刊和发展的年代相近，在上海报刊史上都具有重要的地位。据1932年10月"上海邮政局挂号刊物销数"记录，《生活》周刊与《良友》画报位于当时上海杂志销量的第一位和第二位，当期的销量分别是15万份和4万份，这对当时人口只有300多万的上海来说，已经非常可观；第二，《生活》周刊和《良友》画报所处的年代，女性自我意识正在逐渐觉醒，当时社会所倡导的男女平等、婚姻自由，不仅对民国时期女性产生了深刻的影响，更对《生活》周刊和《良友》画报的编者们产生了深远的影响，进而影响了他们对新闻素材的挖掘和选取；第三，《生活》周刊和《良友》画报有着相似的发展经历，都经历了创刊初期的艰辛，都度过了社会动荡、艰难困苦的岁月。经历过苦难的编者更懂得社会疾苦，也会将更多的目光投入民国时期的女性问题。

邹韬奋接办《生活》周刊初期，由于人手有限，常常一个人唱独角戏。他替自己取了许多笔名，"把某类的文字派给某个笔名去担任"①，每个笔名都努力培养一种独特的性格。接办初期，《生活》编辑部只有三个人，徐伯昕负责主持经营活动，孙梦旦负责会计和发行工作，邹韬奋负责《生活》周刊的内容编写和其他事务。当时的编辑部设在一个狭小的过街楼，"我永远不能忘记在那个小小的过街楼里，在几盏悬挂在办公桌上的电灯光下面，和徐孙两先生共同工作到午夜的景象"②。《良友》第100期的文章《良友一百期之回顾与前瞻》就描述了《良友》第1期出刊时的情形。"良友第一期既出版，因系初次，故于推销批发尚无定处，适时值旧历新年，马路上行人如织……乃着排字印刷等之学徒分挟新出版之《良友》，在影戏院前兜售。"③同时，因为人数不足，编辑部成员常常一人身兼数职，"有时要开夜工印刷，编者也曾僭份做临时的监工，而经理出外收账的时候，往往也顺道到照相馆里找找材料"④。经历了初创时的艰辛，《生活》周刊和《良友》画报为了增加销量、贴近生活和吸引读者，都将目光瞄准了民国的女性，但这两份报刊的女性形象建构却有着诸多不同。

《生活》周刊1925年10月11日创刊于上海，最初由黄炎培创办，是中华职业教育社的机关刊物，主要内容是职业指导与职业教育，读者对象主要为中华职业教育社内部的员工，内容比较单一，且以赠送为主。1926年10月24日，《生活》周刊正式开始由邹韬奋担任主编，

---

① 韬奋：《经历》，生活·读书·新知三联书店1978年版，第71页。
② 韬奋：《经历》，生活·读书·新知三联书店1978年版，第73页。
③ 伍联德：《良友一百期之回顾与前瞻》，《良友》1934年第100期。
④ 伍联德：《编后话》，《良友》1931年第57期。

他就任后立即对《生活》周刊内容进行了大刀阔斧的改革，内容由职业教育和指导转向关心时事和关注民生，性质也转变为新闻评述性质的周刊。1932年12月16日《生活》周刊被国民党查封，出至第8卷第50期停刊，共8卷450期。

《良友》画报1926年创刊于上海，由伍联德创办，是一份综合性的画报，也是我国新闻史上出版时间最长、影响深远、发行区域最广的画报。《良友》画报在创刊初期为月刊，1934年7月改为半月刊，1935年2月恢复为月刊，1945年10月于上海出版最后一期，后于1954年在香港以"海外版"的名义复刊。

一 时代新女性与摩登俏女郎

《生活》周刊关于女性问题的报道，主要集中在"读者信箱""小言论"和新闻图像中。《生活》周刊的女性报道侧重于思想解放，故而称为"时代新女性"，主要体现在女性独立和婚恋自由两个方面。

从女性独立方面来看，《生活》周刊给予了它全新定义，指出女性的"自立能力与环境，不仅指物质方面的供给，并包括思想或精神方面有自立的能力"①。它将自立分为物质层面和精神层面，物质层面主要体现在经济独立，精神层面则表现为思想独立。《生活》周刊刊登的《妇女解放与女茶博士被禁合废娼运动》一文中指出："妇女经济上的解放，是经济社会发达的副产品。即使你不提倡这事，这事迟早总是要来的。经济社会不发达，那吗，你从早到晚，口干声嘶的呼唤妇女经济上的解放，也不见有多少效力。"② 只有国家经济的强力发展，妇女经济独立才能得以实现。要实现女性独立，《生活》周刊指出根本方法有两个，"一是极力普及并提高女子教育，二是极力养成

---

① 邹韬奋：《深切的同感》，韬奋基金会、上海韬奋纪念馆编《韬奋全集》第4卷，上海人民出版社1995年版，第287页。
② 邹韬奋：《妇女解放与女茶博士被禁合废娼运动》，韬奋基金会、上海韬奋纪念馆编《韬奋全集》（增补本）第1卷，上海人民出版社2015年版，第244页。

女子经济自立的能力"①。《生活》周刊极力主张女性以家庭园艺和家庭工艺为职业。当时女性不可能完全离开家庭去工作，选择这种职业在家就可以干活，一举两得。"因至少已具有自立的能力，有服务社会的可能，对于自身将来的自由多少可得到一种相当的保障，比之未受教育一无所能者事事须仰人鼻息，不但受精神上的痛苦，并在物质上受不得不倚赖的痛苦，自是不同。自立能力的养成，即万一有不幸的遭遇，也比没有自立能力的好得多，这是我们要附带为一般女同胞说的话。"② 同时，《生活》周刊提出女子职业教育的发展不仅仅有利于自身，更有利于整个社会："生活程度日高，男子对家庭经济之担负，常有筋疲力尽的苦况，女子若能于暇暑从事相当的家庭工艺或家庭园艺，于家庭经济方面不无小补。""一国之富庶与其国民生产力很有密切的关系，吾国女子之数姑认与男子相等，则以半数之女子增加多少生产力，于全国总量所加可惊，所以这件事不但关系个人，于国家社会都很有关系。"③《生活》周刊大力倡导女性职业教育，丰富女性的专业和文化知识，试图以经济独立获得思想的独立。由于受教育的机会增加，女性的物质生活和精神层面都有所提高，促进了女性的整体解放。这是《生活》周刊时代新女性建构的路径之一。

除了女性独立外，《生活》周刊极力倡导婚恋自由。这是《生活》周刊关于女性报道最多的一个方面。《生活》周刊"读者信箱"栏目中，刊登的关于婚恋问题的信件非常多，共有188篇，占到了总信件数的31%。比如接受新思潮的青年们对传统婚姻深恶痛绝，二者之间的冲突该如何化解？《生活》周刊在"读者信箱"栏目中为青年们指明了道路："男女彼此具有相当的条件，彼此经过审慎的观察考虑，

---

① 邹韬奋：《〈旧式婚姻制度下的被牺牲者〉编者附言》，韬奋基金会、上海韬奋纪念馆编《韬奋全集》第2卷，上海人民出版社1995年版，第63页。
② 邹韬奋：《〈恩爱中的波浪〉答》，韬奋基金会、上海韬奋纪念馆编《韬奋全集》（增补本）第4卷，上海人民出版社2015年版，第243页。
③ 邹韬奋：《提倡女子职业教育之商榷》，韬奋基金会、上海韬奋纪念馆编《韬奋全集》第1卷，上海人民出版社1995年版，第524—525页。

有了彻底的了解，由挚友进而为情侣，为终身的伴侣，成为夫妇，这非但不是我们所反对，而且是我们所赞成的。"①

《生活》周刊刊登的新闻图像中，许多新闻漫画也以女性婚恋观为题材，批判旧式婚姻，提倡自由恋爱。比如，第3卷第10期《新月下老人》（如图20.1）、第16期《婚姻的变化》、第35期《新式婚姻的苦痛》（如图20.2）、第36期《上了人家老当的女子》、第37期《订婚之后才晓得》、第44期《盲目的恋爱》、第50期《手铐脚镣加上了终身》、第52期《大家族主义中的流泪问题》，第4卷第24期《旧式婚姻中的一对傀儡》、第28期《催眠》、第35期《将来丈夫的

图20.1 新月下老人

---

① 邹韬奋：《不愿意的女同志》，韬奋基金会、上海韬奋纪念馆编《韬奋全集》第4卷，上海人民出版社1995年版，第166页。

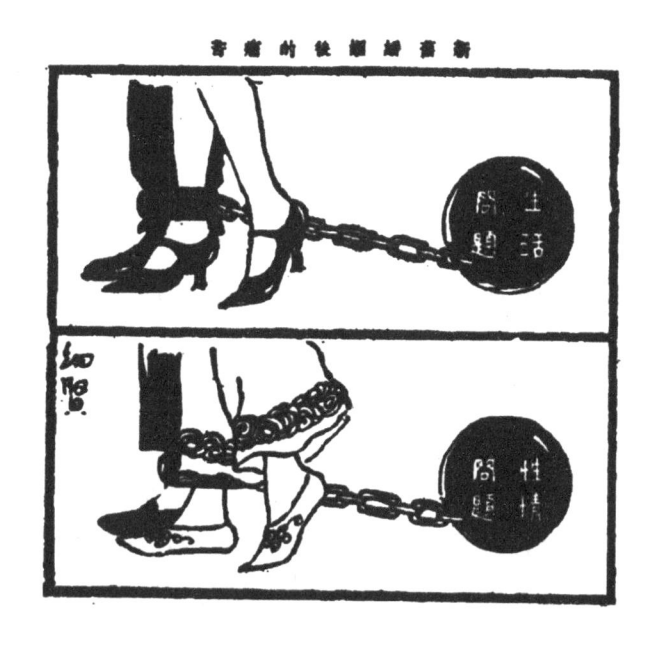

图 20.2　新式婚姻的苦痛

范例》等。这些新闻漫画猛烈地批判了旧式婚恋观，提倡男女公开交往、自由恋爱……这是《生活》周刊时代新女性建构的路径之一。

对于《良友》画报来说，它所塑造的女性形象却截然不同。《良友》画报主要以新闻图像为主，共出版了174期。通过选取其中最有代表性的封面人物进行研究，发现《良友》画报只有11期的封面人物选择了男性，并且这些男性都是抗战时期重要的政治人物，包括蒋介石、朱德等，其余封面人物全为女性。追溯到晚清时期，中国一些小报比较流行用女性作为封面，这些女性有一个共同点，即都是名妓。《良友》画报虽然延续了女性作封面这个传统，但它刊登的女性却截然不同，都是电影明星、女演员等一些颇有声名的社会名流，如胡蝶、陆小曼和黄柳霜等。封面中的这些女郎都衣着时尚，身姿曼妙，美艳动人。可以看出《良友》画报塑造的女性形象是时尚的，是走在时代前沿的，真可谓摩登女性。

摩登女性是西方文化影响下中国诞生的一种文化现象，"同时也是中国自民国建立以来，开明的有识之士以启蒙思想为中心努力建立新型国家形象而造成的华丽且摩登的社会文化景观"①。它代表着中国社会女性生活的变迁，"是女性社会地位改变的宣言，同时也是走向西方却又永远走不到西方的里程碑标志"②。摩登女郎在当时的中国代表的是走在时尚前沿、面容姣好且有文化的女性，她们不属于任何一个社会阶层，只是对西方文化风潮影响下的女性形象演变的一种概括。摩登女郎涵纳了三类女性，即"追求并促成了社会变化的知识女性、作为社会变化的直接受益者的女学生和仅有摩登外表的服务业的摩登模样的女性"③。其中，《良友》画报更侧重于对女性摩登外表的刻画。

通过对《良友》画报封面分析发现，第1期至第11期刊出的摩登女郎都为上半身及面部照片，这时的画报表现还比较含蓄。《良友》画报的第1期封面是笑容腼腆、怀抱花束的女明星胡蝶（如图20.3），第2期是手拿圆镜、楚楚动人的女明星汪汉伦（如图20.4），第3期是双手拂面、明艳动人的女明星黎明晖，第4期是盘坐凳上、娇小可人的杨爱丽，及至第11期则是目光远眺、温婉恬静的女明星杨依依。可以看出，《良友》画报前11期的封面无一例外都是女明星，而且都以肩部以上的面部肖像为中心。这些出现在《良友》画报上的女明星，表情都较为含蓄，但对于当时闺阁女子不出家门、不抛头露面的风俗来说，确是不小的冲击。

从第12期开始，女性作为封面人物未有变化，变化的只是拍摄的远近，图片也从肩部扩展到了腿部，这也印证了当时社会思想逐渐开化的过程。第12期的封面女郎首次展示了全身照片，照片中的女郎穿着短裙，搭配了白色高跟鞋，微微挽起的头发，更添几分韵味。第13期的封面女郎露出了香肩，目光微微向后看，神态妩媚。由此可知，《良友》画报正日趋开放自由。其实，这也是《良友》画报的成长蜕变，

---

① 姜进等：《娱悦大众：民国上海女性文化解读》，上海辞书出版社2010年版，第134页。
② 姜进等：《娱悦大众：民国上海女性文化解读》，上海辞书出版社2010年版，第134页。
③ 姜进等：《娱悦大众：民国上海女性文化解读》，上海辞书出版社2010年版，第134页。

并最终获得了成功。

图 20.3　女明星胡蝶　　　　图 20.4　女明星汪汉伦

相比之下,《良友》画报的性质,决定了它比《生活》周刊塑造的女性形象更加生动、可感。

如此,《生活》周刊和《良友》画报在女性形象建构方面呈现出了两种截然不同的特征。《生活》周刊更加侧重女性的思想教化,强调女性独立、自由的状态,可以将其概括为"时代新女性";而《良友》画报侧重于从各个角度展示女性之美,展现时尚元素,可以将其称为"时代俏女郎"。

二　健美女汉子与柔美小女人

仅从《生活》周刊和《良友》画报刊登的新闻图片来看,两者呈现出截然不同的女性风格,可以将其概括为"健美女汉子"和"柔美小女人"。

据统计,《生活》周刊共刊登了 297 张有关女性的新闻图片,主要涉及"健而美的体格""体育运动肖影""新闻漫画中的女性形象"和"时事报道中的女性"四个栏目。其中编者较为侧重的一个栏目便是"健而美的体格",贯穿了《生活》周刊的第4卷到第6卷。"健而美的体格"栏目大多选取了国外较有影响力的女性(图20.5),比如影视明星赛鹿女士、喜爱户外运动的嘉塞尔女士和排球运动员克莉华女士等,这些女性都极力呈现着曲线美和形体美。与现今以瘦为美的审美观相比,这些图片中的女性都显得较为挺拔、健壮、活力四射,浑身散发着女性独立与健康之美。她们衣着都较为随意,以短裤、背心和连体泳衣为主,无不凸显着女性的运动之美,可以将其概括为"健美的女汉子"。联系当时的时代背景,不难理解如此编辑的内在意图,其意在于鼓励女性重视和增强体育锻炼,进而增强国人体质。

图20.5 健而美的体格

与《生活》周刊"健而美的体格"女性形象建构相比,《良友》画报刊登的女性形象则更加含蓄、温婉。《良友》画报封面的时尚女郎个个温婉恬静,美丽动人。这些摩登女郎不仅占据了封面,也是刊物的主要内容。同时,画报中也有许多照片都以女性为主。第4期在"上海妇女衣服时装其一、其二"中,影星杨爱丽和其他五位女性穿着春、夏、秋、冬四季服饰,云集一处,娇娆可人。其一是两幅日本袍,它不仅在居家时穿着极为舒适,而且袖口较宽,穿着凉快。中间的是不同款式的睡衣,一种是开胸短袖绣以花鸟,另一种是浴后或临睡时所披之大花围观。下面两幅里展现的一件是全衣绣以龙梅、贵而艳的旗袍,一件是当时上海最时髦的衣装"长马甲"。其二是不同职业女性的着装,比如上海妇女、大家闺秀和影视明星等,这些不仅可以满足不同职业的需要,而且能适用于不同的场合。此外,第50期刊登了照片《最新式住宅陈式》,从中可以看到当时社会流行的家居装饰,更为重要的是每张照片中都有女性的身影出现。她们或围坐在一起促膝长谈,或享受美好的午后时光。另如,第17期刊登了上海中西女塾毕业生、苏州景海女子师范全体毕业生和苏州东吴大学毕业生的照片,第29期刊登了"今年万国美女比赛被选为第一名——美国代表支加哥女士"等,这些照片都从不同侧面建构了女性温婉动人的形象。

三 注重健康生活与展示摩登生活

英国人哈莉特·萨琼特(Harriet Sargeant)在伦敦旧日出版的《上海》里说:"二三十年代,上海成为传奇都市。环球航行如果没有到过上海,便不能算完。她的名字令人想起神秘、冒险和各种放纵。"[1] 上海是当时最大的商业城市,并且随着城市化的不断发展,逐渐成为全国最重要的文化出版中心,以至于新式教育发展迅猛,图书馆、餐厅、女校等纷纷涌现。上海也是最先受到西方文化影响的城市,银行、饭店、俱乐部、电影院、摩天大楼和咖啡厅等作为地理建筑,显示着强烈的西方烙印。上海的现代性因此愈加浓郁,生活也愈加浪

---

[1] 青青:《落红记:萧红的青春往事》,黑龙江大学出版社2014年版,第138页。

漫和小资。

　　《生活》周刊和《良友》画报都对当时女性的生活方式做了报道，但是报道的角度却截然不同。《生活》周刊更加注重女性的思想教化，对女性生活中的不良风气也进行了批判。第7期的图片《妇女不正常之生活》中，编者对女性彻夜打麻将不归家的情况进行了抨击，并将其称为"不正常的妇女生活"。第11期刊登了新闻漫画《捧的世界》，漫画将妓女、戏子、明星、文妖和商人依次排序，捧得最高的是妓女，以此来批判社会的不良风气。

　　统计发现，《生活》周刊刊登广告的数量和内容都在不断增加，也有专门涉及女性方面的广告出现。邹韬奋在最初接办《生活》周刊时，广告在短期内并没有变化。但从第2卷、第3卷开始，广告数量有所增加，这时的广告内容大多局限于书籍广告，还没有涉及女性商品广告。之后，《生活》周刊刊登的广告数量越来越多，其中第5卷到第8卷刊登的广告数目在不断增加，内容也越来越丰富，其中与女性相关的有日用品广告、书籍广告、医药广告和招生广告等几类。首先是日用品广告有双十牌牙刷、月亮嫦娥牌化妆品、鸿兴衣厂的跳舞衣和关勒铭自来水笔等；其次是书籍广告，包括《今代妇女》和《女青年》半月刊等；再次是医药广告，包括药品、药厂和医院，比如月月红调经药、科达西药厂等；最后是招生广告，如上海女子中学招生广告等。从这些广告可以看出，《生活》周刊中关于女性的商品广告都较为传统，与《良友》画报刊登的时尚服饰、化妆品等带有明显时代特色的商品广告形成了鲜明对比。从总体来看，《生活》周刊倡导的生活方式是传统的，也是向上的。它没有像《良友》画报那样过多地展示时尚元素，而是以第三者的身份，提倡传统、健康和科学的女性生活方式。

　　而《良友》画报则截然不同，它更多的是展示现代时尚的女性生活方式，扮演了一个时尚潮流引领者和时尚元素传播者的角色。当然其中一个重要原因不可忽视，《生活》周刊以文字报道为主，读者在接受信息时首先需要进行符号解读，而《良友》画报则以图片为主，读者接受的信息不需要进行二次转化，就可以直观地反映在读者脑海中。相形之下，《良友》画报更具直观性、冲击力，也更能通过精美的图片达到引领时尚潮流的目的。《良友》画报中的女性身着美丽的衣服，展现着上海摩登的生活方式，迅速成为众多女性追逐的潮流。通过这种方式，《良友》画报在推动着上海乃至整个中国重新认识时尚潮流。《良友》画报所营造的生活方式涉及方方面面，比如衣着方面，《良友》画报向读者展示了最新的样式，第4期《上海妇女衣服时装》刊登了十二幅各类新式衣服的图片，包括"日本袍""全身绣龙梅贵而喜""长马甲为现今海上最时髦之衣装""上海冬季时装""斗篷为海上妇女跳舞前后穿之衣服"等，这些图片不仅使读者了解了服饰知识，还达到了引领时尚潮流的功效。

摩登的生活方式不仅体现在服饰上，更体现在日常用品广告上。从《良友》画报刊登的广告来看，几乎每一期都有关于美容护肤的内容。比如，第9期刊登了"金头香水"的广告，"金头香水，芬芳馥郁，香留衣襟"[1]；第87期刊登了"蔻丹指甲油"的广告，"指甲染色，增加玉手妩媚"[2]。这些广告都在传播着《良友》画报特有的化妆品广告，女性受众由此才能紧跟时尚潮流。此外，《良友》画报广告还运用好莱坞明星派拉蒙来宣传蜜丝佛陀的美容产品，并且用文字明确告诉读者派拉蒙就在用此产品。这样的传播手段激发了名人效应，也增强了女性对产品及其时尚之风的认同感。《良友》画报的广告无时无刻不在渲染时尚，塑造自己时尚引领者的媒介形象，并且借用了西方特有的符号，来展示现代摩登的女性生活方式。

总体来看，《生活》周刊和《良友》画报在女性形象媒介建构方面，既有相同之处，又存在不同。相同之处在于二者都在鼓吹新思想，以促进女性独立和解放。但是二者对于女性形象的媒介建构又存在着

---

[1]《良友》，上海北四川路良友印刷公司印行，1926年第9期。
[2]《良友》，上海北四川路良友印刷公司印行，1934年第87期。

显著的不同，《生活》周刊对女性的报道主要侧重于两个方面：一是呈现封建思想对女性的迫害；二是宣传女性思想解放。它更重思想"启蒙"，更加强调思想性和教育性，也更侧重用批"旧"来迎"新"。而《良友》画报更多地以展现新思想来促进女性的新变化，以此来带动更多女性改变封建落后的思想，进而引领整个女性潮流，所以《良友》画报是在以传"新"促"新"。

无论如何，《生活》周刊和《良友》画报虽各有侧重，但它们对女性形象的媒介建构却是异曲同工、始终如一的，它们共同指向现代中国以及涵纳其中的邹韬奋女性形象建构及其传播实践，并成为一个时代的代言。

结　　语

即如毛泽东所言，"热爱人民，真诚地为人民服务，鞠躬尽瘁，死而后已，这就是邹韬奋先生的精神，这就是他之所以感动人的地方"①。这是中国共产党对韬奋精神最早的评价。彼时，中国共产党以强烈的反抗话语赢得了邹韬奋历史定位的话语权，而毛泽东则成为中国共产党话语评判的代言人，其评价以中共中央党报延安《解放日报》为媒介，广为传播。毛泽东以显明的阶级逻辑、政党意志对邹韬奋思想与新闻传播实践盖棺定论，其内蕴的人民立场和政党取向，联结了传统道德逻辑，并以深切的礼赞为情感基调，最终演化为主流话语的典范评判。

陈毅的评价则另有深意。陈毅认为邹韬奋是"继孙、鲁两公之后""从民主主义开始，直达共产主义行列"②的楷模。陈毅一方面将邹韬奋和孙中山、鲁迅并列，确认了他们堪以并肩的历史地位，另一方面又指出了他们自民主主义终达共产主义的历史同质性，将他们共同归之于共产主义的大纛之下。而陈绍禹（即王明）也有将邹韬奋和鲁迅并列的评判，他断言"韬奋先生之死，是中国人民在鲁迅先生死后的最大损失"③。

---

① 毛泽东：延安《解放日报》1944年11月22日，"邹韬奋先生逝世纪念特刊"附1版。
② 陈毅：《纪念邹韬奋先生》，延安《解放日报》1944年11月22日，"邹韬奋先生逝世纪念特刊"附1版。
③ 陈绍禹题词延安《解放日报》1944年11月22日，"邹韬奋先生逝世纪念特刊"附2版。

结　语

　　朱德的评价似有异曲同工之效，"爱国志士，民主先锋"①的评判，表达了对邹韬奋民族立场和民主主义特征的高度认同，并借此凸显邹韬奋与中国共产党的内在一致性。

　　如此，中国共产党高层以历史褒扬的基调，将邹韬奋思想与新闻传播实践同中国共产党的政党目标进行了有效嫁接，并以意识形态化和符号化的方式，将邹韬奋打造成为主流话语历史合法性的符号质证。

　　然而，邹韬奋的思想体系究竟为何？其新闻传播实践又如何加以践行？二者如何相互联结，最终凝聚为"韬奋精神"的历史共识？这依然是一个需要继续深入的研究命题，其中的复杂性和艰巨性不言而喻。

　　细察之，邹韬奋的思想是一个复杂的、开放的、具有丰富内涵的庞大体系，马克思主义观、国家观、民主政治观、思想启蒙观、媒介经营观和受众观表现为宏观意义上的思想图景。其中，马克思主义观是邹韬奋最为重要的思想构成。作为左翼知识分子的代表之一，邹韬奋后期系统学习了马克思主义思想，马克思主义遂成为他左翼知识分子身份的重要符码。作为一个职业新闻传播者和社会民主政治家，邹韬奋虽然坚持独立于任何政党的基本立场，没有在社会实践层面践行马克思主义，但阶级论和社会主义的美好图景却是邹韬奋社会理想的写照。这既是邹韬奋后期思想的显著特征，也是主流话语予以高度认同的基本依据。

　　马克思主义观的历史认知之下，就是国家观的持续追问。国家观是邹韬奋思想另外一个具有系统性的思想维度，它决定着邹韬奋作为爱国主义知识分子、民族知识分子和具有世界眼光的东方知识分子的身份特质。出于特殊历史语境的考量，邹韬奋认同民族国家，并强调民族国家的基本利益，但同时又坚信国家消失和世界主义的到来。邹韬奋思想中的国家与世界，继承了"五四"思想的两歧性，其中既包含现实所激发的爱国主义，也涵纳了从传统和同人而来的世界主义

---

①　朱德题词，延安《解放日报》1944年11月22日，"邹韬奋先生逝世纪念特刊"附2版。

理想。

意识形态和民族国家之外，民主政治是邹韬奋思想的重要节点。民主是五四思想的支柱之一，也是邹韬奋作为民主运动活动家的思想重镇。邹韬奋的民主政治观以民主宪政为基础、社会民主为理念，凸显了中间党派和社会民主人士的理想愿景，并试图以此反对国民党专制统治，实现改良社会的期望。邹韬奋的民主政治观先进性和历史性并存，是批判现实和理性建构的糅杂。其中，理想的华美和现实的坚硬以及强烈的文人气质，都使得邹韬奋的民主政治实践步履维艰。但也正因如此，邹韬奋的民主政治观才显示出了巨大的时代张力和超越历史的意义。

相比之下，思想启蒙是邹韬奋思想的基座。邹韬奋承继了五四思想启蒙的宏志，立志以报刊等现代媒介为凭借，继续中国现代知识分子思想启蒙的伟业。思想启蒙是邹韬奋作为五四后中国现代知识分子的灵魂，也是其历史使命的指代。就某种意义来说，职业新闻传播者、社会活动家、左翼代表等诸多身份都可以归纳在现代启蒙知识分子之下，而马克思主义观、国家观和民主政治观也可以涵盖于思想启蒙观之中。本质上讲，弃旧迎新，由中国走向世界，是中国社会现代化转型的内在逻辑，而思想启蒙则以无往不在、无所不在的力量成为隐含的系统驱动，它亦是邹韬奋思想的动力之源。

媒介经营观和受众观是宏观层面显著不同的思想维度。媒介经营观立足报刊出版发行，以市场面向和商业逻辑体现了内容、营销、理念等诸多方面全面而深刻的影响。受众观依从传播规律，将受众作为新闻传播实践和理念的考察中心，亦具有系统性的影响力。媒介经营观是邹韬奋独立报格的基本保障，受众观则是邹韬奋以读者为中心、为读者服务准则的基础。媒介经营观以受众观为基石，受众观以媒介经营观为引导，两者互为依托，深刻影响着马克思主义观、国家观、民主政治观、思想启蒙观等内容维度的思想传播与实践达成。

青年观、女性观、婚姻观、健康观、学习观和广告观是邹韬奋思

结 语

想的中观层面。青年观直指作为国家中坚、民族希望的青年群体，女性观聚焦于压迫最为深重、亟须解放的中国女性，婚姻观则是青年和女性都无法回避的社会议题。它们既是思想启蒙的对象，亦是中国社会变革的焦点。与之相对应，健康观、学习观、和广告观是中观层面的另一思想分支。它们关乎科学传播、教育传播和广告经营等更为客观、更为普遍的社会议题，更具有实践性、专业性和社会性。如何强身健体、如何学习、如何进行广告经营是其关注的重心，它凸显了邹韬奋服务读者、服务社会、以广告经营求独立的现代传播理念；它们是邹韬奋传播理想得以实现的现实保障，意义自不可小觑。

思想是实践的总结和升华，实践是思想的践行和检验。邹韬奋思想的实现以其影响深远的新闻传播实践为路径，而新闻传播实践又是邹韬奋最具职业特质的话语取向。邹韬奋力图以深入的社会实践来实现思想愿景的达成，以区别于坐而论道、高谈阔论的思想家和学者文人，从而体现了高度的社会责任感和显明的个体特质。

其中，股份制经营的实验，是邹韬奋媒介经营管理思想的践行方式，表现了邹韬奋作为一代出版家的经验模式，也是其独立报格的实践保障。女子职业教育是邹韬奋社会实践的另外一个重要区间，它承继了黄炎培的职业教育理想并发扬光大，使之升华为女性解放和社会启蒙的有效路径。相比之下，译介传播则显示了邹韬奋作为职业新闻传播者显著的个性特征，它以介绍欧美西方思想和苏联社会主义经验来寻找中国的出路，而世界经验的借鉴和中国语境的践行是目的所在。

欧美通讯的写作、媒介动员的凸显和女性形象的建构是邹韬奋新闻传播实践更为微观、更为具体的层面。欧美通讯是邹韬奋作为职业新闻人基本职能的体现，邹韬奋通过欧美之行所见、所闻、所思和所感的真实记录，实现了鉴照世界发展，为中国寻找出路的目的。同时，媒介动员是邹韬奋新闻实践基本功能的体现。如何激发媒介的传播潜能，实现动员社会、达成理想的预设，是邹韬奋等一代现代职业新闻人共通的传播想象，更是思想启蒙、救亡图存的现实要求。女性形象建构则是具有性别取向的传播实践,它立足于女性解放、思想启蒙和中国现代化等重大社会命题,体现了邹韬奋新闻传播实践强烈的时代性。

总体来说,邹韬奋思想体系是一个多层级的复杂系统,其构成要素和层级之间互相作用,互为促进,激发了强大的内在动力和深刻的价值意涵。同时,思想体系引导下的新闻传播实践,也聚焦于社会现实和文化革新,展现了邹韬奋兼具社会活动家和职业新闻传播者的职业本色,表达了邹韬奋理论用之于实践、实践以检验理论的逻辑取向。另外,邹韬奋思想系统和新闻传播实践具有显著的个体性和普遍性、传统性(对传统文化的追求和内蕴)和现代性(反对封建传统和专制独裁,追求独立报格和民主自由观念)、时代性和超越性、民族性(对民族文化和价值观念的认同)和世界性(世界眼光以及价值追求的普世性),彰显了卓尔不群的传播品质。

尽管邹韬奋思想和新闻传播实践有着显明的时代性和历史性,但其内蕴的意义驱动和外在的实践追求,具有超越时代的价值,并成为一个时代的表征。邹韬奋思想系统与新闻传播实践必将在主流话语和知识分子话语的同构中,实现政治考量和学术推理的并进,最终完成现实改写和话语雕琢的历史演进。邹韬奋由此得以和孙中山、鲁迅相提并论,比肩而立,共同接受历史的质询。而如何客观理性、中正平衡,还原真正的邹韬奋将是所有研究的要义所在。

参考文献

一 书籍

Henri Lefebvre, *The Production of Space*, London: Blackwell Ltd., 1991, p. 46.

［美］巴巴拉·塔奇曼:《史迪威与美国在华经验（1911—1945）》（上册），陆增平译，王祖通校，商务印书馆1985年版。

［美］彼得斯:《交流的无奈:传播思想史》，何道宽译，华夏出版社2003年版。

蔡尚思主编:《中国现代思想史资料简编》，浙江人民出版社1982年版。

陈独秀:《陈独秀文章选编》，生活·读书·新知三联书店1984年版。

重庆市政协文史资料研究委员会、中共重庆市委党校编:《国民参政会纪实》，重庆出版集团、重庆出版社2016年版。

陈挥:《韬奋评传》，上海交通大学出版社2009年版。

［美］杜威:《杜威五大讲演》，胡适译，安徽教育出版社1999年版。

［美］杜赞奇:《从民族国家拯救历史:民族主义话语与中国现代史研究》，王宪明等译，社会科学文献出版社2003年版。

［美］Edward W. Soja:《第三空间:去往洛杉矶和其他真实和想象地方的旅程》，陆扬等译，上海教育出版社2005年版。

方汉奇、张之华主编:《中国新闻事业简史》（第二版），中国人民大学出版社 1995 年版。

复旦大学新闻系研究室编：《邹韬奋年谱》，复旦大学出版社 1982 年版。

高力克：《自由与国家：现代中国政治思想史论》，浙江大学出版社 2016 年版。

龚鹏：《邹韬奋启蒙思想研究》，中国社会科学出版社 2011 年版。

郝丹立：《韬奋新论：邹韬奋思想发展历程研究》，当代中国出版社 2002 年版。

何干之：《近代中国启蒙运动史》，生活书店 1947 年版。

贺照田主编：《在历史的缠绕中解读知识与思想》，吉林人民出版社 2003 年版。

胡适：《容忍与自由：胡适演讲集》，中国画报出版社 2013 年版。

黄瑚：《中国新闻事业发展史》（第二版），复旦大学出版社 2009 年版。

黄远庸：《远生遗著》，商务印书馆 1984 年版。

江苏省政协文史资料委员会、常州市政协文史资料委员会编：《新文化出版家徐伯昕》，中国文史出版社 1994 年版。

姜进等：《娱悦大众：民国上海女性文化解读》，上海辞书出版社 2010 年版。

李大钊：《李大钊文集》，人民出版社 1984 年版。

李金铨主编：《文人论政：知识分子与报刊》，广西师范大学出版社 2008 年版。

梁启超著，汤志钧、汤仁泽编：《梁启超全集》，中国人民大学出版社 2018 年版。

梁启超：《梁启超全集》，北京出版社 1999 年版。

凌昊莹：《媒介经营管理》，中国广播电视出版社 2002 年版。

刘建明等：《中国媒介批评史》，海峡出版发行集团、福建人民出版社 2011 年版。

罗志田：《近代读书人的思想世界与治学取向》，北京大学出版社 2009

年版。

马庚存：《中国近代妇女史》，青岛出版社1995年版。

《马克思恩格斯全集》第32卷，人民出版社1974年版。

马仲扬、苏克尘：《邹韬奋传记》，重庆出版社1997年版。

《毛泽东选集》，人民出版社1952年版。

穆欣编：《韬奋新闻工作文集》，新华出版社1985年版。

穆欣编著：《邹韬奋》，湖北人民出版社1981年版。

欧阳哲生编：《胡适文集》，北京大学出版社1998年版。

潘大明：《韬奋人格发展的轨迹》，上海文艺出版社1998年版。

钱小柏、雷群明编著：《韬奋与出版》，学林出版社1983年版。

青青：《落红记：萧红的青春往事》，黑龙江大学出版社2014年版。

任建树、张统模、吴信忠编：《陈独秀著作选》，上海人民出版社1993年版。

荣孟源主编：《中国国民党历次代表大会及中央全会资料》，光明日报出版社1985年版。

三联书店编：《韬奋》，生活·读书·新知三联书店2004年版。

沈谦芳：《邹韬奋传》，生活·读书·新知三联书店2016年版。

生活书店史稿编辑委员会编：《生活书店史稿》，生活·读书·新知三联书店1995年版。

唐德刚译：《胡适口述自传》，华文出版社1992年版。

韬奋：《经历》，生活·读书·新知三联书店1978年版。

韬奋基金会、上海韬奋纪念馆编：《韬奋全集》第1—14卷，上海人民出版社1995年版。

韬奋基金会、上海韬奋纪念馆编：《韬奋全集》（增补本）第1—14卷，上海人民出版社2015年版。

韬奋纪念馆编：《邹韬奋研究》（第一辑），学林出版社2004年版。

韬奋纪念馆编：《邹韬奋研究》（第四辑），上海三联书店2016年版。

韬奋纪念馆编：《邹韬奋研究》（第六辑），上海三联书店2017年版。

王建朗、曾景忠：《中国近代通史·第九卷·抗日战争（1937—1945）》，凤凰出版传媒集团、江苏人民出版社2009年版。

吴廷俊：《中国新闻史新修》，复旦大学出版社2008年版。

徐贲：《与时俱进的启蒙》，上海三联书店2021年版。

徐天新：《斯大林模式的形成》，人民出版社2013年版。

许纪霖：《家国天下——现代中国的个人、国家与世界认同》，上海人民出版社2017年版。

余英时著，沈志佳编：《中国思想传统及其现代变迁》（余英时文集·第二卷），广西师范大学出版社2004年版。

岳庆平：《家庭变迁》，民主与建设出版社1997年版。

张灏：《幽暗意识与时代探索》，广东人民出版社2016年版。

张之华：《邹韬奋》，人民日报出版社2005年版。

中国翻译工作者协会《翻译通讯》编辑部编：《翻译研究论文集（1894—1948）》，外语教学与研究出版社1984年版。

中华职业教育社编：《黄炎培教育文集》，中国文史出版社1994年版。

邹家骊编：《忆韬奋》，学林出版社1985年版。

邹韬奋：《经历》，岳麓书社1999年版。

邹韬奋：《经历》，中国工人出版社2007年版。

邹韬奋：《萍踪寄语》（初集、二集），生活·读书·新知三联书店、生活书店出版有限公司2018年版。

邹韬奋：《萍踪寄语》（三集），生活·读书·新知三联书店、生活书店出版有限公司2018年版。

邹韬奋：《萍踪忆语》，生活·读书·新知三联书店、生活书店出版有限公司2018年版。

邹韬奋：《事业管理与职业修养》，生活·读书·新知三联书店1982年版。

邹韬奋：《韬奋文集》，生活·读书·新知三联书店1955年版。

邹韬奋著，中国韬奋基金会韬奋著作编辑部编：《韬奋新闻出版文选》，学林出版社 2000 年版。

邹韬奋著，中国韬奋基金会韬奋著作编辑部编：《韬奋自述》，学林出版社 2000 年版。

二　期刊论文

白鸽：《邹韬奋的翻译观点及其译作传播》，《考试与评价》2017 年第 7 期。

蔡静：《邹韬奋的变与不变》，《新闻传播》2016 年第 12 期。

陈福康：《邹韬奋的译学见解》，《中国翻译》1991 年第 1 期。

陈挥：《简论邹韬奋马克思主义世界观的确立——兼与穆欣同志商榷》，《上海师范大学学报》（哲学社会科学版）1987 年第 2 期。

陈沛芹：《扭曲的世界地图与伞降的驻外记者——从斯蒂芬·海斯〈国际新闻与驻外记者〉看美国国际新闻报道》，《西南民族大学学报》（人文社会科学版）2011 年第 7 期。

程卫波、孙波、张志勇：《中国近代体育发展阶段的历史审视——一种身体社会学视角》，《体育科学》2011 年第 3 期。

党李丹、陶喜红：《五四时期国际新闻报道的特征与当今借鉴》，《新闻爱好者》2019 年第 5 期。

冯丽：《论邹韬奋的女子教育思想》，《河南职业技术师范学院学报》（职业教育版）2004 年第 1 期。

高娟：《战时商业广告中的抗战动员——以〈申报〉为例（1931—1937）》，《日本侵华南京大屠杀研究》2019 年第 1 期。

高运锋：《从〈生活〉周刊剖析邹韬奋的广告观》，《新闻大学》2000 年第 3 期。

龚粤：《从〈读者信箱〉看邹韬奋的青年观》，《传播与版权》2018 年第 4 期。

郭辉、李百胜：《历史记忆与社会动员：抗战动员中的"文天祥"记忆》，

《福建论坛》（人文社会科学版）2018年第6期。

郝丹立：《邹韬奋的知识分子观——从其对陈布雷、胡适的评价说起》，《四川教育学院学报》2002年第7期。

郝丹立：《邹韬奋与三民主义——兼论邹韬奋研究的内在逻辑》，《河南师范大学学报》（哲学社会科学版）2002年第1期。

郝丹立：《尊重历史事实　克服主观臆断——关于邹韬奋"九一八"转变论的反思》，《西南交通大学学报》（社会科学版）2002年第3期。

胡正强、李海龙：《论抗战时期中国共产党漫画宣传的主题与特色》，《南京政治学院学报》2015年第4期。

黄旦：《报纸和报馆：考察中国报刊历史的视野——以戈公振和梁启超为例》，《学术月刊》2020年第10期。

贾斐：《论列斐伏尔的城市空间理论》，硕士学位论文，上海师范大学，2012年。

金冲及：《华北事变和抗日救亡高潮的兴起》，《历史研究》1995年第4期。

金子求：《延安时期中共党报的抗战动员——以〈新中华报〉为例》，《中共中央党校学报》2015年第4期。

李雯雯：《从〈生活〉"小言论"看邹韬奋的青年观》，《青年记者》2016年第21期。

李益生：《邹韬奋论职业教育》，《教育与职业》1994年第6期。

梁骏：《"聆听低音"：战时报刊舆论动员的另一种可能——以"一二·九"期间〈大众生活〉"大众信箱"栏目为例》，《兰州大学学报》（社会科学版）2020年第1期。

梁秋语、张宗明、张其成：《从个人养生到大众健身——近代体育事业的发展、身体观之变迁及其当代反思》，《中华中医药杂志》2020年第4期。

刘桂林：《论中国近代职业教育思想》，《华东师范大学学报》（教育科学版）1996 年第 4 期。

刘洪强：《"抽象的国家"还是"行动的社会"？——大革命期间关于"国家与社会"诸问题的争论》，《北京社会科学》2017 年第 4 期。

刘涛：《符号抗争：表演式抗争的意指实践与隐喻机制》，《中国地质大学学报》（社会科学版）2017 年第 4 期。

刘英：《邹韬奋的语言应用观》，《东南大学学报》（哲学社会科学版）2005 年第 6 期。

罗志田：《西方的分裂：国际风云与五四前后中国思想的演变》，《中国社会科学》1999 年第 3 期。

马建标：《学生与国家：五四学生的集体认同及政治转向》，《近代史研究》2010 年第 3 期。

毛维准、庞中英：《民国学人的大国追求：知识建构和外交实践——基于民国国际关系研究文献的分析（1912—1949 年）》，《世界经济与政治》2011 年第 11 期。

孟晖：《邹韬奋海外通讯的特色及其文化史价值》，《安徽广播电视大学学报》2015 年第 2 期。

欧阳军喜：《一二九运动再研究：一种思想史的考察》，《中共党史研究》2014 年第 2 期。

沈谦芳：《胡适与邹韬奋》，《西北民族学院学报》（哲学社会科学版）1995 年第 3 期。

唐森树：《论抗日战争时期邹韬奋的民主宪政思想》，《学术论坛》2005 年第 5 期。

唐森树：《论邹韬奋早期的妇女解放思想》，《河南科技大学学报》（社会科学版）2005 年第 3 期。

唐小兵：《公共讨论与国民意识之建构——以 1930 年代〈大公报·读者论坛〉为中心的考察》，《安徽大学学报》（哲学社会科学版）2014 年第 2 期。

唐小兵：《战争、苦难与新闻——试论抗战时期民间报刊的舆论动员》，

《新闻与传播研究》2015年第8期。

田维钢、温莫寒：《价值认同与情感归属：主流媒体疫情报道的短视频生产》，《现代传播》（中国传媒大学学报）2020年第12期。

王秀霞：《民国时期的女子职业教育思想》，《理论学刊》2005年第9期。

吴仁明、雷冬艳、廖乾翔：《手笔如刀：〈抗战〉三日刊在抗战初期的民众动员》，《重庆社会科学》2017年第6期。

肖伊绯：《邹韬奋专访胡适》，《百年潮》2019年第4期。

许良廷、李克芬：《邹韬奋思想转变与发展的轨迹》，《党史纵览》2002年第9期。

阳海洪：《论邹韬奋的媒介正义思想》，《南昌大学学报》（人文社会科学版）2020年第1期。

杨宏雨、吕啸：《从崇仰到扬弃：邹韬奋对欧美资本主义民主的认知历程》，《学术界》2018年第5期。

杨琳、刘晓旭：《抗战动员与媒体人的责任担当——邹韬奋与媒体抗战动员研究》，《天水师范学院学报》2019年第3期。

杨宇菲、张小军：《文化共融：中国近代冰雪大众文化与社会转型》，《清华大学学报》（哲学社会科学版）2021年第6期。

岳国芳：《抗战时期邹韬奋对中国共产党的认识过程》，《学理论》2013年第3期。

张红春：《论〈群众〉周刊与中共抗战政治动员》，《江西社会科学》2014年第8期。

张文明：《邹韬奋的新闻伦理观及其价值》，《当代传播》2017年第6期。

知秋：《周恩来与党外人士的深情交往》，《党史纵横》2018年第4期。

周葆华：《内外之间的关联政治：中国电视国际新闻研究——以CCTV〈新闻联播〉为例》，《传播与社会学刊》2010年第13期。

周海建：《旁观者的政治：中国知识阶层对意阿战争的反应与回响》，《武汉大学学报》（人文科学版）2016年第1期。

三　报刊

《大众生活》
《良友》画报
《生活》周刊
《生活日报》
《生活日报星期增刊》
《生活星期刊》
延安《解放日报》

后　　记

书稿完成时，已是北方的冬天。天气不怎么冷，太阳每天照常升起，灿烂且透明。据说，今年又是一个暖冬，小区里的有些树枝甚至又都长出了嫩芽。但冬天总归是冬天，寒冷总是有的，只要不是极度寒冷就好。再说，雪花也是美的。

那天，一个朋友拿出了去年自制的书签，那是两片发黄的叶子，一片上面用钢笔写着"今天黄河家园全体被封。2022.10.23"的字样，另一片则写着"理性的人寻求的不是快乐，而是没有痛苦"。看了之后，好生感慨。想想，转眼已是一年，这一年仿佛已经过去了很久一般，好多事都如梦如幻，竟像没有发生过似的。

人类真的这样健忘吗？

日子有时候是相似的。去年，我在为那本甘南田野日志的书而忧心，今年则是为将近10年的韬奋情缘而忙碌，这本书就是最终的结果。

我依然记得一个清晰的片段，在复旦做博后的时候，有一次去参观韬奋纪念馆。临走的时候，一位女职员很真诚地对我们说："希望大家多关注关注韬奋。"那种恳切的眼神让我的心动了一下，也有一种被刺痛的感觉。那时，我还没有做韬奋的研究，但这一次却触动了我研究韬奋的念头。

和韬奋的机缘却就此开始，而且一发不可收。

后 记

2015年，我参加了复旦大学召开的"韬奋与抗战时期的新闻传播业"学术研讨会，自此歪打正着地加入了韬奋研究的队伍。几年来，我不仅自己参会，还厚着脸皮，带着自己的研究生组团前往。2017年在余江、2019年在江西师范大学，动辄七八人的"兰大军团"成为会场的一大新闻。尤其是今年在河南大学，兰大新闻学子有10名研究生参会，在会场备受瞩目。我欣喜于学生们有机会能加入韬奋研究大军，庆幸他们如此幸运，但有时也很惴惴不安，我不知道学者们会怎样看待这支"兰大军团"，看待带队的我。但我想，能让这些青年学子走近韬奋，也是为韬奋研究输送了难得的新鲜血液，对韬奋的研究也大有裨益。当然，这也要归功于主办方上海韬奋纪念馆的宽容与支持。

2018年，兰州大学新闻与传播学院主办了韬奋研讨会，这次研讨会的规模之大、研讨水平之高，都给与会学者留下了深刻印象。这次研讨会以及由我和陈新民教授主编的会议论文集《对比与求新：韬奋精神的传布与再生产》是我们给韬奋以及支持我们的师长们的献礼。

其间，兰大新闻学子也收获了不少，他们积极撰写论文，认真参会学习，业已发表了数十篇相关学术论文。有同学还以韬奋研究为选题，撰写了硕士学位论文，取得了优秀硕士论文的成绩。张玉鑫的《〈生活〉周刊新闻图像传播研究》、宋朝军的《以城为"桥"：邹韬奋海外通讯城市空间媒介生产研究》和苏聪的《邹韬奋海外通讯欧美、苏联形象比较研究》就是其中的佼佼者。多么希望他们以后的人生路上还会有韬奋，相信韬奋的魅力是可以超越时空的。

现在，他们好多已经走出兰大，走向社会，找到了自己的坐标，为理想而继续努力着。其中，李瑾成功申请了澳大利亚墨尔本大学的博士，李睿申请了新加坡南洋理工大学，周源和张兵杰分别去了复旦大学和南京大学读博，张晟入职延安大学做了专职教师，宋朝军去了人民日报社，王晶宇加入中央电视台，做了军事频道的记者。当然，他们更多的是考公进入各个单位，做了公务员，为社会发展贡献着自己的才智。可以说，这些成绩都和韬奋的学习研究不无关系，因为韬

后　记

奋让他们有了更多的追求、更多的思考、更多的担当。

我和我的研究生是幸运的，我们得到了上海韬奋纪念馆、会议主办院校和各位专家学者的热情鼓励和大力支持，由此才得以持续跟进韬奋学术会议和韬奋研究。通过韬奋，我们省察历史，我们反观当下，并思考未来。那些修养身心的君子之道，以及关于民族和国家的宏大主题，都融入韬奋的研究中，让我们日新日进。

这本书就是我们研究的结晶，也是我们借以表达谢意的"礼物"。

需要强调的是，在本书的成书过程中，已经走出兰大的张玉鑫、李瑾、苏聪、郭琳婕、张晟、刘正、马潇潇、宋朝军、魏一鸣、贾慧雯、赵冰清、张兵杰、刘瑶、王慧冉和张艳文等几位研究生以及尚未毕业的研究生孙博博、马丽霞、梁凤至、陈小凤、雷宝宝和曾梦颖等都参加了前期研究，夯实了本书的研究基础。除了上述研究生之外，兰州大学在读研究生陈盼、李梦莹、温彩霞、任芯雨、王曦、张韦、陈许龙、王丽华、卢九九、张可欣、朱自君和武慧宇等以及贵阳学院的研究生李玉奇也在收集资料、校对书稿等诸多方面做了许多有益的工作。教学相长，携手共进，这些研究生的不懈努力和辛勤付出，是本书得以终稿的基础和动力。在此，一并致谢。

同时，感谢上海韬奋纪念馆的雷群明馆长、赵书雷馆长、上官消波副馆长、张霞副馆长、王草倩主任、王嫣斐主任给予我们的热情支持，感谢复旦大学黄瑚教授、上海交通大学陈挥教授以及其他师长和同仁的真诚帮助，没有他们的鼓励，就不可能有我们今天的收获，也就不可能有这本书的出版。

感谢兰州大学社科处和兰州大学新闻与传播学院的领导们的倾力支持，感谢中国社会科学出版社郭晓鸿主任及其团队的辛苦付出，感谢兰州石化职业技术大学副教授顾克蕊女士为我们校对书稿。

特别感谢我的夫人王晓梅女士的一路陪伴，真心相守。

纪德曾说，"我的作用就是戳穿谎言，我拥抱的是真理"。这是纪德和韬奋一样的知识分子的心声，也是他们对世界的告白，更是对我

后 记

们的告诫。

对历史真相和真理正义的追求，对我们追念韬奋一样的先贤们的心得，也是这本书引以为傲的理想。但是，我们究竟觅得了多少，我们却不知道。面对神秘而又浩渺的历史，人往往陷入言说的困惑中不能自拔。在高入云天和脚踏大地之间，我们时常迷茫而痛苦。每每望着窗外深沉的夜色，念及那些已经幻化成历史的面孔，思虑和纠结就如黑暗一样将人深深湮没。

太阳底下无新事，面对历史，我们该怎样言说？

圣者说，即便是"所罗门极繁华的时候，他所穿戴的还不如这花一朵"。历史的转换，往往令人哑然失语。而我们所能做的，只有前行，努力前行，负重前行。

用喜乐代替忧伤，用赞美代替绝望，用华冠代替灰尘。如是而已。

是为记。

兰州倚能黄河家园

2023 年 11 月 28 日

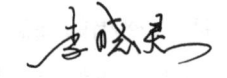